U0452981

中国社会科学院刑法学重点学科暨创新工程论坛

社会变迁与刑法科学新时代

刘仁文 主编

中国社会科学出版社

图书在版编目(CIP)数据

社会变迁与刑法科学新时代 / 刘仁文主编 . —北京：中国社会科学出版社，2019.10

ISBN 978-7-5203-4954-3

Ⅰ.①社⋯　Ⅱ.①刘⋯　Ⅲ.①刑法-研究-中国　Ⅳ.①D924.04

中国版本图书馆 CIP 数据核字(2019)第 200337 号

出 版 人	赵剑英	
责任编辑	许　琳	
责任校对	鲁　明	
责任印制	郝美娜	

出　　版	中国社会科学出版社	
社　　址	北京鼓楼西大街甲 158 号	
邮　　编	100720	
网　　址	http://www.csspw.cn	
发 行 部	010-84083685	
门 市 部	010-84029450	
经　　销	新华书店及其他书店	
印　　刷	北京君升印刷有限公司	
装　　订	廊坊市广阳区广增装订厂	
版　　次	2019 年 10 月第 1 版	
印　　次	2019 年 10 月第 1 次印刷	
开　　本	710×1000　1/16	
印　　张	27.5	
插　　页	2	
字　　数	507 千字	
定　　价	158.00 元	

凡购买中国社会科学出版社图书，如有质量问题请与本社营销中心联系调换
电话：010-84083683
版权所有　侵权必究

前　言

本书是一年一度的中国社会科学院刑法学重点学科暨创新工程论坛2018年的会议论文精选，共收入论文25篇及一篇会议综述。其中，有的涉及刑法理念变迁、刑法制度发展等宏观领域，有的则是关于网络犯罪、环境犯罪、医事犯罪等新兴具体领域的探讨，还有的涉及生物技术、人工智能等前沿科技给刑法带来的挑战。大体来说，本书可以视为回顾、反思与展望我国刑法随社会变迁而发展演变的一个观察窗口。需要说明的是，由于篇幅和各单元主题所限，很多优秀论文最后未能收入，很是遗憾，也要向这些论文的作者表示歉意。

2018年是我国改革开放40周年。以1978年十一届三中全会为标志启动的改革开放，"是我们党的一次伟大觉醒"，"是决定当代中国命运的关键一招"。① 改革开放极大地推动了中国的法制建设和法学研究，例如有学者就指出，十一届三中全会后的十年间，中国法学取得的成就就已经大大超过十一届三中全会前三十年的成就。② 值此重要时间节点，我们将2018年的社科院刑法论坛主题确定为纪念改革开放四十周年。这种相对宏大的主题，既比较符合社科院法学所"做大题目"的传统，③ 也使得与会者能在较大范围和较广视野内结合自己的专长提交论文。

书名"社会变迁与刑法科学新时代"大抵能反映我们的用意：一方面，改革开放以来，我们的社会发生了巨大变迁，犯罪形势、类型和犯罪规模也随着社会结构的变化而发生巨大变化，作为对犯罪态势的反应和国家刑事政

---

① 参见习近平《在庆祝改革开放四十周年大会上的讲话》，2018年12月18日。
② 参见张友渔主编《中国法学四十年》，上海人民出版社1989年版，第1页。
③ 法学所老所长王家福先生曾经对法学所现任所长陈甦教授说："法学所应当做些大题目，没有大题目就没有法学所，小来小去的研究意思不大。"参见陈甦《睿灯不灭》，《法制日报》2019年7月24日。

策的定型化载体,中国的刑法制度也在不断完善,相应地,我们的刑法理论也得到了长足发展,对此需要加以回顾和总结。另一方面,全球化、互联网正在使我们的社会结构变得更为复杂,刑法在应对传统安全的威胁之外,还要应对越来越多的非传统安全威胁。可以说,如何守正出新,是当前我国刑法学面临的新的历史机遇和时代任务。回顾过往,需要我们克服历史虚无主义;展望未来,则需要我们发挥足够的想象力。

参加过多种国内外学术会议,自己也多次组织学术会议,但对于如何开好会,还是每次都有新的体会和感触。我的老同学、清华大学法学院张建伟教授最近措辞严厉地批评某些学术研讨会"学术最不重要",许多会不是为了学术目的而搞,而是因为有一笔会议经费需要花掉。[①] 坦率讲,我自己也深感,现在各种研讨会太多了,质量参差不齐。因此,我既不太热衷参会,也不太热衷办会。但作为学术共同体的一分子,适当的参会和适当的办会还是必要的。这也是这么多年来,我坚持每年用心办好一个会、每次会后确保出一本书的动力之所在。当然,为了不出现建伟教授说的"谋杀别人也自杀自己"(他引鲁迅先生的话"时间就是生命,无端的空耗别人的时间,其实是无异于谋财害命"),我们必须确保"学术最重要"这一办会的最高原则。

去年办会的场景犹在眼前,今年的论坛又将拉开帷幕。感谢法学所刑法学科的焦旭鹏副研究员、张志钢助理研究员和贾元助理研究员等几位年轻同事带领会务组的同学不辞辛劳的付出,你们的那种"成就别人才能更好成就自己"的理念让我也受到感染。回到本书,还要特别感谢张志钢助理研究员在编辑和校对过程中所给予的大力支持以及孙禹博士后的协助,同时,也感谢中国社会科学出版社副编审许琳女士为本书出版所做的大量工作。

刘仁文
2019 年秋于北京

---

① 参见张建伟《我国学术研讨会之怪现状》,《法制日报》2019 年 5 月 8 日。

目　录

第一编　社会变迁与刑法观念的演进

中国刑法学研究的回顾与展望
　　——庆祝改革开放40年 ……………………………… 高铭暄（3）
给力刑法现代化 …………………………………………… 储槐植（9）
中日刑事法交流：回顾与启发 …………………………… 刘仁文（13）
乡归何处：40年来中国刑法理论话语的变迁 ……… 姚建龙　林需需（21）
刑法社会化：理念倡导与实践推进 ………………… 利子平　石聚航（34）
现代刑法的风险转向
　　——兼评中国当下的刑法观 …………………………… 焦旭鹏（45）

第二编　社会变迁与刑法制度的发展

刑事制裁体系：概念、构造与中国走向 ………………… 敦　宁（77）
改革开放40年来中国著作权刑法保护的回顾与展望 …… 刘晓梅（99）
法定犯时代：刑法如何避免成为
　　"行政执行法" ………………………………… 庄绪龙　田　然（111）
走向内涵修复：社会变迁与中国反腐刑法
　　进化之路 ……………………………………… 魏昌东　张　涛（132）
论腐败犯罪国际追逃的法律适用困境及解决路径 ……… 刘　霜（150）
我国刑事驱逐出境的问题与调校 ………………………… 杜少尉（168）

第三编　网络时代的刑法面孔

帮助信息网络犯罪活动罪判例与检讨 ………………… 魏　东　悦　洋（185）

侵犯公民个人信息罪的述与评
　　——以《关于办理侵犯公民个人信息刑事案件适用法律
　　　若干问题的解释》为视角 …………………… 郑旭江（213）
网上理财的刑事风险及刑法规制逻辑 ………………… 乔　远（225）
网络犯罪实证分析
　　——基于北京市海淀区人民法院2007年至2016年审结
　　　网络犯罪案件情况的调研 ………………… 游　涛　杨　茜（239）

第四编　人工智能与刑法

人工智能时代机器人行为道德伦理与刑法规制 ……… 刘宪权（255）
论人工智能时代刑事风险的刑法应对 ………… 王志祥　张圆国（276）
哈利维的人工智能犯罪观及其启示 ………………… 彭文华（292）
人工智能时代的刑事风险及其防控 ………………… 曾明生（320）
手术机器人医疗事故中刑事责任的三重检视 ………… 黄陈辰（339）

第五编　风险社会的刑法介入

早期预防型犯罪对刑事审判的影响研究 ………………… 姜　敏（361）
论现代生物科技发展对我国刑法的冲击 ………………… 熊永明（385）
反恐刑法的类型化研究 ………………………………… 李瑞生（397）
经济安全视角下新型庞氏骗局探析 ……………………… 时　方（413）

附录　走向未来的刑法学
　　——"社会变迁与刑法科学新时代"学术研讨会
　　　综述 ………………………………… 贾　元　焦旭鹏（422）

第一编
社会变迁与刑法观念的演进

中国刑法学研究的回顾与展望
——庆祝改革开放 40 年

高铭暄[*]

一 中国刑法学研究的回顾

中国刑法学,也称新中国刑法学,是指研究中华人民共和国所制定的刑事法律及其所规定的犯罪、刑事责任和刑罚的法学学科。这门学科开始于中华人民共和国成立初期,主要是 20 世纪 50 年代,发展于改革开放和 1979 年刑法典颁行之后,而到了 1997 年刑法典的颁布施行及其多次修正,刑法学研究可以说渐入佳境,进入了一个相当繁荣的时期。

1997 年刑法典堪称中国刑法立法史上一座最系统、最完备、最具有时代气息的里程碑。开始有 452 条 412 个罪名,现在有 490 条 469 个罪名。它的颁行,使得中国刑法学的研究得以突飞猛进,在立法、司法、政策与理论的良性互动格局下,不断取得新成就。

中国刑法学研究有什么基本特征?根据我个人的认识体会,我认为有以下几点。

第一,坚持中国共产党的领导。中国共产党是中华人民共和国的执政党和领导力量,这已明文载入宪法。党的领导、依法治国和人民当家做主的统一,这是国家的体制,也已明文规定在宪法中。所以,不论是法治建设还是法治研究,都应置于党的领导之下。中国特色社会主义的刑法学研究,不能脱离、违背党的路线、方针、政策和党领导下制定的各项法律。这点在外国同行听起来,也许感到有点怪异,但在中国同行的心中,是自然而然、自觉接受并身体力行的一条原则。这体现了中国与外国国情的不同。

---

[*] 高铭暄,中国人民大学法学院荣誉一级教授,北京师范大学刑事法律科学研究院名誉院长,博士生导师。

第二，高度重视刑法典的有效贯彻实施。刑法典的有效贯彻实施，是刑法学研究的立论基础和发展前提，也是中国刑法学在回应立法课题和司法实践课题中不断前进的源泉和动力。所以，为了更新刑法理念，提高刑法学研究水平，提升刑法学人发现问题、分析问题和解决问题的能力，必须高度重视刑法典的有效贯彻实施。刑法典的贯彻实施，主要体现在一个个刑事案件的办理上，从立案、侦查、起诉、审判乃至执行，除了利用证据查明事实真相外，就是要适用刑法来划清罪与非罪、此罪与彼罪的界限，如果罪名成立，就要依法确定其刑事责任的大小，判处轻重适当的刑罚，并使犯罪人承受刑罚的执行。所以，研究刑事案例，包括多数成功的和少数不成功的，从中得出规律性的认识，就成为近年来中国刑法学研究的一个重要组成部分。

第三，坚持并完善中国刑法学体系。中国刑法学的学科体系问题，是关系到刑法学研究整体科学性的一个重要的客观问题，是刑法学科建设的重中之重。中国刑法学者为此进行了不懈的努力。早在20世纪50年代，中国出版的第一批刑法教科书，就尝试和探索建立中国自己的刑法学科体系。到了80年代，由于中国第一部刑法典即1979年刑法典生效实施，法律出版社于1982年出版的第一部统编教材《刑法学》，集中了当时中国刑法学界几乎所有重要刑法学家的智慧，因而更加科学、完整地建立了我国刑法学的学科体系。当然，中国刑法学的体系不是凝固不变的，而是随着时代的前进不断完善的，虽然时至今日，以罪—责—刑为基本模式的中国刑法学体系已获得了刑法理论界和实务界的广泛认同，但这个体系也不是尽善尽美的，而是仍有完善余地的。

关于完善中国刑法学体系的宏观思考，很多刑法学者付出了心血，提出了各种方案和建议。我个人认为，有两点特别值得关注。其一，加强对中国刑法学体系动态性研究的任务。目前，中国刑法学体系对犯罪论、刑事责任论、刑罚论三者动态性任务即定罪、归责、量刑、行刑等总的说体现不够，今后要加强这方面的研究，使中国刑法学体系既生动地描述犯罪构成、刑事责任、刑罚本质、刑罚目的等静态理论内容，又充分地展示认定犯罪、确定责任、决定刑罚等动态过程。目前量刑论的研究应该说还是比较充分的，在体系中也有一席之地，但定罪、归责、行刑等，通行的刑法学教材都难觅踪迹或语焉不详，将来是否可以考虑在体系中为它们设专章予以阐明，值得进一步研究。其二，加强对刑事责任论的研究。在目前犯罪论、刑事责任论、刑罚论三大理论板块中，刑事责任论的研究最为薄弱。一定意义上可以说，刑事责任的基本理论范畴还没有建立起来。我很看重对刑事责任问题的研究，早在20世纪90年代初就曾多次撰文研究刑事责任问题。同时，我也指导博士生进行过刑事责任的专题研究。在现有的研究成果中，我觉得有以下一些观点是值得重视并可以考虑在今后的刑事责任论中加以吸收丰富的。首先，与犯罪论侧重于评价已经发生的行为不同，刑事责任的评价对象应当是实施了犯罪行为的人。通过对犯罪人的研究，考察其主观方面的特殊情况，在罪行决定刑事责任的基础上，进一步综合犯罪人的主观特殊情况，对刑事责任大小进行调整和修正。其次，与犯罪论的中心任务是定罪相比，刑事责任论的中心任务是归责，即在罪行确定后，国家考虑如何归结犯罪人刑事责任的问题。再次，如同定罪必须以犯罪构成理论为依据加以判断、量刑必须通过量刑情节的分析运用为考量依据一样，归责也应当有其判断依据，要有归责要素和归责体系。归责要素如何寻找值得我们进一步思考。

第四，促进中国刑法学面向世界。在经济和法律全球化的今天，作为一个刑法学者，必须具有国际眼光、开放的思想和胸襟。必须利用多种方式，不断开展国际学术交流活动。以往中国的刑法学研究，由于多种因素的影响和制约，比较注重国内法的研究，而在外国法的研究方面则相对比较薄弱，在很大程度上阻碍了中国刑事法治与当代世界先进刑事法治的交流与衔接。有鉴于此，近年来中国刑法学者着力拓宽刑法学研究视野，加强中国区际刑法的研究，努力开拓外国刑法、比较刑法暨国际刑法的研究，取得了很大的成绩。这是中国刑法学界面向世界、拥抱世界的积极作为，也是中国刑法学走向世界的有益探索。

二 中国刑法学研究的展望

中国刑法学研究从中华人民共和国成立起算，已经走过了将近 70 年的历程。如果从改革开放和第一部刑法典即 1979 年刑法典起草颁行，也即将走完 40 年。在这几十年时间里，中国刑法学研究从无到有、从小到大、由浅到深、由表及里、从零散到成规模成系统，应该说成绩是显著的，成果是丰富的，对国家立法和司法的贡献是有目共睹的，对社会的影响力也是不断扩大的。

但是，总结过去，展望未来，中国刑法学还有许多不尽如人意之处，还有缺陷，还有"短板"，必须加以弥补、改进和完善。那么，如何改进和完善呢？

总的来说，有以下几点。其一，在研究方向上，应当以习近平新时代中国特色社会主义思想为指导，着力研究宽严相济的基本刑事政策如何在刑事法治建设中真正贯彻落实,注重开展对改革开放40年来刑法学成果的总结性研究和大力开拓对刑法交叉学科的研究。

其二,在研究方法上,应倡导定性研究与定罪量刑的有机结合;重视思辨研究与实证研究的合理并用;繁荣、优化比较研究;根据课题研究的需要,注意借鉴、引进其他社会科学和现代自然科学的某些研究方法;始终坚持理论联系实际,探讨和解决实践问题的研究道路。

其三,在研究重点上,应加强中国刑法的解释性研究、体系性研究、现代化研究和国际化研究,夯实刑法理论基础,努力推进中国刑法学术的深入发展和繁荣。在新时代背景下,中国刑法学要坚持与时俱进的精神,勇于创新、敢于担当、积极作为。例如:目前,全国上下都在全面深入学习《监察法》。对于我们刑事法学界来说,全面深入系统地学习、研究与适用《监察法》,准确把握《监察法》与《刑法》《刑事诉讼法》的衔接关系,是迫在眉睫的一个重大任务。

在刑法学研究的展望上,有一个很值得研究而且迫切需要研究的问题摆在我们面前,这就是网络犯罪与人工智能时代的刑法应对问题。

中国互联网发展非常迅猛,网络安全问题也日益严峻。同时,中国正在引领人工智能技术的发展。这些新形势、新情况,对中国刑法学研究提出了新的任务和要求。

任务和要求之一是,会不会孕育出一门新兴学科:网络刑法学?

从传统刑法学到网络刑法学的历史渐进性变迁有其现实性与必然性,集中表现为:一是网络安全价值地位显赫,保护网络安全是当代刑法的极重要任务;二是网络安全法益正在整体迁移和渗透,逐渐演变成取代传统法益的新生集合体;三是网络空间日益真实化、社会化,网络刑法学的知识变革已然实质启动。[1]

网络刑法学是基于网络时代变迁而逐步形成的知识形态变革,其任务与使命已逐步转向保障网络空间社会的网络安全法益这一核心内容。目前,网络刑法学的理论基础、价值取向、制度建构、措施设计、法典制定等还处于空白状态。究其原因,一是网络代际演进与网络社会的成型具有过渡性与阶段性,勾勒网络刑法学图像的物质基础、社会基础等尚未齐备,导致展开超前性的理论构想难度很大;二是关于网络刑法学的图像属于未来学的讨论范畴[2],既无直

---

[1] 参见孙道萃《网络刑法知识转型与立法回应》,《现代法学》2017年第1期。

[2] [挪]埃里克·纽特:《未来学》,于芳译,华文出版社2009年版,第1页。

接有效的借鉴样本，亦无可以比附援引的对象，导致理论体系安排难以具体化。当前，以参照传统刑法理论体系为主，以借鉴国际社会的最新发展为辅的探索路径，显然还不具有整体效应，无法孕育前瞻性、预见性的崭新知识形态。可以预料的是，网络刑法学应当重新阐述和厘定网络犯罪、网络归责和网络制裁三大基本范畴，着力梳理网络刑法的任务、基本原则、效力范围、刑法解释、追诉时效等基本内容，以网络犯罪构成的体系重构、要件的重新安排为立足点，打造焕然一新的刑法知识结构。前些年，面对日趋严峻的计算机网络犯罪形势，《刑法修正案（七）》增加第 285 条第 2 款、第 3 款，增加若干新的计算机犯罪罪名；《刑法修正案（九）》增加第 286 条之一、第 287 条之一、第 287 条之二，并对信息犯罪、公民个人信息安全犯罪、电信安全犯罪作出修改。这些立法举措有效回应了现实需要。而且，随着《刑法修正案（九）》增加纯正网络犯罪的构成要件与法定刑，标志着中国刑法中的一个专门领域即网络刑法的实际诞生。① 2017 年 10 月，时任中央政法委书记孟建柱在"全国社会综合治理表彰大会"上的讲话中指出，现在网络犯罪已成为第一大犯罪类型，未来绝大多数犯罪都可借助网络实施。要打破以传统办法对付网络犯罪的思维定式。易言之，网络犯罪正在成为今后的重要犯罪类型，而且与传统犯罪类型存在明显的差异，要区别对待，突出网络立法的专门性、专业性。在此基础上，还应关注刑法理论体系的同步网络化改革，逐步塑造有中国特色的新时代网络刑法学体系。② 这段话明显地预示着在未来，应当有一门网络刑法学的生成。

任务和要求之二是，要解决好人工智能时代的刑法应对问题。

人工智能在互联网、大数据、云计算等的共同驱动下迎来了第三次发展浪潮，并推动着传统互联网和工业互联网进一步向智能化迈进。"互联网＋人工智能"的全新时代在深刻地改变人们的生活方式和社会秩序的同时，也带来了新的技术风险与刑事风险。基于我们当下所处并将长期处于的弱人工智能发展阶段，人工智能仍然属于"工具"和"产品"的范畴。人工智能的工具化是犯罪工具进化的必然结果，这使得部分传统犯罪的犯罪形式变得更为复杂，社会危害性发生扩大，由此带来了犯罪全面"智能化"的演变。人工智能产品的设计者、生产者应当履行保障产品安全的法定义务，生产不符合保障人身、财产安全的国家标准、行业标准的人工智能产品，造成严重后果的，可能

---

① 参见梁根林《传统犯罪网络化：归责障碍、刑法应对与教义限缩》，《法学》2017 年第 2 期。
② 参见孙道萃《网络刑法知识转型与立法回应》，《现代法学》2017 年第 1 期。

触犯生产不符合安全标准的产品罪。人工智能产品的生产者在知道或者应当知道已经投入流通的缺陷产品致人损害后,应当积极履行召回义务,以避免危害结果的进一步扩大,否则对扩大的结果应当承担责任。人工智能产品的所有者、使用者应当严格遵守人工智能产品的安全操作、安全管理规范,未履行合理注意义务、安全管理义务,造成严重后果的,相关责任人有可能承担相应的刑事责任。

具体来说,有以下几点。第一,行为人利用人工智能技术实施犯罪是犯罪工具智能化的突出表现,这可能使得部分传统犯罪的危害性发生"量变"。[①] 对于行为人利用人工智能技术实施的计算机、网络相关的犯罪,可以适用刑法第 285 条、第 286 条、第 287 条之一、第 287 条之二的规定处罚;对于行为人利用人工智能技术实施诈骗、盗窃、窃取国家机密或者其他犯罪的,可以适用刑法第 287 条的规定定罪处罚。第二,人工智能产品的设计者、生产者应当在研发设计、生产制造人工智能产品的过程中履行法定的"保障产品安全的义务",以保证人工智能产品在硬件设备和智能系统上的双重安全性,人工智能产品的设计者尤其还应当注意其研发的智能系统的可行性、可靠性。为了全面促进人工智能技术在智能制造业长足的、良性的发展,需要尽快制定人工智能产品的国家标准或行业标准。如果人工智能产品不符合保障人身、财产安全的国家标准或行业标准,并且造成严重后果的,设计者、生产者即有可能触犯生产不符合安全标准的产品罪。第三,人工智能产品的所有者、使用者应当严格遵守人工智能产品的安全操作规范,以保障人工智能产品的安全、有序运行。由于人工智能产品的智能系统是有严格的编制程序的,未遵循人工智能产品的安全操作规范,可能导致人工智能产品出现异常的情形。如果因为违反安全管理义务而发生严重后果的,应当由所有者、使用者或管理者承担相应的刑事责任。

---

① 参见刘宪权《人工智能时代的刑事风险与刑法应对》,《法商研究》2018 年第 1 期。

给力刑法现代化

储槐植*

"推进国家治理体系和治理能力现代化"是党的十八届三中全会确定的全面深化改革的总目标。刑法现代化是题中应有之义。刑法现代化的本质和基本内涵主要就是刑法结构现代化。

刑法结构,由犯罪和刑罚两侧组成。组合的形式,理论上有四种,事实上是两种:(1)严而不厉(刑事法网严密,刑罚不苛厉),(2)厉而不严(刑罚苛厉,刑事法网不严密)。罪刑关系,不是简单的因果关系,而是复杂的矛盾关系:相互依存又相互排斥。罪是机体,刑是神经。刑法结构,由犯罪侧结构与刑罚侧结构组成。刑法作为国家治理体系的组成部分,国家对两侧结构的影响力度和影响方式差异巨大。国家对刑罚侧结构有直接的影响力,力度强而明显;而对社会生活中犯罪的发生,变动仅有间接影响且力度不显。最明显的当属死刑政策:这就是为什么死刑从19世纪至今由多到少、由有到无直接显现文明程度提升,从而构成世界刑法(改革)史的根本缘由。"严而不厉"是体现社会进步和文明提升的刑法结构,"厉而不严"是不可持续的刑法结构。在我国,刑法现代化就是"厉而不严"走向"严而不严",即刑法结构调整的过程。

一 刑法现代化是刑法去重刑化的过程

20世纪中华大地上发生了一场重大历史性变革:正义的人民力量被迫以暴力推翻了反正义的暴力统治,又由于反动势力不会甘愿退出历史舞台,在相当长的一段历史时期内需要用正义暴力维护新生政权,体现在法制上即为重刑法律。基于历史惯性,加之适逢经济发展方式转型,及至21世纪初刑法结构

---

* 储槐植,北京师范大学刑事法律科学研究院特聘教授。

尚未出现基本改观。现行刑法基本上偏好重刑：虽经《刑法修正案（八）》《刑法修正案（九）》，现在仍有 46 个死刑罪名；无期徒刑有 94 个；全部犯罪均配有剥夺自由刑，其中法定刑最低 5 年以上的罪名有 341 个，法定刑最高 5 年以下的罪名仅有 127 个（5 年以上的是 5 年以下的 2.6 倍）；刑法规定拘役的罪名有 394 个（其中 3 个是法定拘役），司法实践中的适用率显然偏低，以致缺乏对其进行独立专项统计；附加刑制度还有"没收犯罪分子个人所有财产的一部分或者全部"的规定。

刑法典规定的最重刑种及其数量在总体上决定刑法结构的轻重梯度。社会是人类生活共同体，社会由蛮暴走向文明是历史发展的客观规律，我国也不例外。我国已由站起来到富起来，由富起来到强起来，强国仁政是一种政权自信。

党的十八届三中全会决定"全面深化改革"，关于"推进法治中国建设"方面，其中涉及实体刑法虽然仅有一句话（10 个字）"逐步减少适用死刑罪名"，但显然隐含"去重刑化"信息。去重刑化的基础性首要环节是削减死刑罪名。它直接降低刑量，因为法定刑上限降低，刑罚中线随之降低，司法实践表明，法官对重罪案件的量刑一般均低于法定刑幅度的中线。这是一种法官集体理性，据信具有超越意识形态的世界共性。

去重刑化，削减死刑罪名，伴随积极保安措施。有报载：近年来，全国刑事犯罪总量持续稳中有降，其中 8 类严重暴力犯罪（放火、爆炸、杀人、伤害、抢劫、绑架、劫持、强奸）发案量持续下降，其在普通刑事犯罪总量中占比逐年下降，其中命案下降更为明显，每 10 万人命案发案数仅为 0.7（2016 年的数据）。我国成为世界上最安全的国家之一，这是去重刑化的一个重要条件。

去重刑化，经多方积极配合，完善措施，有望几年之内（5 年左右），46 个死刑罪名再减去三分之二，当成事实。

二　去重刑化伴随适度犯罪化构成我国刑法现代化两翼

我国刑法犯罪概念兼具定性定量双重限制，合乎中国社会长期处于农耕（小农）经济，加之近代以来并未经历大规模工业革命洗礼的历史背景。社会存在决定社会意识。根深蒂固的自由散漫，本能地不乐意接受法律约束，守法意识淡漠，构成国民性格的一部分。加之中国古来的宗法社会，不平等的

"嫡长继承制度",形成压制性刑法独大局面,民商法长期处于边缘地带,民众远离司法是中国传统文化的一大特性。

中华人民共和国成立后相当长一段时期内实行计划经济体制,社会关系单纯,几乎无须法律施展身手,几条刚性政策大体可以规制社会生活。随着历史发展,进入 21 世纪,改革开放潮流推动,尤其经济体制改革,市场经济演进,推动社会生活复杂多样活跃化,促使国家经济体系改革深化,加之犯罪高科技化,使得不少犯罪行为一旦得逞,便会造成重大侵害结果,因而需要对法益进行提前保护,将预备行为犯罪化。治小罪防大害,实质状况却是呈现"犯罪个数升与刑罚体量降"反比关系的刑法生态问题。1999 年末以来的历次刑法修正是很好的说明。党的十八届四中全会全面推进依法治国,"科学立法,严格执法,公正司法,全民守法",其中"全民守法"方略实现的艰巨性尤为突出。全民守法,主要依靠民众幸福生活水平提高和道德人文教化,必要的刑法出手也有其正当性。

以上说明严密刑事法网诉求的正当性。与此相关,有观点认为,严密法网增设的均为轻微犯罪,会跟我国现行二元处罚体系相冲突,云云。评论一件事物的功能价值,不可脱离其社会背景。二元处罚体系在刑法重刑结构下确实有必要。行政法和大量的行政法规(国务院条例)大多是 20 世纪或世纪之交计划经济(或其影响下)社会背景下出台的。计划经济决定(要求)行政权独大。"经济体制改革是全面深化改革的重点,核心问题是处理好政府和市场的关系,使市场在资源配置中起决定性作用和更好发挥政府作用。"(党的十八届三中全会决定)大道理管小道理。市场经济条件下,照搬计划经济的规矩,行动效果不会是正能量。当然,在现实条件下,行政违法犯罪行为,兼行二元处罚体系仍有一定必要,但是行政处罚权不宜过大,行政处罚不可替代司法处罚,这应是全面依法治国的规矩(劳教制度废止当是这个原因)。有一件事始终值得思考:对发明、创造专利的知识产权进行法律保护在大众创新时代是多么重要,然而在造假不断、骗术迭出的情形下,全国一年对假冒专利的司法判例竟然只有一位数,不管什么说辞,正常吗?当然,也不是遇到专利纠纷不管,该罚的罚款数量或许还相当可观。原因呢?提高国家治理能力重要,改进国家治理体系更重要。

一件简单事成为一个复杂问题:行政法律中能不能规定罪刑条款?可以说,行政法律里规定罪刑条款是全球通行现象,从来没有提出过异议,我国 1997 年刑法出台之前也是如此。道理很简单:刑法是其他法律的保障法,法益保障是刑法的本真使命。

1997年刑法实施之后，学界似乎出现了一种说法：罪刑条款只能规定在刑法中，设置罪刑条款成为刑法的专利。其实，1997年刑法将多种法律中的罪刑条款集中纳入刑法典，主要是考虑到当时广大司法工作人员综合法律素质偏低的情况，为有利于统一执法，才将多种法律中的刑法规范集中纳入刑法典，期望达致"手有刑法一本，办案心中不慌"的效果。时至今日，市场经济发展对法律的需求，法律职业人员的综合素质大有改观，立法该不该有回应？预计会是以后刑法大修时涉及的问题之一。

中日刑事法交流：回顾与启发

刘仁文[*]

一 中国自清末以来与日本刑法学的缘分

20世纪初以来，以沈家本主持的清末修律为标志，诞生了中国近代法学。① 在修律过程中，欧美日诸国法律典籍著述一百多种先后被译介到中国，冈田朝太郎等日本专家对《大清新刑律》等法律的制定做出了巨大贡献。例如，1906年，在朝廷的支持下，沈家本聘日本人冈田朝太郎博士为新刑律编纂调查员，承担新刑律草案的起草工作；1907年，冈田起草的新刑律草案经过四次斟酌修改，由修订法律大臣奏呈朝廷。此草案以日本改正刑法为蓝本，其内容和篇章体例都采用了日本刑法的成果，吸收了罪刑法定等西方刑法制度，删去了大量的封建刑法内容，如"八议"、请、减、赎、"十恶"和"存留养亲"等。《大清新刑律》后为中华民国所继承，中国的刑法学也从旧有的律学研究传统转向以大陆法系刑法理论为底色的研究。

1949年中华人民共和国成立后，明令废除了国民党的"六法全书"，使依附于它的刑法学知识也遭废黜。在当时"以俄为师"的大背景下，刑法学界自然也是向苏联看齐。但从1957年下半年开始，随着"反右"斗争的展开，刑法学研究被冷落；从到1966年"文化大革命"开始，刑法学研究进入持续十年的停滞和倒退时期。在这种形势下，不仅"罪刑法定"这样一些贴有西

---

* 刘仁文，中国社会科学院法学研究所研究员、博士生导师。本文为作者于2018年7月21日在早稻田大学举行的早稻田大学比较法研究所与中国社会科学院法学研究所学术交流25周年纪念研讨会"回顾过去25年间的中国法与日本法的变化与特色"刑法单元的主题发言。

① 20世纪以前的中国古代法学，按照梁治平先生的说法，"乃律学而非法学"；张中秋先生也认为，"中国的传统法律学术是'律学'而非'法学'"。参见梁治平《法学兴衰学》，《比较法研究》1993年第1期；张中秋《中西法律文化比较研究》，南京大学出版社1991年版，第六章。

方刑法学标签的刑法原理被打成"右派"的反动言论,连从苏联引进的犯罪构成理论也被打入冷宫,成为政治上的禁忌。直到 1976 年中国结束"文化大革命",1978 年实行改革开放政策后,中国的刑法学才逐步走向复苏、发展和全方位的开放。①

在中国刑法学全方位的开放中,对日交流是其中的重要组成部分。1986 年辽宁人民出版社出版的《日本刑法总论讲义》(福田平、大塚仁编,李乔等译),简明扼要,体系清晰,是早期了解日本刑法和大陆法系刑法理论的重要参考书。随后西原春夫先生的《刑法的根基与哲学》(顾肖荣等译,上海三联书店 1991 年第一版)以及李海东主编的《日本刑事法学者》(法律出版社 1995 年上册、1999 年下册)等陆续在中国出版。进入 21 世纪,大塚仁、大谷实、西田典之等教授的刑法总论和刑法分论先后被翻译到中国。近年来,如前田雅英、山口厚、佐伯仁志、甲斐克则等日本刑法学者的教科书和专著更是如雨后春笋般地涌入中国。与此同时,许多留日归来的刑法学者在中国刑法学界发挥着越来越重要的作用,这些留日学生既有中国国家留学基金委公派赴日的,也有日本方面资助的,如日本安田奖学金就先后资助过我国 20 余位刑事法学者和学生前往日本求学。②

我所在的中国社会科学院法学研究所也是对日交流的重镇之一,我们设有专门的日本法研究中心(现更名为亚洲法研究中心),图书馆里有专门的日文书库(其中不少为日方友人捐赠)。我曾和同事一起接待东京大学原校长平野龙一先生、早稻田大学原校长西原春夫先生等许多著名的日本刑法学者访问我所,他们发表演讲的内容至今历历在目。③ 我们与早稻田大学比较法学研究所的学术交流也迎来了此次庆祝 25 周年的学术交流盛会,我能参与其中,实感荣幸。

二 当代中日刑事法学术交流的三阶段

如前所述,当代中日刑事法学术交流有多种渠道和形式,包括人的交流、

---

① 参见刘仁文《回眸中国刑事法律从比较法中的获益》,李林主编《法治新视界——比较法的分析》,社会科学文献出版社 2011 年版,第 190—196 页。

② 参见[日]本乡三好《我与中日刑事法学术交流——以相逢为中心》,刘建利译,陈兴良主编《刑事法评论》第 33 卷,北京大学出版社 2013 年版,第 352—360 页。

③ 平野龙一先生的演讲引发了我对保安处分的关注,西原春夫先生的演讲使我对共谋共同正犯的概念纠结良久。

书的交流、机构与机构的交流等。这里，试以连续举办16次的中日刑事法学术研讨会（截至2017年）为一线索，① 简单梳理一下中日刑事法学术交流的三个阶段及其特点。②

第一阶段为第一届至第六届（1988—1999年），该阶段的主要特点如下。（1）在交流内容上，中日两国最初是各自介绍本国的刑法、刑事诉讼法及刑事政策的历史发展与现状，后来发展到就实务中面临的问题开展交流，如第五届（1997年）讨论会的主题是"经济犯罪"，一方面中国基于改革开放政策引进了市场经济而对刑事法领域提出诸多重要问题；另一方面日本也由于泡沫经济的破裂而引起众多与刑事法相关的案件。③（2）参观举办国的监狱以及旁听法庭等，身临其境地感受两国法治及其文化的差异。如野村稔教授的感文记录，④ 在上海市黄浦区法院旁听一起盗窃案件，盗窃金额19000元，已全部返还，被告人还是被判处有期徒刑6年，理由为600元以下不予受理，600—6000元属于数额较大处5年以下有期徒刑，19000元属于数额巨大，应判处5年以上有期徒刑，本案被告人系初犯且全额返还，在日本可能不被起诉，即使被起诉也可能只判处有期徒刑1年到1年半，缓刑2年至3年。⑤ 之所以有如此大的差异，是由于当时中日两国经济发展水平和法治发展的阶段不同，如今，这类案件在中日两国的判决结果应该相差不大。⑥ 田口守一教授的文章提到，在日本，即使盗窃100日元也成立盗窃罪，即使是轻微违反交通法规（如超速，实际上多数按交通罚款来处理），至少在理论上，构成犯罪。只是在警察阶段或检察官阶段这些犯罪行为几乎都会解除犯罪程序，即所谓的非犯罪化（非刑罚化），但是在中国要构成盗窃罪，在上海等城市盗窃金额需要达

---

① 时任早稻田大学校长的西原春夫先生是1988年首次研讨会的提议者，也是后来的推动者和积极参与者。

② 参见本乡三好《我与中日刑事法学术交流——以相逢为中心》，刘建利译，《刑事法评论》第33卷，北京大学出版社2013年版，第190—196页。另外，西原春夫和高铭暄两位先生在2015年5月30日于中国人民大学召开的"中日刑事法的现状与未来"学术研讨会上的发言中，也分别表达了类似观点。

③ ［日］西原春夫主编：《日本刑事法的重要问题》（第二卷），金光旭、冯军、张凌等译，中国法律出版社·日本成文堂联合出版2000年版，第1页。

④ 各位教授每次参会后的感受文章，附在会议文集的后面。

⑤ ［日］西原春夫主编：《中国刑事法的形成与特色》（5），成文堂1998年版，第109页。

⑥ 该案的旁听时间是1997年3月，此时中国1997年的新刑法还未施行（1997年10月1日施行），案件适用的是1979年刑法。根据1997的新刑法和上海市高级人民法院在最高人民法院规定的框架内所出台的量刑指导意见，盗窃数额为19000元，在全部退赃退赔且为初犯的情况下，现在司法实务中一般也会判处1年到1年半的有期徒刑，并且很可能会判处2—3年的缓刑。

到2000元以上，2000元以下的不构成犯罪，即在犯罪的成立阶段即予以非犯罪化。总之，中国法在实体法上实行非犯罪化，日本法在程序法上实行非犯罪化。①（3）交流较难深入。此时的中国刑法学界对基础理论的研究尚不深入，研究重点还是对1979年刑法典的完善。相较于已经过百余年发展的日本刑法学，自然难以深度交流，用日本学者的话来说就是"隔靴搔痒"。野村稔教授的感文曾记录："我与顾肖荣教授一起报告了'不能犯？刑法上的危险概念'的题目，并参加了讨论。事前还交换原稿，读了翻译过来的论文，本以为能进行相当程度的讨论。但是，是否为真正意义上的讨论值得怀疑。"②（4）日本学者的论文特色是通过司法实务中的经典案例和大量数据分析来总结阐释刑法理论，但是中国学者的论文主要是就理论谈理论，而此时我国还处于对外开放的初始阶段，外文资料匮乏，主要通过台湾的刑法理论书籍来了解德日刑法的研究，很多刑法基础理论还未展开，也未能与实务进行有效对接。如在第二届（1990年）刑事法交流中，双方就"罪刑法定与类推"进行了探讨，西原春夫先生的论文《罪刑法定主义与扩张解释、类推适用》中运用了窃电案、鲤鱼流出案等17个案例来分析扩张解释的界限，而中国刑法学者的论文是就理论谈理论，基本没有案例，显然，这类题目用案例更能把问题说清楚，尤其在国际交流场合。③

第二阶段为第七届至第十届（2001—2005年）。该阶段给我的印象如下。（1）主题集中于刑法，讨论更为深入。第一阶段每次会议都没有确定一个特定的主题，而是双方就各自的刑法、刑事诉讼法、刑事政策等方面有哪些特色问题进行相互报告。但从第七届（2001年）开始，限定在了刑法领域。④ 鉴于在20世纪的刑法学中，无论在理论上还是在实践中都没有哪个领域展开了像"过失犯"一样活跃的议论，⑤ 所以第七届以"过失犯"为

---

① ［日］西原春夫主编：《中国刑事法的形成与特色》(5)，成文堂1998年版，第113—114页。

② ［日］西原春夫主编：《中国刑事法的形成与特色》(3)，成文堂1995年版，第123页。

③ 参见苏惠渔、［日］西原春夫等《中日刑事法若干问题——中日刑事法学术讨论会论文集》，上海人民出版社1992年版，第24—34页。

④ 参见［日］西原春夫《我的刑法研究》，曹菲译，北京大学出版社2016年版，第238页。2006年，西原教授决定将日中刑事法研究会的活动分为刑法、刑事诉讼法以及犯罪学三个领域来分别进行，如后来与中国犯罪学研究会联合成立的日中犯罪学学术交流会也取得了很大的成绩。参见前引本乡三好《我与中日刑事法学术交流——以相逢为中心》一文。

⑤ ［日］甲斐克则：《过失犯的基础理论》，冯军译，高铭暄、赵秉志主编：《过失犯罪的基础理论》，法律出版社2002年版，第1页。

主题。第八届（2002年）以"共同犯罪（含有组织犯罪）"为主题，第九届（2004年）以当时发案率较高且危害日剧的"经济犯罪"为主题，第十届（2005年）以"危险犯与危险概念"为主题，交流集中而深入。(2) 人员更广泛，交流更深入。第一阶段中国这边主要在上海举行（最初是与上海市人民对外友好协会合作），后来逐步扩展到全国，因每届主题集中于刑法的某一具体领域，故交流也更为深入。(3) 从以个人之间的关系为纽带到以组织来保障交流的持续性。日本方面专门成立了"日中刑事法律研究会"，中国在中国人民大学刑事法律科学研究中心之下设立一个全国性的旨在组织和促进中日刑事法学术交流与合作的学术研究机构，定名为"中日刑事法研究中心"，以此增进中日两国刑事法学领域的广泛交流与合作。[①] 西原春夫先生和高铭暄先生分别作为日中双方代表团团长，共同主持了这四次中日刑事法学术研讨会。[②]

第三阶段为第十一届至十六届（2007—2017年）。该阶段的主要特点如下。(1) 组织形式变化，会议名称变更。第二阶段由中日两国的相关组织来承办，此后以双方的各个大学为基础进行交流。会议名称由"中日刑事法学术讨论会"正式改为"中日刑事法学术研讨会"，从讨论会到研讨会，看似一字之差，意义却完全不同，以前十届的讨论会为基础，这一阶段无论从主题选择、组织形式、交流深度都达到了质的飞跃。交流也更进入常态化，每两年举行一次，多在秋季举行，由中日双方交替主办。(2) 主题兼具理论与实务。这一阶段的交流由第二阶段单一主题改为针对刑法理论与实践中的重要问题展开交流。如第十二届（2009年）研讨会主题为"环境犯罪和证券犯罪"，这是中日两国都必须直面的高度实践性的刑事法课题，而"犯罪论体系"与"客观处罚条件"是极其理论的问题，从实践的观点也具有重要意义。[③] 第十四届（2013年）以21世纪中日刑事法的重要课题为主题，围绕"共犯、罪数、危险驾驶"展开，既有"共犯、罪数"这种理论极其复杂的问题，也有"危险驾驶"这种实务中的难题。总而言之，这一阶段的交流既有犯罪论体系、因果关系、正当防卫等基础理论的深度交流，也有信用卡犯罪、证券犯罪、环境犯罪、性犯罪、诈骗犯罪等实务中争议较大的问题进行研讨。

---

① 参见高铭暄、赵秉志《中日经济犯罪比较研究》，法律出版社2005年版，第303页。

② ［日］高桥则夫、冯军主编：《中日刑法比较研究——高铭暄教授荣获早稻田大学名誉博士学位祝贺文集》，中国法制出版社2017年版，"答谢词"第3页。

③ ［日］西田典之：《环境犯罪和证券犯罪》，成文堂2009年版，"概要"第9页。

（3）继续改进交流方式，巩固成果出版。双方的交流从一开始只是单纯地介绍本国的刑事法体系，很难有深入交流，到有针对性的交流，再到如今的深度交流，这个过程见证了中国刑法学的发展。中日刑事法交流30年，连西原春夫先生都没有想到能坚持这么久，并且还会持续下去。这一交流取得了丰硕的成果，在日本已经出版了16届交流的成果，并在每本书最后都附上之前已经出版的书名，由成文堂统一出版，在中国登录亚马逊日本官网上也能买到。相对而言，我们这边美中不足的是，交流成果由不同的出版社出版，也没有对之前的书名、出版社等给予提示，使想全面系统了解中日刑事法交流这一进程的人在资料收集上遇到一些难处。

三　中日刑事法学术交流对我国的启发

持续而友好的交流增进了中日双方刑事法学界的互相了解和理解。毫无疑问，晚近二三十年来，中国的刑法学研究无论在广度还是深度上都取得了长足进展，正如高桥则夫教授在回顾近年来与中国刑法学界的学术研讨时所指出的："感觉中国方面的讨论水平有了很大的进步。"西原春夫先生对此更是以见证人的身份予以确认：从20世纪90年代中期以后，中国刑法学界研究问题的领域有了很大拓展，不同观点的讨论也日趋热烈，可以说学术取得了突飞猛进的发展。[①]

交流当然是双向的，事实上，在最近一次中日刑法交流会上，当一位中国同仁做完"第三方支付平台侵财犯罪"的报告后，日方同仁刚开始还说有点听不懂，交流后觉得很受教益和启发，因为据说在日本只有很少的人用第三方支付，而中国现在绝大多数人用第三方支付。不过，本文重点还是谈谈我们从日本方面受到的启发。启发很多，这里仅列举三点。

（一）以问题为导向，注意本土化。西原春夫先生曾经回忆道，在他刚出道时，时任日本刑法学会和《刑法杂志》负责人的平野龙一先生非常强调"从体系思考到问题思考"这种问题意识，从一直以来注重对犯罪论体系的研究转变为对一些具体的、现代社会所烦恼的问题从刑事责任的角度来进行分析，刑法学研究"发生了这种方向性的转变"。1958年平野专门给还只是助教

[①] 参见［日］西原春夫《我的刑法研究》，曹菲译，北京大学出版社2016年版，第201页以下。

的西原来电话约稿"醉酒与刑事责任"的年会论文，就是一个表现。① 1959年，针对日本经济逐渐繁荣、汽车开始增多，但道路设施仍不完善，法律也没怎么普及，因此导致交通事故激增的状况，日本刑法学会以"过失与交通事故犯罪"作为主题开展研讨，平野龙一先生又致电西原春夫先生，请他在比较研究单元做一个德国这方面的研究报告。西原春夫先生觉得这是"一件非常光荣的事情"，并且事后证明这也是他迈向学术辉煌的起点。在这个报告中，他研究并介绍了德国的"信赖原则"，难能可贵的是，他认为德国当时的交通状况和日本是非常不一样的，所以从那时日本的法律制度和交通设施的完备程度来看，在日本采取信赖原则还为时尚早。果然，直到20世纪60年代后半期，日本最高法院才正面肯定这一原则。自此以后，信赖原则也成为西原春夫先生的一个学术标签。②

（二）注重对判例的研究，通过判例来推动刑法理论的发展。例如：在因果关系问题上，相当因果关系曾长期作为日本的通说，因大阪南港案件等使相当因果关系出现危机，此时日本刑法通过判例发展出本土化的因果关系理论——实行行为危险的现实化说。③ 正如井田良教授所言："如果我们把今天流行的刑法总论教科书和十年前的教科书进行比较，就会发现，因果关系和归责理论的学说状况发生了最为巨大的变化。"自大阪南港案件后，最高法院就采用判例法来裁断归责案件，并以行为人的行为明显地对于结果出现所发挥之实际作用的大小来作为判断标准。④ 日本刑法学界通过判例研究创立出更为出色的刑法理论，⑤ 这一点也很值得中国刑法学界重视。现在中国刑法学要想发出中国的声音，我认为开展本国判例研究甚至从中总结提炼出自己的理论是一个重要渠道。现在这方面也有了更好的条件，中国裁判文书网公布了大量的案件裁判文书，与域外学者敏锐地捕捉到这一信息并有效利用其来作研究相比，

---

① 参见［日］西原春夫《我的刑法研究》，曹菲译，北京大学出版社2016年版，第84—87页。当时的日本被称为"饮酒天国"，正因为这样一种国情，所以那次年会的目的就是讨论如何应对这一局面。

② 同上书，第88—89页。

③ 参见［日］山口厚《刑法总论》（第3版），付立庆译，中国人民大学出版社2018年版，第58—59页。

④ ［日］井田良：《走向自主与本土化：日本刑法与刑法学的现状》，陈璇译，陈兴良主编：《刑事法评论》第40卷，北京大学出版社2017年版，第379页。

⑤ 山口厚教授在"中日刑事法的现状与未来"学术研讨会上的发言，2015年5月30日于中国人民大学。

国内学界的重视程度似乎还不够。

（三）立足国情，使理论紧贴生活与实践。中国学界与实务界目前存在"两张皮"的现象，实务界抱怨我们的理论不接地气，不能为他们遇到的司法难题提供智力支持。这种状况日本过去也面临过，如井田良教授就指出，20世纪90年代，在所有人文社会科学的专业当中，人们对大学教学科研的意义和社会效益提出了强烈的质疑，就法学而言，批评集中在它远离生活和实践这一点上，"只有当人们对本土法律存在的问题了如指掌，并且在研究当地有待解决的实际问题的过程中，向其他法秩序寻求处理该问题的参考时，比较法研究才会具有意义"。[1] 我在2017年的一篇文章中提出，中国的刑法学者应树立起"国际的视野、中国的视角和自己的方案"这样一种研究格局，在引进外国的理论和学说时应有自己的主体意识，引起较大的社会反响。[2] 文章虽然直接动因来源于我在德国参加的一次学术会议，但也受到日本刑法学界正确对待德国等外来刑法知识、扎根本国生活与实践的鼓舞和影响。[3]

---

[1] 参见［日］井田良《走向自主与本土化：日本刑法与刑法学现状》，陈璇译，陈兴良主编《刑事法评论》第40卷，北京大学出版社2017年版，第373—374页。

[2] 参见刘仁文《再返弗莱堡》，《法制日报》2017年12月27日；蒋安杰：《〈再返弗莱堡〉编辑手记》，《法制日报》2018年1月3日。

[3] 日本刑法学界已经摆脱了对德国刑法学的过度依赖，转而走向以本土法律和判例为立足点的发展道路。参见前引井田良文，第372页以下。

乡归何处：40年来中国刑法理论话语的变迁

姚建龙　林需需[*]

刑法理论不能脱离时代背景而发展，社会的转型往往引起刑法理论的变迁。1978年我国进入改革开放的新时期，政治上实现拨乱反正、经济上市场经济开禁，法治领域确立了法制化建设的基本目标，法制不同于法治，法律规范的构建是重心，刑法理论的重要性并未受到重视。当时刑法理论的选择和形成主要有两个基本特征：一是意识形态的社会主义性质；二是刑法理论的简单实用，因而我国借鉴苏俄刑法理论形成了当代中国刑法学的第一个版本。1997年我国进入深化改革开放的新时期，经济上全面推进社会主义市场经济建设，法治领域确立了"依法治国"的基本方略，法制开始向法治转型，法治建设不再仅仅满足于刑法规范的完善，对刑法规范的适用提出了更高的要求，刑法理论具有弥补和引导刑法规范适用的作用，因而理论的重要性越来越受到重视，刑法理论的逻辑性取代实用性成为新的理论评价标准。在法治建设新形势下，我国逐步开始了苏俄到德日刑法理论话语体系的转型，德日成为新的理论来源地，主要有以下三方面原因：首先，德日是刑法理论的集大成者，刑法理论丰富；其次，我国有过学习德日刑法理论的历史；最后，德日与我国同属成文法国家。时至今日，国际局势发生深刻变化，世界范围内刑法理论出现碰撞和融合的趋势，我国社会也处于转型期，新时代背景下是继续借鉴德日理论还是构建中国独立的刑法理论话语体系是刑法理论发展必须做出的路径选择。苏俄理论的弊端谈的已经很多，但德日理论在我国的生存和发展也并非一帆风顺，司法实践中出现的理论与实践两张皮是最大问题之一，为何自诩先进的德日刑法理论在中国并未获得一致认可，这些都是需要讨论的问题。更令人惋惜的是，40年过去了，我们还是在别国理论的影响下亦步亦趋，没有形成适合我国国情的刑法理论话语系

---

[*] 姚建龙，上海政法学院教授、博士生导师；林需需，上海政法学院2016级刑法学硕士研究生。

统。回望这 40 年刑法理论的发展历程，对我国刑法理论未来的发展可能有所指引。

一　1978 年与中国刑法理论话语系统的重建

中华人民共和国第一部刑法典虽然于 1979 年才颁布，但刑法理论的研究却可以追溯到中华人民共和国成立初期。1949 年中华人民共和国成立以后废除国民党"六法全书"，基于与政治上的亲缘关系，开始大规模移植苏俄法律体系。移植的具体方式和渠道主要有：①苏联各种法学著述在我国全面译介；②苏联法学教材或苏联专家的讲义成为我国法律教育的主要载体；③苏联法学专家来华传授法学理论和法制经验；④我国派遣留学生到苏联学习法律；⑤建立以传播苏联法学为宗旨的教育基地。① 在全面学习苏俄理论的情况下，我国初步形成了以苏俄理论为基础的刑法理论话语系统。及至 1957 年"反右"运动，法律虚无主义盛行，后来又受 1966—1976 十年"文革"影响，刑法学研究基本处于停滞状态，中华人民共和国成立以来初步形成的刑法理论话语系统损毁殆尽。1976 年 10 月粉碎"四人帮"、"文化大革命"结束，政治上的拨乱反正为刑法理论的研究提供了生存土壤，1978 年十一届三中全会确立了法制建设的目标，刑法理论研究重新焕发生机。但该时期刑法学研究呈现出重视刑法立法而忽视理论构建的趋势，今天来看，这也是法制不同于法治之处，刑法理论的发展主要是教学需要，刑法教材的编纂是当时刑法理论研究的动力来源。

如果说 1957 年之前刑法学研究重心在于刑法理论，那么 1978 年之后刑法学研究重心在于刑法立法。造成这样的局面有以下三个原因：其一，法制建设目标下，刑法规范的构建是重心，刑法学者的重心在于立法；其二，刑法规范的适用与刑法理论是两条路，刑法理论只是作为定罪量刑的形式工具，实质上发挥作用的是刑法规范，在此背景下，适用什么样的刑法理论并不妨碍最终的定罪量刑；第三，理论研究的政治化、意识形态化很严重，学术自由受到严格限制。在此时代背景下，刑法理论研究基本上接续了中华人民共和国成立初期的苏俄理论话语体系，是中国刑法理论话语系统对于中华人民共和国成立初期理论的重建，形成了当代中国刑法学的第一个版本——苏俄刑法理论话语系

---

① 参见顾培东《当代中国法治话语体系的构建》，《法学研究》2012 年第 3 期。

统。该系统具有四个典型特征：其一，以社会危害性为犯罪的本质特征；其二，采取四要件犯罪构成理论体系；第三，采取必然和偶然因果关系；第四，分则制定了具有当时时代背景的反革命罪、投机倒把罪以及流氓罪。

社会危害性理论是苏俄刑法理论区别于西方刑法理论的核心。"根据犯罪概念是否包含社会危害性的内容，在刑法理论上将犯罪概念分为犯罪的形式概念与实质概念。"[①] 我国 1979 年《刑法》第 10 条规定了犯罪的法定概念，尽管对其性质有争议，但将社会危害性作为概念的核心，进而与西方罪刑法定原则下的形式犯罪概念相区别是没有争议的。在当时来看，一方面，社会危害性能够直观反映犯罪行为的本质特点，更容易被法治意识刚刚觉醒的社会大众所理解；另一方面，以社会危害性为内容的犯罪概念，符合高效率打击犯罪、维护社会稳定的需要。"文化大革命"的十年中国家动荡不安，违法犯罪分子肆无忌惮，这样的情况在 1978 年十一届三中全会之后仍然存在，以社会危害性为核心的犯罪论体系，便于打击犯罪行为，符合我国目标型法治的价值追求。

与社会危害性理论一脉相承，四要件犯罪论体系也是苏俄刑法理论话语体系的重要特征。四要件犯罪论一般认为由犯罪客体、犯罪客观方面、犯罪主体、犯罪主观方面四个要件构成，四个要件相互独立，没有递进关系，并且每个要件既包含规范判断又包含价值判断。而西方阶层理论阶层之间层层递进，通常认为构成要件该当性（符合性）进行规范判断，而违法或有责进行价值判断。四要件犯罪构成理论符合目标型法治的要求，司法机关在认定犯罪时能够预先进行判断，然后利用犯罪构成理论进行说明。四要件犯罪构成理论适应我国国土面积大、人口众多与打击犯罪的需要，与阶层理论相比效率更高。20 世纪 80 年代刑法研究复苏，学习的就是四要件犯罪论体系，例如高铭暄教授主编教材《刑法学》采用的就是四要件犯罪论体系，确立了四要件犯罪论体系的地位。

除了社会危害性理论以及四要件犯罪论体系，苏俄话语体系还有一个重要的特征是因果关系的哲学化和意识形态化。一方面，基于对马克思、黑格尔等哲学家著作的认识，苏俄因果关系经历了从只承认必然因果关系到既承认必然因果关系又承认偶然因果关系的过程；另一方面，从排斥资产阶级的角度，否定条件说和相当因果关系说，认为它们是唯心主义的。我国刑法理论继受了苏俄因果关系的讨论，因果关系简单政治化和哲学化。20 世纪 50 年代呈现出承认偶然因果关系和反对因果关系两种截然相反的观点，但必然因果关系占主导

[①] 陈兴良：《刑法知识论》，中国人民大学出版社 2007 年版，第 178 页。

地位，后来偶然因果关系逐渐得到重视。总体而言，我国因果关系经历了从只承认必然因果关系到既承认必然因果关系也承认偶然因果关系的过程。这段历史从高铭暄教授主编的三本教科书中也有体现：1982年出版、1984年修订的《刑法学》中，作者否定偶然因果关系的存在；1989年出版的《中国刑法学》中，作者未明确赞同偶然因果关系；2000年出版的《刑法学》中，明确赞成偶然因果关系。①

如果说刑法总则主要移植了苏俄刑法理论，分则部分规定的"反革命罪""投机倒把罪""流氓罪"则更具有"中国特色"。刑法分则第一章规定了反革命罪，之所以采取这一带有浓重政治色彩意味的名称，旨在区分反革命罪与非反革命罪，这是我国人民民主法制的一个传统做法。② 除了政治领域外，投机倒把罪是经济领域采取计划经济的体现。1978年十一届三中全会虽然提出经济改革，但1979年刑法是建立在计划经济基础上的，旨在维护计划经济秩序。流氓罪是为社会管理而服务的罪名，凸显刑法在维护社会秩序中的重要作用，作为典型的口袋罪名，便于打击犯罪。口袋罪名同时弥补了刑法条文少，而犯罪行为多种多样的实际状况。

1979年刑法制定的目的有两个，一是打击犯罪，维护社会稳定；二是完善法制，为经济建设保驾护航。这两个主要目标，要求将高效率打击犯罪作为标准，苏俄刑法理论相较于大陆法系、英美法系刑法理论较容易学习、传播，能够迅速实现社会的稳定，采取苏俄刑法理论话语体系具有合理性。但随着社会逐渐稳定，这一以效率为目标的刑法理论弊端也慢慢显现，学者纷纷著书立说呼吁批判和完善苏俄犯罪论体系。

二　中国意识的初步觉醒：接续刑法学传统理论话语系统的努力

今天来看，苏俄刑法理论在20世纪50年代掌握我国刑法话语权主要有两方面原因，一方面是政治上，社会主义与资本主义两大阵营的对立，与苏俄的

---

① 参见陈兴良《刑法的知识转型（学术史）》，中国人民大学出版社2017年版，第377—378页。

② 高铭暄编著：《中华人民共和国刑法的孕育和诞生》，转引自刘仁文《30年来我国刑法发展的基本特征》，《法学》2008年第5期。

亲缘关系，当时学习西方刑法理论没有现实基础；另一方面苏俄刑法理论相较于大陆法系刑法理论而言，通俗易懂，能够满足快速稳定社会秩序的需要。移植苏俄刑法理论的情况在20世纪80年代出现了变化，随着政治上的开放，刑法理论研究也逐渐开禁。我国刑法理论出现两个知识增长点，一个是台湾地区刑法学知识的引进；另一个是近代刑法作品的重现。知识的多元化给学者提供了批判和反思苏俄体系的理论基础，另一个大背景是我国法治逐渐启蒙，刑法单纯作为打击犯罪工具的价值开始动摇。

与大陆1949年废除国民党"六法全书"不同，台湾地区刑法学者延续了清末大陆法系刑法理论传统，台湾出现了一批刑法理论的集大成者，代表性的学者有：韩忠谟、林山田、徐玉秀、林钰雄、黄荣坚等。这批学者大多经历了清末六法学习德日的过程，在德日大陆法系刑法理论的滋养下，批判地形成了完善的台湾地区刑法理论。语言便利也是台湾与大陆刑法学界交流逐渐紧密的原因，20世纪80年代初，我国大陆影印出版了一批台湾刑法学著作。关于这段历史，许章润教授曾经指出："80年代初、中期对于台湾法律学术的欣纳，恰是对于被迫中断的法学与法律传统的接续，或者说，是清末变法改制开其端绪的近代中国法学与法律传统，在1949年以后一树两枝、各有型制的情形下，于80年代初、中期出现的汇合。"[1]

除了影印台湾地区刑法学著作，近代刑法学作品的重现也为当代刑法理论的发展提供了理论源泉。中国刑法学在清末被开启后进入到初创时期，这一时期学者学习和引进西方，特别是日本刑事立法、司法制度，在移植的过程中学者提出各自的主张，出版了一批刑法学著作。[2] "据初步统计，从清末至1949年，中国出版刑法学译著、专著和教材等共900余部。"[3] 20世纪80年代，一大批清末民国的刑法学著作重现，如清末熊元翰《刑法总则》《刑法分则》、李维钰《刑法总论》、袁永廉《刑法各论》等；民国时期陈瑾昆《刑法总则讲义》（中国方正出版社2004年版，吴允锋勘校）、王觐《中华刑法论》（中国方正出版社2005年版，姚建龙勘校）等[4]。台湾及近代刑法著作的重新重视，

---

[1] 许章润：《法学家的智慧——关于法律的知识品格与人文类型》，转引自刘仁文《30年来我国刑法发展的基本特征》，《法学》2008年第5期。

[2] 民国时期王宠惠、王觐、郭卫、赵琛、徐鹏飞、陈文彬、蔡枢衡、孙雄等学者出版了大量的刑法学著作。据初步统计，从清末至1949年，中国出版刑法学译著、专著和教材等共900多部。参见何勤华《中国近代刑法学的诞生与成长》，《现代法学》2004年第2期。

[3] 何勤华：《中国近代刑法学的诞生与成长》，《现代法学》2004年第2期。

[4] 参见刘仁文《30年来我国刑法发展的基本特征》，《法学》2008年第5期。

接续了由于政治原因而中断的传统刑法理论研究，为中国刑法意识的觉醒提供了理论支撑。

苏俄刑法理论话语体系是通过移植形成的，中国意识的觉醒同样也建立在批判苏俄理论上。其中，学者对苏俄四要件犯罪构成理论的批判时间最久，也最彻底。犯罪主体与犯罪客体是最先被批判的两个要件，对犯罪主体是否属于构成要件的争论持续时间并不长，对于犯罪客体是否属于构成要件的争论相对持续时间较长。令人困惑的是，主张去除犯罪主体要件的学者都主张保留犯罪客体，主张去除犯罪客体的学者都主张保留犯罪主体，没有主张同时废除两个构成要件的。① 20 世纪 80 年代，对四要件犯罪构成理论进行猛烈抨击并主张建立具有中国特色的犯罪构成理论体系的学者是何秉松教授。他提出的犯罪构成要件分为行为要件和行为主体要件，其中行为要件分为行为的主观要件与行为的客观要件，行为主体要件分为主体的一般要件和主体的特殊要件。② 该时期对于四要件犯罪构成理论的批判主要集中于苏俄犯罪构成理论本身的反思，基本没有涉及与三阶层犯罪论的比较，是体系内部是否协调的争论。

除了对移植自苏俄的刑法理论话语体系进行批判反思，刑法哲学是这一时期的创新性理论成果。苏俄刑法理论所具有的政治化、哲学化话语体系，实用性较强但缺乏理论内涵，基于刑法文本本身的注释学研究，素材十分有限，无法满足刑法学者研究的需求。一部分学者开始探索刑法哲学，在刑法之上研究刑法，"刑法哲学，是对刑法所蕴涵的法理提升到哲学高度进行研究的一门学科"③，是对作为基础理论的刑法价值的探讨，思辨性是其主要特点。在刑法哲学研究中，代表性学者是陈兴良教授，他的《刑法哲学》《刑法的人性基础》《刑法的价值构造》被称为刑法哲学三部曲。陈兴良教授认为只有学术与政治、知识与权力保持一定的距离，才能保证刑法理论的发展，依附于政治、权力的学术研究，缺乏理论价值也容易导致学术僵化。④ 陈兴良教授同时提出"刑法专业槽"的主张，目的即在于构建精英话语体系，提高刑法理论的价值和内涵。

对台湾地区以及近代刑法学著作的重新重视，体现了刑法学者接续我国传

---

① 参见陈兴良《刑法的知识转型（学术史）》，中国人民大学出版社 2017 年版，第 104 页。
② 参见何秉松《建立具有中国特色的犯罪构成理论新体系》，《法学研究》1986 年第 1 期。
③ 陈兴良：《论刑法哲学的价值内容和范畴体系》，《法学研究》1992 年第 2 期。
④ 参见曲新久《刑法哲学的学术意义——评陈兴良教授从〈刑法哲学〉到〈本体刑法学〉》，《政法论坛》2002 年第 5 期。

统刑法理论的努力，为批判和完善苏俄刑法理论话语体系提供了理论基础，刑法哲学是这一时期我国刑法意识觉醒最显著的产物，虽然刑法哲学的研究作为一种尝试并未成为刑法学研究的主流方法，但开启了研究刑法的新思路，有重大理论价值。总体而言，这一时期刑法理论的批判还是苏俄刑法理论内省式的完善，与后来德日刑法理论的压倒性趋势相比，该时期对苏俄理论的批判相对缓和。

三　革命与陶醉：德日刑法理论话语的嵌入与碾压

随着改革开放的逐渐深化，学术交流的增多，20世纪80年代后期大量外国刑法学著作译介到国内，刑法理论知识呈现爆炸式增长。我国引进西方刑法理论的基本路径是先学德日，然后学习英美，其中以德日为代表的大陆法系刑法理论对我国刑法理论冲击最大，一度出现取代苏俄刑法理论主流地位的趋势。与20世纪80年代初期不同，德日刑法理论对苏俄刑法理论的冲击是外发型的，具有颠覆性质。同时随着社会逐渐稳定，法制的完善，开始逐步进行法治建设，相较于法制而言，法治更加注重保障人权，因而以效率著称的苏俄刑法理论优势减小，逻辑严密的德日刑法理论话语体系因其更加注重保障人权开始掌握话语权。

构成要件理论的交锋。20世纪90年代德日经典犯罪论著作，例如日本学者小野清一郎的《犯罪构成要件理论》（王泰译，1991年中国人民公安大学出版社出版）与德国贝林的《构成要件理论》（王安异译，2006年中国人民公安大学出版社出版）译介进国内，我国刑法学者得以了解德日理论。初始德日三阶层犯罪论体系是作为批判四要件犯罪论体系而存在，更多扮演了理论借鉴的角色，四要件犯罪论体系的地位没有被动摇。进入21世纪，随着对三阶层犯罪论体系研究的逐渐深入，四要件犯罪论体系的地位遭到挑战。具有标志性的事件有以下几个：第一，2003年由陈兴良教授主编、周光权教授担任副主编的《刑法学》（复旦大学出版社2003年版），第一次在刑法学教科书中采用了三阶层犯罪论体系；第二，三阶层犯罪论体系在2009年第一次进入司法考试；第三，2011年由张明楷教授主编的《刑法学》（第四版）将第三版中客观构成要件改为违法构成要件、将主观构成要件改为责任构成要件，实现了从四要件到三阶层的转变；除此之外，大量学术论文展开对四要件犯罪构成理论的批判和对三阶层犯罪论体系的推崇。如今来看，在这场交锋中，三阶层学者获得了理论上的绝对话语权。

以犯罪论体系为开端，苏俄刑法理论在与德日刑法理论的交锋中全面落败，成为落后与保守的象征。具体体现为以下三个方面。第一，苏俄以社会危害性为中心的刑法理论遭到抨击，社会危害性被认为阻碍了罪刑法定原则的落实，有损害人权的弊端，而德日形式犯罪概念能保障罪刑法定原则的实现。第二，苏俄四要件犯罪论体系遭到严厉批判，整个刑法学界学者所主张的去苏俄化也是以四要件犯罪论体系为攻击对象；针对四要件犯罪论体系的攻击包括结构与内容；就结构而言，批判者认为四要件犯罪论体系是平面耦合结构，缺乏体系性，没有三阶层的逻辑性；就内容而言，每个构成要件既包含事实判断又包含规范判断，"苏俄的犯罪论构成体系，将事实要素与评价要素混为一谈，未作切割，由此带来的问题是：某一构成要件的性质难辨"[1]。第三，学者认为必然因果关系与偶然因果关系是哲学上原因与结果这两对范畴相嫁接完成的，[2] 这种因果关系仅仅解决了行为与结果之间原因与结果的事实问题，解决的是归因而不是刑法意义上的因果关系，刑法上因果关系还要解决归责，即要求行为人对结果负责的问题，因而主张采取德日相当因果关系理论以及客观归责理论。主张德日刑法理论的学者，从以上三个方面全面否定了苏俄刑法理论话语体系，德日刑法理论逐渐掌握话语权。

从话语体系的构成而言，苏俄刑法理论代表的是大众话语体系，而德日刑法理论代表的是精英话语体系。精英话语体系的构建是学者主张引进德日刑法理论的另一个原因。"精英话语是与大众话语相对立的话语模式，'大众话语'注重社会一般民意，要求'法言法语'应易于为一般民众所理解和接受，显露理想化和普泛化的倾向；而'精英话语'则以法律职业的自治和法学理论的精密为出发点，追求法律自身的逻辑并与一般民众隔开距离，体现了精英化与专业化的愿望。"[3] 学者站在批判苏俄理论的角度上，认为苏俄理论有极其严重的意识形态倾向，是政治的产物，缺乏学术性，而法治社会的建立，需要司法队伍的精英化，要求一套与之相匹配的精英化理论工具。[4] 而德日理论正是精英话语的代表，因而精英话语的构建实际上也可以说是德日理论的引进。在去苏俄化与精英话语构建的强烈愿望下，学术界开始大量引进德日刑法理论

---

[1] 陈兴良：《刑法知识论》，中国人民大学出版社2007年版，第XIV页。
[2] 参见陈兴良《刑法的知识转型（学术史）》，中国人民大学出版社2017年版，第379页。
[3] 车浩：《从"大众"到"精英"》，《浙江社会科学》2008年第5期。
[4] 同上。

试图进行苏俄刑法理论的改造，这种精英话语体系的建构，有意增加苏俄理论与德日理论距离的努力，使得刑法学者一夕之间看不懂刑法学。

我国现有刑法理论基本上是在学习国外刑法理论基础上进行的增删修补，基本学习路径是先学苏俄、再学德日然后学习英美。学术界目前主张学习德日有以下几方面原因：第一，我国与德日都是成文法国家，美国是判例法，德日理论更具借鉴价值；第二，德日相较于苏俄，刑法理论更加丰富，不论从形式还是实质上更具思辨性，学者普遍具有追求复杂理论的倾向，学习德日能够满足学者的探求欲望；第三，德日相较于苏俄是后来的理论，后来理论与之前理论的不同点，容易使得德日理论天然的成为批判工具而非被批判对象；第四，中华人民共和国成立前，我国传统刑法理论通过学习日本基本形成了大陆法系的知识体系，今天学习德日理论有接续以往理论的熟悉感；第五，借鉴国外理论的惯性，学习国外理论的方式相对而言成本更低，而创造适合自身的理论相对困难，容易产生路径依赖。

德日刑法理论的大规模引进，以其理论的逻辑性和严密性迅速占领中国刑法理论话语权威地位，并仍然保持着旺盛的生命力。对这段历史的回顾有助于把握未来我国刑法发展的正确方向。

四　新时代：中国刑法学理论话语系统在何处

回顾我国刑法40年发展历程，刑法理论发展走了一条移植国外的道路，总体而言，是先学习苏俄、然后学习德日。我国与西方社会具有共时性，但法治化进程却有很大差距，西方社会刑法理论相较于苏俄理论具有优势，学习借鉴德日刑法理论有其进步意义。我国自改革开放以来，经济高速发展，作为上层建筑的刑法理论受经济影响进入转型期，该时期最大的特点是各种理论呈现爆炸式增长，多元化刑法理论的出现为我国刑法理论发展提供了选择，但面对多样化选择，学者容易迷失在理论的丛林中，忽视国家主体地位。就德日刑法理论取代苏俄刑法理论话语体系的过程而言，需要进行必要的反思。

德日刑法理论能否取代苏俄刑法理论至少需要明确的问题还有以下两个：其一，形式犯罪概念一定优于实质犯罪概念吗？其二，三阶层犯罪论一定优于四要件犯罪构成理论吗？对去苏俄化的反思是首先应当进行的工作。苏俄刑法理论自创立之初就作为被批判的对象，去苏俄化的呼声一直持续至今。去苏俄化的代表人物是陈兴良教授，他认为犯罪构成理论是整个刑法学知识的基本框架,而苏俄犯罪构成理论有自身无法克服的缺陷,逻辑性不强,并归纳出苏俄犯罪构成理论的三个本质缺陷:(1)事实与价值相混淆;(2)犯罪构成的平面化;(3)规范判断的缺失。① 针对去苏俄化的呼声,薛瑞麟教授提出了完全对立的观点,指出"在苏联的犯罪构成体系中并不乏评价要素,也没有将事实要素与评价要素混为一谈,只不过同德国殊路而已;德国与苏俄的犯罪构成体系各有所长,各有所短,苏联的犯罪构成体系的特点在于便于司法操作,极具实践品格;社会危害性在我国刑法中仍有存在的价值,讨论它不能脱离刑法的规范"。② 高铭暄教授分别从历史合理性、现实合理性、内在合理性、体系稳定性等方面,指出"四要件犯罪构成理论并不存在某些学者所认为的诸多缺陷,相反,在目前中国的国情下,四要件犯罪构成理论具有相当的合理性"③。学术界这两种针锋相对的观点,本质而言是实用性与逻辑性的争论。主张去苏俄化的学者,追求逻辑的严密性,而维护苏俄四要件犯罪构成理论的学者更多的是从实用性角度出发。这一点,即使主张去苏俄化的陈兴良教授也承认苏俄犯罪构成理论实用性更强,大陆法系刑法理论逻辑性更强。④ 学者的讨论主要集中于逻辑性与实用性,实际上理论要在实践中才能体现其价值。德日刑法理论相较于苏俄刑法理论,在实践中是否更有价值需要实践的检验。

目前,德日刑法理论在我国司法实践中还没有得到充分的验证,学术研究中德日理论相较于苏俄理论更有话语权,但在司法实践中并不受欢迎。这种理论与实践的反差,一方面反映了德日刑法理论在司法适用的困难;另一方面表明苏俄刑法理论在实践中并没有需要被替换的紧迫性和必要性。是否应当用德日刑法理论替代苏俄刑法理论,并不是学者一句"德日刑法理论更具逻辑性"就足够的,如果引进德日刑法理论,整个刑事司法体系可能都要受影响,这是全面移植德日理论必须面对的现实问题。移植德日刑法理论要考虑到几个问题:第一,移植德日理论取代苏俄理论的必要性;第二,移植德日刑法理论的方法、时机;第三,其他刑事司法制度需要做出怎样的调整,才能与德日理论相匹配。就目前来看,这些问题都还没有明确,因而,全面移植德日刑法理论的观点还应当经过更加严密的论证,现在还不具备全面移植德日理论的条件。

---

① 参见陈兴良《刑法知识的去苏俄化》,《政法论坛》2006年第5期。
② 薛瑞麟:《对话〈刑法知识去苏俄化〉的作者》,《政法论坛》2008年第6期。
③ 高铭暄:《论四要件犯罪构成的合理性暨对中国刑法学体系的坚持》,《中国法学》2009年第2期。
④ 参见陈兴良《刑法知识的去苏俄化》,《政法论坛》2006年第5期。

与去苏俄化目标一致，刑法精英话语体系的构建也是在批判苏俄话语体系基础上提出的。精英化相较于大众化具有理论上的优势，提高了刑法理论话语体系的专业槽，避免了非专业性，提高了理论的价值。但精英话语体系的构建却与我国法治建设所要求的科学化、民主化立法相悖。人民代表大会制度是我国根本政治制度，人民大众广泛参与法治建设，一方面有助于发挥人民的主体性地位，只有社会大众才是自己利益的代言人，广泛参与有助于保障个人的权益；另一方面，大众话语体系有助于社会大众对司法进行监督。精英理论话语体系下，刑法理论成为少数刑法学家可以掌握和使用的语言，实际上剥夺了社会大众参与法治建设的权利。目前，正在进行的精英话语体系建设，虽然获得了一部分学者的响应，但长远来看不利于刑法理论的发展。并且这一刑法理论话语体系的构建，一定程度上是在为德日刑法理论的引进铺平道路。在德日理论是否适合中国实际还未明确的情形下，进行精英话语体系的构建，利弊如何还不能确定。当然，作为学术研究，精英话语体系的构建是十分必要的。

　　回顾我国刑法理论发展的历史，近现代以来走了一条移植之路，总体而言移植分为三次：第一次，自鸦片战争打开清朝大门，清朝统治者被迫学习德日大陆法系刑法理论，清末民初基本形成了大陆法系刑法理论体系；第二次，中华人民共和国成立以来开始借鉴苏俄刑法理论；第三次，20世纪90年代开始逐渐学习德日刑法理论。在这漫长的借鉴移植历程中，中国未能构建起自身独特的刑法理论话语体系。在国家综合实力逐渐增强，未来刑法仍然靠借鉴别国刑法理论，不符合提高理论自信和文化自信的目标。值得注意的是，刑法理论不仅具有普适性，地域性更是它的特征之一。就我国刑法理论而言，光靠移植这条道路最终是难以为中华民族的伟大复兴服务的。中国与包括德日在内的西方国家是具有本质区别的，我国的社会主义性质，目的在于实现最广大人民群众的根本利益，而西方国家刑法理论看似保障了个人的自由、平等，维护了正义，实际上却是在变相保护资本主义的阶级地位。在西方的法治理论下，每个人实现的是形式上的平等，恰恰忽略了实质上的平等。例如：美国的律师制度实际上是为资产阶级服务的，无产阶级请不起好的律师或者请不到律师，在追求形式平等的情形下，法律实际上沦为资产阶级的工具，无产阶级根本无法实现自身的利益，两极分化会越来越严重。

　　中国作为社会主义国家，实现最广大人民群众的利益是根本价值追求。国家在利益的分配中一方面能够实现机会的平等，另一方面能够实现分配正义；刑法赋予国家的权力，有利于将贫富差距控制在一定的程度内，有利于实现共同富裕。除了国家意识形态的差别，中国与国外基本国情的差异，中国幅员辽阔，人口众多，社会情况的不同决定仅仅通过移植国外理论是行不通的。我国移植苏俄刑法理论之所以在实践中具有适用的可能性，一个重要的原因就是苏俄刑法理论在司法实践中并未发挥决定性作用，起作用的主要是刑法规范，而刑法规范却是本土化的产物。苏俄实质犯罪概念，实际上还是依靠刑法规范来判断的。但德日刑法理论则不同，逻辑严密的刑法理论体系，一方面加大了适用的成本，另一方面使得刑法规范在适用过程中不得不适应刑法理论的规定，未加本土化的德日刑法理论可能扭曲我国已有的刑法规范。并且，机械化的规范化体系导致司法人员主观能动性的降低，最终可能实现了形式上的公平，但无法保障实质上的平等。

抛开国情差异不讲，即使是主张移植德日理论的刑法学者也必须承认，采取苏俄刑法理论与德日刑法理论得到的结论99%相同，只有在极少数情况下会出现差异。例如公认的共同犯罪方面的差异，目前我国刑法理论还无法很好解决，但这个问题完全可以通过理论的创新或者刑法规范进行拟制规定，并非无法解决。值得注意的是，追求理论的完善和丰富是理论研究者的天性，但理论研究也要关照实践。一些学者认为的德日刑法理论相比与四要件犯罪构成理论更加具有保障人权的作用，实际上中国出现的冤假错案也并非犯罪论体系的问题，而是包括刑事司法制度在内的整个系统运作的结果，试图只通过改变犯罪论体系就达到避免出现类似错误案件是缺乏实践经验的表现。实际上，中国的问题还是要立足中国实际来解决，国外理论可以为我们提供理论材料或者解决路径、经验，但无法完全取代中国刑法理论。正确的做法是不断完善并最终形成具有中国特色的社会主义刑法理论话语系统。

新时代背景下，世界范围内刑法理论的碰撞和融合，一方面给我国刑法理论发展提供了更多的素材；另一方面也使刑法理论的发展更加难以把握。最近几年，刑法教义学的研究是刑法学研究的重点，学者对于刑法教义学的研究已经有些成果，但仍然局限于教义学方法和知识的引进，尤其是德日刑法教义学知识的移植。从丰富刑法研究方法而言，应当肯定刑法教义学方法的进步意义，但部分学者在移植刑法教义学方法时，将德日刑法教义学知识不加区别一概引进，造成了刑法适用的混乱。总体而言，刑法教义学在借鉴过程中要注意两点。其一，要注意教义的选择，形成中国自己的教义学知识。教义的选择具有本质、深层次的意义。是选择德国刑法作为教义还是选择中国刑法作为教义，这个问题看似简单，却最容易被忽视，学术界很多学者也正在犯这样的错误。需要加以明确的是，中国的刑法教义学要以我国刑法规范为教义，我国刑法是立足于我国政治、经济、文化等特点而进行的规范创设，来自中国本土实践，能够解决中国问题。无论在理论界还是司法界，要警惕个别理论家试图通过运用国外刑法理论来抹杀或改变我国刑法规范的目的。虽然教义学方法一般认为是价值无涉的纯粹方法，但来自国外的教义学知识却是包含着意识形态、价值内涵的理论，具有形塑法治理念的作用，带有强烈的国家意识。虽然承认我国法治与西方法治之间的差距，这种差距一方面可以通过刑法教义学等普世方法的借用而缩小差距，但另一方面也不能失去刑法的主体地位，这不仅仅关涉刑法规范的发展与完善，更可能阻碍我国的法治化有序前进。

其二，要促进德日教义学知识的本土化，警惕使用德日理论解决中国问题。德日教义学知识已经随着学者的引进而进入中国刑法理论界，并且有占据主流理论话语体系的趋势，在此背景下禁止一切教义学知识的引进已经不可能，现实的做法是促进德日刑法教义学知识的本土化，尽量避免使用德日理论解决中国现实。目前刑法教义学知识的传播还仅在理论界，这种教义学知识的普及由于是囫囵吞枣式的移植，因而并不容易被社会一般大众或者实务工作者所理解和接受，这给清缴德日教义学知识提供了时机。理论界迫切需要对教义学方法的引进作一反思性总结，目的不是阻碍德日教义学知识的引入，而是使德日教义学知识更好地为中国的司法实践而服务。中华人民共和国成立以来移植国外刑法理念和理论，促进了我国法制化进程，但法治具有更多的本土化意义，只有适合中国的才是有价值的。同时，也要警惕盲目使用德日理论套用中国问题，这种张冠李戴式的套用，看似也能解决问题，实际上可能造成严重的体系混乱。

社会转型时期，刑法未来的发展该去向何方，关系到我国法治建设的成败。理论研究者在研究理论时应当更加关照司法实践，毕竟理论是要为实践服务的，未加司法实践检验的理论，其价值也难以确定。我国刑法学界出现的理论研究与司法实践相脱离的情形值得刑法学者进行反思。就刑法理论话语系统的变迁而言，我国刑法理论研究一直处于移植和变动之中，缺乏本土化思考，与刑事立法本土化相比，刑法理论话语体系重视移植的状况，导致刑法理论的混乱。就刑法理论发展的趋势来看，单纯移植并不能解决中国的实际问题，立足我国现实，在移植的基础上进行本土化改造是可行的路径。

刑法社会化：理念倡导与实践推进

利子平　石聚航[*]

一　问题的提出

刑法制度的变化与刑法理论的创新，说到底不外是社会发展的制度和学理回应。刑法以及刑法学的发展，不能忽视社会变革的影响。与此同时，刑法制度的运行，也应当对于社会发展有所引导。人们关于刑法的认识总是在社会视域下予以展开的，社会形态的变化、社会结构的变迁、社会力量的对比以及社会观念的嬗变，都会以一定的形式投射到刑法规范和刑法理论中。为此，就应当不断地更新对于刑法的认识。理论界关于刑法观念有诸多标签，如刑法现代化、国权刑法、市民刑法、民权刑法、积极主义刑法观、风险刑法等都力图展现与勾勒刑法与社会之间的关联，对于刑法理念和实践颇具启迪。但与此同时，上述观念也受到一些质疑。例如，刑法现代化的指标体系如何建立，国权刑法与民权刑法的理论假设如市民社会本身界定的困难，积极主义刑法观与刑法谦抑性之间的冲突，风险刑法与刑法教义学之间是否能够无缝对接等，这些争论对于刑法制度更新与刑法理论的发展不无裨益，但仍然需要进一步拓展与延伸。事实上，无论是哪种刑法观念，其根本的观察逻辑是规范与事实，亦即刑法规范与社会事实之间的关联。倘若认为刑法规范仅仅是自我指涉性的结构耦合，进而排除规范体系外的因素在刑法运行中的作用，则难免会窒息刑法的发展。倘若过度看重非规范要素，刑法的规范体系会遭受肢解。在一定程度上可以说，刑法规范与社会事实构成了理解刑法的两大支柱。

刑法社会化旨在倡导刑法规范与社会事实之间的沟通，刑法社会化是在当代中国社会急剧转型的时代背景中应运而生的对传统刑法体系与理论进行反思的结果。刑法社会化要求刑法必须及时应对社会的变迁以及犯罪情势的变化，

---

[*] 利子平，南昌大学法学院教授、博士生导师；石聚航，南昌大学法学院讲师，法学博士。

通过刑法自身的调节，实现刑法与社会的同步发展。刑法社会化是刑法与社会互动的统一。一方面，社会对刑法具有决定性的作用，即社会引领着刑法的改革与发展方向；另一方面，刑法对社会又具有能动的反作用，即刑法不仅可以通过自身的调节，逐渐与社会的发展保持一致，而且还可以在一定程度上推动社会的发展。① 基于上述立场，刑法社会化具有理念体系与实践推进两个基本内容。

二 刑法社会化的理念阐释

（一）社会事实对刑法规范的型构意义

社会事实构成了刑法规范的基本面向，刑法立法和刑法理论不能做出超出社会现实的解释，更不能做出违背社会发展的解释。近年来有学者提出积极主义刑法观，认为在刑法观念逐步转向功能主义、刑法与政策考虑紧密关联的今天，刑法的谦抑性并不反对及时增设一定数量的新罪；刑罚早期化与中国社会的转型发展存在内在联系；意欲建设法治国家，就必须将限制、剥夺公民人身权利的处罚事项纳入刑事司法的审查范围。积极刑法立法观的确立有其社会基础，也更符合时代精神。与之相匹配，未来中国的刑法立法从技术层面需要考虑进行相当规模的犯罪化，但处罚不能轻易由轻改重；增强立法的问题意识、难题意识和实证支撑，提升不法的直观性、可感性；对公众的情绪化呼吁保持足够的理性与警惕；建立与新设大量轻罪相契合的刑事程序；尽可能降低犯罪的附随负面效应，使罪犯能够顺利回归社会。② 但本文认为，这一提法有诸多值得商榷之处，择其要点，分析如下。第一，功能主义的刑法观不宜过度地高扬，国外刑法理论中的功能主义观所强调的刑法规范与刑事政策渗透，在当下中国刑法未必完全有效。这不仅是因为当下中国的刑事政策范围如此之广泛，以至于很难界定刑事政策的边界，以如此泛化的概念来作为刑法立法和刑法解释的依据，恐怕会适得其反，这将会使得刑法立法缺乏反思性。③ 第二，倘若认为刑法谦抑性不反对增设新罪，则谦抑性的价值与批判性功能将消失，其存

---

① 利子平、石聚航：《刑法社会化初论》，《南昌大学学报》（人文社会科学版）2011 年第 5 期。
② 周光权：《积极主义刑法观在中国的确立》，《法学研究》2016 年第 4 期。
③ 姜涛：《刑法立法阻却事由的理论界定与制度前景》，《中国法学》2015 年第 2 期。

在的合理性也将不复存在。况且，在立法技术上，我国刑法中通常会采取大量模糊的表述，刑法的情绪化立场在当下仍然非常严重。① 强调刑法立法回应社会并不意味着刑法立法完全导向民生主导，哪些事项需要通过立法转化为刑法规范，是需要经过审慎的、仔细的辩驳和分析的。第三，尽管积极主义刑法观倡导促使罪犯能够顺利回归社会，但是，在当下中国，即便是轻罪，刑满释放人员的刑罚后遗效果仍然是非常重的。如一个人因醉酒驾驶而被判处拘役，尽管刑期比较短，但是刑满释放之后回归社会的路途却充满艰辛。在现有非刑事制度的框架内，上述人员参与社会管理的资格基本上被阻隔。第四，积极主义刑法观认为其理论具有社会基础，符合时代精神。但是，当下的社会基础并非是绝对排除异己，而是一个宽容的社会，对于越轨行为，建构多层次的制裁体系，是现代各个国家的基本做法。但是，不能忽视国内外制裁体系的差异，就一概认定应当在今后进行相当规模的犯罪化。以宽容和多元为主要特征的现代社会，其实更应当主张刑法的自我收敛，而不可在立法层面上过度混淆行政不法甚至民事不法与刑事不法的差异。以拒不支付劳动报酬罪为例，其实就是刑法立法逐渐侵蚀行政不法与民事不法的典型例证。②

当能够通过科学技术规则避免危害出现时，此时不宜将这种行为解释为犯罪。互联网时代的到来，使得犯罪的新类型不断出现，但与此同时，也带来了犯罪边界认定的难题。例如：司法实践中出现的通过刷单降低商家和产品的搜索排名等问题，司法实践中有认定为故意毁坏财物罪的判例，但是，这种解释并不合理。③ 第一，倘若认定上述行为构成故意毁坏财物罪，则财物价值的认定就成为问题，究竟是以被损商家的营业额为标准还是以行为人获利为标准。如果采取后者，则会不当限缩故意毁坏财物罪的定罪标准，如果采取前者则这种标准的认定又具有很强的随意性。第二，认定为故意毁坏财物罪，则会将所谓的毁坏解释得漫无边际，最后导致的结局是，在互联网经济时代，只要有商家可预期的营业额度降低，则都可能认定为毁坏。例如，行为人在淘宝上醒目地标注其所售商品为大陆地区唯一正规渠道，导致其他商家的营业额锐减，如果按照上述思路，也可能会被认定为犯罪。实际上，完全可以通过第三方交易

---

① 刘宪权：《刑事立法应力戒情绪——以〈刑法修正案（九）〉为视角》，《法学评论》2016年第1期。

② 刘艳红：《当下中国刑事立法应当如何谦抑？——以恶意欠薪行为入罪为例之批判性分析》，《环球法律评论》2012年第2期。

③ 张宁生等：《恶意好评"捧杀"竞争对手如何定性》，《人民检察》2016年第24期。

平台采取技术代码等方式更改规则避免上述情况发生，并不足以动用刑法来规制。

刑法立法作出的犯罪化做法应当具有切实的社会现实基础，既不能过度超前，也不能选择性立法，刑法立法应当有其他相应的法律制度为支撑，而不能过度强调违法的相对性判断标准。例如，当在其他法律尚未明确界定极端主义的含义时，刑法立法就规定了极端主义犯罪，尽管有助于打击此类犯罪，但是即便在立法之后，司法中仍然会面临如何界定极端主义犯罪的问题。《刑法》第100条规定了犯罪前科报告制度，但是行为人不履行报告制度的法律后果，并不明确。这种结构性缺损的立法，难免理想有余，务实不足。选择性打击在刑法立法上也不同程度存在，例如，《刑法修正案（九）》增设了准备实施恐怖活动罪等关联罪名，但是核心行为——实施恐怖活动却没有独立化，这将导致实施恐怖活动行为要么按照其他关联罪名处理，要么按照如爆炸罪等普通罪名处理。但是，无论按照哪一种模式，都不合理。①

刑法解释不能迷恋于概念的捕捉，而忽视主体对于自我的理解。在社会学中，理性认识"在手段上不仅依赖逻辑，而且依赖直觉；在终极指向上，不仅进行概念的捕捉，更为求得对世界和自身的理解"。② 不可否认，概念对于学科的体系形成和发展具有奠基的作用，但是在理解学科知识时，不能过度沉湎于概念的纠缠。例如，盗窃自己因超载运输的货车（如价值1亿元）被国家机关控制的财物时，是否构成盗窃罪，在刑法理论和实践中长期存在各种争论。倘若根据《刑法》第91条的规定，认定为公共财物，或国家机关占有此财物时，则行为人构成盗窃罪，但遗留下的问题是，在量刑时会陷入尴尬。如认为行为人构成盗窃罪，则可能会被判处无期徒刑，但是，这毫无疑问地构成了对生活世界的颠覆。同样地，如果认为携带凶器中的凶器是指可能对于他人造成危险的器具均可理解为凶器，那么，随身携带的钥匙、皮带甚至领带也可能会被评价为凶器，但这在生活世界中恐怕难以令人接受。规范的解释应当有助于人们对于自身生活周遭世界的理解，而不是割裂甚至加剧经验世界与刑法规范的对立。近年来出现的轰动性案件，其实均是二者过度对立在刑事司法领域中的体现。社会生活事实以及人们对于这些事实的理解，构成了普通人的价

---

① 利子平、石聚航：《中国内地恐怖主义犯罪刑法立法的发展与完善》，《澳门法学》2016年第1期。

② 刘谦：《"活"在田野——人类学表述与训练的典型场景》，《广西民族大学学报》（哲学社会科学版）2013年第1期。

值判断框架，刑事司法一旦突破了这个框架性边界，则一起普通的案件都有可能瞬间演化为轰动性案件。

（二）语境化地理解规范构成刑法生成与适用的背景

规范的形成和适用，都是语境化的产物。统一的制定法无非是为人们提供了理解的方向与指向，但是并不能从中找到切实有效的解决方案。这就意味着，在刑法立法和司法中，强调对社会事实的语境化理解是不可或缺的重要议题。

社会治理的高度技术化带来的公众诉求区隔化，要求刑法在评价言论规制与权利诉求时，应当关注诉求的特殊性。社会管理制度的高度技术化以及对民众的区隔化使得社会碎片化严重，阻碍了公共性的生长。从管理和控制技术的效率角度看，社会的碎片化容易管理，但从社会建设的角度看，由于个人之间通过互动和联合建构社会性联系难以实现，个体组织化以及组织化地参与社会管理及社会建设的能力必然萎缩。值得注意的是，虽然公众在具体社会生活中难以通过各种集体行动的参与、关系的建构来展现公共性内涵，但并不意味着公共性被抹杀，反而强化了社会的公共性诉求。当现实生活中这种公共性诉求得不到呼应和满足时，就会通过互联网这一虚拟平台爆发出来，其所具有的能量较难控制。[①] 这种现象在刑法领域中也日渐凸显。例如，通过互联网的言论表达已经纳入刑法司法解释的规制，但是，这种规则是否完全合理，仍然需要进一步审视。根据2013年《最高人民法院、最高人民检察院关于办理利用信息网络实施诽谤等刑事案件适用法律若干问题的解释》第7条的规定："违反国家规定，以营利为目的，通过信息网络有偿提供删除信息服务，或者明知是虚假信息，通过信息网络有偿提供发布信息等服务，扰乱市场秩序，具有下列情形之一的，属于非法经营行为'情节严重'，依照刑法第二百二十五条第（四）项的规定，以非法经营罪定罪处罚：（一）个人非法经营数额在五万元以上，或者违法所得数额在二万元以上的；（二）单位非法经营数额在十五万元以上，或者违法所得数额在五万元以上的。"但是，这种规定存在疑问：第一，上述行为与非法经营罪的罪质并不契合，非法经营罪主要规制的是违反国家规定的，在国家管制或限制的领域内从事非法经营的活动，从同类解释的角度看，上述行为难以与《刑法》第225条明确列举的禁止事项相当，即便要

---

① 李友梅：《构建社会建设的"共识"和"公共性"》，《中国社会科学报》2013年6月14日第3版。

规制此类行为，也不应当列入非法经营罪；第二，退一步讲，反映情节严重的难道只能是司法解释所明确规定的经营数额吗？显然未必，例如，行为次数、对象等都在不同程度上影响着违法程度的判断。因此，类似这种司法解释的内容上呈现出"进退两难"的境地，其合理性难以令人信服。上访行为的入罪化，近些年也成为刑法领域中的热点问题。如刑法规定了扰乱国家机关工作秩序罪，即多次扰乱国家机关秩序，经行政处罚后仍不改正，造成严重后果的，构成本罪。但是，这在教义学上仍然难以成立。正如有学者所言，国家工作人员的任务就在于解决纠纷，倘若剥离了这些内容，国家机关秩序就成为空洞之物。① 因利益诉求的不当实现而上访，进而要求基层政府满足其利益诉求的行为，近年来也有被认定为敲诈勒索罪的。但问题是，第一，如果作为暴力机关的国家机关都可以被敲诈勒索，国家机关的能力也未免被过于低估了。第二，以国家机关作为被害人的，目前主要局限于妨害社会管理秩序罪中，少数的如在国家机关尚未知晓的情况下，可以构成诈骗罪的对象。但是，如果认定为敲诈勒索罪，则意味着国家机关的意志受到了来自他人的胁迫，这种胁迫往往在实践中被理解为"影响地方年度考核"，以政绩考核作为认定是否受到胁迫，使得敲诈勒索罪可能成为地方维稳的护身符。但实际上，对于上述情况，都应当置身于中国社会矛盾纠纷的特殊语境下才可以理解。在权利并不能够充分得到保障的情况下，尽管采取了有些过激的行为，裁判实践中也会充分考虑到案件的具体原因而可能予以出罪。在"罗某某、陆某某敲诈勒索案"中，二行为人在无合法诉求的情况下，到北京上访并通过电话向县政府提出索要财物的要求，有明确的金额，主观上具有非法占有的目的。客观上采取的行为是以"如果不答应就继续在北京上访"相要挟。一审法院认为，二人构成敲诈勒索罪；二审法院认为，罗某某、陆某某以上访进行"威胁或者要挟"，尚不足以迫使合江县政府因恐惧而被迫交出财物，不构成犯罪。②

在单位与职工之间的利益出现纠纷时，也应当谨慎地动用敲诈勒索罪规制。例如，在"戴柏林案"中，被告人戴柏林因被开除与用人单位发生争议，写信向用人单位主张自己的权利是允许的。用人单位康贝斯公司在辞退职工方面确有违反劳动法侵害被告人戴柏林权益的事实存在，用人单位为此也与被告人多次协商解决事宜。在解决争议过程中，虽然被告人戴柏林主张权利时要求过高，手段过激，使用了以举报公司违法行为相威胁的方法，但毕竟有据于自

---

① 车浩：《刑事立法的法教义学反思》，《法学》2015 年第 10 期。
② (2013) 泸刑再终字第 1 号。

已被侵权，其目的也是要求用人单位支付工资及自认为被示众受侮辱的精神赔偿，属于在解决民事纠纷过程中的偏激行为，情节显著轻微，社会危害性不大，尚不足以达到用刑法制裁的程度，不认为是犯罪。①

（三）裁判实践应注重社会价值的引导

刑法适用和裁判实践不是机械地适用法律，作为价值理念的载体，无疑具有社会价值引导，案件的裁判结论对于社会成员的行动具有重要的导向意义。例如，在赵春华非法持有枪支案中，针对本案的定性，刑法理论界采取了多种论述的路径，但基本上均认为不具有处罚必要性，或者定罪出刑或者出罪等。超出个案抽象来看，倘若气枪也被认定为枪支，则导致的结果将是生活秩序的扭曲化或"生活世界的被殖民化"。实际上，人们在安排自己生活和行动时，并不完全是根据刑法的规定来作出决策的，生活经验的传承才是支配个人行动的最直接准则。例如，对于典型的杀人案件的定性，许多并不熟悉刑法甚至目不识丁的人，也会大体上得出行为构成故意杀人罪的结论。裁判实践所要发挥的社会价值的引导功能，其实就是要避免刑法规范对于生活世界的肢解，换言之，应当适当地对这些经验予以尊重。

倘若司法实践不注重社会价值的引导功能，将可能带来一系列的负面后果。以抓小偷为例，根据新闻媒体报道，福建一男子因涉嫌过失致人死亡罪被移送福建漳浦检察院审查起诉。检察机关认为，该男子应当预见雨天路滑追赶小偷并拉扯可能造成摔倒受伤或死亡的结果，其行为应构成过失致人死亡罪。②后在补充侦查后，警方撤销案件。倘若认定行为构成过失致人死亡罪，则意味面对追赶小偷时也应当谨慎地避免其行为可能对小偷造成的受害结果，如此理解过失犯罪的注意义务，则带来的问题是，面对不法侵害时，被侵害者的义务反而要比不法侵害人的义务苛刻得多，如此，一般的见义勇为行为却极有可能被认定为犯罪。这种唯结果论的做法，目前在某些正当防卫案件中已经体现得淋漓尽致。按照这一进路，人们对不法侵害几乎没有办法进行任何意义上的自我保护，社会价值将会随着类似案件的有罪判决而彻底崩塌，刑法中的行为以及危害等基本范畴将失去评价的标准。

---

① ［2002］深龙法刑初字第432号。
② 《追小偷致死被起诉　见义勇为怎么成了过失杀人？》，北晚新视觉，http://www.takefoto.cn/viewnews-979318.html。

三 刑法社会化的实践推进

（一）社会价值观念的规范渗透

尽管对于个体的解释而言，个体的经验、生活阅历以及前见都可能对解释结论产生影响，但是，对于裁判实践而言，应当是超出个体的理解，裁判者所表达的见解至少应当是作为群体的类的价值观念。理由为：第一，刑法规范既是行为规范，又是裁判规范，这实际上就意味着裁判的过程也是宣扬确立行为边界的过程；第二，尽管刑法规范是体系性的，但是在解释相关要素时，仍然应当保持适度的开放性。刑法规范的理解不应当加剧整个法律体系上的矛盾。例如：甲向乙借了一万元钱，在应该还钱的当日，甲准确地得知乙即将用甲归还的一万元钱去贩卖毒品。尽管如此，甲还是把一万元钱还给了乙，乙果然用甲归还的一万元钱贩卖了毒品。如果有人解释说甲构成乙贩卖毒品罪的帮助犯，那么，就会导致刑法规范与民法规范的冲突。一旦刑法阻止了甲向乙偿还欠款，民法所要求的社会正常交易活动就必然发生紊乱。① 在界定帮助自杀时，人们通常为了寻找处罚帮助者的责任，将自杀行为解释为"不法"，但是，这种解释理由同样会出现民法不评价的行为在刑法上反而是否定性的评价，这种思路并不可取。

道德鼓励的行为，无论如何也不应当被评价为不法行为。如前述的"追小偷案"，这种情况下，其实并不需要动用法律予以干涉，当发现他人财物被偷而追赶小偷，在社会价值观念上，就是个见义勇为，即便由于路滑导致小偷伤亡，也谈不上是刑法上的危害行为，自然更无须讨论责任问题。

强行将违反道德或违反民法的行为认定为犯罪的行为也不可取。例如：最高人民法院、最高人民检察院2001年4月9日《关于办理生产、销售伪劣商品刑事案件具体应用法律若干问题的解释》第6条规定："医疗机构或者个人，知道或者应当知道是不符合保障人体健康的国家标准、行业标准的医疗器械、医用卫生材料而购买、使用，对人体健康造成严重危害的，以销售不符合标准的医用器材罪定罪处罚。"但此规定缺乏法理基础，其行为类型属于典型的知假买假，明知道是不符合标准的器材而仅供自己使用的，只要没有获得对

---

① 冯军：《刑法教义学的立场和方法》，《中外法学》2014年第1期。

价或租赁等行为的，就不能认定为销售，自然也无法认定为销售不符合标准的医用器材罪。倘若将上述司法解释的逻辑延伸，则日常生活中知道他人销售的是盗版书而购买自己使用的，势必也认定为侵犯著作权罪或者其他罪名，但这种做法显然不当地扩大了刑法的干预范围。

社会科技进步引起的价值变化也应当在刑法规范中予以体现。例如，我国刑法在财产犯罪没有区分财物与财产性利益，但是不能否认针对财产性利益的犯罪就无法按照刑法处理，应当从解释论上将虚拟财产解释为财物，从而对盗窃、诈骗、抢劫虚拟财产的行为直接以盗窃、诈骗、抢劫论处。[①]《刑法》第252条规定了侵犯通信自由罪，即隐匿、毁弃或者非法开拆他人信件，侵犯公民通信自由权利，情节严重的，构成本罪。但是在解释本罪时，恐怕不能认为此处的信件不包括以电子数据为载体的信件，否则无法应对网络时代侵犯通信自由的犯罪。"社会分工的深化以及产业链的延伸创造了更多的犯罪机会和犯罪类型，科技知识的普及以及科技产品的商业化则为罪犯提供了更多的犯罪技术和作案手段；在现代社会，犯罪与其他产业一样，也出现了'结构性升级'，这都是科技进步带来的负面后果。"[②] 有些犯罪在传统社会中的不法感在进入科技时代后更为强烈，例如，电信诈骗、网络诈骗等各种新型诈骗犯罪以及实践中出现的骇人听闻的各种案件，使人们更加意识到自身的财产和生命安全性在不断打折扣，此时，刑法在打击此类网络共同犯罪，倘若仍然固守传统的共同意思联络，则会在认定上陷入困境。因此，需要适度地变更传统的认定规则，互联网时代的意思联络具有特殊性，可以利用针对共同性的未必故意和通过符号语言的事先意思联络的缓和，[③] 来解决处罚不周延的问题。

多元社会中的价值观念不排除存在异样的声音，这就需要立法者在制定刑法规范时，适度地萃取，既不能盲目回应网络声音，更不能没有章法。需要受到来自各种基本原则的限制，例如，是否只有通过刑法才可以规制此种行为，以及规制的可能性后果等，都应当纳入考量因素。详言之，处罚的必要性，需要关切公众对于行为的不法感，不法感愈强，处罚的必要性自然也越大。

（二）社会化机制的畅通与融贯

面向社会化的运行机制是刑法社会化基本的面向，其中包括犯罪治理机制

---

① 张明楷：《网络时代的刑法立法》，《法律科学》2017年第3期。
② 桑本谦：《科技进步与中国刑法的近现代变革》，《政法论坛》2014年第5期。
③ 吕翰岳：《互联网共同犯罪中的意思联络》，《法学评论》2017年第2期。

的社会化、刑法发展社会动力的多元化、社会融入机制的畅通化等诸多内容。

现代社会中的犯罪治理已经摆脱了完全的国家家长主义的模式，刑法"社会化"趋势表明，西方各国单凭国家强制手段已不足以应付目前日趋严重的违法犯罪现象，而不得不求助于社会各界、求助于公众。① 刑法立法以及刑法司法的整个运作流程也应当呈现出开放性的格局。事实上，近些年来已有不少学者对自古罗马时代以来关于公权与私权的划分提出质疑，社会权力作为独特的权力类型已日渐引起人们的重视。"随着市场经济的建立和发展，'国家—社会'一体化的格局被打破，民间社会或公民社会的逐步形成，社会主体的自主性、自治性增强，社会物质和文化资源部分地从国家垄断中剥离出来归公民和社会组织所拥有，开始发挥其对社会和国家的影响力和支配力。另外，于国家权力之外，与之并存的又有了一种新型的权力——社会权力。"② 权力的多元重塑作为知识形态的刑法规范，即刑法规范必须摆脱从传统的国家基于社会治理而生成的外生性规则，而转由刑法立法不过是发现社会生存与发展规律的内生性规则。③ 刑法运行摆脱了线性力量的范式，而转向关系型力量的范式。④ 前者意味着犯罪治理的策略强调自上而下的单向度压制，而后者在逐渐认识到犯罪治理是多元素共同改变推进的系统功能，在观念上也改变了国家与犯罪人之间的自我与他者的排斥关系，而客观地认识到犯罪与秩序的形成是相互依存，不断更新的。

刑法发展的社会动力是刑法社会化的深层次追问与现实性关切。社会动力不足，刑法无法回应社会。在当下，刑法的社会动力来源可大体上概括为治理者在变革中对秩序的渴求、个体在实践中对权利与自由的期盼以及社会自主性的呼吁等。这意味着，在大变革时代，社会示范现象的加剧，导致秩序生成的困难性以及供给的稀缺性。此时，治理者往往为了追求短平快式的立竿见影的效果，倾向于通过制造仪式感来强化秩序的保障，如实践中的专项治理活动等模式，以此通过权力的仪式化流程试图起到强化刑法一般预防的效果，就当下而言，完全取消这种模式的可能性过于乐观，务实的态度应当是强调此种治理

---

① 卢建平主编：《刑事政策与刑法》，中国人民大学出版社2004年版，第124页。
② 郭道晖：《社会权力与法治社会》，江平主编《比较法在中国》（2003年卷），法律出版社2003年版，第87页。
③ 利子平：《刑法社会化：转型社会刑法发展的新命题》，《华东政法大学学报》2013年第1期。
④ 刘谦：《"活"在田野——人类学表述与训练的典型场景》，《广西民族大学学报》（哲学社会科学版）2013年第1期。

模式的法治化流程,如犯罪人基本人格尊严的保障,刑事裁判基本流程的坚守等。与此同时,可通过制度化策略日渐取而代之,形成较为常规化的犯罪治理模式。个体在实践中对权利与自由的期盼,在立法和司法层面上实际意味着犯罪圈的调控问题,在当下大规模犯罪化的趋势下,通过操作层面上的非犯罪化应当得到强调和关注。例如,公司法的修改实际上缩小了虚报注册资本罪和抽逃出资罪的成立范围。通过关联非刑事法律制度的改革,可在一定程度上化解犯罪化带来的危机。在刑法运行中应当关注社会融入,而极力取消一些制度性排斥的规定,从而使犯罪人免受标签论带来的永恒不利影响,真正能够回归到社会之中。社会自主的呼吁,则强调在推进刑法运行中,应当强调社会治理的自主性,凡是能够通过社会行业自主解决的问题,不必通过刑法规定来解决。例如,近年来高校套取科研经费案件频发,倘若可以对现行科研管理层面进行适度改革或松绑,此种现象将大幅度减少。倘若能够形成科研群体自律性的规范体系,并能够有效地强化个体的自律规范意识,也无必要动用刑法来解决。

四 结语

刑法社会化关注社会与刑法之间的变革关系,拒绝采取单线性思维,而主张关系型思维模式。刑法社会化倡导社会价值与刑法规范的相互渗透,在坚守规范体系的同时,强化规范的引导功能,避免刑法规范与社会价值体之间的撕裂与鸿沟,这种理念要求在刑法运行以及刑法解释中,应当尽可能作出符合时代需求的现实判断。在当下的社会变革时代,不能因为社会失范而过度强化刑法在社会治理中的功能,社会发展与变化是刑法走不出的背景。

现代刑法的风险转向
——兼评中国当下的刑法观

焦旭鹏[*]

一 引言

中国自1978年实施改革开放政策以来，国家的建设和刑事法治进程都取得了长足进展；特别是1997年刑法典全面修订之后，我国陆续出台了一个单行刑法、10个刑法修正案，进入一个刑法立法活跃的新时代。总体而言，晚近逾二十年来，刑法干预早期化、能动化，犯罪圈不断扩大，日益成为我国刑法主要的发展趋势。这对中国当下的刑法观产生了重大影响，风险刑法观[①]、积极的刑法立法观[②]、预防性刑法观[③]、功能主义的刑法观[④]纷纷登场，试图对这一趋势进行理论解读和评判。大致来说，上述刑法观对刑法扩张持解释性或肯定性态度并要求进行适度限制。与此同时，持批判性态度的见解则认为，这种（或"某些"）刑法扩张属于"象征性立法"[⑤]、"情绪性立法"[⑥]或"新

---

[*] 焦旭鹏，中国社会科学院法学研究所刑法研究室副研究员。

[①] 较早的集中论述参见劳东燕《公共政策与风险社会中的刑法》，《中国社会科学》2007年第3期；陈晓明《风险社会之刑法应对》，《法学研究》2009年第6期。

[②] 参见周光权《积极的刑法立法观在中国的确立》，《法学研究》2016年第4期。

[③] 较为系统的集中论述参见何荣功《"预防性"反恐刑事立法思考》，《中国法学》2016年第3期；何荣功《预防刑法的扩张及其限度》，《法学研究》2017年第4期；高铭暄、孙道萃《预防性刑法观及其教义学思考》，《中国法学》2018年第1期。

[④] 劳东燕：《风险社会与功能主义的刑法立法观》，《法学评论》2017年第6期。

[⑤] 参见刘艳红《象征性立法对刑法功能的损害——二十年来中国刑事立法总评》，《政治与法律》2017年第3期。

[⑥] 参见刘宪权《刑事立法应力戒情绪——以刑法修正案九为视角》，《法学评论》2016年第1期。

刑法工具主义"①,甚至主张"我国应该停止犯罪化的刑事立法"②。

以上见解的分歧有的是原则性的,它在相当程度上说明我们关于中国当下刑法发展的基本刑法观还有深入检讨必要。"刑法观念是人们对刑法的性质、功能、犯罪、刑罚、罪刑关系、刑法的制定与实施等一系列问题的认识、看法、心态和价值取向的总称。"③ 笔者认为,确立妥当的刑法观对于评判和指导刑法发展具有重要意义,回顾改革开放以来的中国社会变迁,正确解读和评价1997年刑法实施以来的刑法立法发展,有利于刑法立法科学化水平的提高。在社会学理论的支撑下解释中国社会当下的整体变迁,深入检讨背后的知识传统和方法论基础,进而对刑法立法发展趋势做出恰切的理论解读与评价,这是反思和检讨中国当下刑法观的重要途径。在笔者看来,中国当下正发生从工业社会到风险社会的变迁,由此推动我国刑法正在发生"现代刑法的风险转向";应正确把握自反性现代化的理论内涵④,依循风险刑法的规范逻辑抗制风险,审慎地确立刑法立法模式,深入理解刑法谦抑原则,妥当地进行刑法立法的制度建构。

二 中国的社会变迁与刑法观转变

刑法总处于一定社会之中,它在某种程度上反映并需要不断适应社会变化。在刑法发展和社会整体变迁之间总是存在深刻内在关联,而一定的刑法观念也总是产生于特定的社会背景条件。因此,对中国刑法发展的认识,也理应建立在对中国社会变迁背景的考察上。

(一)中国社会的过渡阶段到常态阶段:从工具刑法观到古典自由主义刑法观

1949年中华人民共和国成立之初,新生的社会主义政权面临着巩固新民主主义革命胜利果实的紧迫需要。国家在军事上肃清残余敌对势力、镇压反革

---

① 参见魏昌东《新刑法工具主义与矫正》,《法学》2016年第2期。
② 参见刘艳红《我国应该停止犯罪化的刑事立法》,《法学》2011年第11期。
③ 高铭暄等:《刑法学研究的回顾与展望》,《法学家》1994年第1期。
④ 关于"自反性现代化"的理解及其对刑法的意义,参见焦旭鹏《自反性现代化的刑法意义》,《政治与法律》2014年第4期。

命；在经济上展开土地改革，对农业、手工业、资本主义工商业进行社会主义改造；在法统和组织上也进行改革，废除民国政府"六法全书"，把"旧法"人员清除出司法系统。这一时期的中国社会主要是一个农业社会，并具有高度政治化的特点。国家也没有出台刑法典，虽然颁布了个别单行刑法，但国家治理主要靠政策。① 这一时期的刑法没有重要地位，在需要时即可被政策取代，在很多社会领域不存在应有的刑法规范。

1978年12月党的十一届三中全会以后，国家开始实行改革开放政策，集中力量进行社会主义现代化建设。虽然1953—1957年实施国民经济发展第一个五年计划后，就初步建立独立的比较完整的工业体系和国民经济体系，但由于中国是在一个贫穷的农业社会基础上致力于建设先进的工业社会，又历经政治运动和坎坷，工业化起点不高，进程不畅。改革开放政策实施以后，明确了国家未来发展的正确方向，但囿于意识形态上的思维定式，在相当长一段时间里，计划经济被赋予过高的政治地位，对生产力的解放造成了束缚，影响了社会的更快发展，中国社会形成落差巨大的城乡二元结构。

在改革开放后一段时期内，中国的刑事法制取得重要进展，但同时也存在一定局限。1979年刑法典出台，中华人民共和国告别了建国30年一直没有刑法典的历史。较之以往办案主要靠政策的局面，这无疑是一个重要进步，但由于国家仍长期以计划经济为基本经济手段，靠政府力量集中管控社会的思维盛行，"工具刑法观"处于主导地位。学者指出："刑法长期以来被认为是人民民主专政的刀把子（人民民主专政过去又叫无产阶级专政），是打击犯罪的锐利武器。"② 这种阶级斗争思维下的刑法观念影响深远。1979年刑法典并没有规定罪刑法定原则，反而规定了类推制度，还存在反革命罪、流氓罪、玩忽职守罪等"口袋罪"，这就使有权机关能够轻易出入人罪，公民的自由得不到较好保障。应指出的是，中国社会从革命时期到建设时期，必然会经历一个过渡阶段，相应地这一时期的刑法观也具有某种过渡性，不可能行之久远；中国社会进入常态阶段以后，中国刑法观必然面临重大转变。

1993年11月党的十四届三中全会以后，国家正式决定建立社会主义市场经济体制，这使社会活力大为解放，社会发展进程为之一变，中国更快地从农业为主导转变为工业为主导的社会。工业社会内在地要求建立和健全市场经济，而市场经济就是法制经济。由此，与"工具刑法观"意义上的那种"国

---

① 参见陈兴良《回顾与展望：中国刑法立法四十年》，《法学》2018年第6期。
② 刘仁文：《社会转型与刑法的发展》，《人民检察》2009年第13期。

权主义刑法观"不同,一种更加重视公民个人权利和人权保障的"民权主义刑法观"应运而生,倡导刑法发展"从政治刑法到市民刑法"①自是应有之义。刑法的存在不是为了打击阶级敌人,保护无产阶级专政;也不是为了限制人民群众,维护国家秩序;而是为了限制国家权力,保障公民自由。1997 年,刑法典全面修订(后文简称"97 刑法"),对罪刑法定原则作了明文规定,取消了类推制度的规定,反革命罪被修订为危害国家安全罪,流氓罪、玩忽职守罪被分解为行为类型更为明确的具体罪名。这次刑法修订在很大程度上体现了"民权主义刑法观"。值得一提的是,随着改革开放的深入展开,在经济体制改革的同时,我国刑法学术也同步实现了"改革开放",在思想观念上逐渐摆脱苏联阶级斗争色彩浓厚的"国权主义刑法观"的影响,吸纳西方启蒙运动以来的宝贵精神遗产,特别是由贝卡利亚开创的现代刑法思想传统受到较为广泛认同。这种彰显人的意志自由,反对封建刑法的专断性、身份性、干涉性、残酷性,限制国家权力以保障公民自由的"古典自由主义刑法观"在中国产生了广泛影响,而所谓的"民权主义刑法观"其实正脱胎于此。

(二) 中国的工业社会与风险社会:从古典自由主义刑法观到风险刑法观

经过 40 年来的努力和改革开放政策的长期坚持,我国在经济建设和社会发展上取得了丰硕成果。中国的经济总量现居全球第二位,大量农村人口转移到城市并重视缩小城乡差距,社会物质产品总体上非常丰富。1981 年 6 月,党的十一届六中全会通过《关于建国以来党的若干历史问题的决议》,在总结了历史经验教训之后指出:"在社会主义改造基本完成以后,我国所要解决的主要矛盾,是人民日益增长的物质文化需要同落后的社会生产之间的矛盾。"2017 年 10 月,习近平总书记在党的十九大报告中则明确提出:"中国特色社会主义进入新时代,我国社会主要矛盾已经转化为人民日益增长的美好生活需要和不平衡不充分的发展之间的矛盾。"社会基本矛盾的变化,是中国社会发展进步的重要标志。大体上可以确认,中国的工业社会已发展到颇为成熟的阶段。

应着重指出的是,中国特色社会主义进入新时代,这并非是一种政治宣示,而是内在地依赖改革开放 40 年来社会变迁的基础性支撑。站在当下回顾过去 40 年的社会变迁更有益于理解当下。在笔者看来,1978 年起开始的改革

---

① 参见陈兴良《从政治刑法到市民刑法》,陈兴良主编《刑事法评论》(第 1 卷),中国政法大学出版社 1997 版,第 1—32 页。

开放事业，首先意味着"告别革命"，国家和社会得以相对平稳下来，能够有条件展开以发展经济为中心的现代化建设，这才使中国逐渐从一个农业社会转变为以工业为主导的社会。中国社会主要矛盾的重大变化，则意味着"告别短缺"，它反映出中国的工业社会达到颇为成熟的程度，能够为社会提供较为充足的各种物质产品。在这样的时代条件下，中央提出在2020年全面建成小康社会才具可能性和及时性。还应指出，改革开放40年来所取得的成就，固然与社会主义市场经济建设存在重要关系，但科学技术作为生产工具变革中的关键因素具有十分重要的地位，它通过与劳动者的结合，对社会生产力水平的提高有着直接意义，对当下中国社会发展的影响也日益显著。中国特色社会主义新时代，不仅是一个工业体系健全的工业化时代，也是一个科学技术发达的信息化时代。

怎样在社会学意义上来解读当下中国刑法所处的中国特色社会主义新时代，而不是停留在片段化的经验分析层面的认识，并融入社会学知识传统的大视野，这具有十分重要的理论意义。在充分肯定改革开放40年来取得的巨大成就的同时，我们也必须认识到当下中国社会所存在的新问题，由此与社会学知识传统似可建立起有效的理论关联。

进入21世纪以来，特别是在美国"9·11"恐怖袭击事件发生以后，恐怖主义、环境污染、食品药品问题、网络犯罪等新问题、新风险越来越多地在中国涌现并进入公共舆论空间，成为我们无从回避的时代难题。党的十九大报告中也明确要求"更加自觉地防范各种风险，坚决战胜一切在政治、经济、文化、社会等领域和自然界出现的困难和挑战"。在笔者看来，当下中国社会从科技革命角度观察，从正面来看，它存在信息社会的侧面；从反面来看，它同时也存在风险社会的侧面。对于风险社会侧面的理论解读，德国社会学家乌尔里希·贝克所提出的风险社会理论具有重要的借鉴意义。

贝克在1986年出版的《风险社会》一书中率先提出了风险社会理论。他对大致20世纪中叶以来的人类社会发展做出了不同的解读，认为其既不是后现代性，也不是未竟现代性的继续，而是主张以启蒙运动为基础的现代性采取了"第三条道路"式的新的表现形式。他把工业社会走向成熟同时发生风险的社会称为风险社会。在贝克的理论阐释中，生态危机、全球金融市场崩溃、跨国恐怖主义、其他生化及核风险等都是有代表性的风险景观。风险的全球化打破了工业社会以民族国家为基础的现代性逻辑，风险社会即是世界风险社会，非西方社会和西方社会不仅共享相同的空间和时间，而且共对风险社会的基本挑战（在不同的地方和以不同的文化认识）；对于贝克来说，把非西方社会定位于世界风险社会,将实现现代性的多元化。① 这种多元现代性的观点对于我们理解当下的中国社会具有重要启发意义。

应当指出,中国社会的发展与贝克作为理论提出背景的德国为代表的欧洲社会变迁过程并不严格对应,但中国也并非世界风险社会中的一个例外,因为风险兼具全球性和地方性。中国的社会主义现代化建设有其特殊性,但环境污染、恐怖主义、食品药品等产品质量问题也不时成为公共舆论关注的焦点、纳入国家立法议题,风险社会的侧面业已显现。固然,以经济形态为标准来观察,贝克所立足的德国等西方社会是资本主义国家,而中国是社会主义国家;但从技术形态角度来观察,无论是中国还是西方,风险社会的社会特征都能得到确认。作为一个后发现代化国家,中国既要完成从前现代社会到(古典的)工业社会转型的任务,同时又不得不应对从工业社会向风险社会转变的各种问题,这构成了当下中国刑法发展的复调式社会背景。② 还应指出的是,这种社会学上的宏观界分其实远不能充分揭示出中国社会的复杂性,不同社会形态之间的断裂和交错,还以各种不同的方式参与社会面貌的构造,这种在社会形态上不具理论典型性的特点不仅是中国社会的常态,也深刻影响着中国刑法及刑法观念的复杂实际表现。大体来说,晚近二十年来,在工业社会逐渐走向成熟的背景下,古典自由主义刑法观占据了主要地位;与此同时,在风险社会侧面日益凸显的背景下,风险刑法观、积极的刑法立法观、预防性刑法观、功能主义的刑法观等纷纷登场。对于前述刑法观,应做进一步的反思和检讨。

三 从社会学知识传统视角反思中国当下刑法观

在当下中国刑法的研究中,由于对社会学理论资源的借鉴不足,不少研究对社会的认识停留在粗糙的、碎片化的经验层面,或者有意无意简单以"传统社会—现代社会"的二分来统摄对中国社会的总体观察,从而缺少建立在社会学知识传统之上的严格理论依凭,更不能揭示中国社会当下受科技革命影响而迅疾发展之最新趋势的理论意蕴。如前所述,在对中国社会发展的认识上,乌尔里希·贝克的风险社会理论提供了颇有教益的观察视角。尽管贝克的

---

① 参见[德]乌尔里希·贝克《世界风险社会》,吴英姿、孙淑敏译,南京大学出版社 2004 年版,第 3 页。

② 参见焦旭鹏《现代刑法的风险转向》,《中国社会科学报》2017 年 7 月 25 日。

"第二次现代化"理论议题颇为广泛,但作为其核心理论范畴的风险社会理论主要讨论的是技术风险,而对制度风险着墨不多。可以说,贝克的风险社会理论主要是从科技革命的角度来研究社会整体变迁的,对中国当下刑法观的反思不应省略这一社会学知识传统视角的理论观察。

(一) 世界与中国:从科技革命视角观察社会整体变迁的知识传统

在社会学上,从科技革命角度观察社会整体变迁的知识传统渊源久远,社会学者刘少杰教授的研究为此提供了有益指导①。作为古典社会学三大奠基人之一的卡尔·马克思较早地为此提供了思想指引,他有一个著名论断:"手推磨产生的是封建主的社会,蒸汽磨产生的是工业资本家的社会。"② 这一名言明确指出了从科技革命角度来把握人类社会形态变迁的理解方式。从科技革命角度对社会作出系统整体分析的一个有世界性影响的学术范例是美国学者阿尔温·托夫勒的未来学研究。他在 1980 年出版的《第三次浪潮》一书中"把文明分为三个时期:第一次浪潮农业阶段、第二次浪潮工业阶段和目前正在开始的第三次浪潮。"③ 对于社会变迁的迅猛速度,托夫勒有清醒的认识,他指出:"第一次浪潮历时数千年;第二次浪潮至今不过三百年;第三次浪潮可能只要几十年。"④ 在科技革命飞速发展的推动下,人类社会究竟变成了一个什么样的社会?从理论上给出明确命名和界分的是美国学者丹尼尔·贝尔,他在 1973 年出版的《后工业社会的来临》一书中提出:"前工业社会、工业社会、后工业社会这些名词是以生产和使用的各种知识为中轴的概念顺序。"⑤ 尽管贝尔谨慎地强调并不一定要把知识技术作为影响社会变迁的各种因素中的决定性因素,因为他并不认为对社会的理解只能存在一种认识图式,但是他仍然坚信后工业社会"作为一种社会形态,它将是 21 世纪美国、日本、苏联和西欧社会及结构的一个主要特征"。⑥ 在贝尔那里,采用"后工业社会"一词,既在于强调这些社会变迁的间质性和过渡性,又在于凸显知识技术这个主要的中

---

① 参见刘少杰《后现代西方社会学理论》,北京大学出版社 2014 年版,再版序言。
② 《马克思恩格斯选集》(第一卷),人民出版社 2009 年版,第 602 页。
③ [美] 阿尔温·托夫勒:《第三次浪潮》,朱志炎等译,生活·读书·新知三联书店 1984 年版,第 3 页。
④ 同上。
⑤ [美] 丹尼尔·贝尔:《后工业社会的来临》,高铦等译,新华出版社 1997 年版,第 11 页。
⑥ 同上书,第 21 页。

轴原理;① 但是，这个所谓的"后工业社会"，在社会现实基础的意义上，到底用怎样一种能够揭示新社会主要内容和本质特征的核心概念加以指称仍付之阙如。与此同时，"后工业社会"这一概念也因而具有了某种开放性，使各种学术取向的有关科技革命影响社会整体变迁的见解都针对这一社会形态而展开。后现代社会学家利奥塔反对概括社会整体变迁分析的元叙事而对知识话语和图形展开了具体叙事的言说，现代主义的坚持者哈贝马斯则试图通过交往理性的原则建构维护未竟的现代性事业，而从不同角度诠释"后工业社会"的主张更是不胜枚举，比如吉登斯的"全球化社会"、贝克的"风险社会"、鲍德里亚的"消费社会"、卡斯特的"信息社会"和"网络社会"，以及"断裂社会""符号化社会""新媒体社会"等等。②

如前所述，贝克的"风险社会"理论也被看作从科技革命出发来阐释社会整体变迁的一种主张③。在他有关社会形态"前现代社会（封建社会）""（古典的）工业社会""（世界）风险社会"的理论界分中，风险社会是从消极面上对后工业社会所作出的抽象观察。从知识传统之视角看，我们完全可以把人类社会大致区分为农业社会、工业社会和风险社会。④ 随着科技飞速发展和社会急剧变迁，人类所处的时代已进入贝克所言的世界风险社会阶段。风险社会是科技改变自然与社会的能力达到很高的水平或者说现代化走向成熟时，才出现的社会形态。生态安全、恐怖主义、食品药品安全、核风险等对整个人类社会提出了新的挑战，这种以人为的不确定性为特征的风险所造成的挑战在农业社会、工业社会不会发生。

"科技革命实质上是科学在现代社会条件下，转化成技术进步和生产发展的主导因素，从而对生产力进行彻底的质的改造。"⑤ 生产力质的提升引发生产关系变革，推动着社会形态的整体变迁。在人类社会近代以来的历史上，发生过三次科技革命。第一次科技革命大约开始于18世纪中叶，以蒸汽机的发明和应用为标志，实现了工业生产从手工工具到机械化的转变，人类社会从农

---

① ［美］丹尼尔·贝尔：《后工业社会的来临》，高铦等译，新华出版社1997年版，第6页。

② 参见刘少杰《后现代西方社会学理论》，北京大学出版社2014年版，第2页。

③ 应当指出，与科技革命影响社会整体变迁之视角有所不同，如果把"风险社会"研究理解成属于"风险"研究的范畴，那我们还将看到一种关于"风险"研究的学术脉络梳理，它也包括了对乌尔里希·贝克风险社会理论的评述，参见周战超《当代西方风险社会理论研究引论》，薛晓源、周战超主编《全球化与风险社会》，社会科学文献出版社2005年版，第3页以下。

④ 这一社会形态划分标准实际上考虑了科技水平及相应的产业结构。

⑤ 杨博文：《科技革命与全球竞争》，石油工业出版社2008年版，第668页。

业社会进入早期的工业社会阶段。这次科技革命与英国产业革命同时发生,为资本主义生产方式战胜封建主义生产方式奠定了基础,导致工业资本主义的确立。① 第二次科技革命大约开始于 19 世纪中叶,以电力技术的发明和应用为标志,使资本主义国家从"蒸汽时代"进入"电气时代",大工业生产体系得到发展,并从自由竞争资本主义发展到垄断资本主义阶段。② 第三次科技革命大约开始于 20 世纪 40 年代,以原子和电子技术的发展与应用为标志,使人类进入原子和电子时代、自动化时代;随着生产和交换的社会化程度进一步提高,资本主义国家由私人垄断资本为主的一般垄断阶段全面过渡到国家垄断资本主义阶段。③ 值得一提的是,信息技术革命推动了资本主义国家的快速发展,"……从资本主义国家工业化进程来看,第二次世界大战后这二十年来,才达到它的'完全成熟阶段'"。④ 还有科技史学者把电子计算机技术作为这次科技革命的核心技术,认为它的广泛应用使人类进入"信息时代"。⑤

尽管 1949 年之后的中国重视发展科技和工业社会建设,在政治运动频仍的 20 世纪六七十年代发射了人造卫星,发明了导弹、核弹,但终究历史性地缺席了前两次科技革命,在改革开放政策实施以后才全力追赶第三次科技革命的浪潮。始于世纪之交,在数字革命基础上发展起来的以移动互联、人工智能等为特点的科技发展新时期备受瞩目,有人甚至认为"我们当前正处在第四次工业革命的开端"。⑥ 中国第一次与西方发达国家大致站在同一起跑线上。

也正因如此,从科技革命角度来观察中国社会的整体变迁在当下的语境中并不存在因科技史链条曾有断裂而造成解释上的障碍;接续这一社会学知识传统来审视中国仍然颇有价值。无论是西方还是中国,科技革命在推动工业社会走向成熟的同时,也造成无法忽视的风险。中国的特殊性在于,中国社会同时兼具农业社会、工业社会、风险社会不同社会形态之侧面,在不同社会形态间又发生着交错和断裂;然而,从刑法学角度看,我们几乎是仅用一部刑法典去进行回应,这就是我们的时代境遇。

令人遗憾的是,我们当下刑法学研究存在着一个根本性的问题:刑法理应

---

① 参见杨博文《科技革命与全球竞争》,石油工业出版社 2008 年版,第 425、964 页。
② 同上书,第 446、1046 页。
③ 同上书,第 548、1109 页。
④ 同上书,第 1149 页。
⑤ 吴国盛:《科学的历程》,湖南科学技术出版社 2018 年版,第 890 页。
⑥ [德] 克劳斯·施瓦布:《第四次工业革命》,李菁、陈彦衡、陈嘉宁校译,浙江出版集团数字传媒有限公司 2016 年版,第 24 页。

回应社会需要，而面对社会新的发展变化，我们的社会观却错乱无章。它有时停滞不前，有时缺少严格社会学理论的支撑，而在接受了风险社会理论的学者那里，又较为普遍地忽视了对社会学知识传统的自省。我们的刑法学言说不能站在人类文明发展或社会整体变迁的高度去审视：我所坚持的刑法学知识传统是什么？它与什么样的社会学知识传统相关？我对新的社会问题的分析是否触及了一种别样的社会学知识传统？这种不同的社会学知识传统与既有的刑法学知识传统之间是什么样的关系？它对刑法学研究会带来哪些需承继或不同的东西？对这些问题理应进行深刻的反思和检讨。需要警醒的是，有问题意识而无妥切社会学知识立场的研究，很可能会使我们面对新的社会问题时发生路径依赖，始终在现代刑法的知识传统中作茧自缚式地挣扎；与此同时，大量针对具体新问题的微观研究非常有价值，但如果省略与宏观研究的融通互动，将造成刑法整体研究生态的不健全。

（二）反思古典自由主义的刑法观与风险刑法观及其他

前已述及，1997年刑法的全面修订，在很大程度上体现了"民权主义刑法观"，而这一刑法观，其实脱胎于"古典自由主义刑法观"。这无疑是告别以往阶级斗争思维下"工具刑法观"的一大进步。这种古典自由主义刑法观的思想渊源，可以追溯到被誉为"现代刑法学之父"的意大利刑法学家切萨雷·贝卡里亚。他在1764年出版的《论犯罪与刑罚》一书中，以社会契约论、功利主义等启蒙思想为基础，批判了封建刑法的专断性、身份性、干涉性、残酷性，建立起以罪刑法定原则、罪刑均衡原则、刑法平等原则和刑罚人道主义为圭臬的现代刑法思想体系，为限制国家权力，保障公民自由的刑法观念传统开启时代先声。这种刑法观念传统，经过刑事古典派的传承和刑事实证派的纠偏、融合①，在当下世界仍然存在着广泛影响。从社会契约论出发，国家的刑罚权被设定了边界，只能作为不得已手段有节制地使用，刑法谦抑原则由此也获得思想基础。有学者指出："谦抑主义深刻根植于社会契约理论之上，体现了传统刑法理论的精髓。"②

不过，无论是贝卡里亚、康德还是黑格尔，他们的刑法观念似乎与作为学

---

① 比如刑事实证学派否认人的意志自由而采决定论立场，使刑事古典学派绝对的意志自由论失去市场，但纠偏、融合之后，相对的意志自由论基本上成为人们后来的共识；在刑法评价对象是行为还是行为人，刑罚根据是报应还是预防等问题，后来的主张也走向兼采其长或二元论。

② 陈璐：《论刑法谦抑主义的消减》，《法学杂志》2018年第9期。

科的社会学没有直接关联①。社会学的学科鼻祖奥古斯特·孔德于1842年出版的《实证哲学教程》第四卷明确提出"社会学"这一名称并建立起社会学的框架和构想,这已是贝卡里亚《论犯罪与刑罚》一书发表将近80年后的事情了。② 从社会学知识传统来检讨古典自由主义刑法观,显然只能采取一种回溯的方式来进行。古典自由主义刑法观的产生年代与人类第一次科技革命的发生大致同步,是西方国家从农业社会变迁到工业社会、从封建社会转变为早期资本主义社会过程中的一项历史成就。这种刑法观的产生,与启蒙运动彰显人的理性、宣扬科学精神、打破神学桎梏有关,更承载着反对封建刑法专断性、身份性、干涉性、残酷性的时代任务。对于中国而言,由于存在漫长的封建专制统治传统,从农业社会到工业社会、从半殖民地、半封建社会转变为社会主义社会的发展进程中,反封建的时代任务并没有全部完成,这就决定了该刑法观在当下中国仍有一定社会语境基础。同时,这也造成刑法学者有时在社会观上有意无意地依赖于"传统社会—现代社会"二分的"转型社会学"。"社会转型"的概念在中国最早提出于20世纪80年代后期,可追溯至西方早期的发展社会学理论③;而中国刑法学者的社会观,在思想渊源上也可追溯至西方社会转型的早期研究,比如经典社会学家马克思的社会形态演进研究、涂尔干的社会分工与社会团结研究、韦伯的理性化社会研究等。

有学者把这种刑法观称为"古典理念型刑法观",认为其在理性人预设、不法客观性、重视报应刑等方面与刑法立法具有关联性,但同时指出这种传统刑法观在中国无法彻底贯彻,现代社会面临的各种不确定性、各种风险充分说明传统刑法观对社会的观察太过乐观,而有别于传统刑法观立场上的消极立法观正发生向积极立法观的渐进式转向,这完全符合时代精神。④"积极的刑法立法观"对于刑法立法扩张及相关社会问题的观察颇为深刻,与当下中国社会发展的趋势相契合,对其基本精神意旨应充分肯定。然而,尽管论者指出"随着科学技术的进步,人们的价值取向、行为方式都在发生变化,行为的潜在危险以及危险个体通过以前从来没有出现过的侵害行为造成损害的风险也在

---

① 贝卡里亚承认他的思想来源之一是孟德斯鸠,后者也被视为社会学的思想先驱。
② 孔德的实证主义思想对刑事社会学派产生了重要影响,参见周光权《法治视野中的刑法客观主义》(第二版),法律出版社2013年版,第112页以下。
③ 文军:《社会转型与转型社会:发展社会学的中国观照及其反思》,《中国社会科学评价》2017年第4期。
④ 参见周光权《积极的刑法立法观在中国的确立》,《法学研究》2016年第4期。

增加，由此出现新的利益以及保护呼吁，刑法有时就必须作为最后手段登场"①，但论述中并没有使用"风险社会"的概念，也不借助风险社会理论来解释中国当下社会，这就使其社会观仍然以"传统社会—现代社会"的二分为基础，所论及的新问题都被涵盖在笼统的"现代社会"这一概念之下。诚然，从广义上理解，风险社会与工业社会一样，也是现代社会的一种；但工业社会与风险社会的界分，能够使现代社会理论具有更好的区分度，方便把属于工业社会语境与风险社会语境的不同问题分别进行专门讨论，还有利于进一步厘清各自背后不同的方法论原则并贯彻到底。一种模糊的"现代社会"观下的讨论表面上看并无大碍，其实使特定刑法观及其背后连接的社会学知识传统暧昧不明。古典自由主义刑法观或消极的刑法立法观，在很大程度上是以农业社会向工业社会转型或古典的工业社会为背景的；而积极的刑法立法观，从讨论的具体问题和学理逻辑来看，主要应当是关涉成熟的工业社会向风险社会变迁过程中的论题。

尽管所持的刑法观立场不同并可能涉及不同的社会学知识传统，越来越多的学者承认中国风险社会侧面的存在，同时也在刑法研究上带来不同的启发或问题。基于刑法谦抑主义等考虑而要求停止犯罪化的立法②，批判象征性立法的大量出现③，这种研究取向具有一定代表性。它立足于保障公民自由的单维立场，基本上在用古典自由主义刑法观的见解批判风险社会中的刑法立法发展。由于对风险社会理论没有进行社会学知识传统的检讨，也没有分析古典自由主义刑法观的社会基础，因而就存在因社会语境错位而无从有效沟通的问题。诚如学者评论那样："这样说来，在晚近刑法立法的基本观念有所变化的情况下，仍然从传统刑法观出发批评具有相对合理性的刑法立法，难免会给人以不在同一平台对话、过于保守的印象。"④ 还应提及的是，论者对污染环境罪立法完善后大有成效的司法状况未加考察，把污染环境罪也作为象征性立法，这与其自身的论证逻辑是相矛盾的。关于刑法谦抑主义角度的批评，后文将另作探讨。

既然风险社会在中国成为现实，风险社会的风险不确定性又是由人的行为

---

① 周光权：《积极的刑法立法观在中国的确立》，《法学研究》2016年第4期。

② 参见刘艳红《我国应该停止犯罪化的刑事立法》，《法学》2011年第11期。

③ 参见刘艳红《象征性立法对刑法功能的损害——二十年来中国刑事立法总评》，《政治与法律》2017年第3期。

④ 周光权：《积极的刑法立法观在中国的确立》，《法学研究》2016年第4期。

所引发的；那么，在其他手段不足以抗制风险时，把法不容许的风险行为由刑法进行规制在理论上是可以接受的。考虑到在一种持续增强的趋势上，当下的中国刑法扩张主要是由中国风险社会的发展所推动，而不再主要由从农业社会向工业社会的社会转型所推动，那么，以"现代刑法的风险转向"这一命题对刑法的扩张趋势进行解读似乎更为妥切。（古典的）工业社会和风险社会在广义上都是现代社会，古典刑法（狭义的"现代刑法"）和风险刑法在广义上也都是现代刑法。"现代刑法的风险转向"即是说中国刑法的发展正在发生由古典刑法为主向风险刑法为主的现代转向。

在这样的风险刑法观中，要求把对刑法发展的理解放在风险社会理论及其社会学知识传统中把握，考察犯罪形态的变化以及刑事政策的要求，在承继现代刑法知识传统的基础上有所创新，提出风险刑法的理论阐释及限度反思。在风险刑法理论中，犯罪是诱致法不容许的风险的行为。它必须是可责的违法行为，既注重行为犯或危险犯，但同样允许结果犯、实害犯的存在。刑法有时不得不介入风险抗制，其社会学意义上的理由在于减少社会整体层面上未来的整体风险或巨灾的压力（社会的总体预防意义）；在刑法学的意义上，无论是惩治结果犯还是危险犯、未遂犯、预备犯，其目的都是维护法律背后行为基准规范的有效性（积极的一般预防意义）。

简单地把风险刑法的制度技术理解为以抽象危险犯、未遂犯、预备犯为特色并以"刑法提前介入"加以指称，这在很大程度上是以结果犯本位的古典自由主义刑法观为参照而得到的偏颇见解，它并没有把握风险刑法背后的风险社会理论逻辑。在风险社会中，根据风险控制需要和维护刑法规范有效性的原理来进行刑法立法，在自由和安全之间寻求平衡，这是风险刑法观的基本要求，由此也确立了一种调和的社会本位立场。① 风险刑法并不是法治国的例外存在，而必须被纳入法治国的总体制度框架和理论安排，否则就会出现法治国制度与理论之外的相悖事实。风险刑法观并不以倡导刑法扩张为己任，它只是直面刑法扩张的事实而解释其社会背景及原因，并基于风险兼具实在性和建构性特点，要求尽量避免仅为"社会焦虑"或"不安感"等建构性风险而动用刑法，并试图厘定刑法扩张的理性限度。学者在批判"新刑法工具主义"时认为，"尽管刑罚的积极预防功能对于维系社会秩序具有重要意义，但其并非立足于刑法本体，不具有刑法本体的功能价值，更多地是来自于刑事政策的外

---

① 宽泛地谈"安全优先于自由"或"自由为安全让路"容易令人误解，因为这样的说法并非在每一种场合或情境下都能成立，寻求自由和安全的平衡才是更为妥当的刑法价值旨趣。

部强制性附加价值"①。这一见解把有关风险实在性的考量省略了,而从抗制风险所要求的公民规范意识训练需要来看,它本是刑法本体功能的构造性内容;因此其关于过度迷信刑罚积极预防功能之担忧虽可理解,但不能对刑法立法扩张就此做出总体的否定评价②。此外,无论是风险刑法还是现代刑法,都应当建立在理性、严格论证的基础上,避免"情绪化立法",而对于"情绪化立法"的判准应如何理解,还值得深入探究。

有学者提出"功能主义的刑法立法观",认为"风险社会中,有必要发展与构建一种全新的刑法立法观。这种刑法立法观立足于对现实社会问题的考量,而不是形而上学的单纯理性化的构想,追求发挥刑法立法的社会功能,注重对社会问题的积极回应"。③积极介入、追求预防效果、注重灵活回应成为基本的立法导向。④ 应当说,这种刑法观以风险社会为语境展开,深入讨论了刑法立法的导向性特征以及由刑法自身引发的风险和调控,其论述是较为系统和全面的。所谓的"社会功能""社会问题",实际上就关涉刑法可能介入、并值得刑法介入的法不容许的行为所诱致的风险社会中的风险。在这个意义上,这种刑法观也是风险刑法观的一种,只是称谓有所不同。

"预防性刑法观"也是在风险社会、信息社会的背景下来展开论述。"所谓预防刑法,系相对于建立在启蒙思想之上的传统古典刑法而言,它不再严格强调以既成的法益侵害结果作为追究刑事责任的基础,而是着眼于未来,基于对安全的关注,着重于防范潜在的法益侵害危险,从而实现有效的社会控制。"⑤ 这种刑法观立足于与现代刑法(古典刑法)结果犯的比较和安全价值诉求来进行自我界定,它与风险刑法观的社会基础、任务、价值取向等并无原则上的差异。也许正因如此,有论者认为,刑法在风险社会中对安全使命的承担以及传统刑法理论的失灵,"这既深刻触动了传统刑法体系的社会根基、价值取向与功能设定等教义学基础,也凸显了风险刑法本质上是一种预防刑法的

---

① 魏昌东:《新刑法工具主义与矫正》,《法学》2016年第2期。
② 该论者主张刑罚积极预防功能的作用域应采区分化理念,承认了刑罚积极预防功能"在以国家安全、公共安全、人身权利,以及人类基本生活利益作为严重危害对象犯罪的刑法立法修正中,仍具有必要性与迫切性";还赞同在部分涉及公共安全的经济犯罪中考虑刑罚积极预防功能;参见魏昌东:《新刑法工具主义与矫正》,《法学》2016年第2期。
③ 劳东燕:《风险社会与功能主义的刑法立法观》,《法学评论》2017年第6期。
④ 同上。
⑤ 何荣功:《预防刑法的扩张及其限度》,《法学研究》2017年第4期。

新思维"。①不过，以结果犯作为参照系来定义预防刑法会造成结果犯本身只作为"参照物"而存在，使结果犯自身的预防意义（社会的整体预防意义）在基本理论结构中被遮蔽，这与论者没有真正采取从风险社会理论到刑法理论的知识进路有关。如果改变了这一知识进路，预防性刑法观与风险刑法观也不存在太多差异。

值得一提的是，针对刑法的扩张与刑法观的聚讼，有学者提出："不能把刑法对社会生活的被动回应'粉饰'为刑法的适应力，面对功能主义刑法的极度扩张，现代刑法理论应当强化合宪主义刑法观，重视刑法体系的合宪性控制。"② 为了在一个刑法体系中协调古典刑法与风险刑法，通过宪法进行刑法立法的限制是一个重要的考量视角。但是，前提是宪法本身已经内在地齐备了适应农业社会、工业社会、风险社会问题的妥当法律规范，否则这种"合宪性控制"就会变成另一意义上的对刑法的不当扭曲。比如，我国《宪法》第二十八条"镇压""制裁"两个法条用语的区分值得反思、研究。如果用一种农业社会或工业社会语境下的宪法规范去控制风险社会语境下的刑法立法，其效果可想而知。

四 风险刑法立法现状与评价

结合中国社会变迁的背景来观察中国刑法特别是晚近逾二十年来的发展，笔者主张应当在"现代刑法的风险转向"这一命题下来解读刑法的扩张趋势；这样一种经由知识传统自省而确立起来的妥当的风险刑法观具有较大的理论价值，它有益于对刑法扩张的理解和评价。从该命题视角出发，检讨中国刑法立法发展的概况，在规范构造（微观）、罪名体系（中观）、立法模式（宏观）三个层面对之进行考量，将使论述更为丰富和深化。

（一）"现代刑法风险转向"视野中的刑法立法发展概况

有学者认为："1979 年《刑法》的颁布，标志着我国完成了认定犯罪从无法可依到有法可依的转变；而 1997 年《刑法》的颁布，则标志着我国刑法立

---

① 参见高铭暄、孙道萃《预防性刑法观及其教义学思考》，《中国法学》2018 年第 1 期。
② 姜涛：《在契约与功能之间：刑法体系的合宪性控制》，《比较法研究》2018 年第 2 期。

法的日趋完善。"① 从中国当下刑法学界的认识来看，对于 1979 年到 1997 年的刑法发展，随着阶级斗争话语的消退，并不存在刑法观上的严重对立；更多的争议如前所述，主要发生在对 1997 年以来的刑法发展的解读和评判上。总体来说，晚近逾二十年来的刑法发展，除了个别罪名被取消以外（比如嫖宿幼女罪），刑法主要是在"做加法"，即通过增设新罪、增设行为构成、设置抽象危险犯、预备犯、帮助犯等多种制度技术来实现犯罪圈的扩大，严密了刑事法网，并对刑罚结构做了相应调整。在笔者看来，自 1997 年刑法全面修订以来，我国刑法立法正在发生"现代刑法（广义）的风险转向"，在现代刑法（狭义，古典刑法、自由刑法）继续发展完善的同时，风险刑法地位日益凸显。

应当看到，单行刑法和刑法修正案都对现代刑法意义上的刑法规范进行了补充或修订，包括增设骗购外汇罪、拒不支付劳动报酬罪，把扒窃吸纳进盗窃罪的行为构成、增设代替考试罪、规定贪污受贿犯罪可处终身监禁等。这些立法调整以进一步扩大刑法介入范围为主，只有个别罪名被取消。

与此同时，风险刑法意义上的刑法立法得到了显著的发展，大大扩展了刑法介入风险的范围，相关罪名修正主要涉及几种典型技术风险或技术风险与制度风险兼具的混合风险，包括环境风险、恐怖主义风险、核风险等，食品药品问题则部分地涉及生物或化学风险。

就环境风险而言，刑法的修正主要包括以下情况：2001 年 8 月 31 日刑法修正案（二）[以下简称"修（二）"，以此类推] 修订刑法第 342 条，把"林地"纳入非法占用农用地范围，以资保护森林资源；2002 年 12 月 28 日刑法修正案（四）增设走私废物罪；2011 年 5 月 1 日刑法修正案（八）把刑法第 338 条由重大环境污染事故罪修订为污染环境罪，使该罪成立并摆脱了对"发生重大环境事故"之结果的依赖；把刑法第 343 条非法采矿罪的行为构成由"经责令停止开采后拒不停止开采，造成矿产资源破坏的"修订为"情节严重的"，降低了罪名成立所需的行为标准。

就恐怖主义风险而言，在美国"9·11"事件之后，中国迅即于 2001 年 12 月 29 日通过刑法修正案（三），集中对投放危险物质罪（第 114、115 条）、资助恐怖活动罪（第 120 条之一）、非法制造、买卖、运输、储存危险物质罪（第 125 条）、投放虚假危险物质罪、编造、故意传播虚假恐怖信息罪（第 291

---

① 陈兴良：《回顾与展望：中国刑法立法四十年》，《法学》2018 年第 6 期。

条之一）等作了增设或修订，把为恐怖活动犯罪洗钱的行为纳入犯罪圈（第191条），提高了组织、领导、参加恐怖活动罪（第120条）中组织、领导者的法定刑。2015年8月29日刑法修正案（九）进一步增加配置了组织、领导、参加恐怖活动罪的没收财产刑和罚金刑，把资助恐怖活动罪扩展为帮助恐怖活动罪，增设准备实施恐怖活动罪（第120条之二），宣扬恐怖主义、极端主义、煽动实施恐怖活动罪（第120条之三），利用极端主义破坏法律实施罪（第120条之四），强制穿戴宣扬恐怖主义、极端主义服饰、标志罪（第120条之五），非法持有宣扬恐怖主义、极端主义物品罪（第120条之六）；增设拒绝提供恐怖主义犯罪证据罪（第311条）；扩张偷越国（边）境罪（第322条），把涉恐偷越国（边）境行为纳入犯罪圈并配置更重刑罚。

就核风险而言，1997年刑法规定了走私核材料罪（第151条），"修（八）"就"情节特别严重的"情形作了规定，"修（九）"则取消该罪的死刑。"修（三）"修订的第114、115条规定了投放危险物质罪，构成要件明文规定了投放放射性物质，而按照1997年刑法规定则只能包括在"其他危险方法"之兜底条款中；1997年刑法第125条规定了非法买卖、运输核材料罪，"修（三）"将该条修订为包括"非法制造、买卖、运输、存储"等行为方式，行为对象改为包括放射性物质，而"传染病病原体"也被纳入行为对象范围，把生物风险涵盖进来。

此外，在食品中添加人工合成的化学物质等会造成重大风险，"修（八）"修改生产、销售不符合安全标准的食品罪（第143条），放弃原来"卫生标准"之表述，改为"安全标准"；修订第144条生产、销售有毒、有害食品罪，删除"造成严重食物中毒事故或者其他严重食源性疾患"之要求，改为"对人体健康造成严重危害或其他严重情节"，放宽了罪名成立所要求的结果标准；增设了食品监管渎职罪（第408条之一）。

（二）对风险刑法立法发展的规范层面评价

在风险刑法的立法发展中，抗制风险须遵循风险刑法的规范构造逻辑，这与刑法立法的实效密切相关。中国刑法应对环境风险的立法调整可谓适例。环境风险由于超出了工业社会语境中的计算逻辑，总体上不可预知和控制，对其发生时间、规模、概率人们也难以判断；在多因一果或多因多果的科学不确定性环境污染中，因果关系的判断也会失效，这样就对刑法规范的构造提出了特别要求。只有用行为犯、危险犯的方式进行规定，借助法不容许的行为规格来对人们的行为进行控制，才可能对抗制风险产生实效；若以结果犯、实害犯为特色的现代刑法技术去进行规定则没有实效。2011年《刑法修正案（八）》把刑法第338条规定的"重大环境污染事故罪"修订为"污染环境罪"，使之在罪名的成立上摆脱了对结果、实害的依赖和因果关系的判断，从而该罪名部分地被改造成了抽象危险犯，这就在司法上改变了很难适用第338条的状况，实务中的案件数量快速实现了从全国每年一二十件到上千件的增长。[①]德国学者许乃曼教授在评价风险刑法理论时指出，在风险社会中随着社会交换关系的变迁，根据具体刑法规范的预防考虑寻求法益保护任务，"从传统结果犯转变成抽象危险犯正好符合事物的本质"。[②]诚哉斯言。

在风险刑法立法的发展中，风险刑法规范的行为类型化应更加具体，以有利于发挥对人们的行为指引作用，培养良好的规范意识。前述污染环境罪的立法调整尽管应予肯定，但同时应该看到，该罪名把水、土壤、大气污染等不同情况笼统规定在一个条文之下，这会造成风险行为类型的模糊化。从相关司法解释看，噪声污染未被涵盖进去。把不同污染类型依照其特点分别作出规定是值得考虑的立法选择。

关于风险刑法的规范类型，从其实体内容看，存在纯实体的风险刑法规范和附程序的风险刑法规范之区分，针对不同风险类型采用相应的规范形态进行规制具有重要实践意义。比如，在生化核风险等场合，囿于知识的不确定性有时不可能由权力机关直接给出可接受风险的实体标准，这就要求一种由相关风险主体与专家共同参与的新民主，它须在特定的风险情境下提供可接受风险的实体内容；但是，就像在生产、销售不符合安全标准食品罪的修订中所表现出来的那样，风险识别、风险决策意义上的程序性法律责任还付之阙如，远未得到立法者的重视。

应当指出，风险刑法的规范逻辑不仅包括微观层面制度技术、类型化、规范实体内容等方面的考量，还包括中观层面基于风险类型的罪名体系意义上的规范体系布局安排。当下中国刑法在核风险、恐怖主义风险、生物风险以及环境风险的刑法规制中，缺少从风险类型角度的总体安排，更多地表现为以具体问题为导向。在美国"9·11"事件发生以后，我国近年来"疆独"等恐怖主义也比较活跃，有关恐怖主义的刑法修正就更受立法者重视，刑法基本实现了对该类风险生产、传播的全链条覆盖。在核风险、生物风险等问题上，刑法规

---

① 参见焦旭鹏《现代刑法的风险转向》，《中国社会科学报》2017年7月25日。
② ［德］许乃曼：《批判德国刑法学思潮》，陈志辉译，许玉秀、陈志辉合编《不移不惑献身法与正义：许乃曼教授六秩寿辰》，台湾新学林出版股份有限公司2006年版，第73页。

制则隐而不彰，甚至部分地栖身于恐怖主义犯罪的相关条文中，专门的刑法规定较为匮乏。以风险类型的区分为基础，进而展开特定类型下的罪名体系布局，这是风险刑法立法发展进步的必由之路。

五 方法论立场与刑法立法模式

如前所述，对中国刑法立法发展的评价，不仅应在规范构造（微观）、罪名体系（中观）层面进行考量，还应在立法模式（宏观）层面予以检讨。刑法立法模式对风险刑法的规范面貌产生了颇为重要的基础性影响，这也是目前学界的争论点所在，宜专门加以讨论。

应指出的是，把"现代刑法的风险转向"作为当下中国刑法发展的一种主要趋势，意味着对刑法立法所面对的新问题不能仅从问题本身来理解，而应在社会学的理论视野和知识传统中去把握。当我们谈论恐怖主义、生态危机或网络犯罪等问题时，应明白其不仅是公众舆论或政治议题所关注的焦点，而更应看到这些问题反映了一种新的社会形态所具有的社会特征——它们以人为的不确定性为特征而归于风险社会的理论境域。乌尔里希·贝克风险社会理论所采用的是方法论的集体主义立场，由此带来的问题是：从方法论的个人主义立场展开的现代刑法理论叙事，如果强行对接风险社会话语，就必然存在深层的知识立场紧张。笔者认为，在方法论立场上厘清刑法理论与社会学理论之间的关系，有利于凸显具体问题体系解释逻辑上所遭遇的困难，并进一步推动对刑法规范宏观层面的刑法立法模式的反思。

在风险社会的理论视野中，刑法立法面对的首要问题理应是：如果要确立妥当的立法，首先应把这些所谓的社会新问题在事实层面进行妥切解读，使其事态的核心意蕴能够在时代发展的趋势中被理解，而不是在"问题—对策"式的技术性体认中被简化。借助乌尔里希·贝克的风险社会理论解读社会新问题是笔者的理论选择，它将带来一种对刑法立法社会语境变迁的新认知，并可能超越当下中国刑法研究习以为常或"集体无意识式"的社会认知方式。

（一）方法论的个人主义与方法论的集体主义

晚近40年来，在由改革开放全面重启的社会主义现代化建设进程中，有关中国社会的认识大体处于一种"传统社会—现代社会"二分的认知方式之中，从农业社会向工业社会发展变迁的"转型社会学"在很大程度上宰制了中国刑法学研究总体的社会认知底色。这与借鉴西方法治经验进行"追赶型"法治建设的中国之时代需要相契合,在很大程度上成为中国现代化建设中解读各种刑法问题的不约而同的社会语境分析工具。

　　前文已述及,由贝卡里亚所开创的现代刑法思想与学术传统,深受西方启蒙运动的精神洗礼,它以反封建为问题指向和历史志业,在个人本位的立场上展开理论言说,并与从封建社会到资本主义社会的社会变迁叙事具有方法论的个人主义立场之一致性,尤其以古典自由主义的思想风格为其代表。然而,从工业社会到风险社会的社会变迁却采取了截然不同的知识立场,风险社会理论是一种方法论的集体主义立场上的言说,它从科技革命的反面意义切入,首先在社会的整体面上检视问题,对后工业社会的社会现实基础作出了宏观理论解读。环境污染、恐怖主义以及其他生化核风险对这个星球上所有植物、动物、人类带来了前所未有的整体毁灭的风险,使一切生物成为高科技加速发展未来远景中的命运共同体。在这个意义上的任何具体问题,不能按照以往工业社会语境或"转型社会学"认知方式下的思维习惯经由个人去解读,而只能按照风险社会语境中的思维方式经由社会整体面去解读,在防范形成社会巨灾的意义上去理解特定情形下具体技术风险的社会内涵。以恐怖主义风险为例,乌尔里希·贝克最为担心的是核恐怖主义,它所可能给全人类造成的巨灾是不言而喻的;但是,这并不意味着我们对于当下"疆独"势力以冷兵器实施的恐怖主义可以作壁上观,它仍应从社会的整体面出发去进行认知和解读——这种更具组织性、致命性、针对无辜平民的新恐怖主义,完全可能采取新的武器或行为方式而危害巨大,正如美国的"9·11"事件已给人类以足够沉痛的教训。恐怖分子其实并不关心杀害某个具体的个人,他们所关心的是杀害更多的人,破坏更多的财产,造成更大的社会影响和震动,这也正是恐怖活动的一个重要特点:制造社会恐怖气氛。由此对恐怖活动的理解,自然不能经由个人法益的受损数量来评价和认识,而只能从此类行为所表现的社会特征从整体面去理解,才可能获取对事态的妥切认知。

　　有关方法论的个人主义和方法论的集体主义(有时也称为方法论的整体主义),美国学者杰弗里·M.霍奇逊进行了细致的辨析和检讨,[①] 方法论的个人主义立场上的某些论者主张所有社会现象(结构和变化)原则上只能通过个体的特征、目的和信念得到解释,或者任何形式的解释,只要它不能最终将

---

① 参见杰弗里·M.霍奇逊《制度经济学的演化》,杨虎涛等译,北京大学出版社2012年版,第17页以下。

我们引致个人方案，就不能令我们满意；而方法论的集体主义立场上的某些论者则主张所有个体倾向或行为都能也应当从社会的、结构的、文化的或制度的现象中得到解释。这样的方法论立场或知识取向在现代刑法理论中也有表现，一个较有代表性的见解是德国法兰克福学派关于法益的理解。他们主张只有个人法益是值得刑法保护的，而任何所谓的社会法益、国家法益都只在能被还原为个人法益时才被接受和确认，而不能被还原者即不认为存在法益。中国有刑法学者坚持了这样的看法而明确主张："不能分解成或者还原为个人法益的所谓公法益，不是刑法保护的法益。"① 如此以个人本位建构刑法理论体系固然彰显了个人自由的优位价值，但同时可能使刑法规范所保护的法益性质与其事实意义相去甚远，并可能引发立法的体系性矛盾。

（二）方法论问题与体系解释矛盾

晚近逾二十年来的中国刑法立法基本上采取的是集中立法的模式，以统一刑法典为主，个别地借助单行刑法，主要通过刑法修正案方式来完善刑法典，附属刑法并不规定实体罪刑条款而仅具提示意义。这样的立法模式旨在保证刑法典的稳定性，同时也造成规范建构的体系逻辑有时可能与社会脱节。学者正确地指出："当一种行为所侵犯的法益是一种新型法益，原有刑法典的罪名体系无法包容时，就不能用刑法修正案方式修改刑法。"② 笔者强调的是，当这样的新型法益与社会形态变迁密切相关时，忽视社会语境的差异，省略方法论立场的检讨，将带来无法克服的体系解释矛盾。

比如，侵犯公民个人信息罪的法益性质争议即为适例。《刑法》第253条之一规定了侵犯公民个人信息罪，把违反国家有关规定，向他人出售或者提供公民个人信息，情节严重的行为作为犯罪处理；违反国家有关规定，将在履行职责或者提供服务过程中获得的公民个人信息，出售或者提供给他人的，依照前款规定从重处罚；窃取或者以其他方法非法获取公民个人信息的，依照第一款规定处罚。这个罪名先后历经刑法修正案（七）和修正案（九）两次修订，有关该条规定所保护的法益性质在学界存在争议。

一种主张认为，该条规定的保护法益是公民人格尊严与个人自由，个人隐私只是人格尊严的组成部分，而该罪名作为《刑法》第253条之一，放在刑

---

① 张明楷：《避免将行政违法认定为刑事犯罪：理念、方法与路径》，《中国法学》2017年第4期。

② 柳忠卫：《刑法立法模式的刑事政策考察》，《现代法学》2010年第3期。

法第 253 条规定的私自开拆、隐匿、毁弃邮件、电报罪之后，也与第 253 条的保护法益即公民的通信自由与人格尊严之间具有类似性。① 从侵犯公民信息行为妨碍了公民对包括隐私在内的个人信息如何使用具有自决权的意义上来看，这一主张似乎也不无道理。

另一种主张则认为该条规定的保护法益不限于公民个人法益，还应包括超个人法益，论者指出："当代信息社会，公民个人信息不仅直接关系个人信息安全与生活安宁，而且关系社会公共利益、国家安全乃至于信息主权，所以，'公民'一词表明'公民个人信息'不仅是一种个人法益，而且具有超个人法益属性，还需要从公民社会、国家的角度进行解释。"② 该论者结合立法宗旨进一步论证了"公民个人信息"的超个人法益属性，指出该罪名的犯罪化背景是近年来随着信息网络普及和经济发展，网上非法买卖公民个人信息活动泛滥，由此滋生的电信诈骗、网络诈骗、敲诈勒索、绑架、非法讨债等多种下游犯罪，侵犯公民个人信息的行为不仅直接侵害公民个人隐私，还间接威胁公民的人身、财产安全。③

在笔者看来，对侵犯公民个人信息罪保护法益的两种主张的对立，其实内在地包含了两种社会语境、两种方法论立场之上的解释进路对立。前一种主张是工业社会语境中方法论的个人主义立场上的解释，它通过对公民个人信息权所蕴含的人格尊严、个人自由之强调，把与公民个人信息相关的种种社会问题简化为单链条的个人法益侵犯；后一种主张其实在某种程度上已属于风险社会语境中方法论的集体主义立场上的言说，它在社会整体面上来观察问题，把侵犯公民个人信息行为放在信息时代的大背景下考察，与网络诈骗、电信诈骗等下游犯罪结合起来认识，对个人信息泄露可能造成大规模的公民人身、财产安全问题有警醒的认知。这种犯罪化的推动力自然在于立法者把下游犯罪的涉众性和多发性将造成的严重政治、社会影响作为考虑关键。显然，后一种主张对事态的把握无疑更为全面和妥切，在这样的事实认知基础上，才可能在规范层面真正把握该罪名的保护法益性质。

应强调指出的是，后一种主张其实已在有意无意间超越了现代刑法的传统解释进路。侵犯公民个人信息罪通过刑法修正案的方式规定在刑法典第四章，

---

① 参见高富平、王文祥《出售或提供公民个人信息入罪的边界——以侵犯公民个人信息罪所保护的法益为视角》，《政治与法律》2017 年第 2 期。

② 曲新久：《论侵犯公民个人信息犯罪的超个人法益属性》，《人民检察》2015 年第 11 期。

③ 同上。

该罪章名称是"侵犯公民人身权利、民主权利罪",按照体系解释的逻辑,侵犯公民个人信息罪的保护法益只能是个人法益。正如论者所指出那样,"传统上,侵犯公民人身权利、民主权利、财产权利的犯罪都是侵犯个人法益的犯罪"。[①] 如果坚持传统的体系解释进路,不仅超个人法益无从得到解释,间接的公民财产威胁问题更没有探讨的空间。然而,撇开该罪名在刑法典中的体系地位来看,在事实层面的解读恰以后一种主张更为妥切。由此不难发现,在现代刑法的体系解释逻辑和风险刑法的具体问题内涵之间,发生了不可克服的矛盾。

在笔者看来,这种问题之所以出现,与以修正案方式不断修订刑法而维持统一的刑法典这种集中立法模式直接相关。所谓刑法修正案,其实在某种意义上是给刑法典"打补丁",把侵犯公民个人信息罪作为第253条之一放在第253条私自开拆、隐匿、毁弃邮件、电报罪之后,具有某种简单比附式风格,而并不关心社会新问题的理论解读或方法论立场。这就把不属于一个解释体系中的问题,强行放进一个体系中去,解释起来自然首尾两端,难以兼顾。一个或可考虑的解决方案是,把侵犯公民个人信息罪在刑法典中加以规定的同时,在信息安全等方面的专门法律中也规定侵犯公民个人信息罪。前者适用于诸如以绑架为目的针对特定个人实施犯罪而侵犯公民个人信息等情形;后者适用于以诈骗等为目的针对不特定多数人而侵犯公民个人信息等情形。这样一来,前述体系解释矛盾即不复存在。刑法典中规定的是古典工业社会中的问题,采取方法论的个人主义解释进路,其保护法益是个人法益;特别刑法中规定的是风险社会中的问题,采用方法论的集体主义解释进路,其保护法益是超个人法益或集体法益。刑法释义学的解释过程由此变得十分顺畅。在这一分析进路中,从宏观社会学到立法论、解释论的方法论立场也在理论上得以贯通并凸显了集中立法模式之弊病;而只有调整刑法立法模式,才能够在制度实践中实现这种方法论贯通,并真正符合事理逻辑的内在要求。

(三) 现代风险类型与刑法立法模式调整

前述讨论是以侵犯公民个人信息罪为例的展开,但集中立法模式的问题远远不限于这一罪名。环境犯罪、恐怖主义犯罪以及其他生化核风险,也面临同样的问题;转基因食品、生物医学、人工智能还可能在未来陆续加入这一问题序列。风险社会中新的风险类型和风险态势,可能对刑法不断提出新

[①] 曲新久:《论侵犯公民个人信息犯罪的超个人法益属性》,《人民检察》2015年第11期。

的要求。"现代刑法的风险转向"意味着我国刑法立法模式必须做重大调整,才能兼顾刑法的稳定性和适应性,回应社会发展要求。德国、日本等大陆法系国家的分散立法模式实践值得我国借鉴。或可考虑把杀人、抢劫、强奸等自然犯以及刑法适用范围、刑罚一般条件、刑种及保安处分的一般性内容归入核心刑法的范畴,以刑法典的方式进行规定并基本维持不变;把网络犯罪、经济犯罪等行为类型复杂多样、变化较快的犯罪根据行业特色或专业依赖程度以附属刑法的方式进行规定,由此适应不同行业或专业领域内的快速发展和特殊要求;对于生态风险、恐怖主义、人工智能等领域个性显著、内容丰富多样的新型风险,则以单行刑法的方式专门进行规定,由此形成核心刑法、单行刑法、附属刑法并行的刑法立法模式。此外,在必要时仍可以修正案方式对刑法典、单行刑法进行补充或调整。经过一个相对较长的时期之后(比如十五年或二十年),还可进行系统的刑法编纂,促使不同刑法渊源和刑法规范之间更为协调和完备。进行单行刑法和附属刑法立法,并不意味着采取更为简易的立法程序,在追求立法模式科学化的同时,不能降低立法民主化要求。

六 现代刑法的风险转向与刑法谦抑性原则

对中国刑法立法发展的评价不仅涉及规范层面的理解,还关涉原则层面的把握。在前述刑法观的聚讼中,刑法立法扩张是否违背刑法谦抑性原则是一个重要争论点。正确理解现代刑法的风险转向与刑法谦抑性原则的关联,具有十分重大的意义。

应指出的是,晚近逾二十年来中国刑法的扩张所表现出的"现代刑法的风险转向",并非仅是中国个案,而是世界风险社会背景下各国刑法立法共同的发展趋势。在世界风险社会的视野中,这不过是风险态势在各个国家形成政治压力后的制度因应调整,并不会带来理解上的根本性困难,但是,这似乎与古典刑法所坚持的刑法谦抑原则之间形成了某种紧张关系:刑法成为抗制风险的政策工具,可能逾越了其惯常的制度角色边界。但是,也有论者在肯定社会实践需要对刑法发展的推动作用的同时,提出"刑法的谦抑性(辅助性、最后手段性)原则当然可以同时适用于立法和司法活动,但认为其应当捆住立法者的手脚、遏止立法者增设新罪的冲动的观点,并没有充足的道理,而且与事实不符"。① 笔者赞同在立法和司法上都应坚持刑法谦抑原则，但强调首先要在社会学视野中对刑法立法扩张持有妥当认识，继而还应对立法、司法上刑法谦抑原则的具体内涵有细致、妥切的把握。

（一）社会层面的分析

刑法扩张是否有悖刑法谦抑原则，应当在社会层面对社会变迁进行妥当界分，区分不同社会语境来考察刑法立法发展的意义。随着科技的进步和社会发展，人类生产、生活空间不断拓展，相应地在这些拓展后的人类生产、生活空间中也会产生新的问题，这就存在要求刑法进行介入的可能。这种刑法介入相对以往的刑法而言无疑也是一种扩张，但它与刑法谦抑原则基本没有关系。比如说，在农业社会中没有发达的市场经济，而工业社会中市场经济得以昌盛，但随之也产生了破坏市场经济秩序的行为，刑法将其犯罪化自然是因应社会发展需要。在这个意义上的刑法扩张与刑法谦抑性原则之间并无关联。同理，随着世界风险社会的发展，生态风险、恐怖主义、食品药品安全、世界金融危机、生物技术服务、人工智能等方面产生的新问题日益突出并要求刑法介入，而这些问题在工业社会中原则上是不存在的，那么这种意义上的刑法扩张也与刑法谦抑原则无关。

一种常见的认识误区是，只要刑法扩张就意味着公民自由空间的缩减。这样的见解是不妥当的，它忽视了社会语境的变动性，而受困于工业社会语境的启蒙话语宰制，对风险社会的社会发展视而不见。在从农业社会到工业社会的变迁中，出于反封建的需要，受启蒙运动影响的刑法思想，形成了假定公民于国家面前十分弱小、国家权力容易滥用的思维模式。它立足于个人本位，以人权保障为旨趣，对刑法扩张高度敏感和警惕，提防侵犯公民个人自由。这样的思维模式，其实预设了国家权力和公民自由之间"敌进我退"式的对立关系，而忽略了科技发展与社会变迁所造成的基础性影响。

如果我们把自由理解为人除了物质障碍和法律阻却以外为所欲为的可能性，那就不难发现，风险社会中的科技发展其实突破了"物质障碍"对人的自由所带来的限制。人类科技开发自然的能力空前，极大增加了社会财富，改变了人们生产、生活面貌；互联网突破了时间、空间对人的沟通限制，千里传音传影轻而易举；人工智能将使人类从更多的劳动负担中解放出来，使之拥有更多闲暇去享受生活和艺术。这些都意味着人类自由空间的增长，同时也意味

---

① 周光权：《积极的刑法立法观在中国的确立》，《法学研究》2016年第4期。

着国家权力在这些新的自由空间中会发挥生产性的作用，而不能简单地仅以自由的对立面来把握。刑法的介入，不过是在新的自由空间中作为规则体系中的一个类别而发挥作用，对科技发展所带来的负面效应或技术风险进行规制，与自由之间并不存在以往那种因价值优先而形成的单一对立关系。只在自由空间拓展之后，怎样权衡安全与自由之间的规则边界时，权力和自由之间的对抗才可能在逻辑上成为问题。

（二）立法层面的分析

随着世界风险社会的发展和人类生产生活空间的拓宽，在新的社会语境中产生的新问题也要求新的刑法规范予以规制，刑法谦抑原则的适用也应予以检讨。

在应然的意义上，刑法并不当然在风险社会的行为规范体系中居于首选地位，而仍应践行刑法谦抑原则，尽可能保持其"第二次法"或"保障法"的制度角色。不同法律手段的国家资源成本和对公民权利限制的程度差异仍然是显著的，刑法作为其他法律保障法的应然角色不能从理论上当然取消，能用民法或经济法、行政法等手段解决的问题，并无必要动用刑法手段。

在实然的意义上，刑法谦抑原则在更多时候已被搁置。"作为社会政策之最后手段的刑事政策和作为刑事政策之最后手段的刑法，在当前已经被要求作为解决社会问题和调整社会问题的最优先手段来考虑。"① 这与人们对风险社会中的风险所体会到的不安全感有关，但更重要的是在动用刑法介入时对风险实在性考量不足。

因此，在刑法立法修正时妥当预测、评估风险，在控制思维之外整合权利保障思维、权衡各种利益②是有益的。同时还应注意，刑法立法模式对刑法谦抑原则的践行也颇有意义。在我国当下通过刑法典集中立法的刑法立法模式下，刑法修订与其他法律修订彼此独立，这就为刑法在其他法律修订之前越俎代庖或"抢跑"提供了操作意义上的制度空间。如果把集中立法模式调整为分散立法模式，允许在其他部门法的法律文件中直接规定罪刑条文，那么，刑法修订和其他相关法律修订更易于同步进行；在决定是否以刑法介入时，从制度上也就常态化地给予其他法律的立法、司法状况予以更为充分的考量空间，

---

① ［韩］金日秀：《风险刑法、敌人刑法与爱的刑法》，郑军男译，《吉林大学社会科学学报》2015年第1期。

② 参见劳东燕《风险社会与功能主义的刑法立法观》，《法学评论》2017年第6期。

刑法的补充性更易实现。在我国的刑法立法模式暂不改变的情况下,指望刑法谦抑性这样一个没有刚性操作规则和制度辅助的"标签理论"① 来限制刑法的不当扩张,其效果自然不佳。

对刑法谦抑性原则的坚持,还应注意严密罪名体系、覆盖风险全链条的追求与罪名设置是否具有有效性之间的考量。从特定风险类型角度来考虑刑法规制的罪名体系,会带来增设某些预备、未遂、帮助行为以及危险犯的单独犯罪化,这种刑法扩张从严密罪名体系、覆盖风险全链条的角度来看是有意义的,但并不意味着"全链条"罪名设置就必然每个罪名都有效,那种牺牲自由却对保障安全并无实益或成本过高的制度构建并不可取。

(三) 司法层面的分析

在实然的意义上,刑法立法的扩张容易成为"压力型立法"② 的一个后果而实质上违背刑法谦抑原则。尽管学者们出于保守的启蒙精神或风险社会语境中的立法科学化考量可能进行学理上的批判或呼吁,前述状况仍是一个不得不面对的制度现实。在这种情形下,笔者认为,在司法层面贯彻刑法谦抑原则仍然颇有价值。储槐植教授提倡"刑事一体化"③、刘仁文教授鼓吹"立体刑法学"④,他们都强调从动态角度去观察刑法运作,这给我们以启发:在静态的制度观察上所见的刑法"越位",并不意味着在动态的制度运作效果上必然具有终局效应,如何在司法层面实现刑法谦抑效果还值得深入研究。

首先,可以在司法层面通过法释义学解释以及法官自由裁量权的行使,尽可能减少某些并无真正必要的罪名之司法适用,使"纸面上的法"意义上的刑法规范仅具有象征意义,而"行动中的法"意义上的刑法规范并不真正对人们的行为空间产生作用。

其次,刑法即使在其他部门法尚未介入时已经先行介入,这也并不必然妨碍其他的部门法的立法跟进,并完全可以通过其他部门法手段的充分运用,使更多的不法行为在尚未构成犯罪时就得到遏制,从而使真正达到犯罪程度的行为越来越少,减轻刑事司法层面的定罪压力,甚至使刑法规范基本上存而不

---

① 参见简爱《一个标签理论的现实化进路:刑法谦抑性的司法适用》,《法制与社会发展》2017年第3期。
② 吴元元:《信息能力与压力型立法》,《中国社会科学》2010年第1期。
③ 参见储槐植《刑事一体化论要》,北京大学出版社2007年版,第25页。
④ 参见刘仁文《构建我国立体刑法学的思考》,《东方法学》2009年第5期。

用，仅具有行为规范宣示或规范意识训练价值。对刑法立法和其他前置法关系的把握，不能仅从静态层面来观察，而应注意到不同法律之间的动态发展和法律运作实践中的动态格局变化。

最后，在司法层面贯彻刑法谦抑原则还可仰赖犯罪行为生成环境的改善。只有越轨行为、不法行为更少地发生，才可更好地改善犯罪生成环境，才能最终现实地减少相关罪名的司法适用。在司法层面贯彻刑法谦抑原则，是以法官的自由裁量空间允许、进入司法环节的不法行为减少为条件的。对于那些由于刑法的扩张而侵占行政法等部门法空间的情形，还可以从更为具体的操作规程、单位纪律等行为规则上去检讨越轨行为成因的敏感区域与对策，改善前置行为规则的适用效果，尽量消除越轨隐患；也更应注重犯罪成因的社会分析和对策考量，吸纳风险相关方的意见并充分考虑其风险地位和利益取向，寻找化解问题的社会政策方案——这些都能起到使更少越轨行为、不法行为进入刑事司法的效果，从而在动态、实然的意义上使刑法规范不用或少用，尽量更少实质性地介入社会生活。

七 结语

对于一个立足于中国的刑法研习者或立法者而言，我们所处的时代提供了一种前所未有的历史机遇：与这个世界上所有的人共同面对风险社会的挑战。这种考验要求在理论上积极探索、承故纳新，而非抱残守缺、胶柱鼓瑟。风险刑法理论的未来任务或许就在于不断通过具体风险类型的观察展示风险社会的真实性，把对刑法发展的历史反思建立在一个明确的社会学知识传统之上，减少对经验痕迹论断或"传统社会—现代社会"二分的"转型社会学"的依赖；它须致力于推动体系化的理论建构，在制度层面检讨那些所谓"已被接受的风险"，厘定那些"人类可接受风险"，由此或可向着隐秘的未来，送上未雨绸缪的福音。在抗制风险的需要和刑法谦抑性要求的平衡中，"现代刑法的风险转向"无法绕开具体情境下对刑法规范正当性的审慎考量，它既要凭借对自反性现代化机理的把握，也须仰赖对刑法自身风险的防范，这仍是一个值得深入研究的开放性论题。提倡风险刑法观，并不意味着否认工业社会语境下现代刑法的价值，从当下中国由农业社会向工业社会的现代化尚未全面完成这个角度来看，现代刑法仍然大有作为；但从风险社会的发展来看，风险刑法在价值取向、立法模式、罪名体系、规范构造等方面的特殊性值得深入探讨。从科技革命角度度观察社会整体变迁是社会学知识传统中的一个重要面向,它有利于我们更好理解风险社会,并由此出发来反思启蒙运动以来的现代刑法知识传统和社会学背景,它终将促使我们在传承现代刑法学的同时探索建立刑法未来学。刑法未来学,或许不再是谈论风险刑法时的修辞策略,[①] 而是建立在社会学知识传统之上、源自现代刑法学并超越现代刑法学的值得尝试的学术走向。

[①] [德] 乌尔里希·齐白:《全球风险社会与信息社会中的刑法》,周遵友、江溯等译,中国法制出版社2012年版,陈兴良序、梁根林序;陈兴良教授在推荐该书中译本的序言中,把齐白教授有关世界刑法未来图景的讨论称为"带有未来学的味道",梁根林教授则称之为"未来刑法学"。

第二编
社会变迁与刑法制度的发展

刑事制裁体系：概念、构造与中国走向

敦 宁[*]

近年来，随着劳教制度的废止和刑法典的大幅修正，我国刑事制裁体系的变革或转型问题受到了学界的广泛关注，"刑事制裁体系"这一用语也开始不断出现在相关的学术论文或论著之中。然而，对于何谓刑事制裁体系，其内部包含哪些具体内容，学界的认识却并不统一，许多论者甚至不做任何说明而直接根据他们的当然性理解来展开论述。由此也就使相关的学术讨论失去了基本一致的前提或平台，出现了"自说自话"的现象，进而导致无法形成有效的学术对话。有鉴于此，本文对刑事制裁体系的概念与构造问题展开专门研究，并在此基础上对我国刑事制裁体系的未来走向进行全面探讨，期望能为这一重大问题的解决提供些许助益。

一 刑事制裁体系概念的提出

在刑事法学研究中，"刑事制裁体系"不是一个传统的概念范畴，相关的学术论文或论著中虽时有提及，但在具体理解上也并不完全一致。在我国，目前尚不存在专门研究"刑事制裁体系"的学术著作，以"刑事制裁体系"为篇名在学术期刊网上进行检索，相关的学术论文也只有3篇，其中一篇为笔者的《后劳教时代的刑事制裁体系新探》（《法商研究》2015年第2期），另外两篇分别为葛磊的《刑事制裁体系近现代论纲》（北京大学2007年博士学位论文）和何群等撰写的《劳动教养制度废止后我国刑事制裁体系的变革》[《西南交通大学学报》（社会科学版）2016年第2期]。[①] 但是，在后两篇论文中，作者均未对"刑事制裁体系"的概念内涵进行一般性的解读，因此，

---

[*] 敦宁，河北大学政法学院副教授，法学博士。
[①] 最后检索日期：2017年11月9日。

关于其对"刑事制裁体系"的理解,只能从论文的具体内容中进行探寻。

在《刑事制裁体系近现代论纲》一文中,作者共研究了四个方面的问题,分别为:"监禁刑为中心的刑事制裁体系""从监禁刑到保安处分:'监狱岛屿'的形成""犯罪控制策略的变迁:社区矫正的产生和发展",以及"中国的刑事制裁体系改革"。在文中,作者指出,我国的刑事制裁体系主要由现行刑法所规定的死刑、无期徒刑、有期徒刑、拘役、管制等五种主刑和驱逐出境、剥夺政治权利、罚金、没收财产等四种附加刑构成,并在整体上呈现出重刑化倾向严重、刑罚方法单一、适用方式机械、社会化程度低的特征;而在西方国家,除刑罚外,还存在着保安处分和社区矫正等措施来处理大量轻罪。最后,作者认为,我国刑事制裁体系改革的重点是大力发展社区矫正制度,在条件成熟后,可以考虑取消犯罪概念中的定量因素,并全面改革刑事司法体系。① 由此可见,该文所讲的"刑事制裁体系",实际上重点指的就是刑事制裁的方法体系或刑罚体系。至于作者最后所谈到的犯罪和刑事司法体系的改革,只不过是刑事制裁体系改革的附带或延伸产物,其本身并不属于刑事制裁体系的内容范畴。

而在《劳动教养制度废止后我国刑事制裁体系的变革》一文中,作者则直接用刑事制裁体系来指代对违法犯罪的制裁体系。比如,作者在"我国刑事制裁体系构成分析"一节中指出:"我国刑事制裁体系中,治安处罚占72.94%,占整个违法制裁中的重大比例。而刑罚处罚只占25.55%,劳教占1.51%。这也从另外一个角度证明,我国违法、犯罪二元的刑事制裁模式下,违法处罚的案件数远远超过刑事处罚。"② 可见,在制裁对象的行为性质上,作者明确区分了违法与犯罪,但在制裁体系上却未对二者加以区分,也没有使用"违法犯罪制裁体系"这一综合性称谓,而是将其全部归入刑事制裁体系。由此,也就使刑事制裁体系事实上等同于对违法犯罪的制裁体系。

此外,在其他一些论著中也不时会发现"刑事制裁体系"这一用语,但对其同样缺乏一般性的解读,而且所指代的内容也并不完全一致。例如,有论者指出,"长期以来在我国刑法内只有刑罚体系,没有保安处分体系,故我们称之为'一元结构'的刑事制裁体系,也即在刑法中只有刑罚制裁,而没有保安处分制裁。显然,相对于国外既有刑罚又有保安处分的'二元结构'的

---

① 参见葛磊《刑事制裁体系近现代论纲》,博士学位论文,北京大学,2007年。
② 何群、姚毅奇、吴志华:《劳动教养制度废止后我国刑事制裁体系的变革》,《西南交通大学学报》(社会科学版)2016年第2期。

刑事制裁体系，我国刑法中较为缺乏对'人身危险犯'控制的系统制度建设"。① 可见，这里的"刑事制裁体系"实际上是指刑事制裁的方法体系。又如，有论者在论及德国的刑事制裁体系时指出，"与瑞士、奥地利等大陆法系国家一样，现行《德国刑法典》采取了双轨制即区分刑罚与保安处分的刑事制裁体系"。② 这里的"刑事制裁体系"同样是指刑事制裁的方法体系。还有论者在论及恐怖主义犯罪的刑事制裁体系时指出，全面科学地构建打击恐怖主义犯罪的罪名体系和制裁体系，是整个反恐立法的核心和基础，我国反恐刑事立法的完善应主要从刑法总则中的责任追究制度和刑法分则中的罪刑设置两个方面展开。③ 就其涉及的内容而言，这里的"刑事制裁体系"不仅包括刑事制裁的方法体系（刑罚体系），而且还包括相关的罪名体系和责任追究制度，因此，其所指代的应该是整个刑法体系。

从当前可以获取的有关研究资料来看（如不存在搜集疏漏），可能只有笔者在《后劳教时代的刑事制裁体系新探》一文中明确提出了刑事制裁体系的概念，并对其进行了初步解读。笔者认为："刑事制裁体系，是指由刑事法律确立的对犯罪和其他相关危害社会行为进行制裁的方法和制度有机组合而成的统一体。刑事制裁体系是一个综合性的概念范畴，其内部既包括刑罚制裁体系，又包括具有保安处分性质的制裁方法体系，还包括一些相关的制裁程序内容。因此，刑事制裁体系并不等同我们通常所说的刑罚体系，这是讨论刑事制裁体系的相关问题时需要明确的一个基本前提。"④ 在此需要补充说明的是，刑事制裁对象范围中的"其他相关危害社会行为"，主要是指由不具有刑事责任能力的人实施的达到了刑法规定的严重程度的危害社会行为，而不包括一般的治安或行政性违法行为。对这类行为的制裁一般也是由刑法加以规定（通常由保安处分规制），所以也属于刑事制裁的对象范围。刑事制裁体系正是在制裁犯罪和此类危害行为的基础上所形成的方法和制度体系。

笔者之所以明确提出这一概念范畴，主要是基于在刑事法律层面系统应对劳教制度废止的现实需求。在劳教制度废止之后，大量的行政违法行为可能会被纳入犯罪圈，因此必然会涉及我国刑事制裁范围的调整问题，而随着刑事制裁范围的调整，我国以重刑为主导的制裁方法、以普通程序为主体的制裁程序

---

① 刘仁文主编：《废止劳教后的刑法结构完善》，社会科学文献出版社2015年版，第124页。
② 江溯：《无须量刑指南：德国量刑制度的经验与启示》，《法律科学》2015年第4期。
③ 参见于志刚《恐怖主义犯罪与我国立法应对》，《人民检察》2011年第21期。
④ 敦宁：《后劳教时代的刑事制裁体系新探》，《法商研究》2015年第2期。

以及其他相关的制度设计势必会同时受到冲击；由此，我国必须要着眼于整体性的刑事制裁体系来对其做出系统应对。而现在看来，随着我国法治建设的全面推进，以及近年来刑法修正所展现的立法趋向，这一问题已经不仅仅是对劳教制度废止的系统应对，而是一个已经上升到事关我国刑事法治建设全局的重大问题，所以，对其展开深入研究，也更加具有紧迫性和必要性。

二 刑事制裁体系与其他相关概念的关系

概念只有在比较中才能得到明确。由于刑事制裁体系并不是一个传统的概念范畴，而且学界对其的理解也并不一致，所以，在提出这一概念之后，必须要与学界所使用的其他相关概念范畴进行一定的比较，以明确其联系和区别。这些相关的概念范畴主要就是危害社会行为制裁体系、犯罪行为制裁体系、刑法体系（或刑法结构）和刑罚体系（或刑罚结构）。对于其他一些与之类似的相关概念范畴，笔者在论述的过程中也一并予以说明。

（一）刑事制裁体系与危害社会行为制裁体系

危害社会行为制裁体系是谢川豫教授在其《危害社会行为的制裁体系研究》一书中提出的一个概念范畴。在该书中，作者并未对危害社会行为制裁体系的概念进行一般说明，但指出了其中的一些重要内容。例如，作者指出，"本书所研究的危害社会行为，在我国，是违反刑事法律规范、违反治安管理法律规范行为的总和"。另外，作者还指出，"危害社会行为制裁体系包括三大要素，分别是危害社会行为的违法领域、制裁方式和制裁程序"。[①] 那么，所谓危害社会行为制裁体系，无疑就是指针对违反刑事法律规范和治安管理法律规范的行为，在制裁方式和制裁程序等方面形成的制度体系。从抽象的体系构造来看，危害社会行为制裁体系与笔者主张的刑事制裁体系基本一致，即都包括制裁领域、制裁方式和制裁程序等构成要素。但是，二者在具体的制裁范围方面有所不同。危害社会行为制裁体系的制裁范围既包括违反刑事法律规范的行为，也包括违反治安管理法律规范的行为，但刑事制裁体系的制裁范围则仅包括违反刑事法律规范的行为。因为，刑事制裁体系的重心是"刑事手段"，因而其不可能包含那些不需要动用刑事手段进行制裁的治安或行政违法

[①] 谢川豫：《危害社会行为的制裁体系研究》，法律出版社2013年版，第17、41页。

行为。也正是基于这一差别，二者在制裁方法和制裁程序的具体内容上也并不相同。

此外，学界经常提到的违法犯罪制裁体系、法律制裁体系或国家制裁体系等，与危害社会行为制裁体系在内涵上也基本相同，即在制裁范围上都同时包括刑事违法行为和行政违法行为，因此与笔者所主张的刑事制裁体系具有明显的差异性。

（二）刑事制裁体系与犯罪行为制裁体系

犯罪行为制裁体系（或犯罪制裁体系）也是学界经常提到的一个概念。所谓犯罪行为制裁体系，无疑就是指针对犯罪行为而形成的制裁体系。犯罪行为制裁体系是危害社会行为制裁体系（或者违法犯罪制裁体系、法律制裁体系等）之下的一个子系统，其在构成要素上也同样包括制裁的范围、方法、程序等内容。比如，有论者在论及劳教废止后犯罪行为制裁体系的完善时即指出，为修复劳教制度废止所产生的结构性断层，我国的犯罪行为制裁体系应进行如下完善：第一，适当降低入罪标准；第二，适用"轻案速裁"程序；第三，提出合理量刑建议；第四，创新前科封存制度。[①] 因此，犯罪行为制裁体系与刑事制裁体系在抽象的体系构造方面也是基本一致的。二者的主要区别同样是在制裁范围上的差异。犯罪行为制裁体系是专门针对构成犯罪的行为而形成的，但刑事制裁体系的制裁范围却不仅包括犯罪行为，而且也包括由无刑事责任能力的人所实施的刑事不法行为，即符合某种犯罪客观构成要件的行为。尽管此类行为在客观上具有严重的危害性，但由于行为人并不具有刑事责任能力，因而并不构成犯罪。但是，对此类行为人的制裁，一般是由刑法加以规定的，如对未成年人的收容教养、对精神病人的强制医疗等。在国外，这类制裁措施大多属于保安处分的范畴，我国虽未明确其具体性质，但同样是规定在刑法之中的。所以，此类行为也属于刑事制裁的范围。也正是基于此，犯罪行为制裁体系并不能等同于刑事制裁体系。

（三）刑事制裁体系与刑法体系或刑法结构

体系与结构是互为表里的关系，一个体系的内部一定会呈现为由若干要素

[①] 参见王涛《废止劳教制度对犯罪行为制裁体系的影响及其应对》，《华东政法大学学报》2015年第4期。

组合而成的某种结构。所以，刑法体系就是刑法的组成和结构，① 其与刑法结构所探讨的内容实际上是一致的。故笔者在此对刑法体系和刑法结构予以同等看待。

近年来，学界对刑法结构的问题关注较多，但在对这一概念的具体理解上却并不完全一致。例如，储槐植教授认为，结构即系统内诸要素的组合形式，因而刑法结构就是定罪面与刑罚量的组合形式。并指出，刑法作为一个系统，其组成因素是犯罪和刑罚，但两因素并不是一加一或者一对一的关系，而是一种比例搭配。"从罪与刑相应严与厉的关系上，罪刑配置不外有四种组合，即四种刑法结构：一是不严不厉，二是又严又厉，三是严而不厉，四是厉而不严。又严又厉的刑法结构在当今世界并不存在，典型的不严不厉似乎也不存在。多数经济发达国家和法治程度较高的国家大体上属于严而不厉的结构类型。而我国当前的刑法结构基本上算是厉而不严。"② 而刘仁文研究员则并不完全同意这一见解，他指出：第一，将刑法系统内的诸要素等同于罪与刑两个要素，有使刑法结构过于简化之嫌；第二，将刑法结构分为四类，而实际上又否认另两类的存在，结果只剩下"严而不厉"与"厉而不严"两类，但"严"与"厉"是相对的，应当承认各国之间刑法结构的差异；第三，将刑法结构主要视为一个宏观的东西，即或是"严而不厉"或是"厉而不严"，但这似乎还不够，还应当从微观上对刑法结构进行深入的研究。据此，刘仁文研究员主张，应当从实质与形式、宏观与微观等多个视角来看待刑法结构。③

然而，无论如何来看待刑法结构，其所涉及的无非刑法内部诸要素或内容之间的组合关系，如犯罪的范围划定、刑罚的体系安排、罪刑关系、刑法规范之间的关系、各法条之间或内部的关系，等等。也就是说，不论是刑法体系还是刑法结构，其所涉及的主要是刑事实体法的内容，而并不能涵盖刑事程序法领域。但是，刑事制裁体系所涉及的领域却并不仅限于刑事实体法，而是同时涵盖了刑事程序法。因为，在刑事制裁体系内部，制裁程序是作为一种重要的体系要素而存在的，其属于刑事制裁制度的重要内容。所以，刑法体系或刑法结构并不等同于刑事制裁体系。

---

① 参见赵秉志《当代中国刑法体系的形成与完善》，《河南大学学报》（社会科学版）2010 年第 6 期。
② 参见储槐植《刑事一体化论要》，北京大学出版社 2007 年版，第 53—54 页。
③ 参见刘仁文《关于调整我国刑法结构的思考》，《法商研究》2007 年第 5 期。

(四) 刑事制裁体系与刑罚体系或刑罚结构

所谓刑罚体系，一般是指刑罚系统内部各种刑罚方法的排列组合形式。而刑罚结构，也就是这种排列组合所呈现的结构形态。因此，刑罚体系和刑罚结构也并无太大的差异。有学者认为，根据刑罚系统的不同层次，刑罚结构可以相应分为宏观刑罚结构、中观刑罚结构和微观刑罚结构。其中，宏观刑罚结构就是刑罚圈（刑罚调控犯罪行为的范围）和刑罚量的组合形式；中观刑罚结构是指一国刑罚体系中各种法定刑罚方法的排列顺序、比例关系和组合形式；而微观刑罚结构则是指刑法对法定犯罪规定的具体刑罚种类、刑罚幅度及其组合形式。[①] 但是，上述的宏观刑罚结构实际上是指罪刑结构，而微观刑罚结构就是法定刑。所以，这两者并不属于一般意义上的刑罚结构。学界所讨论的刑罚结构其实主要是指上述的中观刑罚结构，即刑罚方法的组合形式或者各种刑罚方法的排列顺序和比例份额。[②] 而不论是刑罚体系还是刑罚结构，其所涉及的问题事实上主要限于刑事制裁的方法领域。尽管在讨论的过程中也可能会涉及犯罪的范围、种类、轻重等问题，但这些问题却并不能归入刑罚体系或刑罚结构本身的概念范畴。同时，刑罚体系或刑罚结构的具体内容也与刑事制裁的程序制度无关。所以，刑罚体系或刑罚结构并不等同于刑事制裁体系，其在性质上只属于刑事制裁体系的子系统。

另外，学界经常提到的"一元结构"与"二元结构"的刑事制裁体系或者"单轨制"与"双规制"的刑事制裁体系，其主要探讨的也是刑事制裁的方法体系问题，即在刑事制裁上是采用刑罚一种制裁方法，还是刑罚与保安处分两种制裁方法。因此，其在性质上也只属于刑事制裁体系的子系统。

三 刑事制裁体系的基本构成要素

所谓体系，即是指"若干有关事物或某些意识互相联系而构成的一个整

[①] 参见梁根林《刑罚结构论》，北京大学出版社1998年版，第11、15、67、113页。
[②] 参见冯殿美《刑罚结构改革之理性思考》，《山东大学学报》（哲学社会科学版）2008年第1期。

体"。① 体系的基本构成单位是要素，不同的要素安排或组合方式会形成不同的体系结构。因此，为了获得对刑事制裁体系更加深刻的认识，我们还需要进一步明确其基本的构成要素。刑事制裁体系是围绕制裁对象而形成的，制裁对象的存在范围直接决定着刑事制裁体系的涵摄领域，所以，制裁范围是刑事制裁体系的第一构成要素。而明确了制裁范围，就需要为相关的制裁对象确立相应的制裁方法，因此，制裁方法就成了刑事制裁体系的第二构成要素。之后的问题便是，如何将相应的制裁方法合理、准确地适用于相关的制裁对象。这显然需要以一定的制裁制度为支撑，包括实体性制度与程序性制度。因而，制裁制度就成了刑事制裁体系的第三构成要素。当然，在这些基本构成要素之内也还存在着一些具体的构成要素。可以说，基本的构成要素形成了刑事制裁体系的宏观架构，而具体的构成要素则决定着刑事制裁体系的不同类型或样态。以下对此进行具体介绍。

（一）刑事制裁范围

从世界领域来看，可以纳入刑事制裁范围的行为主要有两类：一类是犯罪行为；另一类是由不具有刑事责任能力的人实施的刑事不法行为。② 其中，犯罪行为是刑事制裁的主要对象，犯罪行为的存在范围，在很大程度上决定着刑事制裁的范围。而犯罪行为的存在范围，则又往往取决于一国对犯罪的定义。"一个行为是被刑法定义为犯罪的，因此犯罪定义是指刑法所确定的犯罪范围，即通常所说的犯罪圈，这是一个刑事政策问题，也是刑事法治的一个基础性问题。"③

---

① 中国社会科学院语言研究所词典编辑室编：《现代汉语词典》（第6版），商务印书馆2012年版，第1281页。

② 有学者认为，在许多场合，后一类行为也可称为犯罪。因为犯罪的本质是法益侵害，而行为是否侵害法益，只需要进行客观判断。例如，无责任能力的精神病人杀害他人的行为，也可能被称为"犯罪"行为。我国《刑法》第20条第3款规定："对正在进行行凶、杀人、抢劫、强奸、绑架以及其他严重危及人身安全的暴力犯罪，采取防卫行为，造成不法侵害人伤亡的，不属于防卫过当，不负刑事责任。"而对于无责任能力人的杀人、抢劫、强奸等严重危及人身安全的行为，必要时也可以进行正当防卫。这便表明，无责任能力人的杀人、抢劫、强奸等行为，属于《刑法》第20条规定的暴力"犯罪"。（参见张明楷：《犯罪定义与犯罪化》，《法学研究》2008年第3期）笔者认为，这在很大程度上属于刑法用语的问题。如果统观全部刑法规定，对无责任能力的人所实施的危害行为显然不能作为犯罪处理，也不能进行刑罚处罚。所以，此类行为与一般意义上的犯罪行为还是有所区别的，并不能予以同等看待。

③ 陈兴良：《犯罪范围的合理定义》，《法学研究》2008年第3期。

西方国家在对犯罪的定义上大多采取"只定性不定量"的方式，即只规定体现某种犯罪性质的行为表现，而不从危害程度上限制其成立范围。例如，根据《德国刑法典》第 242 条和第 263 条的规定，"意图盗窃他人动产，非法占为己有或使第三人占有的"，构成盗窃罪；"意图为自己或第三人获得不法财产利益，以欺诈、歪曲或隐瞒事实的方法，使他人陷于错误之中，因而损害其财产的"，构成诈骗罪。① 而且，西方国家除在刑法典中规定犯罪之外，在相关的单行刑法或附属刑法中也规定了大量的犯罪。例如，法国不仅在刑法典中规定了丰富的犯罪，在各种专门法律、甚至各种专门法典中也规定了大量的犯罪，如《公路法典》《劳动法典》《城市化法典》《公共卫生法典》《选举法典》《农村法典》《海关法典》，等等；在意大利，散布于其他法律中的罪刑规范，在数量上也大大超过了刑法典中的规定；在日本，其单行刑法与附属刑法中规定的犯罪也难计其数。② 由此也就使得西方国家的刑事制裁范围非常广泛。而为了在司法上有效应对这种庞大的犯罪规模，西方国家除对犯罪进行横向分类外，许多国家还对全部犯罪进行了纵向分层，即将全部犯罪划分为重罪与轻罪或重罪、轻罪与违警罪等几个轻重层次，并采取不同的实体和程序制度进行制裁。

我国在对犯罪的定义上没有采取"只定性不定量"的方式，而是采取了"定性+定量"的方式，即既规定体现犯罪性质的行为表现，同时也从危害程度上限制其成立范围。其主要的立法表现就是刑法总则第 13 条中的"但书"规定，以及散布在分则各罪中的"数额较大""情节严重""造成严重后果"等入罪限制条件。对于达不到这些入罪条件的危害行为，一般只能进行治安或行政处罚，在劳动教养制度废止之前，对其中的部分危害行为还可进行劳动教养。同时，我国在 1997 年《刑法》颁布之后，也基本上摒弃了在单行刑法中规定罪刑规范的刑事立法模式。至于附属刑法，则只属于"提示性"规定，即"……构成犯罪的，依照刑法追究刑事责任"，而并不存在独立的罪刑规范。由此也就导致我国的刑事制裁范围与西方国家相比显得较为狭窄。所以，我国的刑事立法也只是在横向上将全部犯罪划分为危害国家安全罪、危害公共安全罪、破坏社会主义市场经济秩序罪、侵犯公民人身权利、民主权利罪、侵犯财产罪等 10 个主要种类，而未在纵向上对全部犯罪进行轻重分层。

---

① 参见《德国刑法典》，徐久生、庄敬华译，中国法制出版社 2000 年版，第 174、183 页。
② 参见张明楷《刑事立法的发展方向》，《中国法学》2006 年第 4 期。

(二) 刑事制裁方法

在世界上，可以运用于刑事制裁的方法主要有两类：一类是刑罚；另一类是保安处分。其中，刑罚只能适用于实施了犯罪行为的犯罪人，而保安处分既可以适用于犯罪人，也可以适用于实施了刑事不法行为的无责任能力者。

所谓刑罚，在形式上，就是对犯罪的法律效果，是国家对犯罪人所科处的法益剥夺；在实质上，是对犯罪的报应，以痛苦、恶害为内容。① 刑罚与犯罪是共生共灭的，犯罪是最为严重的违法行为，相应地，刑罚就是最为严厉的法律制裁措施，上至犯罪人的生命，下至犯罪人财产或资格，刑罚都可予以剥夺。随着经济社会发展和人类文明的进步，刑罚的具体方法也经历了一个从严厉到逐步轻缓的演进过程。在古代，刑罚是以死刑和肉刑为主体的。比如，在我国古代，不论是隋唐之前的旧五刑体系（墨、劓、剕、宫、大辟）还是隋唐之后的新五刑体系（笞、杖、徒、流、死），都是以死刑和肉刑为主体。在古埃及，其刑罚方法主要有鞭刑、残害肢体刑（断手、割耳、割鼻等）、死刑、罚金和没收，主体同样是死刑和肉刑。② 而在现代，肉刑已基本不再存在，③ 死刑在许多国家也已被废除。现代的刑罚方法主要有四类：死刑、自由刑、财产刑和资格刑。死刑的执行方式有注射、枪决、电椅、绞首等。自由刑可分为剥夺自由刑与限制自由刑两类。剥夺自由刑是指剥夺犯罪人的人身自由，并将其拘禁于一定的监管场所的刑罚方法，如我国的无期徒刑、有期徒刑、拘役，日本的无期或有期惩役、无期或有期监禁等。限制自由刑是指不剥夺但限制犯罪人的人身自由的刑罚方法，如我国的管制，俄罗斯的限制自由等。财产刑主要表现为罚金和没收财产。资格刑是指剥夺犯罪人享有或行使的一定资格或权利，如剥夺政治权利、褫夺公权、禁止驾驶、剥夺荣誉称号、军衔、学位等。另外，在对犯罪进行轻重分层的国家，其对重罪与轻罪所适用的刑罚方法也是各不相同的。

刑事制裁的目的在于有效预防违法犯罪。然而，仅仅依靠刑罚却并不足以实现这一目的。因为刑罚的主要功能在于惩罚，对于行为人人身危险性的消除，却在一定程度上存在着不足。而且，对一些患有精神疾病或具有某种瘾癖

---

① 参见 [日] 大谷实《刑法讲义总论》（新版第 2 版），黎宏译，中国人民大学出版社 2008 年版，第 457 页。
② 参见高铭暄、赵秉志主编《刑罚总论比较研究》，北京大学出版社 2008 年版，第 12 页。
③ 在新加坡、马来西亚等少数国家还存在着鞭刑或笞刑。

的犯罪人，还往往需要通过采取积极的治疗或禁戒措施来消除其社会危险，这在正常的刑罚执行中也是不可能做到的。再加之，对于一些具有人身危险性的无责任能力人，还不能适用刑罚。由此，为了全面实现预防违法犯罪的任务，除刑罚外，还需要有一套其他的制裁措施来加以补充。在此情况下，保安处分应运而生。"所谓保安处分，是指国家基于维护法秩序、保障法安全之必要，对于具有社会危险性的行为人替代或补充刑罚适用的、以矫治、感化、医疗、禁戒等手段进行的具有司法处分性质的各种保安措施的总称。"① 广义上的保安处分既包括对人的保安处分，也包括对物的保安处分；狭义上的保安处分只是指对人的保安处分。具体的保安处分措施因国家而异，但总体上包括以下几类：治疗监护处分、强制禁戒处分、强制治疗处分、强制工作处分、保安监禁处分、感化教育处分、保护观察处分、更生保护处分、限制居住处分、驱逐出境处分、禁止出入特定场所处分、剥夺驾驶许可处分、禁止执业处分、善行保证处分和没收处分。② 保安处分相较于刑罚具有如下特点。（1）保安处分是针对行为人的人身危险性而科处的，目的是有效消除其人身危险，以实现再犯预防；而刑罚则是针对犯罪人的犯罪行为科处的，目的是实现正义的报应，并在此基础上满足一般预防和特殊预防的需求。（2）保安处分既可适用于有责任能力者，也可适用于精神病人、未成年人等无责任能力者；而刑罚则只能适用于有责任能力者。（3）保安处分的方法主要表现为对行为人的矫治、感化、治疗、禁戒和限制，是以教育和改善行为人为主导，惩罚性并不明显；而刑罚方法则主要表现为对犯罪人的生命、自由、财产等权利的剥夺，因此带有明显的惩罚性。

当然，在刑罚与保安处分的关系上还存在着"一元论"与"二元论"的争议，即是否要将刑罚与保安处分予以同等看待。基于此，各国的刑事立法在对二者的处理上也并不一致，有的明确规定了刑罚与保安处分两类制裁方法，有的则对二者并不加以区分。对于前者，一般称为"双轨制"的刑事制裁方法体系；对于后者，则称为"单轨制"的刑事制裁方法体系。

（三）刑事制裁制度

所谓刑事制裁制度，是指为了将相关的制裁方法合理、准确地适用于制裁对象，而在实体和程序方面所形成的制度设计。刑事制裁制度有实体和程序两

---

① 梁根林：《刑事制裁：方式与选择》，法律出版社2006年版，第249页。
② 参见张小虎《刑罚论的比较与建构》，群众出版社2010年版，第986页。

个侧面，即既包括实体性的制裁制度，也包括程序性的制裁制度。一般来讲，实体性的制裁制度主要有对犯罪的完成形态和未完成形态的制裁制度、对独立犯罪和共同犯罪的制裁制度、对一罪和数罪的制裁制度、对累犯的制裁制度、刑罚时效制度、量刑制度、死刑制度、自由刑制度、财产刑制度、资格刑制度、保安处分制度等；程序性的制裁制度主要有强制措施制度、起诉制度、法院管辖制度、预审制度、陪审制度、审理程序制度、上诉制度等。① 程序性制裁制度的设立目的也同样是为了实现合理、准确的制裁，因而并不能将其排除在刑事制裁体系之外。

以上只是对刑事制裁制度的一般性规定，而在立法上对犯罪进行了轻重分层的国家，其刑事制裁制度的设计在不同轻重层次的犯罪之间是存在差别的。也就是说，对于不同轻重层次的犯罪，在刑事制裁制度上也各有其不同的安排。以德国和法国为例。德国的刑事立法将全部犯罪划分为重罪和轻罪两个层次，并在制裁制度的设计上也进行了相应的区别对待。例如：在实体制度方面，重罪未遂的一律处罚，而轻罪未遂的处罚则以法律有明文规定为限；因犯重罪被判处 1 年以上自由刑的，在 5 年内丧失担任公职和公开选举的资格，而对轻罪则并不产生这种刑罚附随效果；同时，对于轻罪，只有在"必须判处自由刑才能影响犯罪人和维护法律秩序时"，才可判处 6 个月以下的自由刑。② 在程序制度方面，如果行为人被指控犯有重罪，辩护人必须要参与辩护程序，而对轻罪则并无此种强制性要求；此外，如果犯罪人罪责轻微，且不存在追诉的公共利益，检察院可以不予追诉，而对重罪则不能因这一理由而不予追诉；同时，对轻罪可适用简易程序或处罚令程序，而对重罪则不能适用处罚令程序，且一般也不得适用简易程序。③

而法国的刑事立法则将全部犯罪划分为重罪、轻罪和违警罪三个层次，并为其制定了有所区别的制裁制度。例如：在实体制度方面，重罪未遂始终要受到惩处，轻罪未遂仅在法律有规定的情况下才会受到惩处，而违警罪则无犯罪未遂之规定；共犯在重罪与轻罪案件中均当受惩处，而在涉及违警罪时，仅在

---

① 当然，有的实体制度也可能同时包含程序内容，如量刑制度、死刑制度、保安处分制度等，笔者在划分上以其主要的制度性质为标准。

② 参见《德国刑法典》，徐久生、庄敬华译，中国法制出版社 2000 年版，第 49、55、57 页。

③ 参见《德国刑事诉讼法典》，宗玉琨译注，知识产权出版社 2013 年版，第 133、146—147、283—284、291 页。

属于挑动犯罪的情况下，才会受到惩处。① 此外，根据《法国刑法典》第132-19条的规定，对轻罪案件，法院需在特别说明理由后，始得宣判无缓期之监禁刑；而对重罪案件判处无缓期之监禁刑，法院不需特别说明理由。② 在程序制度方面，法国的《刑事诉讼法典》为三类犯罪制定了相互独立的三种审判程序，即重罪审判程序、轻罪审判程序和违警罪审判程序。重罪与轻罪应当开庭审理，并在进行庭审辩论之后做出判决；而违警罪则可适用简易程序审理，不经事前辩论即可做出判决，且法官一般也无须对其决定说明理由。③ 同时，重罪案件必须进行预审；轻罪案件除法律有特别规定外，可以选择性进行预审；而违警罪案件只有在检察官提出要求时，才可进行预审。④

正是由于对犯罪是否进行轻重分层以及采取不同的刑事制裁制度，各国（对犯罪的）刑事制裁体系呈现出不同的结构。不对犯罪进行轻重分层的国家，其刑事制裁制度面向全部犯罪而设立，并在其中实现对部分犯罪或犯罪人的区别对待，因此在总体上呈现为一种"平面化"的结构。而对犯罪实行轻重分层的国家，其刑事制裁制度分别面向不同轻重的犯罪而设立，并在具体的制度设计上体现出相应的差别，因此在总体上呈现为一种"层次化"的结构。其中，将犯罪从总体上分为重罪与轻罪两个层次的，可称为"双层次"的刑事制裁结构；而将犯罪分为重罪、轻罪与违警罪或其他更多层次的，可称为"多层次"的刑事制裁结构。不同体系结构的形成，各有其历史和现实的原因，但在功能发挥上，无疑也会表现出一定的效果差异。所以，对此必须予以理性看待。

四 我国刑事制裁体系的未来走向

从根本上讲，采取何种刑事制裁体系或制度，主要取决于其是否能够有效满足一国的违法犯罪治理需求，或者，与其他的体系或制度相比，其是否具有

---

① 参见［法］卡斯东·斯特法尼等《法国刑法总论精义》，罗结珍译，中国政法大学出版社1998年版，第189页。
② 参见《法国新刑法典》，罗结珍译，中国法制出版社2005年版，第31页。
③ 参见［法］卡斯东·斯特法尼等《法国刑法总论精义》，罗结珍译，中国政法大学出版社1998年版，第188页。
④ 参见《法国刑事诉讼法典》，余叔通、谢朝华译，中国政法大学出版社1997年版，第41页。

更加优越的实践功能。基于此，评价我国的刑事制裁体系，或探讨其未来的走向问题，必需从这一维度着眼。与世界上一些法治发达国家相比，我国传统的刑事制裁体系不论是在制裁范围的划定上，还是在制裁方法与制裁制度的设计上，都具有自身的一定特色。但是，近年来，随着劳教制度的废止和刑法典的两次大幅修正，这种相对稳定的模式构造受到了较大的冲击，已逐渐不能满足当前及今后的违法犯罪治理需求。而且，从长远来看，局部性的调整或修正也已经不能再充分、有效地解决问题。由此，为了全面应对未来的各种难题与挑战，我国的刑事制裁体系必须实现整体性的变革或转型。

（一）刑事制裁范围：从"恪守谦抑"到"法网严密"

上文已经述及，由于我国在对犯罪的定义上采取了"定性+定量"的方式，将诸多的较轻违法行为纳入了行政处罚的范畴，从而使得我国的刑事制裁范围与其他国家相比显得较为狭窄。不可否认，这一举措是恪守刑法谦抑主义的体现，而且事实上也起到了缩小刑罚打击面的作用。但是，其在实践中也不可避免地产生了一些负面效果。

一方面，这一做法造成了刑事法网的粗疏，严重影响了法治社会的规则建构需求。在我国刑法学界，储槐植教授很早就指出，我国刑法结构的总体特征就是"厉而不严"。其中，"厉"主要表现为刑罚苛厉，而"不严"则主要就是指法网不严。法网不严有两层含义：一是整体刑事法网（整体犯罪圈）不严密；二是个罪法网（罪状）不严密。二者的共同点就是该入罪的没有（未能）入罪。①而"由于刑事法网不严密，犯罪概念、犯罪构成有一个定量限制，达不到规定的量，那么就不构成罪，导致道德底线失守，这是个重大的问题"。② 在实践中，许多人认为，轻微的违法不是犯罪，是"无所谓"的事。比如：盗窃或抢夺他人的少量财物，对他人实施轻微的殴打，许多人就认为这根本不算什么事，抓住了无非就是批评教育或"罚几个钱"。由此也就导致，"大错不犯、小错不断"的人在我国社会中普遍存在。"同西方国家相比，我国的犯罪率似乎并不高，但国民的体感治安很差。"③ 其中的重要原因之一，就是通过行政处罚确立的社会规则并没有得到严格的遵守。2014年10月，党的十八届四中全会做出了全面推进依法治国的重大战略决策，并指出，"全面

---

① 参见储槐植《刑事一体化论要》，北京大学出版社2007年版，第54—56页。
② 储槐植：《走向刑法的现代化》，《井冈山大学学报》（社会科学版）2014年第4期。
③ 参见张明楷《刑事立法的发展方向》，《中国法学》2006年第4期。

推进依法治国,总目标是建设中国特色社会主义法治体系,建设社会主义法治国家"。① 当前,尽管对何谓"法治"还存在着不同的理解,但是,有一点是获得大家广泛认同的,即"法治乃规则之治",或者说,"法治是使人的行为服从规则治理的事业"。一个社会无规则或规则得不到应有的信仰与服从,就不可能形成稳定的社会秩序,进而也就不可能实现法治。所以,由于刑事法网粗疏、刑事制裁范围狭窄所造成的规则失守问题必须引起我们深刻的反思。

另一方面,这一做法也严重弱化了对违法者的人权保障水平。"确认和保障权利是法治的真谛,尊重和保障人权是国家治理的精髓所在,也是国家现代性的根本体现。"② 对于大量的较轻违法行为,不将其纳入刑法的制裁范围,并不意味着不对其进行任何处罚,而是要将其交由行政机关进行处罚或制裁。但是,由行政机关进行处罚或制裁所存在的一个重大问题就是:行政机关的处罚权力往往难以受到有效的监督和制约,因而极易导致权力的滥用。特别是在赋予行政机关对人身自由的处罚权力时,这种权力的滥用常常会产生难以弥补的后果。在这一方面,我国的劳动教养制度已经带来了深刻的教训。在劳教制度废止之前,对于一些较为严重的违法行为,如果仅靠治安处罚并不足以有效惩治,刑法一般也不予以犯罪化,而是对行为人进行劳动教养,期限为1至3年,必要时还可延长1年。由于对公安机关的劳教决定权缺乏有效的监督和制约,而且也没有公开公正的程序保障,导致劳教被滥用的情况十分严重。在实践中,一个公安局长大笔一挥,往往就可以决定对十几甚至几十个人进行劳教。甚至在维稳压力的驱使下,劳教还成了地方政府打击上访人员的重要手段。这些现象显然违反了法治原则和人权保障的基本要求。现在,劳教制度虽被废止了,但收容教育和行政拘留等剥夺人身自由的行政制裁措施依然存在,这些做法仍然是人权保障方面的重大隐患。

基于上述问题,尽管刑法谦抑主义的基本精神仍需坚持,但对其也必须结合我国的罪刑体系加以看待。在西方国家,由于其犯罪不包含定量因素,故犯罪圈十分庞大,但刑罚在总体上却不重,因而其在刑法谦抑主义的基本立场上更加强调的是"入罪谦抑"或刑法的最后手段性。而我国却与之相反,犯罪圈较为狭窄,但刑罚却比较苛厉,所以,我国在贯彻刑法谦抑主义方面应当更加强调刑罚的谦抑性或轻缓化,而不是入罪的谦抑性。不仅如此,在刑事制裁

---

① 参见《中共中央关于全面推进依法治国若干重大问题的决定》,《人民日报》2014年10月29日第1版。

② 张文显:《法治与国家治理现代化》,《中国法学》2014年第4期。

范围上，我国还应当提倡适度的犯罪化，以进一步严密刑事法网。这不但是建构社会规则的基本要求，也是提升人权保障水平的现实需要。"刑法是共同体规范体系的根基，如果应予发动刑法而不发动，不仅不应当冠之以'谦抑'的美名，反而要受到渎职的严厉指责。"① 而且，"当那些原本仅受到行政法律法规规制的行为人，进入到刑事审判序列的时候，他们的人权同时也获得了更多的、更为可靠的刑事法上的保障。"② 可以说，《刑法修正案（八）》和《刑法修正案（九）》将许多原属治安或行政违法的行为进行犯罪化处理，已经在这一方面做出了努力，但其程度仍然不够。当然，考虑到司法承受能力和制裁效率等问题，我国也不宜将所有的行政违法行为都纳入犯罪圈，但至少应当将那些有必要进行人身自由罚（剥夺或限制自由）的违法行为进行犯罪化处理。这也是国际社会的通行做法。

（二）刑事制裁方法：从"隐性双轨制"到"显性双轨制"

在刑事制裁方法方面，以是否明确区分刑罚与保安处分为标准，可以分为"单轨制"与"双轨制"两种体系模式。其中，"单轨制"主要为英美法系国家（或地区）所采用，"双轨制"乃是大陆法系国家（或地区）的普遍做法。而我国（大陆地区）则与以上二者均有所不同。在我国《刑法》中也同样存在一些类似于域外保安处分措施的制裁方法，如对无责任能力的未成年人的收容教养，对无责任能力的精神病人的强制医疗，禁止令、职业禁止以及没收违法所得、违禁品和供犯罪所用的本人财物等。但这些制裁方法既没有被纳入刑罚体系，也未赋予其"保安处分"之名，仅仅属于一种事实上的存在。而从根本属性上看，这些制裁方法是完全符合上文所列的保安处分的基本特点的，如，均是针对行为人的人身危险性而科处、适用对象包括无责任能力者和有责任能力者、方法手段主要表现为对行为人的矫治、感化、治疗和限制等。因此，可以说，我国《刑法》中并不是没有规定保安处分措施，而是在《刑法》的条文体系中不存在"保安处分"的法律概念，所以，可将这一模式称为"隐性双轨制"。③

---

① 何庆仁：《犯罪化的整体思考》，载陈兴良主编《刑事法评论》（第23卷），北京大学出版社2008年版，第507页。

② 张凌、孟永恒：《犯罪化扩张论要》，载赵国玲、车承军、江礼华主编《中国犯罪学年会论文集（2011年度）》，中国人民公安大学出版社2011年版，第572—573页。

③ 参见时延安《隐性双轨制：刑法中保安处分的教义学阐释》，《法学研究》2013年第3期。

但是，保安处分制度是一套独立和完整的制度设计，其不仅包括具体的保安处分措施，也包括适用程序、适用原则和执行制度等内容。而在我国"隐性双轨制"的格局之下，由于在法律上并未明确保安处分的概念，因而也未能实现对保安处分制度的完整建构，所以也就带来了许多法律和实践问题。主要表现在如下几个方面。

其一，由于对此类制裁方法的"保安处分"性质缺乏明确的界定，导致具体的法律规定欠缺合理性和统一性。例如，禁止令本身并不是一种刑罚措施，而是针对犯罪人的人身危险性所采取的再犯预防措施，所以在禁止令的适用上必须考虑犯罪人的人身危险性问题，但《刑法》第38条第2款和第72条第2款在禁止令的适用根据上却仅仅规定了"犯罪情况"，而并未规定"犯罪人情况"。同时，既然对管制犯和缓刑犯有必要规定禁止令以增强再犯预防效果，那么，对于人身危险性更大的假释犯，显然更加有必要规定禁止令。但是，《刑法》却并未作出这样的规定。又如，对依法不负刑事责任的精神病人的强制医疗，2012年《刑事诉讼法》为其规定了相应的司法程序，而对依法不负刑事责任的未成年人的收容教养，《刑事诉讼法》却没有为其设置司法程序，在实践中仍是由行政机关（公安机关）来决定。后者同样涉及对行为人人身自由的剥夺，且所针对的对象还是未成年人这类特殊群体，不为其设置司法程序显然是说不过去的。而这些问题的形成，均是源于对此类制裁方法的"保安处分"性质缺乏明确的认识和界定。

其二，由于对此类保安处分措施的设置缺乏体系性思考，造成了许多类似措施的"缺位"现象。例如，在劳教制度废止之后，许多屡教不改者都被纳入刑事制裁范围，如多次抢夺的，多次敲诈勒索的，多次扰乱国家机关工作秩序的，等等。而对这些屡教不改者一般又不可能判处缓刑，在情节或结果并非特别严重的情况下，只能判处短期监禁刑。但由于短期监禁刑改造无力和易导致交叉感染等弊端的存在，这些犯罪人的人身危险性不仅难以消除，反而可能进一步强化。所以，事后就需要根据情况继续采取一些具有矫正和预防性质的保安处分措施，而我国目前却不存在此类措施。又如，对于那些患有精神疾病或具有毒瘾、酒瘾等瘾癖的犯罪人，特别是因这类疾病或瘾癖而导致的犯罪者，单靠刑罚也并不足以消除其疾病或瘾癖，而在这类疾病或瘾癖不能得到根本消除的情况下，犯罪人出狱后难免会再次诱发犯罪。所以，为了有效消除其人身危险性，就需要有一些具有治疗或禁戒性质的保安处分措施，而我国对这些犯罪人也同样未规定此类措施。由于这类保安处分措施的缺乏，势必会导致对那些具有严重人身危险性的犯罪人难以进行积极有效的社会防卫，进而也就在很大程度上影响了刑法的秩序维护效果。

其三，由于缺乏相应的适用原则和执行制度的保障，导致在对此类措施的适用和执行上出现了诸多随意性。在建立了完整的保安处分制度的国家和地区，通过确立法定性、必要性、适当性等基本原则来指导和约束保安处分措施的适用，是一种普遍的做法。而我国则不存在这些规定，由此也就造成了适用上的随意和混乱。暂不论收容教养和强制医疗，仅就禁止令的适用而言，司法实践中便存在许多突出问题。例如，一些禁止令的适用明显欠缺必要性；一些禁止令的内容与犯罪人所犯罪行并不具有关联性；甚至，还出现了禁止行为人酒后进入"公共场所"的禁止令。① 行为人门前的街道无疑也是公共场所，照此执行，行为人在外饮酒后势必连家也不能回。这样的禁止令显然是不具有适当性的。而在保安处分措施的执行上，我国也同样不存在明确、具体的执行制度，在实践中难免会导致各行其是，甚至干脆置之不理。例如，对于职业禁止措施，在判处后究竟由哪个部门来执行？如何执行？这些都缺乏明确的规定。在上述情况下，法治原则和人权保障又从何谈起？

基于以上问题的存在，在刑事制裁方法方面，我国必须要从"隐性双轨制"走向"显性双轨制"，而其核心就是在明确承认"保安处分"这一概念的前提下，建立起一套包括保安处分的具体措施、适用程序、适用原则和执行制度在内的完整的保安处分制度。具体来说，"从法治层面分析，就是要使保安性措施的决定权法律化、法治化；从人权保障层面分析，就是要禁止保安性措施的滥用；从实体层面分析，就是要确保保安性措施设置和适用的正当性、法定性、合比例性；从程序层面分析，就是要实现保安性措施适用的诉讼化、司法化，并为适用对象设立完备的程序救济途径"。② 另外，通过建立这种"柔性"的、具有事后保障性的保安处分制度，还可进一步克服片面依赖刑罚手段维持社会秩序的不良倾向，从而为我国刑罚逐步走向轻缓化提供可能。

(三) 刑事制裁制度：从"平面化"到"层次化"

根据上文所述，世界各国在刑事制裁制度的设计上大体有两种模式：一种是"平面化"；另一种是"层次化"。前者的基本做法是在立法上不对犯罪进行轻重分层，刑事制裁制度面向全部犯罪而设立，并在其中实现对部分犯罪或

---

① 参见敦宁、任能能《禁止令适用的合理化问题》，《法律适用》2014 年第 5 期。
② 时延安：《保安处分的刑事法律化——论刑法典规定保安性措施的必要性及类型》，《中国人民大学学报》2013 年第 2 期。

犯罪人的区别对待；而后者的基本做法是在立法上对犯罪实行轻重分层，刑事制裁制度分别面向不同轻重的犯罪而设立，并在具体的制度设计上体现出相应的差别。"层次化"模式为欧美国家所广泛采用，而我国因未在立法上对犯罪进行轻重分层，属于"平面化"的模式设计。

应当承认，各国在刑事制裁制度的设计上采取何种模式并不是一种随意的选择，而是各有其历史和现实的原因。欧美国家之所以普遍采取"层次化"的模式设计，主要就是由于其犯罪不包含定量因素，犯罪圈十分广泛，罪行轻重的差距也较大，因此需要在纵向上对犯罪进行轻重分层，并在制裁制度上予以区别对待。而我国的犯罪则包含定量因素，犯罪圈较为狭窄，罪行整体较重，所以我国没有再对犯罪进行纵向的轻重分层，在刑事制裁制度的设计上只是着眼于部分犯罪或犯罪人进行适度的区别对待。但是，这种模式设计所导致的实践问题却早已暴露，特别是在近年来，随着我国刑事政策的调整和《刑法修正案（八）》与《刑法修正案（九）》大幅降低犯罪门槛，轻型犯罪的数量急剧增加，罪行轻重的差距不断扩大，由此而引发的相关实践问题更加突出。在此背景下，许多学者也纷纷呼吁对我国的犯罪进行轻重分层，并在制裁制度上予以区别对待。[①] 笔者认为，这一意见是合理的，考虑到"层次化"刑事制裁制度设计在犯罪治理方面的优越功能，我国未来应当实现从"平面化"到"层次化"的模式转型。

首先，采取"层次化"的刑事制裁制度设计，更加有利于刑事政策的贯彻执行。刑事政策是指导和调控犯罪治理的重要手段。欧美国家的刑事政策多是依托于其犯罪轻重分层的基本格局而制定或实施的。比如，通常认为，在当代，欧美国家的基本刑事政策就是"轻轻重重"的两极化政策。所谓"轻轻重重"，一般就是指对轻罪在制裁上要更加轻缓，对重罪在制裁上要更加严厉。而且，这种"轻缓"或"严厉"也是通过相应的实体或程序性制裁制度来加以实现的。由此也就为刑事政策的贯彻执行提供了一种稳定性，在实践中并不会出现任意突破法律规定的现象。相较于欧美国家，我国是一个更加崇尚以政策治国的国度，相关的刑事政策在犯罪治理方面起着举足轻重的作用。然而，由于我国的刑事政策缺乏必要的刑事制裁制度为依托，在贯彻执行过程中产生了很大的随意性。

---

① 参见卢建平《犯罪分层及其意义》，《法学研究》2008年第3期；王文华《论刑法中重罪与轻罪的划分》，《法学评论》2010年第2期；田兴洪《轻重犯罪划分新论》，《法学杂志》2011年第6期；郑丽萍《轻罪重罪之法定界分》，《中国法学》2013年第2期。

考虑到在"严打"政策之下对犯罪情形不做区分、一律从严所带来的问题，21世纪初，中央领导层在不断反思的基础上最终确立了宽严相济的刑事政策。宽严相济刑事政策特别强调的就是对轻重不同的犯罪予以区别对待，并做到宽严互济。例如，当前对宽严相济刑事政策的通行表述就是："该严则严，当宽则宽；严中有宽，宽中有严；宽严有度，宽严审时。"其中，"该严则严，当宽则宽"重点强调的就是对严重犯罪应依法从严惩处，对罪行较轻、犯罪人主观恶性较小的则应从宽处罚。① 但是，何谓"严重犯罪"？何谓"罪行较轻"？不明轻重，何以宽严？同时，"宽"与"严"的具体实现也应当以相应的刑事制裁制度为依托，而不能任由司法人员自由裁量。然而，在我国当前的刑事法律中，这方面的制裁制度仍然较为缺乏。基于此，其合理的解决办法就是在立法上对犯罪进行轻重分层，并建立起"层次化"的刑事制裁制度，这样才能进一步保证宽严相济刑事政策在法治化的轨道上运行。

其次，采取"层次化"的刑事制裁制度设计，也有利于司法资源的合理分配。一般来讲，一个社会的犯罪总量要大大超过可用以应对这些犯罪的司法资源总量，而作为执政者，又不可能不计成本地无限投入司法资源来应对犯罪。所以，在犯罪治理上，不求彻底消灭犯罪，但求以最小的社会成本将犯罪最大限度地控制在社会能够容忍的限度之内，是每个国家的理性选择。② 由于欧美国家的犯罪规模庞大，所以其在合理分配司法资源方面的主要做法就是实行"层次化"的刑事制裁制度，即对重罪适用监禁刑乃至死刑等严厉的刑罚方法进行制裁，并同时适用严格的司法程序进行审理；而对轻罪则适度限制处罚范围，原则上适用缓刑、社区服务、罚金等非监禁性刑罚进行制裁，并同时适用简易的司法程序进行审理。因为，在一个社会，轻罪的数量总是会大大超过重罪，如果"平均使力"，难免导致有限的司法资源过多地集中于轻罪，这不但并无必要，反而会影响对重罪的有效打击，也不利于对重罪犯的人权保障。毕竟，重罪才是对国家和社会的严重威胁，且由于可能剥夺的权益的重大性，对重罪犯的人权保障才是司法程序的重点所在。

在我国，由于很长时间内犯罪整体偏重，所以刑罚也相对比较严厉，由此便形成了"重罪重刑"的刑法结构。而我国现有的刑事诉讼程序构造，也主要是依照刑法的"重罪重刑"结构设计的，相较于轻罪案件的处理而言，对轻罪案件的程序过滤功能没有实现，在纵向上表现得过于冗长，在横

---

① 参见马克昌《宽严相济刑事政策研究》，清华大学出版社2012年版，第74—76页。
② 参见高铭暄《刑法问题研究》，法律出版社1994年版，第56页。

向上却又表现得过于单一。① 近年来，随着犯罪门槛的趋低化，轻型犯罪的数量大量增加，在此情况下，这种制度设计所造成的司法资源紧缺现象日益严峻。例如，在 2016 年，被判处 3 年有期徒刑以下刑罚及免刑的犯罪人人数已占到了全部有罪判决人数的 86.2%；但是，其中适用缓刑的只占 35.5%，适用管制的占 0.9%，适用单处附加刑的占 2.3%。② 这也就意味着，在这一部分较轻犯罪的犯罪人中，仍有 60% 以上的犯罪人被判处了监禁刑，即仍然是以监禁刑为主导。由此也就导致了监禁机构不胜负荷。同时，由于对刑事案件过多地采用普通程序审理，也造成了刑事诉讼效率的普遍低下，各地司法机关均感受到司法负担沉重。而且，更为严峻的是，对轻罪的制裁挤占了大量的司法资源，势必导致对重罪的资源投入不足，进而严重影响对重罪的制裁效果。

当然，针对上述问题，最高立法机关和司法机关也采取了一些改革措施，如对一些较轻犯罪试行刑事速裁程序，以及在部分地区试行刑事案件认罪认罚从宽制度等。这些改革措施也确实取得了一定的效果，但这毕竟只属于权宜之计，从长远来看，着眼于整体的刑事制裁体系，在对犯罪进行轻重分层的基础上构建一套完整的"层次化"刑事制裁制度，才是实现司法资源合理分配的根本举措。

最后，采取"层次化"的刑事制裁制度设计，还可推动罪刑观念的转换更新。所谓罪刑观念，一般是指一个民族就什么行为是犯罪以及对犯罪者用什么刑罚进行惩处所形成的观点和看法，也是民族文化心理和思维方式在法律实践领域的具体体现。③ 在我国，受长期以来"重罪重刑"刑法结构的影响，民众往往把犯罪视为一种应当受到极端谴责和唾弃的危害行为，对其均应当以重刑惩处。由此便形成了重刑主义的观念。与之相适应，在日常生活中，人们不仅对犯罪人唯恐避之不及，甚至对犯罪人的家属也敬而远之。而且，有过犯罪前科的人，在升学、入伍、就业等方面还会受到严格的限制或有意的歧视，从而造成其社会复归困难。但实际上，"并不是所有的犯罪

---

① 参见梅传强《论"后劳教时代"我国轻罪制度的建构》，《现代法学》2014 年第 2 期。

② 具体数据可参见最高人民法院《2016 年全国法院司法统计公报》，《中华人民共和国最高人民法院公报》2017 年第 4 期。相关比例为笔者计算所得。

③ 参见龙大轩《论中华民族的罪刑观念及其历史嬗变（上）》，《贵州民族学院学报》2002 年第 4 期。

都是十恶不赦的，犯罪中有相当部分是属于主观恶性较小、罪行较轻的轻罪"，① 对其并无必要一律适用重刑惩处，也不应均深恶痛绝，不给予其"出路"。特别是在当前犯罪门槛已明显趋低的背景下，对"醉驾""扒窃""使用虚假身份证件""替考"等轻微犯罪，显然不能与那些严重犯罪同日而语。"只要人们对那些现实地威胁法律所保障的和平的严重犯罪还保有免疫力，那么，就不能认为公共安全受到决定性的威胁"；因此，"应当使警察和司法机关的工作集中于较严重的犯罪方面"，"对于有较轻微的，中等程度的犯罪行为的人，就应该扩大采取在自由状态中进行考验的办法，这才是正确的办法"。②

而在这方面，欧美国家主要是采取"层次化"的刑事制裁制度来解决问题，并由此带来社会公众罪刑观念（特别是对轻罪的看法）的转变。在我国，虽然犯罪的范围和成立标准发生了较大变化，但"重罪重刑"的传统罪刑观念却并未随之发生改变。究其原因，很大程度上是我国并未随着犯罪范围的扩大而在立法上对轻重犯罪进行明确的划分，并在制裁制度上予以区别对待。也就是说，虽然刑法修正大幅降低了犯罪门槛、扩大了犯罪圈，但具体的立法设计却并未对传统罪刑观念的改变起到相应的导向作用，从而也就造成了现实与观念的割裂。所以，为了切实改变传统的"重罪重刑"观念，以满足新形势下的犯罪治理需求，"层次化"刑事制裁制度的构建必须要提到日程上来。

---

① 郑丽萍：《轻罪重罪之法定界分》，《中国法学》2013 年第 2 期。
② 参见［德］汉斯·海因里希·耶赛克《世界性刑法改革运动概要》，何天贵译，《环球法律评论》1981 年第 1 期。

改革开放 40 年来中国著作权刑法保护的回顾与展望

刘晓梅*

改革开放以来侵犯著作权犯罪，在中国经历了由无到有，再到日益猖獗的变化，要求严惩侵犯著作权犯罪的呼声越来越高。自 20 世纪 90 年代以来，中国陆续颁布了一系列保护著作权的法律法规，逐步建立起以行政法、民法为主体，并以刑事法律为辅助的著作权法律保护体系。在著作权的法律保护体系中，刑法在惩治侵犯著作权犯罪方面发挥着重要作用。有研究指出，当前中国著作权刑法保护方面与建设创新型国家的内在需要和加入有关国际公约所应承担的条约义务相比还存在不足，在一定程度上影响了中国著作权刑法保护的成效，并成为美国、欧盟等国家和国际组织谴责的重要借口。[①]

一 中国著作权刑法保护的法律体系已基本形成

对于侵犯著作权行为的犯罪定性，最高人民法院和最高人民检察院于 1987 年 11 月 27 日联合发布的《关于依法严惩非法出版犯罪活动的通知》以司法解释的形式作出如下规定，即对从事非法出版的出版、印刷、发行、销售的活动，按照投机倒把罪处理。这是对侵犯著作权犯罪刑事司法保护的最早规定，其保护对象仅限于出版物。在 20 世纪 80 年代末 90 年代初，在司法实践中一些侵犯著作权的刑事案件是以投机倒把罪定罪处罚的。1990 年 9 月，第七届全国人大常委会审议通过新中国第一部著作权法。这部著作权法规定了侵犯著作权的民事责任和行政责任，但没有规定侵犯著作权的刑事责任。我国著作权法颁布以后，国外的批评意见比较集中的一点就是：无论侵权行为怎么严

---

* 刘晓梅，天津工业大学法学院教授。
① 参见赵秉志《侵犯著作权犯罪研究》，中国人民大学出版社 2008 年版。

重,侵权人均不会因侵犯版权而负刑事责任①。20世纪90年代,一些不法分子为了牟取暴利,对图书、录音、录像、计算机软件等作品和制品的盗版活动十分猖獗,扰乱了我国的文化市场和经济活动的正常秩序。1994年4月15日,《与贸易有关的知识产权协议》(Agreement on Trade-related Aspects of Intellectual Property Rights,TRIPS)正式签署,为加入世界贸易组织,中国还面临着履行该条约"关于对严重侵犯著作权行为给予刑事制裁的义务"。正是由于国际国内要求对著作权予以刑法保护的需要,推动了我国启动著作权刑事立法的工作。

1994年7月5日,全国人大常委会通过了《关于惩治侵犯著作权的犯罪的决定》,这是中国第一部专门对著作权进行刑法保护的单行刑事法律。1997年3月14日,中华人民共和国第八届全国人民代表大会第五次会议通过的刑法典修订案第217条和218条确立了"侵犯著作权罪"和"销售侵权复制品罪"两个罪名,规定了五种严重侵犯著作权的行为构成犯罪②。2001年,我国为满足加入世界贸易组织的需要对著作权法进行了修订,在该法第47条规定了八种可以依法追究刑事责任的行为③。从1997年刑法典和2001年修订的著

---

① 参见郑成思《版权公约、版权保护与版权贸易》,中国人民大学出版社1992年版,第127页
② 1997年刑法第217条规定:"以营利为目的,有下列侵犯著作权情形之一,违法所得数额较大或者有其他严重情节的,处三年以下有期徒刑或者拘役,并处或者单处罚金;违法所得数额巨大或者有其他特别严重情节的,处三年以上七年以下有期徒刑,并处罚金:(一)未经著作权人许可,复制发行其文字作品、音乐、电影、电视、录像作品、计算机软件及其他作品的;(二)出版他人享有专有出版权的图书的;(三)未经录音录像制作者许可,复制发行其制作的录音录像的;(四)制作、出售假冒他人署名的美术作品的。"第218条规定:"以营利为目的,销售明知是本法第217条规定的侵权复制品,违法所得数额巨大的,处三年以下有期徒刑或者拘役,并处或者单处罚金。"
③ 2001年,中国《著作权法》第47条规定:"有下列侵权行为的,应当根据情况,承担停止侵害、消除影响、赔礼道歉、赔偿损失等民事责任;同时损害公共利益的,可以由著作权行政管理部门责令停止侵权行为,没收违法所得,没收、销毁侵权复制品,并可处以罚款;情节严重的,著作权行政管理部门还可以没收主要用于制作侵权复制品的材料、工具、设备等;构成犯罪的,依法追究刑事责任:(一)未经著作权人许可,复制、发行、表演、放映、广播、汇编、通过信息网络向公众传播其作品的,本法另有规定的除外;(二)出版他人享有专有出版权的图书的;(三)未经表演者许可,复制、发行录有其表演的录音录像制品,或者通过信息网络向公众传播其表演的,本法另有规定的除外;(四)未经录音录像制作者许可,复制、发行、通过信息网络向公众传播其制作的录音录像制品的,本法另有规定的除外;(五)未经许可,播放或者复制广播、电视的,本法另有规定的除外;(六)未经著作权人或者与著作权有关的权利人许可,故意避开或者破坏权利人为其作品、录音录像制品(转下页)

作权法的有关规定来看，侵犯著作权犯罪的对象、行为方式、行为主体等犯罪构成要件均有较为明确的规定，刑罚设置上财产刑与自由刑并重，基本符合国际上著作权刑法保护的趋势。至此，中国著作权刑法保护的法律体系基本形成。① 为了实现对网络著作权的充分保护，我国《著作权法》《网络安全法》《刑法修正案（九）》等法律相继出台或修订，以及"两高"颁布的三个司法解释，使严重侵犯信息网络传播行为从既定的刑法规范中找到了处罚依据。

二 坚持刑事立法保护与司法保护并重

著作权的刑法保护，是一项系统工程，不仅需要完善的刑事立法，也需要强有力的刑事司法。我国坚持立法保护与司法保护并重，两者相得益彰，共同构筑我国著作权刑法保护体系。自2005年开始，公安部、工信部、国家版权局等部门联合执法连续十三年开展打击网络侵权盗版专项治理"剑网行动"，相继查处了"番茄花园"软件网络盗版，"思路网"侵犯著作权犯罪，"快播"侵犯著作权犯罪等一批大案要案。通过开展"剑网行动"，版权执法力度不断强化，执法领域不断拓展，执法效能不断提高，网络影视、音乐、文学等领域大规模侵权盗版现象在一定程度上得到遏制，网络版权秩序明显好转。② 也有观点指出，公安部、工信部、国家版权局等部门通过联合执法，依靠"集中整治""专项治理"和"清理整顿"等"严打"侵权盗版行为，虽然取得了阶段性效果，但是这种依照红头文件等形式推进的"运动式执法"，达不到著作权保护的目的。国家应尽快建立一套严格而又科学的知识产权管理和监督机制，使打击网络著作权违法犯罪活动纳入正常的制度轨道，在法治框架内稳健而有效地进行，这才是网络著作权法治保护的关键所在③。

从中国著作权司法保护的状况来看，2010年以前虽然假冒盗版猖獗，但

（接上页）等采取的保护著作权或者与著作权有关的权利的技术措施的，法律、行政法规另有规定的除外；（七）未经著作权人或者与著作权有关的权利人许可，故意删除或者改变作品、录音录像制品等的权利管理电子信息的，法律、行政法规另有规定的除外；（八）制作、出售假冒他人署名的作品的。"

① 参见赵秉志《侵犯著作权犯罪研究》，中国人民大学出版社2008年版。
② 张红兵：《5 年下线盗版链接600 余万条》，http：//legal. people. com. cn/n1/2018/0227/c42510-29837051. html，最后访问时间，2018-08-04。
③ 张先昌、鲁宽：《近十年网络著作权犯罪案件的实证研究》，《知识产权》2016年第9期。

是能够进入刑事审判程序的案件一直低位徘徊，著作权刑事司法保护的职能作用未得到充分发挥。2003年，中华人民共和国最高人民法院《知识产权刑法保护有关问题的调研报告》指出，我国人民法院所审理的侵犯著作权犯罪案件数量长期徘徊不前：我国法院侵犯著作权罪一审判决数量1998年22件，1999年12件，2000年11件，2001年15件，2002年22件，销售侵权复制品罪一审判决数量1998年1件，1999年3件，2000年0件，2001年2件，2002年3件。据"北大法律信息网"收录的网络著作权犯罪案件数量显示，2006年仅为13件。2007年，北京师范大学刑事法律科学研究院课题组（负责人：赵秉志）先后向北京、上海、浙江、江苏、广东等地发放了问卷调查表，对中国著作权刑法保护状况开展调查。调查发现，多数被调查对象认为"当前我国侵犯著作权犯罪的总体形势比较严重"。在侵犯著作权犯罪的对象类型上，主要是电影录音录像等音像制品案件，其次是侵犯计算机软件（版权）方面的犯罪，侵犯文字作品（权）的犯罪排在第三位；在侵犯著作权犯罪的行为类型上，销售盗版案件占大多数，其次是制作、复制发行出版方面的案件。在侵犯著作权犯罪的主体类型上，团伙居于主要地位，其次是个人实施的犯罪。多数被调查者认为，侵犯著作权犯罪存在的最主要的原因是巨额利润的驱使；70%的被调查者认为"对侵犯著作权犯罪进行严厉打击是很有必要的"，只有少数被调查者"对严厉打击侵犯著作权犯罪方面无所谓或者反对"。

2010年，国务院办公厅发布《关于印发〈打击侵犯知识产权和制售假冒伪劣商品专项行动方案〉的通知》，公安部自2010年11月至2011年3月底组织全国公安机关开展打击侵犯著作权和制售伪劣商品犯罪的"亮剑"专项行动，对著作权违法犯罪行为的"严打"是近3年来著作权刑事案件出现飙升的直接原因。① 据2010—2017年度《中国法院知识产权司法保护状况》显示②，2010年，全国地方人民法院以侵犯著作权罪判决的案件85件，生效判决人数142人；2011年，全国地方人民法院以侵犯著作权罪判决的案件594件，生效判决人数852人；2012年，全国地方人民法院以侵犯著作权罪判决的案件3018件；2013年，全国地方人民法院以侵犯著作权罪判决的案件1499件，生效判决人数1490人；2014年，全国地方人民法院以侵犯著作权罪判决的案件722件，生效判决人数850人；2015年，全国地方人民法院以侵犯著

---

① 张先昌、鲁宽：《近十年网络著作权犯罪案件的实证研究》，《知识产权》2016年第9期。

② 自2009年中华人民共和国最高人民法院发布《中国法院知识产权司法保护状况》中英文版白皮书开始，对我国的知识产权案件审判实务和审判政策进行全面阐述。

作权罪判决的案件523件，生效判决人数547人；2016年，全国地方人民法院以侵犯著作权罪判决的案件207件，生效判决人数274人；2017年，全国地方人民法院以侵犯著作权罪判决的案件170件，生效判决人数274人。

三　互联网时代进一步完善中国著作权刑法保护的建言

当下互联网技术已为人类开创了一个全新的时代。我国著作权领域已经快速步入数字化网络时代，在互联网环境下，作品均可以转换为数字形式通过网络进行传播。网络侵犯著作权犯罪的主要形式是上传侵犯他人著作权的作品并有偿提供下载或阅读，这在性质上属于侵犯信息网络传播权①。随着互联网技术的日新月异，侵犯信息网络传播权的犯罪手段不断升级，对刑法保护信息网络传播权提出了新的要求。《信息网络传播权保护条例》第二十六条规定："信息网络传播权，是指以有线或者无线方式向公众提供作品、表演或者录音录像制品，使公众可以在其个人选定的时间和地点获得作品、表演或者录音录像制品的权利。"②我国《著作权法》在2001年修改时增加了"信息网络传播权"③，明确规定"未经著作权人许可，通过信息网络向公众传播其作品，构成犯罪的，依法追究刑事责任"，开启了信息网络传播权的刑法保护。2004年12月8日，中华人民共和国最高人民法院和最高人民检察院（以下简称"两高"）颁布《关于办理侵犯知识产权刑事案件具体应用法律若干问题的解释》（简称《知识产权案件刑事解释（一）》）。《知识产权案件刑事解释（一）》第11条第3款规定："通过信息网络向公众传播他人文字作品、音乐、电影、电视、录像作品、计算机软件及其他作品的行为，应当视为刑法第217条规定的复制发行。"该条款成为行使信息网络传播权侵犯他人著作权被定罪量刑的主要依据。2005年10月13日，"两高"出台《关于办理侵犯著作权刑事案

---

① 于志强：《网络知识产权犯罪制裁体系研究》，法律出版社2017年版，第79页。

② 2006年5月18日中华人民共和国国务院令第468号公布《信息网络传播权保护条例》；2013年1月16日国务院第231次常务会议通过《国务院关于修改〈信息网络传播权保护条例〉的决定》，自2013年3月1日起施行。

③ 有观点指出，我国《著作权法》中的"信息网络传播权"不能被顾名思义地理解为"通过信息网络传播作品的权利"，而只能是"通过信息网络对作品进行交互式传播的权利"。简言之，"信息网络传播权"针对的是"交互式"传播行为。参见王迁《论"信息网络传播权"的含义》，《法律适用》2008年第12期。

件中涉及录音、录像制品有关问题的批复》（以下简称《批复》）。该《批复》认定：未经录音录像制作者许可，通过信息网络传播其制作的录音录像制品的，应当视为刑法第 217 条第（3）项规定的"复制发行"，还明确了录音录像制品的数量标准的法律适用问题。2007 年 4 月 5 日，"两高"颁布《关于办理侵犯知识产权刑事案件具体应用法律若干问题的解释（二）》（简称《知识产权案件刑事解释（二）》）。上述司法解释将"信息网络传播行为"视为"复制发行行为"，使严重侵犯网络著作权的行为从既定的刑法法规中找到处罚依据。2011 年 1 月，"两高"与公安部联合颁布《关于办理侵犯知识产权刑事案件适用法律若干问题的意见》（简称《意见》）。《意见》第 10 条规定："除销售外，具有下列情形之一的，可以认定为'以营利为目的'……（二）通过信息网络传播他人作品，或者利用他人上传的侵权作品，在网站或者网页上提供刊登收费广告服务，直接或者间接收取费用的。"《意见》第 15 条规定："明知他人实施侵犯知识产权犯罪，而为其……提供互联网接入、服务器托管、网络存储空间、通讯传输通道、代收费、费用结算等服务的，以侵犯知识产权犯罪的共犯论处。"

2015 年 11 月 1 日开始施行的《刑法修正案（九）》第 29 条在刑法第 287 条之二增加"帮助信息网络犯罪活动罪"之规定："明知他人利用信息网络实施犯罪，为其犯罪提供互联网接入、服务器托管、网络存储、通讯传输等技术支持，或者提供广告推广、支付结算等帮助，情节严重的，处三年以下有期徒刑或者拘役，并处或者单处罚金"。该规定为信息网络传播权提供了刑法保护的依据，明确规定了对网络帮助侵权行为的刑事责任追究[①]。2017 年 6 月 1 日，我国开始实施的《网络安全法》全面规定了网络的所有者、管理者和网络服务提供者等主体的法律义务及法律责任（第 12 条第 2 款规定："任何个人和组织……不得利用网络……侵害他人名誉、隐私、知识产权和其他合法权益等活动"；第 74 条"违反本法规定，给他人造成损害的，依法承担民事责任。违反本法规定，构成违反治安管理行为的，依法给予治安管理处罚；构成犯罪的，依法追究刑事责任"）。可见，《网络安全法》以附属刑法的形式为强化信息网络传播权的刑法保护提供了依据。

综观我国理论界与实务界对信息网络传播权刑法保护问题的相关研究，主要意见分歧集中在以下三个方面。其一，司法解释将"信息网络传播行为"视为"复制发行行为"是否妥当？有观点指出，"我国当前的网络著作权犯罪

[①] 扈力：《信息网络传播权的刑法保护》，《人民论坛》2017 年第 29 期。

刑法保护体系主要是由司法解释确立和完善起来的"①。《意见》作为司法解释，将信息网络传播行为等同于传统的发行行为，这与《著作权法》的立法原意相冲突②。2011年新修订的《著作权法》将网络传播行为界定为：以有线或无线方式向公众提供作品，使公众可以在其个人选定的时间和地点获得作品的行为。在本质上，网络传播行为是一种无形转移作品的行为，其所依托的载体是互联网平台；而复制发行行为则是一种有形转移作品原件或复制件的所有权或占有的行为，所依托的载体往往是传统的工艺方式。可见，"信息网络传播行为"与"复制发行行为"具有本质区别；网络传播权是与复制发行权并列的、独立的财产权。

其二，"以营利为目的"是否应当成为构成侵犯著作权罪的主观要件，其存废之争，是学界争论的焦点问题之一。废止论主张废除"以营利为目的"作为侵犯著作权罪的主观要件。赵秉志认为，"以营利为目的"限制侵犯著作权行为入罪，与我国承诺的国际义务（《TRIPS协议》第61条）相违背，废除这一主观要件有利于实现网络著作权刑法的全面保护③。保留论则主张"以营利为目的"限制侵犯著作权行为入罪体现了刑事保护的严厉性和最后性④。折中论者主张，根据传统现实环境和网络环境的不同，分别适用是否由"以营利为目的"来限制侵犯著作权犯罪的构成。在传统现实环境下，侵犯著作权犯罪的主观要件应当保留"以营利为目的"的限制；在网络环境下，侵犯著作权犯罪的主观要件应当取消"以营利为目的"的限制⑤。新罪论主张通过新设侵犯网络著作权罪，排除"以营利为目的"限制在网络环境下侵犯著作权的行为入罪，以解决网络环境下侵犯信息网络传播权的刑法救济，实现刑法对网络著作权的适度保护⑥。

其三，网络服务提供行为是否构成对网络信息传播权的侵犯，也是学界争论的焦点问题之一。随着网络技术发展的日新月异，如何解决搜索引擎恶意链

---

① 于志强：《网络知识产权犯罪制裁体系研究》，法律出版社2017年版，第90页。
② 王敏敏：《论网络著作权的刑法保护》，《中州学刊》2014年第6期。
③ 赵秉志：《罪刑各论问题》，北京大学出版社2010年版，第150—154页。
④ 卢建平：《在宽严和轻重之间寻求平衡——我国侵犯著作权犯罪刑事立法完善的方向》，《深圳大学学报》2006年第5期。
⑤ 贺志军：《我国著作权刑法保护问题研究》，中国人民公安大学出版社2011年版，第185页；邵培樟：《侵犯著作权犯罪之主观要件设置的反思与重构——数字网络环境下著作权刑法保护之有限扩张》，《湖北社会科学》2014年第4期。
⑥ 杨加明：《"以营利为目的"存废论下网络著作权的刑法保护》，《海峡法学》2017年第3期。

接侵犯著作权行为成为司法难题。张俊雄案是我国首例未经授权深度链接他人影视作品被法院审判认定构成侵犯著作权罪的刑事案件。从技术上而言，网络链接可分为"普通链接"和"深度链接"两种类型。与"普通链接"不同，深度链接（deep-link，又被称为"深层链接"）是指，设链网站运用加框技术将他人网站上的影视音乐作品等内容嵌入自己的网站供用户观看的链接方式。学界对其法律性质尚有分歧，一种观点认为，深度链接只是帮助传播行为，设链者并没有将影视音乐作品的源文件储存在服务器上，源文件仍由上传者予以控制①；另一种观点认为，设链者采用 P2P 等网络技术主动采集影片资源，该行为不是简单的内容复制，而是一种信息网络传播行为②。自 2005 年我国通过"剑网行动"开展网络侵权盗版专项治理，未经许可通过互联网非法传播电影、音乐、软件、图书等作品，为侵权盗版者提供搜索链接、信息存储空间以及服务器托管、网络接入等服务行为成为打击的重点。随着互联网视频产业的发展，各种内容聚合 APP 的推广，深度链接行为通过向用户提供作品内容，使用户可以通过网浏览观看影视音乐作品，是一种信息网络传播行为。笔者认为，司法实践中将深度链接类推适用侵犯著作权的"复制发行"行为牵强附会。《刑法修正案（九）》回应司法实践难题，将深度链接、P2P 等网络服务提供行为入罪，进一步提升了网络著作权刑法保护力度。依据《刑法修正案（九）》，明知他人利用信息网络实施犯罪，仍为其提供互联网接入、服务器托管、网络存储、通讯传输等技术支持，或者提供广告推广、支付结算等帮助的，情节严重的，构成帮助信息网络犯罪活动罪。

笔者通过"中国裁判文书网"和北大法宝案例数据库，搜集了 2008—2018 年 100 个网络著作权犯罪案例。调研发现，从网络侵犯著作权犯罪的行为方式来看，通过设立网页、网站、开发 APP 手机软件等对侵权作品进行网

---

① 王冠认为，"深度链接只是帮助被链方传播作品内容，扩大作品内容的受众面而已。从这个意义上讲，深度链接行为是一种帮助型的间接信息网络传播行为"。（王冠：《深度链接行为入罪化问题的最终解决》，《法学》2013 年第 9 期）；林清红、周舟认为，"深度链接作为一种路径指引的传播方式，完全依赖于被链者，其只能是以设链的方式扩大被链网站上上传作品的影响，引导更多网络用户从被链网站获取作品。被链网站上传作品的行为就是《著作权法》中最为典型的信息网络传播行为，深度链接是在被链网站上传作品的基础上，帮助原本即可为公众所获取的作品得到了更为广泛的传播，能够为更多的网络用户获取，故深度链接的实质只能是信息网络传播行为的帮助行为。"（林清红、周舟：《深度链接行为入罪应保持克制》，《法学》2013 年第 9 期）

② 《网络侵犯著作权刑事案件实证分析》，2018 年 8 月，腾讯研究院，http：//www.tisi.org/Article/lists/id/4252.html。

络传播占 42%；"私服""外挂"网络游戏占 39%；网络销售侵权作品占 11%；复制、发行、篡改计算机软件作品占 8%。就行为模式而言，架设游戏私服、设立网页、网站和开发手机应用在本质上是相同的，都是通过搭建某个网络平台，复制并传播他人作品。架设游戏私服指的是行为人通过复制原始的游戏代码制作游戏程序，并将游戏程序置于自己开设的私人服务器中，从而吸引游戏玩家的行为。制作外挂是与游戏相关的侵权行为方式，指的是行为人在复制游戏的原始代码以后，通过修改游戏的原始代码，让游戏玩家在游戏中能够更为轻易地获取游戏装备、游戏币等。而设立网页、网站与开发手机应用的行为基本类似，即行为人通过设立网页、网站或者开发手机应用程序的方式架构网络平台，然后将他人的文字作品、音乐作品等上传至自己的网络平台中，从而吸引网络用户、获取经济利益。近年来，侵犯著作权犯罪出现新形式，比如：以深度链接的方式传播作品，使他人可以直接通过链接访问、下载作品，情节严重的"盗链"行为；利用电商、社交、云存储等平台侵犯著作权犯罪等。

典型个案 1

自 2015 年开始，宗冉伙同王旭未经著作人许可，复制上海玄霆公司、上海阅文公司、北京幻想公司享有著作权的文字作品存储在云服务器上。宗冉负责编写程序，使微信公众号可依据指令将存储在云服务器上的文字作品推送到指定邮箱，实现传播文字作品的功能。2015 年 8 月开始，陈令杰未经著作权人许可，向宗冉、王旭支付合作费用，获得上述传播文字作品功能的权限。王旭提供个人支付宝账号收取合作费用。后陈令杰通过淘宝网店"墨墨的图书小馆""优加云推送"销售激活码，用户使用该激活码在被告人陈令杰运营的"优加书院""优加云推送"微信公众号平台进行操作后，可通过邮箱获得存储在云服务器上的文字作品。经查，涉案作品侵犯上海玄霆公司、上海阅文公司、北京幻想公司享有独家信息网络传播权的文字作品共计 700 部。北京市海淀区人民法院依据《中华人民共和国刑法》相关规定审理认为，被告人宗冉、陈令杰、王旭以营利为目的，未经著作权人许可，合伙复制发行著作权人享有著作权的作品，情节严重，其行为均已构成侵犯著作权罪，判决如下：1. 被告人陈令杰犯侵犯著作权罪，判处有期徒刑一年，罚金人民币五万元；2. 被告人宗冉犯侵犯著作权罪，判处有期徒刑九个月，罚金人民币一万元；3. 被告人王旭犯侵犯著作权罪,判处有期徒刑九个月,罚金人民币五千元。① 该案是我国首例利用电商、社交、云存储多平台侵犯著作权犯罪案件。

典型个案 2

2009 年年底,被告人张俊雄申请注册网站域名后设立 www.1000ys.cc 网站(网站名称为"1000 影视"),并在浙江绍兴租用服务器,通过安装相关软件,完成网站和服务器的连接。后张俊雄未经著作权人许可,通过 www.1000ys.cc 网站管理后台,链接至哈酷资源网获取影视作品的种子文件索引地址,以设置目录、索引等方式向用户推荐作品,并通过强制提供 QVOD 播放软件等方式,为 www.1000ys.cc 网站用户提供浏览、下载上述影视作品的网络服务。经鉴定,上述侵权作品多达 940 余部。2010 年 2 月,张俊雄加入百度广告联盟,由百度广告联盟在 www.1000ys.cc 网站上发布各类广告,获得广告收益 10 万余元。上海市普陀区人民法院经审理认为,被告人张俊雄以营利为目的,未经著作权人许可,通过信息网络向公众传播影视作品达 940 部,情节严重,构成侵犯著作权罪,判处其有期徒刑一年三个月,缓刑一年三个月,并处罚金人民币 3 万元。②

笔者认为,我国网络著作权刑法保护应当坚持谦抑原则,防止因"过度犯罪化"而阻碍数字作品的传播。鉴于此,为适度加强著作权刑法保护提出两点建议。

第一,网络著作权刑法保护理念应当从"以复制权为中心"转变为"以传播权为中心"。我国《刑法》第 217 条规定侵犯著作权罪的构成要件:"以营利为目的,有下列侵犯著作权情形之一,违反著作权管理法规,未经著作权人许可,侵犯他人的著作权,违法所得数额较大或者有其他严重情节的……(一)未经著作权人许可,复制发行其文字作品、音乐、电影、电视、录像作品、计算机软件及其他作品的;(二)出版他人享有专有出版权的图书的;(三)未经录音录像制作者许可,复制发行其制作的录音录像的;(四)制作、出售假冒他人署名的美术作品的。"我国传统刑法主要是以保护著作权之复制

---

① 引自中国裁判文书网,北京市海淀区人民法院刑事判决书〔2017〕京 0108 刑初 3213 号。
② 上海市普陀区人民法院〔2013〕普刑(知)初字第 11 号判决书。参见凌宗亮《深度链接侵权影视作品是否构成侵犯著作权罪》,《人民法院报》2014 年 9 月 11 日第 7 版。

发行权为核心。《刑法》对著作权人网络传播权的保护缺位，由此便使数字版权的保护处于一种更加不利的状态①。大数据时代建构在信息迅速传播的基础之上，保护著作权的传播权远比保护复制权意义重大。2006年7月开始实施的《信息网络传播权保护条例》采用的是以传播权为核心的概念，表明立法者已经意识到，在信息网络时代传播权比复制权更为重要②。网络著作权刑法保护理念应当从"以复制权为中心"转变为"以传播权为中心"。在网络虚拟空间，只是实施复制数字作品的行为，不能认定其是侵犯著作权的犯罪行为；行为人下载并广泛传播数字作品，具有严重社会危害性的行为，才是刑法保护网络著作权的重点。

第二，建议刑法修订将"侵犯他人信息网络传播权情节严重的行为规定为侵犯网络著作权罪"。刑法中规定的侵犯著作权罪为典型的法定犯，必须同时具备行政不法性和刑事不法性两个属性，并且行政不法性是刑事不法性的前提。《著作权法》第48条规定，著作权人的合法权利除了复制、发行、出租之外，还包括信息网络传播权。因此，刑法对侵犯著作权罪的设定需要以《著作权法》等法律法规为其前置法，其行为要素的规范判断需要参照《著作权法》的相关规定。那么刑法典对侵犯著作权的修正就要积极跟进其前置法，并与其协调一致。这就自然得出刑法规定的侵犯著作权罪的行为方式中信息网络传播行为与复制发行行为为两种平行独立的行为方式。我国《刑法》明文列举的侵犯著作权犯罪行为只有四种，即"复制发行""出版""制作"和"出售"。三则司法解释将网络传播行为硬性归入复制发行行为，不仅有违罪刑法定原则，而且导致作为保障法地位的《刑法》和《著作权法》中的同一个概念内涵不一致的问题。③《刑法》应当将"信息网络传播"作为与"复制发行"并列的一类犯罪行为，而不是将"网络传播"等同于"复制发行"行为④。为了应对数字版权保护之困境，我国刑法应当作出相应修订，将侵犯他人信息网络传播权情节严重的行为作为一种独立的犯罪行为来加以规定。

---

① 姚万勤：《刑法应如何应对大数据时代数字版权保护的"焦虑"》，《重庆邮电大学学报》（社会科学版）2016年第5期。

② 杨力：《信息时代版权保护不再以复制权为中心》，2018年8月，http://www.keyin.cn/news/huigu/200803/31-18696.shtml。

③ 王俊平、孙菲：《论信息网络传播权的刑法保护》，《中州学刊》2009年第1期。

④ 参见王迁《论著作权意义上的"发行"——兼评两高对〈刑法〉"复制发行"的两次司法解释》，《知识产权》2008年第1期；刘杨东、候婉颖《论信息网络传播权的刑事保护路径》，《法学》2013年第7期。

建议采用刑法修正案的方式增设侵犯网络著作权罪。侵犯网络著作权罪，是指未经著作权人许可，通过信息网络向公众传播他人文字作品、音乐、电影、电视、美术、摄影、录像作品、录音录像制品、计算机软件及其他作品，情节严重的行为[①]。与侵犯著作权罪相比，侵犯网络著作权罪的犯罪构成要件有所不同：从犯罪的客体来看，侵犯著作权罪主要侵犯的是著作权中的复制发行权；而侵犯网络著作权罪主要侵犯的是著作权中的信息网络传播权。从犯罪的客观方面来看，侵犯著作权罪适用于传统现实空间，侵犯的作品是传统著作作品，侵权行为是侵犯复制发行作品的行为；而侵犯网络著作权罪适用于网络空间，侵犯的作品是网络作品，侵权行为是通过信息网络向公众传播网络作品的行为。从犯罪的主体来看，侵犯网络著作权罪的主体包括提供帮助的网络服务者。从犯罪的主观方面来看，排除"以营利为目的"限制在网络环境下侵犯著作权的行为入罪。

---

① 杨加明：《"以营利为目的"存废论下网络著作权的刑法保护》，《海峡法学》2017年第3期。

法定犯时代：刑法如何避免成为"行政执行法"

庄绪龙　田　然[*]

引　言

根据德国社会学家贝克教授的研究，工业革命与现代科技虽然提供了传统社会无法想象的物质便利，但也创造出众多新生危险源，导致技术风险的日益扩散，从电子病毒、核辐射到交通事故，从转基因食品、环境污染到犯罪率攀升等，工业社会由其自身系统制造的危险而身不由己地突变为"风险社会"。[①] 在风险社会中，为了适应新型安全需要，国家不得不动用刑罚手段对社会风险予以宏观控制。作为风险控制机制中的组成部分，刑法不再为报应与谴责而惩罚，主要是为控制风险进行威慑，威慑成为施加刑事制裁的首要理由。[②] 按照意大利学者加洛法罗对犯罪类型的观点，只有那些道德异常、侵害怜悯或正直等基本情感的人才是真正的犯罪人，该类人为"自然犯"；仅仅与特定时代的环境或事件相关而与行为人道德无关，仅由立法者根据时势需求规定于法典中的犯罪，则是"法定犯"。[③] 与传统的杀人、强奸、抢劫等自然犯相比，以食品安全犯罪、金融犯罪、网络犯罪、生物技术犯罪等为主要内容的法定犯立法，已经成为全球社会风险控制和社会管理的主线，正如有学者所指出的那样，"法定犯时代已经到来"。[④]

---

[*] 庄绪龙，华东政法大学刑法学专业博士研究生，江苏省无锡市中级人民法院助理审判员；田然，杭州师范大学沈钧儒法学院讲师，法学博士。

① [德] 贝克：《世界风险社会》，吴英姿等译，南京大学出版社2004年版，第102页。
② 劳东燕：《公共政策与风险社会的刑法》，《中国社会科学》2007年第3期。
③ [意] 加洛法罗：《犯罪学》，耿伟、王新译，中国大百科全书出版社1996年版，第67页。
④ 参见李运平《储槐植：要正视法定犯时代的到来》，《检察日报》2007年6月1日第003版。

在法定犯时代，尽管公民的犯罪恐惧感仍主要来源于自然犯罪，但是对社会安全、政治稳定以及公民利益构成实质性威胁的，不再是自然犯罪，而是贪贿犯罪、破坏生态环境、食品药品安全犯罪、科技犯罪等法定犯。①这是因为，在自然犯罪领域，不管是侵害国家安全还是侵害公共安全和个人权利，行为人大都是以个人力量或者组织力量对抗社会，其危害辐射范围也大多是有限的。即便公民对犯罪的恐惧感来源于杀人、绑架等行为，但杀人、绑架等极端犯罪行为在整体的社会治理和国家安全视野中毕竟是以"点"的形式零星存在，公民对犯罪的恐惧感大多也只是对犯罪手段、犯罪性质本身的"传闻恐惧"，而非都是在遭遇真实犯罪侵害后才产生恐惧；与自然犯不同的是，法定犯领域的犯罪，大都是在社会化大生产背景下滋生的，行为人基本从事的是侵害不特定多数人或者侵害社会管理和国家治理的行为，比如食品药品犯罪、金融犯罪，无不是在参与经济社会生活的遮掩下整体地对社会秩序造成威胁，因而其危害是以"面"或者"片"的形式批量存在。在法定犯时代到来的时代背景下，强调行政管理与刑事打击"二元并进"模式，对于强化社会综合治理而言无疑是理所当然、必不可少的。但是，由于法定犯本身的独特性，行政违法与刑事犯罪的二次违法性特征，决定了法定犯刑事惩罚与行政管理法规的交叉与叠加，"两法"衔接与适用成为法定犯治理的显著特色。然而，经由司法实践观察，在法定犯刑事司法治理的视域，一个亟待重视的问题是，刑事法官对于法定犯认定标准和专业知识的依赖，刑法及其刑事审判逐渐丧失自身的裁判思维，一定程度上成为"行政执行法"，裁判结果机械、僵化甚至造成恶劣社会影响，刑事审判面临重大的社会信任危机，值得深入研究。

一 现象：法定犯时代，刑法逐渐成为"行政执行法"

（一）行政前置法"决定"刑事裁判的现象

在法定犯的立法中，我国行政前置法与刑法的二元结构体系十分明显。比如，在税收领域，国家税务总局规定的税收违规违法行为，逃税、抗税等

---

① 赵宝成：《法定犯时代犯罪的"真问题"是什么》，《检察日报》2016年7月19日第003版。

行为超过一定数额，就要被纳入刑法制裁体系。然而，犯罪的实体是违法与责任，判断一种行为是否构成犯罪，需要对犯罪行为的违法要素与行为人的责任要素作双重分析。就"违法性"要素而言，这里的"违法"是对已经侵害法益或者具有法益侵害危险可能行为的评价，法益侵害的有无及大小是刑事犯罪"违法性"要素判断的核心内容。但是，在我国司法实践中，关于"违法性"要素的认识和判断，往往简单地与行政管理法规、规章规定的禁止性规定作简单类比甚至等同，一定程度上将行政管理意义上的"违法"等同于犯罪评价意义上的"违法"。换言之，刑事裁判至少在"违法性"要素判断层面，往往忽视法益侵害之有无、大小的规范评价，而以行政管理法规、部门规章的具体规定作为主要甚至唯一的裁判指引，尤其是在法定犯、危险犯等领域，更为明显。一段时期以来，"王立军非法经营案"以及"王鹏非法收购、出售珍贵、濒危野生动物案"等典型案件的发生，清楚地展现了在当前法定犯时代刑事裁判对于行政管理法规和规章的"无条件遵从"。

具体而言，以近年来人们耳熟能详的"天津大妈打气球案"（赵春华非法持有枪支案）为例分析。在该案中，一审法院判决被告人赵春华构成"非法持有枪支"的核心依据就是《枪支管理法》第46条关于"枪支"的规定。我国《枪支管理法》规定，"本法所称枪支，是指以火药或者压缩气体等为动力，利用管状器发射金属弹丸或其他物质，足以致人伤亡或者丧失知觉的各种枪支"。在具体认定上，2008年公安部实施的《枪支致伤力的法庭科学鉴定判据》和2010年实施的《公安机关涉案枪支弹药性能鉴定工作规定》所确立的"枪口比动能大于等于$1.8J/cm^2$，一律认定为枪支"的行政管理标准，是"枪支"判断的具体标准。该案判决还指出，《枪支管理法》的规定未包含可供执行的、具体的量化标准，需要由有权机关作出进一步规定。而《枪支管理法》第4条明确规定"国务院公安部门主管全国的枪支管理工作"，据此，公安部作为枪支管理主管部门有权制定相关规定，本案鉴定所依据的《公安机关涉案枪支弹药性能鉴定工作规定》《枪支致伤力的法庭科学鉴定判据》均合法有效，应当适用。[①] 有学者对此裁判现象作了统计，发现"赵春华非法持有枪支"行为定性和量刑绝非孤案，恰

---

① 参见天津市第一中级人民法院［2017］津01刑终第41号刑事判决书。

恰相反，实践中存在诸多类似案件。① 由此可见，在涉及法定犯的刑事裁判，人民法院对于行政管理法规、规章作出的认定标准往往是"无条件遵循"，刑事裁判对行政管理法规、规章"无条件遵从"的情形普遍存在，刑法成为"行政执行法"现象也就不难理解。

在理论分析上，对于刑事裁判是否应当严格遵照行政管理法规、规章规定的相关标准，学界有相当部分观点持否定态度。还是以"赵春华非法持有枪支案"为例分析。对于该案法院的裁判结论，理论界存在这样的质疑：公安部制定的 1.8J/cm² 的枪支认定标准，并未达到我国《枪支管理法》第 46 条规定的"足以致人伤亡或者丧失知觉"程度。这是因为，这一标准主要是以眼睛作为人体要害部位，且在 10—20cm 距离内发射可能造成的结果。② 全国政协委员、中华全国律师协会副会长朱征夫也认为，"公安部门用自己的行政规定来进行界定'枪支'，人民法院是不是一定要用这个标准来认定枪支？"朱征夫表示，"公安机关并没有权力为法院制定法律"。他认为，人民法院有权根据人之常情来判断，行政规定可以参照，但未必一定要拘泥于此。③ 还有论者主张，公安部规定的 1.8J/cm² 标准依法只能用于生产领域选择适用，是判断产品合格与否的选择性依据。换言之，公安部标准不是刑法中的"国家规定"，不是对刑法枪支的合法解释，也从未公开，对社会毫无约束力，不能作为刑法认定枪支的依据和将公民入罪的法律渊源，甚至也不是判断公民违法的依据。④ 对于上述观点，笔者基本认同。事实上，作为社会管理机关，公安部针对"枪支"认定所作的实验室标准本身无可厚非，但是在具体的司法案件审理中，该标准仅仅是"枪支"认定或者"标准参考"，本身并不能直接等同于刑法中"非法持有枪支"的标准。换言之，公安部出台的"枪支"认定标准，与刑法中"非法持有枪支"的定罪量刑标准并非同一。遗憾的是，在法定犯时代，我国绝大部分人民法院对于"枪支"的认定，一直将行政管

---

① 具体类似案例可参见［2015］房刑初字第 984 号、［2015］房刑初字第 991 号、［2015］房刑初字第 990 号、［2016］京 01 刑终 255 号、［2016］桂 0803 刑初 53 号、［2016］桂 0803 刑初 36 号、［2015］隆昌刑初字第 210 号、［2015］澄刑初字第 33 号、［2015］澄刑初字第 82 号等刑事判决书。相关分析参见邹兵建《非法持有枪支罪的司法偏差与立法缺陷——以赵春华案及 22 个类似案件为样本的分析》，《政治与法律》2017 年第 8 期。

② 参见车浩《非法持有枪支罪的构成要件》，《华东政法大学学报》2017 年第 6 期。

③ http://news.cyol.com/content/2017-03/12/content_15742444.htm，2018 年 9 月 23 日访问。

④ 胡建兵：《仿真枪管理应划出罪与非罪的界限》，2018 年 9 月，http://review.jschina.com.cn/redianhuati/201703/t20170320_239403.shtml。

理标准与刑事司法标准作同一解释，并未考虑行为人所持"枪支"的实际用途，机械强调适用公安部的管理规定和实验室认定标准，在裁判中简单地将公安部出台的"枪支"这一行政管理认定标准等同于刑事审判中"非法持有枪支"的定罪标准，行政管理机关制定的行业标准或者部门标准直接"决定"了刑事司法审判的结果，这种现象无疑值得反思。

（二）"行政执行法"刑事裁判思维的现象揭示

刑事司法裁判关乎人的生命、自由和财产，做出的任何裁判结论必须是法律基础根据之上的综合衡量和评价。在法定犯时代，虽然相关入罪标准的认定和判断需要借助行政管理法规、规章等，但这并不意味着刑法成为"行政执行法"，也不意味着刑事司法丧失独立的判断品格。在法定犯领域，行政管理法规、规章与刑法的二元规制性，决定了法定犯的二次违法性特征。但是，刑法并非"万能法"，不可能将行政法规、规章的内容囊括其中，因而法定犯领域的"法律"更多的应该是国务院及其职能部门制定的法规、部门规章，这显然是不容置疑的事实。作为成文法国家，法官的任务当然是在准确查明事实的基础上正确适用法律。有论者指出，我国司法实务界审理案件的思路是，法律就是法律，在任何情况下，遵守形式的法律标准是司法人员法定义务，倘若这种形式性的法律标准与实质的价值判断之间存在冲突，则通常只能考虑通过量刑阶段的从宽处理来解决。① 笔者认为，此言不虚。在实定法既定的前提下，法官在事实查明的基础上严格适用法律则是法定义务。

"赵春华非法持有枪支案"等典型案件的发生及其裁判结果，在某种意义上反映了当前法定犯时代刑事司法裁判的法官思维。在该案经由舆论报道发酵后，一审法院副院长曾这样表示：这件案子本身并没有问题，法官也是严格按照公安部关于枪支管理规定的标准予以认定，但在从情理上如何考虑，可能想的没那么多。② 该法院副院长的观点和立场，一定程度上凸显了人民法院或者法官在法定犯时代的刑事裁判思维，即人民法院审理案件的标准，应当遵从行政机关的管理标准。事实上，"人民法院审理案件的标准，应当遵从行政机关的管理标准"的裁判思维，在大方向上并没有问题，毕竟法定犯时代不少犯罪是金融犯罪、生态犯罪或者高科技犯罪，且与社会管理秩序息息相关，国家

---

① 劳东燕：《法条主义与刑法解释中的实质判断》，《华东政法大学学报》2017年第6期。

② 具体参见 http://news.163.com/17/0118/17/CB32O0V60001875P.html，2018年8月21日访问。

相关管理机关对其作专业判断本身并无可厚非。但是，人民法院的司法工作与行政机关的社会管理标准之间应当存在一定距离，司法审判工作遵循的应当是法律而非行政法规、部门规章。然而，司法实践中，不少法院、法官往往枉顾法律规定和理论指导，将司法解释、行政法规和部门规章的具体规定奉为圭臬，刑法及其理论被架空，笔者将该种现象形象地归纳为：刑法成为"行政执行法"。

笔者归纳的实践现象抑或命题，即刑法成为"行政执行法"，其核心内容是：在法定犯时代，某些犯罪的认定往往涉及特定领域的专业化判断，对于专业知识或者行业标准的认定，人民法院往往倾向于行政管理法规，对于罪刑关系的认定也基本"屈从"于行政管理法规界定的专业知识或者行业标准。在涉及专业知识判断的法定犯领域，刑事审判往往以行政管理法规确定的标准得出成立犯罪的结论，刑法判断丧失了自己独立的品格，刑法及刑事审判成为隐形的"行政执行法"。

二 归因：刑法为何成为"行政执行法"

在原因论上，刑法之所以成为"行政执行法"，与我国法定犯的二元立法体系直接相关。事实上，在法定犯领域，绝大多数犯罪认定的标准是行政机关自行确定或者与司法机关联合发布确定，行政机关成为刑法解释与司法裁判依据的重要源头。

（一）行政机关参与刑法解释的制定与发布

1. 行政机关成为刑法解释的单独主体

由于公安机关与检察机关、审判机关在刑事诉讼中承担的角色和职能各异，在涉及立案侦查领域时，一般按照"谁主管、谁解释"的原则，也就决定了公安机关在立案侦查领域具有专属解释权。比如，在"涉枪"案件中，公安部制定的《枪支致伤力的法庭科学鉴定判据》和《公安机关涉案枪支弹药性能鉴定工作规定》明确，"枪口比动能大于等于 $1.8J/cm^2$ ，一律认定为枪支"。在应然角度分析，刑事诉讼阶段分工不同，公安、税务、海关等行政机关依据法律授权对违法犯罪行为的立案标准和程序作出具体规定，在国家权力运行和社会管理体系角度具有合理性，后续检察、审判机关依据相关立案标准推进诉讼程序，也是理所当然。因此，在刑事诉讼流程中，关于法定犯的认定与审理，行政机关与司法机关实际上是"各管一段"，在行政管理阶段，行政机关对于相关违法行为的标准可以进行单独认定，从而直接导致了"行政机关成为刑法解释的单独主体"现象。

2. 行政机关成为刑法解释的联合发布主体

在涉及法定犯认定领域，关于刑法的适用及其解释，行政机关往往与"两高"一道成为刑法解释的联合发布主体，公安部、食品药品监督管理局、海关总署等行政机关成为刑法解释联合制定与发布的"常客"。比如，2003年12月23日"两高"与国家烟草专卖局联合发布《关于办理假冒伪劣烟草制品等刑事案件适用法律问题座谈会纪要》，对涉烟案件的违法犯罪行为如何处理作了规定；再如，2014年12月18日"两高"与公安部、民政部等行政机关联合发布《关于依法处理监护人侵害未成年人权益行为若干问题的意见》，对未成年人权益的刑法保护作了规定。在该类型中，司法机关之所以与行政机关联合发布司法解释或者司法解释性规范文件，主要是考虑相关工作需要行政机关的配合与支持，将行政机关作为联合发布主体，以便于司法机关在日常工作中与行政机关的工作衔接。比如，《关于办理假冒伪劣烟草制品等刑事案件适用法律问题座谈会纪要》第十条规定了烟草制品的鉴定标准，即"假冒伪劣烟草制品的鉴定工作，由国家烟草专卖行政主管部门授权的省级以上烟草产品质量监督检验机构，按照国家烟草专卖局制定的假冒伪劣卷烟鉴别检验管理办法和假冒伪劣卷烟鉴别检验规程等有关规定进行"。由此可见，对于诸如烟草制品伪劣与否的品种、质量鉴定，司法机关显然需要行政机关的专业支持。

3. 行政机关成为刑法解释的潜在影响主体

根据国务院颁布的《关于行政法规解释权限和程序问题的通知》规定，凡属行政工作中具体应用行政法规的问题，有关刑侦主管部门在职权范围内能够解释的，由其负责解释。因而，行政机关对行政法规作出的规定及解释，往往就会转化为刑法解释的内容。比如，《刑法》第415条规定的"办理偷越国（边）境人员出入境证件罪"的认定，就需要依赖相关行政机关对"出入境证件"范围的认定与解释。因而，在某些法定犯的司法认定中，行政机关成为刑法解释的潜在影响者，行政机关通过行政规范和管理法规最终实现了对刑法的解释。[①]

---

① 参见林维《刑法解释的权力分析》，中国人民公安大学出版社2006年版，第282页。

(二) 刑事司法实践的保守和"不作为"

当然，还需要指出的是，在法定犯时代，除却客观上行政机关参与刑法解释制定与发布的因素外，刑事法官主观上存在的思维机械、僵化等"不作为"因素，也需要格外引起重视。事实上，在法定犯领域，行政管理法规确认违法及其入罪的标准，是国家职能的重要体现，但是刑事裁判及其结果的作出不仅仅是准确规范适用法律法规的过程，更是将法律法规与案件事实相互匹配、融合的法律解释和法律价值判断过程，前者是基础，后者是关键，二者缺一不可。但在司法实践中，刑事审判法官往往注重前者而忽视后者，原因主要有以下两点。

其一，法官因案多人少的压力而"无力作为"。人民法院近年来案件逐年上升，案多人少的压力剧增，不少审判业务骨干纷纷离职。尤其是在互联网时代，传统的盗窃、诈骗等犯罪由线下转移到线上，非法吸收公众存款、集资诈骗等网络平台犯罪频发，涉案人员众多，卷宗动辄十几本甚至上百本，案件事实更为复杂，证据审查耗费大量精力，法官的工作量相比传统犯罪类型不断增加。在涉及法定犯领域，大多数法官疲于应付日常案件审理，并无过多精力研究案件事实与行政管理法规之间的价值关系，相反，在行政管理法规明确规定的情况下基本"照单全收"。

其二，法官因惧怕责任承担而"不敢作为"。除却因工作繁忙、审判压力大等因素法官无暇、无力就法定犯的法律适用和相关价值判断作更多评述和说理外，法官因为怕责任承担，对于案件中涉及的法律适用之取舍与价值判断问题往往"不敢作为"。司法实践中，与裁判文书说理问题类似的是：法官在事实认定（包括事实推定）以及法律适用、价值判断等问题上往往倾向于保守，大都不愿意过多地发挥主观能动性对法律要件作出带有论理、学理的解释。相反，法官大都"偏爱"司法解释、行政管理法规、规章以及相关政策、精神等客观明确的裁判依据，而不愿就事实认定、法律适用问题作出带有个人主观性的判断和取舍。在原因分析上，一方面正如上文所阐释的那样，法官审判压力较大，无力、无暇劳心费力地作主观解释；另一方面，在当前司法责任制的改革背景下，法官责任承担的压力不容小觑，他们宁愿选择被动、保守甚至机械司法，也不愿意过多积极主动解释和裁判，恪守"多一事不如少一事"的中庸价值观，尽最大可能逃避因个人决断带来的责任承担。在这种背景下，法官保守、不愿承担责任风险的心理倾向往往就会蜕变为僵化、机械的裁判思维。

(三) 刑法成为"行政执行法"的主要表现

1. 行政管理标准的"权力垄断"

与传统的杀人、抢劫、强奸等自然人犯罪相比，法定犯是在工业革命后工业化、城市化的时代背景下产生的，金融犯罪、网络犯罪、科技犯罪、食品药品安全犯罪等，均是社会化高度发展过程中产生的犯罪类型。与自然犯的可视性、可感知性以及非专业知识性完全不同的是，金融犯罪、网络犯罪、科技犯罪、食品药品安全犯罪为典型代表的法定犯，并不具有明确的可视性、可感知性，且需要专业知识判断和行业标准测定，这是二者之间最为显著的区别。比如，在金融犯罪中，内幕信息的认定问题、抽逃出资的行为性质，需要公司法和证券法的相关专业判断；又如，在食品药品安全犯罪中，合格产品与伪劣产品以及不符合安全标准产品的区分，均需要强制性的国家标准认定或者行业标准认定；再如，在危害公共安全犯罪中，关于"枪支"标准的认定，事实上2007年我国采取的是"射击干燥松木木板法"实验室标准，只有达到枪口比动能 $16J/cm^2$ 时才属于刑法上的"枪支"。但是，2010年通过的《公安机关涉案枪支弹药性能鉴定工作 T718—2007》却作了大幅改动，即由"$16J/cm^2$"的标准断崖式地下调至"$1.8J/cm^2$"，国家强制的权力垄断色彩十分明显。

当然，也应当承认的是，在特殊行业领域，国家管理部门根据社会发展需要组织制定行业标准，并以国家强制力作为管理保障，在国家公共管理的功能角度无可厚非。换言之，在法定犯时代，对于犯罪对象、危害后果、性质属性等专业领域，相关标准的认定和测量，虽然带有权力垄断的色彩，但却是国家公共管理的必要手段，本身就是国家在社会治理领域的政策性体现。

2. 刑事审判的"专业依赖"

毫无疑问，在法定犯时代刑事法官首先面临的便是专业知识匮乏的困境。司法实践中，不少法官为了解案情涉及的专业知识，自主学习生理学、心理学甚至解剖学的相关知识，以助力案件事实的查明与认定。但是，即便法官自我掌握的专业知识足够丰富或者"专业"，在相关案件事实判断中也只能起到辅助或者确认功效，本身并不能取代国家的相关强制标准或者行业标准。在司法规律的视角，法官并非是特定行业从业人员，亦非侦查人员，对法定犯领域的相关行业标准并无强制性要求，其工作职责只是在控辩双方提交证据并经法庭调查的基础上，对案件事实作出选择与取舍的固定和判断。司法实践中，法官基本素质和能力的构成，大都是以法律为基础，并不涉及相关领域的专业知识，仅有极其个别法官存在交叉专业背景，但即便如此也很难逾越国家基于公共管理功能的标准认定。比如，在交通肇事罪中，关于交通事故的责任认定，控方需要提供交警部门出具责任事故认定书，如果控方不能提供，那么法官难以将其作为犯罪处理。再比如，在传播淫秽物品罪中，淫秽物品的认定与数量确定，均需要公安机关委托"鉴黄师"作出专业判断；在危害税收征管犯罪案件中，行为人的涉案税额也需要行政管理法规确定的标准予以确定。

事实上，在职权职能配置角度，行政机关依据法律授权，对于行政违法行为的认定也是其依法履职的具体表现。对于司法实践中行业性、专业性较强的问题，司法机关在案件办理过程中可以商请有关行政机关出具认定意见或者委托出具鉴定意见，这对于司法机关准确适用法律具有重要的辅助效用。例如，2012年3月27日国家食品药品监督管理局和公安部联合发布的《国家食品药品监督管理局、公安部关于做好打击制售假劣药品违法犯罪行政执法与刑事司法衔接工作的通知》规定，公安机关在查办案件中，依法提请食品药品监管部门作出检验、鉴定、认定等协助的，食品药品监管部门要依据职能配合做好相关工作；再如，2012年12月8日《国家工商行政管理总局、公安部、最高人民检察院关于加强工商行政执法与刑事司法衔接配合工作若干问题的意见》也规定：公安机关、人民检察院就案件办理中的有关政策法规、企业信息及有关专业性问题等咨询工商机关，受咨询的机关应当认真研究，及时答复；对于重大、复杂、疑难的专业问题，需要向国家工商总局有关部门咨询的，各地公安机关应当通过公安部主管业务局向国家工商总局有关部门进行咨询，国家工商总局有关部门应当积极协助、及时反馈。一言以蔽之，法官就法定犯认定的专业知识匮乏以及行政管理法规对相关犯罪构成要件要素的权力垄断，共同制造了刑事审判工作对行政管理法规的专业依赖，刑法以及刑事审判工作中滋生"行政执行法"的裁判思维，也就不难理解。

冰冻三尺，非一日之寒。在当前我国法定犯立法日渐频繁复杂的风险社会时代，刑法以及刑事审判活动成为行政管理法规"行政执行法"存在复杂的主客观原因，只有在充分分析把握刑事审判"行政执行法"现象因果关系的基础上才能对症下药。事实上，"赵春华非法持有枪支案""王立军非法经营案""王鹏非法收购、出售珍贵、濒危野生动物案"绝不是当前法定犯时代刑事审判中的孤立个案，而是此类案件的典型代表。上述三案虽然经由法院改判，一定程度上回应了社会公众的呼声，但改判理由和法律适用并未触及该类问题的本质和核心，改判结果也仅仅具有"在后果论上回应社会关切"、息事宁人的"社会效果"。

三 规范厘正：刑法保持独立性的要素考量

在法秩序统一性的视角，行政不法与刑事不法指向的应当是同一法益，其违法性性质的判断具有统一性。① 然而，毕竟刑法与行政管理法规、部门规章的调整对象和范围大有不同，虽然二者在法秩序统一性角度价值趋同，但刑法判断也不应失去自身的独特性。在法定犯到来的时代，以国家权力为后盾的行政管理法规对于犯罪构成要件要素的标准测定，是司法机关"依法"审判的根据。比如，食品添加剂的认定、"枪支"的认定以及珍贵动植物资源的认定等，均需要国家行政管理法规予以明确规定，司法裁判也应当遵循相关认定标准。对此，学界也有观点认为，在法律没有明确规定的情况下，行政法规、部门规章毫无疑问应当成为秩序维护的规范，人民法院应当予以适用。② 但是，在尊重国家公共管理职能及其标准测定的前提下，裁判结论契合社会公众的法感情和正义观也是司法工作必须要考量的重大问题。笔者认为，以下三个规范因素值得充分考量。

（一）前提："国家规定"的规范考量

1. "国家规定"的基本范畴

在逻辑上，依照"国家规定"对行为进行国务院部委制定的规章、地方性法规规章以及相关司法解释、规范性文件，并不是刑法规定的"国家规定"范围。因此，在刑法分则的司法适用中，尤其是涉法定犯领域，"国家规定"的判断应当严格把握。当然也需要明确的是，法定犯司法认定中，对于带有专业性、技术性知识内容，行政规章和部门规章等规定虽然不属于刑法中"国家规定"的范畴，但对相关专业性、技术性知识判断具有参考价值。法律评价，首先必须明确"国家规定"的基本范畴。依据刑法第九十六条规定，违反国家规定，是指违反全国人民代表大会及其常务委员会制定的法律和决定，国务院制定的行政法规、规定的行政措施、发布的决定和命令。

---

① 孙国祥：《行政犯违法性判断的从属性和独立性研究》，《法学家》2017年第1期。
② 此观点为中国人民大学姚欢庆教授于2015年11月15日《今日说法》就"全国首例冷冻胚胎权属纠纷案"所作的评述。

2. "国家规定"与刑法的位阶关系

在法定犯的违法性要素认定上,包括两个方面,一是违反前置法(即"国家规定");二是违反刑法。换言之,在法定犯评价视域,在前置法无法有效规制的前提下,刑法作为法益保护的最后手段,此时才能"出手",刑法二次评价的规范特征在法定犯领域尤为凸显。① 在位阶关系上,在法定犯领域,行为并非直接违反刑法,而是先在违法层面上违反前置法意义上的"国家规定",尔后违反刑法,即"出他法而入刑法"。② 我国《立法法》第九条规定,刑法之外的"国家规定"无权就犯罪和刑罚作出决定。如果在刑法中没有相对应的明确具体罪名,即便在有的"国家规定"中要求追究相关行为人的刑事责任,也只能视为具有警示意义的宣示,其本身并不能成为刑事审判定罪量刑的依据。因此,行为违反前置法的"国家规定"并不意味着一定纳入刑法的惩罚范畴。质言之,法定犯领域的刑法判断,刑法作为二次评价法,应当与"国家规定"保持适当距离,刑法应当保持自我特性和规律,不能与"国家规定"混为一谈。

(二) 客观有害:"法益侵害"的实质考察

1. 行为是否侵害了"法益"

司法实践中,在构成要件解释的角度,行为虽然符合刑法规定的犯罪构成要件,也符合"违反国家规定"的要求,但更要接受法益侵害的实质考察。这就要求司法者在进行价值判断时,除考虑解释结论对于预防与控制犯罪所可能产生的影响效果之外,还必须尊重有关正义、公平、自由等方面的价值,尊重普通人的法感情。③ 笔者认为,在"赵春华非法持有枪支案"中,即便被告人物理上控制的枪形物符合行政机关规定的认定标准成为"枪支",但也不能就此解释为"持有枪支"。这是因为,刑法打击"非法持有枪支"行为的目的是保障公共安全,赵春华作为一名社会底层人员摆地摊谋生,客观上并未侵害公共安全的法益,显然不是危害公共安全罪的规制范畴。2018年3月,最高人民法院、最高人民检察院联合发布了《关于涉以压缩气体为动力的枪支、气枪铅弹刑事案件定罪量刑问题的批复》明确:对于非法制造、买卖、运输、邮寄、储存、持有、私藏、走私以压缩气体为动力且枪口比动能较低的枪支的

---

① 参见蔡道通《刑事法治:理论诠释与实践求证》,北京大学出版社 2004 年版,第 142 页。
② 参见杨兴培等《论商业秘密保护的民刑界限》,《法治研究》2013 年第 1 期。
③ 劳东燕:《法条主义与刑法解释中的实质判断》,《华东政法大学学报》2017 年第 6 期。

行为，在决定是否追究刑事责任以及如何裁量刑罚时，不仅应当考虑涉案枪支的数量，而且应当充分考虑涉案枪支的外观、材质、发射物、购买场所和渠道、价格、用途、致伤力大小、是否易于通过改制提升致伤力，以及行为人的主观认知、动机目的、一贯表现、违法所得、是否规避调查等情节，综合评估社会危害性，坚持主客观相统一，确保罪责刑相适应。这为今后处理类似案件提供了重要的指引。

2. 行为是否侵害了"主要法益"

理论上，有的犯罪侵害的是双重法益，比如抢劫罪所保护的法益就是人身法益与财产法益的结合。在法益保护的位阶上，双重法益一般存在轻重缓急的位阶差异，主要法益优先于次要法益是理所当然的解决结论，司法裁判对此应当充分重视。比如，在"印度抗癌药第一人"陆勇被控"销售假药罪"案中，虽然陆勇为他人代购药物的行为违反了《药品管理法》的规定，但是其代购的抗癌药物"物美价廉"，药效与原药相差无几，对身患重病的求购者而言无异于"雪中送炭"。

对于此案，有观点认为，代购抗癌药虽合乎情理，但道义感不能冲击法治秩序，法律和依法行政的本性就是形式化，法律意义上的"假药"从来不问药效如何，而是看有无经过合法程序。[①] 笔者认为，上述观点忽视了法益保护的多重性和位阶性要求。事实上，"销售假药罪"所保护的法益即为双重法益，一方面维护国家的药品生产销售秩序；另一方面保护公民的生命健康权，前者是表层法益和次要法益，后者才是最终法益和主要法益，而且前者法益服务于后者法益。因而，在"销售假药罪"案件的司法审理过程中，对于主要法益与次要法益的区分及判断，应当通过实质的法益衡量原则进行理性评价。

（三）主观存恶："责任主义"的科学判断

1. "不知法不免责"原则的时代危机

在罗马法中，自古就有"不知法律不免责"的格言，世界范围内绝大部分国家承认"不知法不免责"的归责原理，普遍主张"推定公民知法"立场。因此，以所谓缺乏违法性认识、缺乏违法故意作为法定犯时代行为人出罪的辩护理由并不具有实践基础。通常而言，"推定公民知法"的立场伴随成文法公开化的历史进程，在相对统一的社会治理中也具有可行性和科学性。

---

① 参见徐歌旋《"违反国家规定"类罪名的司法适用问题》，《广播电视大学学报》2017年第1期。

凡事都有例外。不能因为承认"推定公民知法"立场就绝对主张公民对所有法律法规都具有认识，尤其是在工业化、城市化进程中的风险社会，更需要认真考量刑事责任承担的责任主义因素。事实上，立法强调"不知法律不免责"并未真正承认公民存在"不知法"的客观事实，而是对公民以不知法要求免责行为的一种立法蔑视。但是，在以工业化、城市化以及社会分工日益精细化为基本特征的"风险社会"，法定犯的大量规定与自然犯截然不同，其与普通公民的社会交往和生活轨迹存在特定的距离，除非从事相关产业或者业务，普通公民难以区分"假药与劣药""鹦鹉的种类"与"枪支标准"等行政管理法规确定的所谓标准。有学者指出，法定犯时代"知法推定"的假设破产，未能认识或难以及时认识法律的"法盲"数量剧增，这种社会现象不能忽视。① 比如，在"郑州保姆张云翠盗窃手机案"中，张云翠盗窃雇主的"Vertur"手机，案发后该手机经鉴定价值人民币6万元。第一次审理以盗窃罪判处张云翠有期徒刑十年，该案经发回重审后判处其有期徒刑二年。有评论指出，法院的再次判决，结合保姆的出身、文化程度、见识、阅历等个体情况确定其认知水平，据此认定盗窃数额的温情与人性，在当前经济快速发展、生活水平差距拉大的社会背景下，为"天价葡萄""天价兰花"等层出不穷的"天价"盗窃案件，指出了情理与法理相契合的出路。② 该案不仅在审判实践中确立盗窃价值认识错误的裁判先例，也彰显了司法的温度。

2. "责任"要素应当成为刑事裁判的关键内容

法律不能强人所难。行政管理法规等"前置法"的禁止性规定纷繁复杂，非专业人士的社会普通民众几乎不可能知晓了解，其客观上的行为及后果能否评价为违法犯罪，需要综合行为主体的客观情况证明其主观上是否存在违法性认识和犯罪故意等责任要素。因而，在法定犯时代，责任主义考量应当重新得到重视，行为人"违反国家规定"的违法性认识和犯罪故意问题应当成为刑事司法裁判充分考量的基本内容。

比如，《刑法》第146条规定的"销售不符合安全标准的产品罪"，规定了"销售明知是不符合保障人身、财产安全的国家标准、行业标准的产品"为本罪罪状形式，对本罪认定强调主观上必须存在"明知"。无独有偶，在消费者权益保护领域的"惩罚性赔偿"制度上，也明确了类似标准。《食品安全法》第148条第2款明确规定，"经营明知是不符合食品安全标准的食品，消

---

① 参见车浩《法定犯时代的违法性认识错误》，《清华法学》2015年第4期。
② 《2012年河南典型案例选登》，《公民与法》2013年第1期。

费者除要求赔偿损失外，还可以向生产者或者经营者要求支付价款十倍或者损失三倍的赔偿金"，也充分体现了"明知"责任要素的地位。

四　价值辩证：刑法保持独立性的价值考量

在法定犯领域，依照行政法规确认的标准只是第一层次的规范适用，在裁判结论与社会公众普遍正义观、法感情冲突时，需要对行政法规确认的标准与案件事实的关系作第二层次的价值考量。规范判断与价值判断相结合的阶层性判断，是法定犯时代司法裁判避免"跑偏"的双重保障。一言以蔽之，立足价值考量基础的综合判断相较于规范判断的单一性而言，更容易作出"符合法理、契合事理、融合情理"的司法判断，可以有效避免规范判断的形式性和机械性。

（一）比例原则

1882年普鲁士高等行政法院在审理"Kreuzberg"案时，对警察权力的范围进行了限制，其目的是预防警察权力的扩张对社会公众产生具体危险。[①] 后来，德国行政法学家奥托·麦耶尔（Otto Mayer）在《德国行政法》一书中对比例原则进行了详细阐述，由此奠定了比例原则在行政法上的地位。在历史考察的视角，比例原则历经一百多年的理论完善与司法实践，已经成为法治社会规范治理的基本原则之一。事实上，由于比例原则恰到好处地界定了国家权力运行与公民权利保障的界限，制度化的引导权力与权利之间的紧张关系走向和谐，故而比例原则自麦耶尔归纳阐释以来就受到学界的普遍认同，甚至跨越行政法的范畴，向宪法、民法、刑法等领域延伸。美国刑法学家帕克在实证调研的基础上得出结论，过度依赖严厉的刑事制裁会造成刑事程序各阶段金钱和执法资源的大量浪费。[②] 我国也有学者认为，如果将犯罪看作社会的一种积弊沉疴，那么刑罚无疑就是国家开出的一剂猛药……世人皆知，是药三分毒。[③]

---

① See Sofia Ranchordás, Boudewijn de Waard, *The Judge and the Proportionate Use of Discretion: A Comparative study*, New York: Routledge, 2015, p. 27.

② 参见［美］哈伯特·L. 帕克《刑事制裁的界限》，梁根林译，法律出版社2008年版，第329页。

③ 参见何荣功《"重刑"反腐与刑法理性》，《法学》2014年第12期。

在法定犯时代，客观上虽然被告人的行为可能符合"违反国家规定"的情形，按照刑法的文义解释构成犯罪似乎是顺理成章，比如"赵春华非法持有枪支案"，虽经二审改判，仍然被"判三缓三"，"王鹏非法收购、出售珍贵、濒危野生动物案"虽经最高法院核准启动"法定刑以下量刑"程序，依然被判处有期徒刑两年。但是，在比例原则的考量角度，由于被告人法益侵害缺乏、违法性认识不足等理由，是否可以选择最经济、最节制的手段处理，是否可以考虑"以理出罪"，而不必动用刑法？①

（二）裁判可接受性理论

英国思想家培根曾指出，一次不公正的裁判，其恶果甚至超过十次犯罪。因为犯罪虽然触犯了法律——但只是污染了水流；而不公正的裁判则毁坏法律——就好比污染了水源。这对于我们司法裁判者所掌控的司法判断权的慎重处理而言，无疑是醍醐灌顶的。令人遗憾的是，在普通的当事人那里，对于何谓不公正裁判的理解并不清晰，是事实不清还是法律适用错误，抑或是程序不当，即便在有的案件中，律师等代理人全程参与，也难以保证当事人对于司法裁判的准确理解。事实上，法官也不可能苛求普通的案件当事人成为理解法律、信仰法律的人。当事人对于司法裁判不满，成因复杂，牵涉面极其广泛，对于那些缺乏证据支撑、事实判断的情绪性抵抗，司法机关一般也不会在法律之内付诸更多的努力，更多的可能是信访压力。但是，在除却情绪性、非理性对抗之外，面对司法裁判公正认同缺失的现状，法官应当如何对待？笔者认为，作为司法裁判者，在固守裁判原则和规范思维的同时，可能更需要反思裁判理念和裁判机理。

近年来，我们耳熟能详的"印度抗癌药代购案""大妈打气球案""出售鹦鹉案""农民收购玉米案"等之所以舆情汹涌引发全民讨论，主要原因在于司法机关的裁判结论或者处理方案显然没有获得社会公众的认同。换言之，以上述案例为典型代表的法定犯及其处理结论背离了社会公众普遍认同的社会正义观和法感情。无数经验事实证明，虽然理论上也承认"真理掌握在少数人手中"，但是在民主社会，就法律适用中的价值判断而言，"少数人真理说"只能是孤芳自赏的理论固执，没有任何一种力量能够对抗大多数民众的共同意见。由此，司法裁判者在规范判断的基础上，将裁判可接受性作为科学裁判的一种标准，无疑是必要的。

---

① 参见陈兴良《赵春华非法持有枪支案的教义学分析》，《华东政法大学学报》2017年第6期。

(三) 刑法伦理

清代法学大师沈家本先生在《历代刑法考》一书中就法的渊源和本义进行阐述时指出，法系根据情理而定，法律不能在情理之外另外作出设置，"大凡事理必有当然之极，苟尽其极，则古今中西无二致"。梁漱溟先生认为中国传统社会的秩序其实就是一种伦理秩序，是礼乐教化的结果，"封建社会的关系是呆定的；伦理社会则其间关系准乎情理而定"。① 当前在我国法治成长期内，一些司法者过分强调裁判的合规范性，而忽视对裁判进行适当情理和道德判断，所作的裁判违背社会公众朴素的情感认知，在实质上违反了法律现代化的要求。② 必须正视的是，社会公众朴素正义情感和伦理需要的集体表达，是刑事司法裁判应当充分考量的"案外因素"。在伦理考量角度，不仅要求刑法"严厉惩恶"，也蕴含着深刻地人文关怀，比如对弱者的同情、对悲者的怜悯等，司法裁判亦应当充分正视。在刑法适用的伦理考量视角，"深藏于集体意识中的正义情感"，③ 是社会公众价值取向与伦理需求的集体表达，他们本能地接受符合社会伦常的行为规范，排斥和抵触与通常社会伦理不一致的东西。因此，法律在价值评判上应当与伦理基本一致，法院的司法判决也应当与公民普遍具有的社会伦理观念相一致，如此才更加容易得到社会的认同和接受，从而有利于保障刑法的有效实施，维护社会的安定和谐。

五 制度辅正：刑法避免成为"行政执行法"的制度构建

美国刑法学家帕克在实证调研的基础上得出结论，过度依赖严厉的刑事制裁会造成刑事程序各阶段金钱和执法资源的大量浪费。④ 在法定犯领域，依照行政法规确认的标准只是第一层次的规范适用，在裁判结论与社会公众普遍正义观、法感情冲突时，需要对行政法规确认的标准与案件事实的关系作第二层次的价值考量，还需要特定的制度辅助。规范判断制度构建相结合的阶层性判

---

① 梁漱溟：《中国文化要义》，上海人民出版社 2011 年版，第 113 页。
② 周德金：《裁判合理性：法律公正认同的基础》，《法治研究》2008 年第 7 期。
③ 梁根林：《公众认同、政治抉择与死刑控制》，《法学研究》2004 年第 4 期。
④ 参见 [美] 哈伯特·L. 帕克《刑事制裁的界限》，梁根林译，法律出版社 2008 年版，第 329 页。

断，是法定犯时代司法裁判避免"跑偏"的双重保障。

（一）"专家辅助人"咨询制度的科学构建

应当承认的是，在法定犯领域，之所以犯罪经由行政前置法"法定"，是与自然犯罪的可感知性、具体性不同，法定犯往往不具有具体感知性，甚至充满专业性、知识性和技术性。在法定犯时代，客观上虽然被告人的行为可能符合行政前置法中规定的"违反国家规定"的情形，按照行政前置法规定以及刑法文义解释构成犯罪似乎是顺理成章的，但行为人的"犯罪"行为是否具有现实的社会危害性，值得怀疑。比如，在"毒豆芽"案件中，犯罪嫌疑人在生产豆芽过程中添加"无根粉"，是否具有危害公共安全的可能性？目前，并无明确的科学结论予以证实。由此，对于生产所谓的"毒豆芽"案件，大都不认定为犯罪。

为了弥补法官对相关法定犯认定专业知识的匮乏，同时避免刑事法法官对行政前置法标准的盲目适用，可以考虑在此类案件的审理中构建专家辅助人咨询制度。具体而言，在审理高度专业性的法定犯案件时，一方面当然要以"行政前置法"的相关入罪标准、处罚幅度为蓝本，但另一方面也需要邀请行业领域"具有专门知识的人"作为专家辅助人提供意见，对法定犯审理过程中的专业技术问题作详细考证。例如，对于涉案枪支的认定，"对于是否易于通过改制提升致伤力，应当由公诉机关予以证明，必要时可以通过鉴定人、有专门知识的人出庭作证的方式作进一步判断"。[①] 又如，在经济犯罪领域，对于金融创新产品而言，司法实践中只要是投资创业失败，投资人收益亏损，一般都要纳入"非法吸收公众存款罪"或者"集资诈骗罪"视域惩罚，"结果主义"现象明显。事实上，在利率逐渐市场化的时代背景下，金融创新产品的推出，往往是市场行为，即便造成投资人亏损的结果，但是否一定要以犯罪的形式治理而非民事赔偿或者责任自负理论处理，应当结合金融领域和投资领域的专业知识予以认定，专家辅助人咨询制度对于裁判结果的科学性而言无疑具有效用。

（二）"法定刑以下判处刑罚"制度的长效激活

为了避免定罪量刑结论过于僵硬和机械而不能获得社会公众认同，我国刑法第63条规定了"法定刑以下判处刑罚"制度。但是，该制度由于必须经最

[①] 最高人民法院研究室刑事处：《〈关于涉以压缩气体为动力的枪支、气枪铅弹刑事案件定罪量刑问题的批复〉的理解与适用》，《人民司法》2018年第13期。

高人民法院核准,这种程序上的限制导致该条款在实践中应用概率不高,实际上处于"休眠状态"。经由梳理考察,目前法定刑以下判处刑罚的情形主要包括:故意伤害案件被害人特殊体质引发死亡结果、出售自己驯养的野生动物等类型。上述案件类型,均有共同特点,即案件在定罪的前提下,量刑如果不在法定刑以下判处刑罚,大幅降低对被告人刑事责任的追究,社会公众对公平正义的认同将会明显削弱甚至丧失。因此,在刑事裁判中,面对明显存在可宽宥的案件事实,但又不宜突破现行法律法规边界时,有效激活"法定刑以下判处刑罚"制度,使其成为司法正义彰显的注脚,应该是法定犯司法裁判合法、合理、合情的有效选择。

在法定犯时代,"行政前置法"对入罪标准的规定,带有国家权力性色彩,这也是行政管理机制的基本体现,本身无可厚非。但是,在司法裁判中应当注意的是,"行政前置法"的规定仅仅是形式意义上的标准,最终裁判的做出司法机关拥有终极决定权。司法的最高境界是既能坚守法律,又能滋养法律、发展法律,让法律在实践中成长强大。① 在法定犯裁判领域,如果按照带有国家权力色彩的行政法标准,结论过于刚硬甚至丧失理性的话,在司法中激活、启动"法定刑以下判处刑罚"制度,则是"行政前置法"和刑事裁判协调、平衡的调节器,从而也能避免刑法成为"行政执行法"。

(三)"边际事实"理论的司法运用

"边际事实"是刑事裁判中的新概念,日益引发关注。② 在理论上,所谓"边际事实",是有别于基础事实、核心事实的其他事实,其主要侧重于"常识、常理、常情"层面的考量,也是隐藏在案件背后对定罪量刑有所影响的

---

① 胡云腾:《司法的法治使命是滋养法律》,《法制日报》2013年10月30日第9版。
② "边际事实"系由最高人民法院原常务副院长沈德咏大法官于2017年4月5日在山东调研时首先提出的概念:办理刑事案件首先要准确把握案件的基本事实,包括定罪事实和量刑事实等案件的核心事实,坚持以事实为根据,贯彻证据裁判原则,避免事实认定严重偏离客观真相,确保案件质量经得起法律和实践的检验。同时要认识到,认识刑事案件都并非孤立事件,而是社会生活发生激烈冲突的结果。因此,受诉法院不仅要关注案件本身的事实,还要注意分析案件发生的深层次原因,深入了解和把握与案件有关的社会背景、前因后果、传统文化、民情风俗等边际事实。2017年7月,最高人民法院专委胡云腾大法官在全国部分法院刑事审判工作座谈会上再次提及这一概念。分别参见何能高《坚守公平正义底线 提升司法审判能力 让热点案件成为全民共享的法治公开课》,《人民法院报》2017年4月6日第1版;罗书臻《坚持改革创新与时俱进 不断提升刑事审判工作质效》,《人民法院报》2017年7月17日第1版。

案外事实。与案件基础事实侧重于法律属性相对的是,边际事实更侧重于案件的社会属性,其为司法裁判社会效果应当考量的重要因素。按照边际事实理论的要求,司法人员不仅要关注案件本身的事实,还要注意分析案件发生的深层原因,深入了解和把握与案件有关的社会背景、前因后果、传统文化、民俗风情等边际事实。[①] 在理论渊源上,边际事实基本是司法裁判"常识、常理、常情"需求的一个缩影。"三常"标准,是为社会公众广泛认同,没有被证明是错误的基本的经验、基本的道理以及为该社会民众所共同享有的基本感情。[②] 边际事实作为与基础事实相对应的案件相关事实,旨在司法裁判获得实质正义的价值平衡与考量,引导法官作出集合法律正义和形式正义,又不失社会正义和实质正义的恰当裁判。

近年来,在法定犯领域,司法裁判忽视边际事实的案件并不鲜见。比如,王力军贩卖玉米案、王鹏贩卖鹦鹉案、赵春华非法持枪案,均是如此。在法定犯领域,聚焦核心事实而忽视边际事实,往往旋会陷入"行政前置法"的旋涡而不能自拔,忽视了刑法本身独特的构成要件要素、违法性判断和责任要素判断的阶层判断体系。具体而言,刑事法官在法定犯审判过程中,只关注作为核心事实的标准、数额,忽视了行为人的主观认识要素及其恶意程度、案发背景以及国家相关政策等"边际事实",从而不可避免地就案办案、机械办案,裁判结论自然不能获得社会认同。

六 结语

正义,在层次位阶上可以分为三个层次:第一层次是设计正义,主要体现在立法中;第二层次是分配正义,其主要由政府主导;第三层次是司法正义,当权利被侵害时要通过司法得到恢复。司法正义具有终极性特点,从而也就决定了司法正义的最低标准是"可接受性"。当代社会,随着行政权力的社会秩序管理职能不断强化,刑法中以行政不法为前提的法定犯不断增加。[③] 在法定

[①] 何能高:《坚守公平正义底线 提升司法审判能力 让热点案件成为全民共享的法治公开课》,《人民法院报》2017年4月6日第1版。

[②] 陈忠林:《"常识、常理、常情":一种法治观与法学教育观》,《太平洋学报》2007年第6期。

[③] [美] 道格拉斯·胡萨克:《过罪化及刑法的限制》,姜敏译,中国法制出版社2015年版,第162页。

犯逐渐成为主要刑事立法内容的"风险社会"时代，刑法有逐渐成为"行政执行法"的趋势，刑事审判中因此也出现了裁判结论不能彰显正义、不能获取公众认同的现象。经由实践考察，在法定犯逐渐成为刑事打击对象的风险社会时代，刑法及其刑事审判逐渐呈现出"行政执行法"的思维趋势。在成因上，客观上国家有权机关对法定犯构成要件标准的权力垄断，法官对法定犯专业知识缺乏所制造的权力依赖或者专业依赖，以及法官裁判思维的保守与僵化，共同制造了"行政执行法"的机械司法现象。

经由上文分析，笔者认为，在法定犯时代刑法避免沦为"行政执行法"，应当恪守构成要件判断、规范判断与价值判断的三重体系：第一层次，法官应当明确国家行政管理法规的相关认定标准，在犯罪构成要件层面作出判断；第二层次，对法定犯侵害法益行为的事实作实质考察，并对被告人作违法性认识的责任考察；第三层次，将专家证人咨询制度、法定刑以下判处刑罚制度和边际事实理论融入裁判过程，验证裁判结论是否"合法、合情、合理"。一言以蔽之，在法定犯时代，刑法要避免沦为"行政执行法"，刑事司法要避免被社会公众抵触和批判，需要将构成要件判断、规范判断与价值判断有机结合起来，坚持"左右环顾、上下打量"方略，构建科学的"评价—验证"的判断体系，如此方能作出既满足法律规范解释又能契合社会公众普遍认同的裁判。

走向内涵修复：社会变迁与中国反腐刑法进化之路

魏昌东　张　涛[*]

时代变迁中我国国家治理理念的调整、治理模式的变化必然引发中国腐败治理主要矛盾剧变的结果，腐败治理主要矛盾因国家治理现代化的加速转型，需要做出何种积极应对，是中国反腐刑法发展中一个必须值得高度关注与深入追问的理论课题。现行中国反腐刑法体系萌芽于新中国创建之初，而成型于改革开放的第二个十年，发展至今，历经六次较为集中的立法修正，是中国改革开放后刑法在经济发展背景下走向外延扩张的一个缩影。[①] 改革开放40年来，腐败犯罪立法以"外延式"发展为基本导向，集中于"跟踪性"立法、"一事一立"之上，立法预见性与类型化立法思维缺乏的问题，在"外延式"发展使得法规的数量"疯长"的进程中得以揭示。世界反腐刑法立法模式的演进路径，经历了由"外延式"向"内涵式"发展的过程。[②] 正处于腐败治理拐点的中国，腐败犯罪立法重构须避免继续"外延式"发展而应转向"内涵式"发展，以之为导向对腐败犯罪的立法评价基点、罪刑规范、构成要件要素进行相应调整与类型化处理，实现反腐刑法治理能力的"内在爆破"。

---

[*] 魏昌东，上海社会科学院法学研究所教授，博士生导师；张涛，上海社会科学院刑法学硕士研究生。

[①] 孙国祥、魏昌东：《反腐败国际公约与贪污贿赂犯罪立法研究》，法律出版社2011年版，第87—98页。

[②] 《现代汉语词典》指出，内涵有两层意思：一层是指一个概念所反映的事物的本质，即概念的内容；另一层是指内在的涵养。外延是一个概念所确指的对象的范围。"外延式发展"强调的是数量增长、规模扩大、空间拓展，主要是适应外部的需求表现出的外形扩张；"内涵式发展"强调的是结构优化、质量提高、实力增强，是一种相对的自然历史发展过程，发展更多是出自内在需求。通常所讲的"内涵式发展"和"外延式发展"，只是借用了形式逻辑关于概念的两个基本特征来说明事物发展的两种形式和路径，二者在内容上并不具有逻辑关系。

一 40年来腐败犯罪的立法发展梳理与评析

(一) 40年来腐败犯罪的立法发展梳理

自1979年《刑法》完成中国腐败犯罪立法的法典化进程以来，刑法立法主要在推进犯罪化的轨道上前行，罪刑关系紧张的矛盾，并未成为立法机关着力解决的问题。1979年《刑法》在腐败犯罪上基本沿用1952年《惩治贪污条例》的罪名体系，不同之处在于，将贪污罪和受贿罪分别规定，将"国家工作人员"的范围扩大，[①]并在章节安排上略有不同，同时对贪污罪、受贿罪的部分构成要件要素进行修正。

表一 1979年《刑法》与1952年《惩治贪污条例》腐败犯罪立法比较

1979年《刑法》	1952年《惩治贪污条例》
1. 扩大主体范围（国家工作人员和受委托从事公务的人员）； 2. 增加"利用职务便利"构成要件要素； 3. 行为类型采用概括规定的方式，更具有包容性。	贪污罪
1. 从贪污罪中单独分离出来； 2. 主体不变（国家工作人员）； 3. 增加"利用职务便利"构成要件要素； 4. 将《条例》中的"强索"和"收受"简化为"收受"	受贿罪
没有变化	行贿和介绍贿赂罪
无	挪用特定款物罪
无	非国家工作人员贪污罪
无	贪污贿赂关联犯罪

1979年《刑法》制定之后，中国经济发展模式、分配方式发生巨变，由此而产生的主体对经济利益的不正当需求欲望加剧，在一定程度上弱化了腐败犯罪的国家控制。在此背景下，1982年3月8日全国人大常委会颁布了《关

[①] 1979年《刑法》第83条规定，国家工作人员包括一切国家机关、企业、事业单位和其他依照法律从事公务的人员。1952年《惩治贪污条例》中的国家工作人员是指：一切国家机关、企业、学校及其附属机构的工作人员。显然，1979年《刑法》在犯罪主体的范围上要比1952年《惩治贪污条例》的外延更宽。

于严惩严重破坏经济的罪犯的决定》（下称《决定》），《决定》取消了1979《刑法》新增受贿罪"利用职务上便利"的构成要件要素，将"国家工作人员"的范围明确化，① 并将索取贿赂纳入受贿罪的类型。在腐败犯罪的相关联行为上，《决定》第1条第3、4两款将五种关联行为予以犯罪化处理。②

表二　　　1982年《决定》与1979年《刑法》关于腐败犯罪立法比较

1982年《决定》	1979年《刑法》
1. 取消"利用职务上的便利"构成要件要素； 2. 增加"索贿"行为； 3. 对主体范围进行细化； 4. 贪污贿赂犯罪相关行为犯罪化； 5. 增加受贿罪的共同犯罪规定； 6. 提高刑罚强度	受贿罪

20世纪80年代，作为一种新型犯罪主体，单位犯罪在我国经济体制转轨过程中屡屡出现，对此刑法迅速做出回应。1987年，我国第一部规制单位犯罪的附属刑法——《海关法》颁布施行，③ 在此背景下，1988年1月全国人大常委会颁布《关于惩治贪污贿赂罪的补充规定》（下称《补充规定》）。《补充规定》计13个条文，除对已有的罪名进行补充和完善之外，另增设5个新罪名，基本确立了1997年修正刑法的主体内容。《补充规定》继续扩大"国

---

① 《决定》第1条第1款对1979年《刑法》第83条所规定的"国家工作人员"范围作了细化："本决定所称国家工作人员，包括在国家各级权力机关、各级行政机关、各级司法机关、军队、国有企业、国家事业机构中的人员以及其他各种依照法律从事公务的人员。"

② 这五种关联行为是：其一，国家工作人员利用职务包庇、窝藏受贿犯罪分子，隐瞒、掩饰其犯罪事实的，以徇私舞弊罪追究刑事责任；其二，国家工作人员的亲属或者已离职的国家工作人员，实施前述行为的，以包庇罪追究刑事责任；其三，为上述犯罪分子销毁罪证或者制造伪证的，以伪证罪追究刑事责任；其四，对执法人员和揭发检举作证人员进行阻挠、威胁、打击报复，以妨害社会管理秩序罪或者报复陷害罪追究刑事责任；其五，对于实施受贿犯罪的人员，有追究责任的国家工作人员不依法处理，或者因受阻挠而不履行法律所规定的追究职责；对犯罪人员和犯罪事实知情的直接主管人员或者仅有的知情的工作人员不依法报案和不如实作证的，分别比照刑法玩忽职守罪、徇私舞弊罪和私放罪犯罪追究刑事责任。

③ 1987年《海关法》第47条第4款规定："企业事业单位、国家机关、社会团体犯走私罪的，由司法机关对其主管人员和直接责任人员依法追究刑事责任；对该单位判处罚金，判处没收走私货物、物品、走私运输工具和违法所得。"企业事业单位、国家机关、社会团体犯走私罪的，由司法机关对其主管人员和直接责任人员依法追究刑事责任；对该单位判处罚金，判处没收走私货物、物品、走私运输工具和违法所得。

家工作人员"的范围,将集体经济组织人员和其他经手、管理公共财物的人员纳入"国家工作人员"范畴。首次对贪污罪的行为方式进行更新,增加了不作为方式的贪污罪①;首次将"在经济往来中,违反国家规定收受各种名义的回扣、手续费,归个人所有的"行为纳入受贿罪,增加"经济受贿"的规定,使得受贿罪包含了更为广泛的行为类型,相对应的,在行贿罪中增加了"经济行贿"行为类型。在处罚上,《补充规定》确立了贪污罪与受贿罪同罚的原则,规定对于"索贿"应当从重处罚。面对80年代出现的单位犯罪新情况,《补充规定》增设了单位受贿罪和单位行贿罪,针对实践中多发的"挪用公款"的行为,新设挪用公款罪,一改1985年两高《关于办理经济犯罪案件中具体应用法律的若干问题的解答(试行)》中"挪用公款不退还可以贪污罪进行处罚"的规定。此外,面对有些腐败犯罪不能查明以及国家工作人员不予申报境外财产的问题,《补充规定》新设了兜底性罪名——巨额财产来源不明罪和隐瞒境外存款罪。

表三 1988年《补充规定》与1982年《规定》、1979年《刑法》腐败犯罪立法比较

1988年《补充规定》	1979年《刑法》、1982年《决定》
1. 扩大主体范围; 2. 提高刑罚强度; 3. 规定了不作为方式的贪污罪	贪污罪
1. 扩大主体范围; 2. 增加"为他人谋取利益"的构成要件要素; 3. 增加"经济受贿"的行为类型; 4. 对"索贿"的从重处罚	受贿罪
1. 增加"为谋取不正当利益"的构成要件要素; 2. 增加"经济行贿"的行为类型; 3. 提高刑罚强度	行贿罪
挪用公款罪	无
单位受贿罪	无
单位行贿罪	无
巨额财产来源不明罪	无
隐瞒境外存款罪	无

1988年《宪法修正案》在《宪法》第十一条增加规定:"国家允许私营经济在法律规定的范围内存在和发展。私营经济是社会主义公有制经济的补充。

---

① 即对外交往中收受礼物,应当交公而不交公的行为。

国家保护私营经济的合法权利和利益,对私营经济实行引导、监督和管理。"标志着我国基本经济制度的转变。借机于此,中国私有经济在 1988 年至 1998 年的 10 年间进入黄金发展时期。与此同时,私有经济主逐利愈加不择手段性引起了立法者的高度关注,由此,相对于 1952 年《惩治贪污条例》,时隔 40 余年后的 1995 年,反腐败犯罪立法开始介入非国家工作人员领域。《关于惩治违反公司法的犯罪的决定》(以下称《公司犯罪决定》)的施行,标志着中国惩治腐败犯罪立法从公权部门向私营部门的拓展与深化,也是腐败犯罪立法以身份为核心"二元"立法体系的开端。①《公司犯罪决定》对于腐败犯罪规定了 3 个罪名,分别是"公司、企业人员受贿罪""职务侵占罪"与"挪用资金罪"。

1997 年修正刑法基本上沿袭了《补充规定》与《公司犯罪决定》的内容,沿用了以身份为中心"二元化"的立法模式,确立以国家工作人员和以非国家工作人员为中心的罪名体系,并将二者分别规定于不同的章节。1997 年《刑法》主要修正之处在于:第一,缩小公权腐败的主体范围,扩大私权腐败的主体范围;第二,增加受贿罪的行为类型——斡旋受贿;第三,扩大单位腐败犯罪的规制范围;第四,增设"对单位行贿罪""私分国有资产罪""私分罚没财物罪"与"对非国家工作人员行贿罪";第五,修改职务侵占罪与非国家工作人员受贿罪的部分构成要件。

表四　　　　　　　　现行刑法腐败犯罪立法体系

腐败犯罪	
公权腐败犯罪	私权腐败犯罪
贪污罪	职务侵占罪
挪用公款罪	挪用资金罪
受贿罪	单位行贿罪、非国家工作人员受贿罪、对外国公职人员、国际公共组织官员行贿罪
单位受贿罪	对单位行贿罪
利用影响力受贿罪	对有影响力的人行贿罪
行贿罪	对非国家工作人员行贿罪
	介绍贿赂罪
巨额财产来源不明罪	
隐瞒境外存款罪	
私分国有资产罪	
私分罚没的财物罪	

---

① 孙国祥、魏昌东:《反腐败国际公约与贪污贿赂犯罪立法研究》,法律出版社 2011 年版,第 89 页。

《刑法修正案（六）》对腐败犯罪修改，完善了3个条文，总的来说包括了两个方面的内容：第一，扩大了"非国家工作人员受贿罪"与"对非国家工作人员行贿罪"的主体范围；第二，将贪污贿赂犯罪纳入洗钱罪的上游犯罪。《刑法修正案（七）》对腐败犯罪的修改与补充涉及两个条文：第一，增设"利用影响力受贿罪"，将受贿罪的主体进一步扩大到"近亲属和其他关系密切的人"；第二，提高"巨额财产来源不明罪"的法定刑，将其最高刑由5年有期徒刑调整至10年有期徒刑。为履行加入《联合国反腐败公约》的义务，《刑法修正案（八）》增设"对外国公职人员、国际公共组织官员行贿罪"，首次设置海外反腐败法律规范。《刑法修正案（九）》对于腐败犯罪修改了三条内容：第一，修订了贪污罪、受贿罪的刑罚结构；第二，增设"对有影响力的人行贿罪"；第三，对行贿罪的从宽处罚进行了一定程度的限缩。

表五　现行《刑法》与 1988 年《补充规定》、1995 年《公司犯罪决定》腐败犯罪立法比较

现行《刑法》	1988 年《补充规定》、1995 年《公司犯罪决定》
1. 主体范围缩小； 2. 改变刑罚结构	贪污罪
主体范围缩小	挪用公款罪
1. 主体犯罪缩小； 2. 增设"斡旋受贿"的行为类型； 3. 改变刑罚结构	受贿罪
取消可以免除处罚的规定	行贿罪
1. 修正主体以保证统一； 2. 增加"经济受贿"的行为类型	单位受贿罪
修正主体以保证统一	单位行贿罪
私分罚没财物罪	无
私分国有资产罪	无
对非国家工作人员行贿罪	无
对单位行贿罪	无
利用影响力受贿罪	无
对外国公职人员、国际公共组织官员行贿罪	无
对有影响力的人行贿罪	无
提高刑罚强度	巨额财产来源不明罪
1. 主体范围扩大； 2. 新增"经济受贿"行为类型	非国家工作人员受贿罪

续表

现行《刑法》	1988年《补充规定》、1995年《公司犯罪决定》
1. 调整主体范围，与职务侵占罪统一； 2. 删除挪用后不退还以职务侵占罪论处的规定	挪用资金罪
构成要件要素统一表述	职务侵占罪

（二）40年来腐败犯罪的立法发展评析

以1979年《刑法》对腐败犯罪的立法为原点，选取1982年、1988年、1995年、1997年重要立法节点，对腐败犯罪立法纵向发展演变进行综合分析可以发现：40年来我国腐败犯罪的犯罪圈处于一种矛盾的发展过程，腐败犯罪立法对于犯罪圈的态度暧昧，时而向前扩张，时而退后缩小，这与并未找准立法的核心定位具有密切关系。总结而来，40年来腐败犯罪的立法发展总体呈现以下特点。

1. 立法发展路径："跟踪式"

所谓"跟踪式"立法，是指因立法价值与理念偏向而导致的立法预见性不足，在立法技术上，先发生了相关的事实，立法者进而才考虑到设置相应的立法规范的一种不成熟立法现象。"跟踪式"立法在我国已成为广为诟病的问题，曾有人大代表提出："近年来全国人大常委会的立法效率和质量较高，但法律前瞻性有待提高，有的法律实施没多久，就要修改，有的法律修改不到位，没有充分考虑政治、经济、社会发展的需要。"[①] 此后的几届人大会议，立法前瞻性问题均被提上会议的议程。[②] 纵观我国腐败犯罪的立法发展，"跟踪式"立法特征明显。1988年《补充规定》所规定的"经济受贿"是80年代"吃回扣"社会现象的立法回应；1997年《刑法》所规定的"斡旋受贿"同样也是针对新型受贿方式的规制；2008年，实践中常发生国家工作人员配偶、子女等近亲属以及其他与之关系密切的人通过其职务上的行为，或者利用

---

① 李林楷：《进一步提高立法的前瞻性和科学性》，2018年10月，http：//www.npc.gov.cn/npc/sjb/2012-03/12/content_ 1711876. htm。

② 参见胡建《关于发挥立法引领和推动作用的几点思考》，2018年10月，http：//cpc.people.com.cn/n/2013/0729/c367352-22365299.html；佚名《谋发展、抢先机、保安全，代表建议聚焦立法前瞻性》，2018年10月，http：//www.npc.gov.cn/npc/dbdhhy/12_ 3/2015-03/12/content_ 1923605. htm；乔晓阳《发挥立法对改革的引领和推动作用》，《人民日报》2016年7月19日第7版。

其职权或者地位形成的便利条件,通过其他国家工作人员职务上的行为,为请托人谋取不正当利益,从中索取或者收受财物的情形。同时也出现离职国家工作人员利用其在职时形成的影响力,通过其他国家工作人员的职务行为为他人谋取不正当利益,索取或者收受财物的情形。对此,《刑法修正案(七)》专门设置了"利用影响力受贿罪"加以规制。①

2. 立法逻辑起点:以犯罪主体扩张为中心

40 年来,腐败犯罪的主体范围经历了 3 次扩张浪潮。第一次扩张是公权腐败犯罪的主体外延被扩大。首先,1979 年《刑法》扩大了 1952 年《惩治贪污条例》中贪污罪的主体范围,将"受委托管理公共财物的工作人员"纳入贪污罪主体;其次,1988 年《补充规定》将集体经济组织人员和其他经手、管理公共财物的人员纳入"国家工作人员"。② 第二次扩张以立法由公权腐败犯罪走向私权腐败犯罪为契机,腐败犯罪的主体由国家工作人员扩张到非国家工作人员。第三次扩张是《刑法修正案(七)》设立"利用影响力受贿罪"之后,公权腐败犯罪的主体由国家工作人员扩张到"国家工作人员的配偶、子女等近亲属,以及其他与该国家工作人员关系密切的人"。与腐败犯罪主体三次扩张浪潮相对应,腐败犯罪的犯罪圈在主体三次扩张的过程中逐渐走向扩大。40 年来,腐败犯罪的主体要件在立法上的频繁变动某种程度表明,腐败犯罪的立法逻辑起点在于犯罪主体,立法者在立法时,考虑的重点是实施腐败的行为人,只有在实践中出现了新型腐败行为时,方将新型腐败行为纳入刑法进行规制。

3. 立法导向选择:以治理能力为中心的品质优化效果不彰

毋庸置疑,如上文所述,从犯罪主体角度而言,腐败犯罪的犯罪圈逐渐扩大,然而,从构成要件要素角度而言,却难以认定犯罪圈走向扩张,相反,腐败犯罪立法的 40 年发展过程中,"畏首畏尾"现象突出。40 年的腐败犯罪立法一方面着手增加新的行为类型,扩大犯罪圈,另外规定诸多前置性构成要件要素——"为他人谋取利益""利用职务上便利"——对腐败犯罪的构罪条件层层筛选与限制,如此"一扩一缩"的立法,揭示了腐败犯罪立法的导向性

---

① 参见全国人大常委会关于《中华人民共和国刑法修正案(七)(草案)》的说明。
② 1997 年《刑法》虽然形式上看是对公权腐败犯罪的主体进行了限缩,将"集体经济组织人员和其他经手、管理公共财物的人员"排除在了公权腐败犯罪主体之外,但实质上这是经济体制改革而导致的结果,并非刑法有意限缩腐败犯罪的主体范围。经过 90 年代的经济体制改革,集体经济组织已经不再具有管理公共财物的职能,其当然地不再具备公权腐败犯罪的主体资格。

并不明确。虽然立法不断地进行犯罪化，但腐败犯罪立法整体运行效果并未达到应有水平，腐败犯罪的内涵揭示不足，是 40 年来腐败治理的效果并不理想的重要原因之一。

二 腐败犯罪立法发展模式演进

在发展经济学对于经济发展模式的研究中，有外延经济增长和内涵经济增长之分，与之相对应的是"外延式发展"与"内涵式发展"，这是发展经济学中一组异常重要的概念。发展经济学认为，"通过成本转移实现的经济增长为外延式经济增长，外延式增长的来源是原有生产要素的消耗和转移；通过创造性劳动从而实现价值增加的经济增长为内涵式经济增长，内涵式增长的来源是劳动者在生产过程中有效运用知识和技能，并以物质生产资料为载体而进行的创造。"① 由此可见，外延经济增长的核心是成本的转移，而内涵经济增长的核心是价值的再创造，二者是"质与量"的关系。从世界腐败犯罪立法模式的演进趋势来看，基本上在按照"外延式"发展到"内涵式"发展的路径进行。

(一) 立法模式初阶：外延式发展进路

以现代化为原点，腐败犯罪立法在发展的初期是犯罪化频率最高的时期，立法"量"虽增多，但尚未形成类型化立法思维，"跟踪式"立法现象突出，这种立法现象选择与外延式立法模式不谋而合。该模式具有以下特征。

1. 消极治理主义

腐败犯罪的消极治理是与积极治理相对的范畴，具体是指立法将腐败治理停留于惩治层面，被动性地回应社会转型阶段腐败浪潮的一种立法思维方式。重视刑事惩治的功能，强调单一化的"直接打击"，是消极治理模式的理念特征。早期的立法过程中，因缺乏对腐败的本源性认识，导致针对腐败的治理过度依赖于刑罚之"威"，形成了对腐败行为人的"直接打击"。"消极治理主义的具体机制设计，主要依靠扩大腐败犯罪的规制范围、增加刑罚供应量来完

---

① 姜波克、刘沁：《经济增长方式的判断指标研究》，《复旦学报》（社会科学版）2010 年第 4 期。

成,刑事立法呈现出压制性特点。"① 基于过渡时期的制度惯性和路径依赖,转型初期国家通常会延续以往的腐败治理理念。导致现代化进程初期腐败犯罪立法的治理理念呈现一种消极状态。② 主要表现为:(1)单一重刑主义思想,消极治理主义导向下的立法对于刑罚的威慑功能十分推崇,在腐败犯罪进行犯罪化的过程中,不断加重刑罚的力度,企图以重刑震慑腐败;(2)单一化治理机制,消极治理主义导向下的腐败治理缺乏预防制度生成及运行的系统环境,部门法、特定机构之间衔接机制不畅通,未形成协同型治理,由此导致对于腐败的治理单一地仅仅依靠事后惩治的刑事法治理;(3)非类型化的立法思维,立法缺乏预见性、前瞻性,并非基于腐败犯罪构成要件要素为中心进行类型化立法,而是以结果为导向,进行"一事一立法",导致腐败犯罪立法激增而缺乏实质化内核。

2. 有限度容忍立场

外延式立法模式的表征之一为对腐败犯罪具有较高的容忍立场。20 世纪 60 年代,塞缪尔·亨廷顿提出腐败有益论。他认为,由于现代化所带来的价值观、财富和权力的增加,以及政治体制的输出从而导致腐败的产生,腐败有可能有助于新兴集团融合于现有的政治体制之中,有助于经济、政治的发展。③ 它在当时的世界有着巨大影响。渗透到腐败犯罪立法之中的腐败有益论,导致了立法对于腐败的高度容忍立场,出于对经济发展的担忧,有限度反腐成为转型国家反腐败政策的核心要义。与之相对应,反腐败的进程中出现腐败犯罪立法构罪条件提升、刑罚幅度放缓,司法实践"抓大放小""重抓典型"等怪异现象。功利性立法目的使得反腐政策放缓,是导致转型期后腐败治理机制运行障碍的重要原因。

(二)立法模式进阶:内涵式发展进路

外延式立法模式难以应对腐败顽疾之后,腐败犯罪立法开始走向纵深性、内涵式的发展,从腐败的本源性问题出发,在对构成要件要素进行改革的同

---

① 钱小平:《"积极治理主义"与匈牙利贿赂犯罪刑法立法转型——兼论中国贿赂犯罪刑法立法改革之方向抉择》,《首都师范大学学报》(社会科学版)2014 年第 6 期。

② 参见魏昌东《腐败治理模式与中国反腐立法选择》,《社会科学战线》2016 年第 6 期。

③ 亨廷顿以美国 19 世纪七八十年代为例,说明当时铁路、水电煤气等公用事业对州立法机构和城市委员会的贿赂都加速了经济的增长;"僵化、过于集中但却诚实的社会还不如一个同样僵化、过于集中然而带有欺诈性的社会。一个相对来说不太腐化的社会——例如在传统规范仍然强大有力的传统社会——可能会发现,一定量的腐化不失为一种打通现代化道路的润滑剂。"

时，更加强化腐败的预防性治理策略，英美国家在腐败治理内涵式发展进路上走在了世界的前沿。该模式具有以下特征。

1. 积极治理主义

积极治理是在继消极治理针对腐败并未有实质性的遏制作用而提出的，核心理念在于深化腐败的源头治理，从腐败的监管、产生、蔓延进行综合性治理。作为一种腐败治理政策，核心主旨在于着眼权力的生成与运行，强化腐败预防，实现由"惩治型"向"预惩协同型"立法的转型。[①] 积极治理主要表现为以下几点。（1）不以惩治为中心，将腐败控制的重点落脚于预防。（2）不以刑事法为中心，将腐败控制的重点落脚于刑法的前置法以及法律体系的内在衔接。工业革命后，英国通过现代文官制度、议会制度、竞选制度、审计制度等预防制度的构建，确立了从公共财政权、公共行政权到公职人员个人行为规范的监督体系。[②]（3）具有类型化的立法思维，根据腐败产生的根源进行类型化的立法对策，不再采取"跟踪式"立法模式。就刑事法而言，积极治理主义导向下的腐败犯罪立法控制基点由腐败行为走向了更前端，对于可能导致公职人员腐败的情形予以规制，将单纯的国家对腐败的治理任务落实到"国家—企业—个人"协同治理上来，前者即为"利益冲突型"腐败犯罪的立法设定，后者为刑事合规计划的建构。

2. 低容忍立场

作为内涵式立法模式的低容忍立场反对刑事立法上的"厉而不严"[③] 和刑事司法上的"抓大放小"。[④] 低容忍立场以腐败行为为核心，针对腐败行为而展开了若干层面的针对性立法措施：（1）行为规制的前置化，低容忍的立法立场不仅着眼于腐败的核心行为，而对于可能影响腐败的非核心行为也予以规制，最为典型的腐败的非核心行为即为利益冲突行为；（2）行为的自我约束，外延式立法模式对于腐败的监管权恒定为政府一方，有限的政府管理效能难以应对形式多样的腐败行为，因此，通过建立"政府—企业"对腐败的协同监

---

① 参见魏昌东《中国反腐立法体系的发展方向》，《上海法治报》2015年11月4日第B05版。
② 参见魏昌东《腐败治理模式与中国反腐立法选择》，《社会科学战线》2016年第6期。
③ 我国有学者总结：以刑法规制的广度和力度组合应对犯罪，大体可分为四种模式："又严又厉""不严不厉""严而不厉""厉而不严"，所谓"厉而不严"，是指刑罚虽然比较严厉，但是入罪的门槛较高，导致刑法的适用犯罪缩小。参见储槐植《再说刑事一体化》，《法学》2004年第3期。
④ 香港奉行"零容忍"的反腐政策，入罪没有金钱限额，非法获得1元即为贪污。新加坡《防止贪污法》对"报酬（贿金）"未作最低金额的说明，即使收受最少金额的"报酬（贿金）"，也可作为贪污受贿处理。

管,并规定企业监管过失的责任是内涵式立法模式的特征之一;(3)行为的类型化,内涵式立法模式不主张"跟踪式"立法,对腐败行为进行了分类型、多角度的考察,结合行为的基本模式,成立了"作为型腐败"和"不作为型腐败"两种行为类型。

三 中国腐败犯罪立法模式选择与理论更新

科学发展观要求我国经济发展模式从以往长期依靠要素投入数量增加的外延式经济增长,逐步向依靠要素利用效率提高的内涵式经济增长转变,做到"速度和结构质量效益相统一、经济发展与人口资源环境相协调",① 十年间,我国经济发展模式产生了巨变,内涵式经济增长已经成为经济发展模式中增长的主力。然而,立法始终未实现从以往长期依靠立法数量增加的外延式发展向依靠提高立法质量的内涵式发展这一过渡性转变。当前,在腐败增量逐渐降低的背景下,要实现腐败的长远性治理、质之突破,最基本的是实现立法模式的重要转变,即由外延扩张式走向内涵修复式。

内涵修复以对价关系为核心,具有三个面向:第一,对立法评价基点的修复;第二,对传统腐败犯罪罪刑关系的修复;第三,对传统腐败犯罪构成要件要素的修复。内涵修复导向下我国腐败犯罪立法需实现如下几处理论更新。

(一) 立法评价基点的修复:从结果本位向诱因本位的转向

犯罪化根据是对于违法行为是否有必要加以刑事处罚之价值判断标准。对犯罪化根据的追问源自西方启蒙运动后期的近代刑法孕育时期,伴随人权保障、罪刑法定等现代刑事法治基础的构建,犯罪化根据逐步实现了由损害的一元标准向多元复合标准的演进。耶赛克教授认为,"应受处罚性取决于三个因素:法益的价值、行为的危险性和行为人思想的可责性,而且应受处罚行为的范围在不同的法秩序和不同的历史时期有所不同。"② 现代社会多元架构与公共价值取向的变迁、法治国家与人权保障的加强以及风险预防和控制等因素,

---

① 参见胡锦涛《高举中国特色社会主义伟大旗帜 为夺取全面建设小康社会新胜利而奋斗——在中国共产党第十七次全国代表大会上的报告》。

② [德] 汉斯·海因里希·耶赛克、托马斯·魏根特:《德国刑法教科书》,徐久生译,中国法制出版社 2009 年版,第 67 页。

为犯罪化根据的发展提供了社会适应性基础。作为犯罪化根据考量因素的法益"应该从社会而非个人角度来考虑人类共同生活的最低条件以及如何通过刑法来保护这种条件,也就是找出能够提供(稳定)社会秩序的前提"。① 现代国家转型中,腐败随之发生适应性调整,"寻租型""政府俘获型"腐败加剧了社会危害性程度,并与国家经济体制与政治安全紧密联结。然而,外延式立法模式下结果本位的犯罪化标准,使得刑法仅停留于腐败犯罪的后端场域,缺乏对腐败衍生环节的关键控制,无法应对腐败犯罪社会危害性扩大之现实。内涵式立法模式将腐败视为一种"危险"行为,行为危险性的显著提升,确保了刑法提前干预的正当性,而根据腐败类型的进化与发展进行犯罪化根据的对应调整,从传统的结果本位转向诱因本位,以清除腐败诱因为目标,从源头遏制腐败动因,成为内涵式立法模式的重要选择。

基于预防性治理的理念导向。内涵式立法模式拓展了贿赂犯罪的社会危害性根据,将刑法规制范围从事后推向事前,倡导建立"利益冲突型"刑事规范。利益冲突原理生成于19世纪后期的美国,后逐步成为美国公职履行和公务员管理中的核心制度,其指导理念在于,"人性本恶,任何人无论有多么高的道德水平,都会受到私人利益的诱惑,当决策人的个人利益与公共利益存在潜在的冲突时,其决策可能与公共利益不符"。② 防止权力滥用,就必须在发生利益冲突时予以及时控制。据此,美国在行政领域确立利益冲突制度的同时,也将其引入刑事立法之中,在《政府道德法》中规定了"利益冲突型"贿赂犯罪(被编撰在《美国法典》第18主题第11章),将公职人员在申请、决定、合同、争议、控告等任何程序中涉及部分、直接或实质与美国利益有关的事项时,直接或间接地(同意)接受或索取报酬的行为犯罪化。③ 较之贿赂犯罪,该罪无须特定的交易性犯罪目的,只要具有违反利益冲突的行为即可。《南非预防和打击腐败行为法》第五节"涉及可能的利益冲突及不当行为的犯罪"以及《格鲁吉亚公共服务中利益冲突与腐败法》第五章"腐败犯罪的责任"也有关于利益冲突型腐败犯罪的类似规定。④

---

① [德]冈特·施特拉腾韦特、洛塔尔:《刑法总论——犯罪论》,杨萌译,法律出版社2006年版,第37页。
② 周琪:《美国的政治腐败与反腐》,中国社会科学出版社2009年版,第63页。
③ 参见1962年U.S. Code第18主题第11章第203条。
④ 中央纪委法规室、监察部法规司编译:《国外防治腐败与公职人员财产申报法律选编》,中国方正出版社2012年版,第177、232页。

(二) 罪刑关系的修复：从泛身份化向选择身份与身份加重模式的转变

外延式立法模式下腐败犯罪刑罚配置的泛身份化表现为以下两个方面。一是在身份体系内部，立法不考虑公职人员身份差异对刑事责任的影响。无论高级抑或低级公职人员，无论是与法律公正性关系更为紧密的司法公职人员抑或普通公职人员，其腐败行为对公职廉洁性的侵害程度相同，没有区分。二是在身份体系外部，淡化公职身份与刑罚种类的内在关系。刑罚配置上将贿赂犯罪与普通犯罪混同，以监禁刑和财产刑作为主要处罚手段，未从犯罪成本角度考虑针对腐败犯罪的特殊刑罚或矫正手段。内涵式立法模式则认为，就内部身份体系而言，腐败犯罪存在身份层次区分，特殊主体的腐败更易导致腐败的恶性循环与环境恶化，进而贬损腐败治理效果和提高腐败治理成本，有加重处罚之必要；就外部身份体系而言，大部分腐败犯罪可归于经济犯罪类型，从"经济人"原理角度，提高犯罪成本，无疑是发挥刑罚预防功能最为有效的措施。身份加重的刑罚配置原则，可以最大限度地发挥刑法立法的预防效果，符合市场经济下腐败犯罪治理的基本要求。基于刑罚加重主义要求的刑法应对，需要重点坚持以下两个方面的内容。

1. "权责制"的身份责任立场

在同样具备公职资格身份的前提下，不同层级或不同类型职业的公职人员的贿赂行为对于公职廉洁性的危害性大小有所不同，应当给予区分对待。据此，内涵式立法模式坚持"权责制"的身份责任立场，在立法上对特殊公职人员规定了更为严厉的刑事责任。[1] 如，考虑到司法公职人员贿赂行为损害到司法公正性与国民对法的信赖，较之普通贿赂更为严重，挪威刑法典（第114条）、荷兰刑法典（第364条）、希腊刑法典（第237条）等均规定了独立的司法贿赂罪，而德国刑法典第331—333条也将法官和仲裁员的贿赂作为加重情节处理。[2] 此外，匈牙利则区分了高级公职人员和普通公职人员的身份差异规定：普通公职人员受贿的法定基本刑为1—5年监禁刑；高级公职人员受贿的法定刑为2—8年监禁刑；高级公职人员受贿并违反职责的法定刑区间为5—10年监禁刑，进一步突出了对高级官员的重点惩治，体现了"严中从严"

---

[1] 参见魏昌东《〈刑法修正案（九）〉贿赂犯罪立法修正评析》，《华东政法大学学报》2016年第2期。

[2] 《德国刑法典》，徐久生、庄敬华译，中国法制出版社2000年版，第227—228页。

的更为积极的刑事惩治立场。①

2. 以犯罪"高成本"为导向的刑罚配置

建立包括刑罚在内的多元化处罚制度，提升犯罪成本，是内涵式立法模式的又一重要立场。内涵式立法模式从一般预防角度，要求犯罪人承担贿赂产生的各种不利后果，提高犯罪的政治与经济成本，从而加强刑罚的威慑与预防效果。如，西班牙、捷克、意大利刑法典等规定了剥夺贿赂犯罪主体从事职业或担任公职的资格；挪威、芬兰刑法典规定了开除公职处罚。俄罗斯则在2011年"关于修改俄罗斯联邦刑法和俄罗斯联邦刑事诉讼法典在公共管理领域与改善反腐败相关的条款"中将贿赂加倍处罚引入《刑法》第204条商业贿赂罪之中，规定贿赂加倍处罚将达到行贿者50倍和受贿者70倍的数额。根据刑法第290条，受贿官员在免于刑事处罚前提下将被判罚贪污数额80倍的罚款，接受刑事处罚的将被判贪污数额50倍的罚款。②《新加坡预防腐败法》则规定了"被委托人"腐败犯罪的双重义务，当行为人实施贿赂犯罪，委托人也能向行为人提起民事诉讼，追缴相同数额的贿赂，法律上也不认为这构成双重禁止危险。③ 此外，以《联合国反腐败公约》为代表的国际公约倡导建立腐败利益取消、被害人损失赔偿等制度，尽管这些制度并不属于典型意义上的刑罚制度，但却是从保护社会整体利益角度出发，以特定的经济制裁方式修复因贿赂而受损的社会关系，同时也加强了贿赂犯罪的后果责任，加大了贿赂犯罪的经济成本，对于刑法惩治具有重要的补充作用。

（三）构成要件要素的修复：以对价关系为核心

1. 构成要件要素的低门槛化

内涵式立法模式认为，刑法对轻微腐败行为的长期容忍具有风险性，不仅会使得行为人对腐败产生"无罪感"，造成犯罪发生率提高，还会导致社会对腐败容忍度的恶性扩张，忽视、容忍或原谅中小型腐败将最终使得对腐败的判断标准变得模糊，最终导致社会腐败文化形成的阻力，因此，作为对不法行为最为严厉的谴责方式，刑法应确立开放性的刑事可罚标准，将犯罪控制在初级阶段。较为清廉的国家坚决在刑事立法中贯彻"零容忍"政策：一是犯罪构

---

① 钱小平：《"积极治理主义"与匈牙利贿赂犯罪刑法立法转型——兼论中国贿赂犯罪刑法立法改革之方向抉择》，《首都师范大学学报》（社会科学版）2014年第6期。

② 许艳丽：《俄罗斯"法治反腐"逐渐完善》，《法制日报》2016年7月9日第4版。

③ 《新加坡预防腐败法》，王君祥译，中国方正出版社2013年版，第10页。

成中无数额要求，即使是数额极低的贿赂也会构成犯罪；二是贿赂犯罪以非法利益为标准，包括性贿赂等灰色领域内的非法利益，犯罪对象广泛；三是构成要件无冗余要素，只要因职务关系或职务行为等而索取、接受或者约定利益即属犯罪，就应受到刑罚制裁；四是减弱或删除特定情形下的主观要素，规定证据采信的推定规则。如：《联合国反腐败公约》第 28 条"作为犯罪要素的明知、故意或者目的"规定，"根据本公约确立的犯罪所需具备的明知、故意或者目的等要素，可以根据客观实际情况予以推定"。《新加坡预防腐败法》第 8 条规定了腐败犯罪构成的特殊推定制度，"受指控的公职人员有义务向法院解释自己接受的财物不是以腐败的手段获得的，如果他不能向法院作出令人满意的解释，法律就推定他腐败地接受了金钱"。① 《澳大利亚联邦刑法典》第 142.1 条规定提供腐败利益与收受腐败利益等罪名，对不能证明犯罪人的主观意图但可以认定其行为对公职人员履行职责产生影响的犯罪行为进行处罚。②

2. 责任主体的多元化

工业社会以来，工业灾害的发生与新型风险的出现，使得传统刑法的"个人责任"向"组织责任"扩张。组织责任是生产经营活动中监督者、管理者的义务负担，包括：一是企业或组织的监督责任，具体包括企业组织内部上级人员的监督责任和企业组织之间相关人员的监督责任；二是公职人员的公务监督责任，包括上级公职人员对下级的监督责任、公职人员对与公务机关有平等民事关系的主体所负的监督责任以及公职人员在履行社会监督职能时对其他组织或个人所负的监督责任。③ 组织责任原理的兴起，目的是为了有效控制社会风险而要求监督者、管理者分担风险责任。对于监督者和管理者的监督义务来源，德国通说采取了"二分说"：一是从行为人和保护的目标法益之间的关系出发所认可的"保护一定法益的义务（法益保护义务）"；二是从行为人和侵害法益的危险源之间的关系出发所认可的"监督避免从危险源中产生侵害法益可能的义务（危险源监督义务）"。④ 内涵式立法模式之下，腐败被定位为一种社会风险，且与其滋生的环境之间具有双向影响关系：一方面，环境的腐化加剧了腐败的严重性；另一方面，腐败的泛化也加剧了环境腐败的严峻性，形成一种恶性循环。内涵式立法模式认为，环境腐败产生的重要原因之一

---

① 《新加坡预防腐败法》，王君祥译，中国方正出版社 2013 年版，第 11 页。
② 《澳大利亚刑法典》，张旭等译，北京大学出版社 2006 年版，第 6 页。
③ 吕英杰：《客观归责下的监督、管理过失》，法律出版社 2013 年版，第 35—39 页。
④ 黎宏：《刑法总论问题思考》，中国人民大学出版社 2007 年版，第 137 页。

在于，组织监督者或管理者具有保护廉洁法益及避免腐败危险的义务，但却躲避了责任负担和追究。为此，需要将组织责任原理引入反腐理论之中，通过加强组织监督者的保证人责任，减少腐败风险，净化腐败环境。基于预防性治理之要求，增加组织监督责任，形成复合型的主体责任体系，是内涵式立法模式的又一基本立场。内涵式立法模式认为，现代贿赂衍生已经不再是权力支配者的个人独立行为，而与组织结构内部权力运行、监督不均衡有关，后者对于贿赂行为的鼓励、放纵、默许或监督不足，是导致贿赂泛滥的重要原因。对此，有必要将权力结构个体责任原理修正为权力组织结构理论，将针对实行行为的封闭式治理转化为针对组织管理的开放式治理，实现贿赂犯罪立法防卫基点由行为环节向监管环节的前置化革新。1995 年欧盟委员会《保护欧洲共同体经济利益》第 3 条、1997 年欧盟委员会《基于〈欧盟打击涉及欧洲共同体以及欧盟成员国的官员腐败协议〉第 K3（2）（C）之公约》第 6 条"商业组织首脑刑事责任"规定，缔约国应当采取必要措施确保商业组织首脑或其他在商业组织中有决定权或运营控制权的主体，为在其授权下第三人为商业组织利益而实施的行贿行为承担刑事责任。英国 2010 年《贿赂法》第 7 条创新性地规定了"商业组织预防贿赂失职罪"，规定商业组织对于疏于构建行贿预防机制而导致行贿行为发生承担必要的刑事责任。① 《越南反腐败法》第 17 条规定："领导者不履行职责导致他人违反法律，谋取不正当利益者，根据违法性质、情节轻重对其进行行政处分或追究刑事责任。"②

3. 行为模式的"二元化"

大陆法系国家刑法对危害行为有作为与不作为的类型划分。前者指行为人实施了法所禁止实施的行为，是犯罪的基本模式；后者指行为人没有实施法所期待的行为，作为犯罪的特殊模式。通常而言，仅对国家法益、公共法益以及重大人身法益才设置（纯正）不作为犯的规定，以期在对重大法益进行刑法保护的同时，不过分干预公民的权利自由。20 世纪 90 年代前"世界各国的现行刑法都是以作为犯的基本形态为标准而制定的"③。基于对传统刑法原理和贿赂交易性特征的坚持，外延式立法模式仅评价与权力交易直接相关的非法利益收受、承诺收受等"作为"，排除交易行为之外可能影响贿赂实施的"不作

---

① Bribery Act 2010, sec. 7 (5).
② 中央纪委法规室、监察部法规司编译：《国外防治腐败与公职人员财产申报法律选编》，中国方正出版社 2012 年版，第 33 页。
③ 黎宏、大谷实：《论保证人说（下）》，《法学评论》1994 年第 4 期。

为"。然而，内涵式立法模式则要求从腐败危险角度引入监督者的监督义务和保证人责任原理，将公职人员定位为维护权力廉洁运行的保证人，施加监督体制内腐败的积极义务，进而突破了传统贿赂犯罪立法的作为犯模式，确立以作为为主、不作为为辅的"二元化"行为模式。如，2008年《俄罗斯联邦反腐败法》第9条规定："国家和自治地方的工作人员有报告腐败违法倾向行为的义务"，不履行报告义务的会被追究法律责任。《越南反腐败法》第25条规定："单位、组织首长在其职权范围内不对贪污腐败行为予以处理或不依照法律规定将有犯罪嫌疑的贪污腐败档案移交调查机关或检察院的，按照包庇行为处理。"[①]

[①] 中央纪委法规室、监察部法规司编译：《国外防治腐败与公职人员财产申报法律选编》，中国方正出版社2012年版，第35、74页。

论腐败犯罪国际追逃的法律适用困境及解决路径

刘 霜[*]

党的十八大以来，以习近平为核心的党中央就反腐败国际追逃追赃工作作出重大部署，开辟了全面从严治党和反腐败斗争的新战场。截至2018年4月底，通过"天网行动"先后从90多个国家和地区追回外逃人员4141人，其中国家工作人员825人，"百名红通人员"52人，追回赃款近百亿元人民币。[①] 2018年6月22日，在中央反腐败协调小组国际追逃追赃工作办公室统筹协调下，经中央有关部门和广东省委、省纪委长期不懈努力，"百名红通人员"赖明敏回国投案，并主动退赃。截至目前，"百名红通人员"已到案53人。这也是6月6日中央追逃办对外发布《关于部分外逃人员有关线索的公告》后，第2名投案的外逃人员。[②] 我国开展的追逃追赃各项专项行动取得了显著成绩，然而不可否认的是，在国际追逃追赃方面，我国相关立法和实践工作仍然存在很多不足，有待于进一步完善和改进。

一 问题的提出

笔者拟从三个具有代表性且颇有影响力的腐败犯罪国际追逃典型案件入手，从实际案例中分析目前我国国际追逃工作中出现的法律问题。

---

[*] 刘霜，河南大学法学院教授，法学博士，河南大学欧洲法律研究中心主任。
[①] 《中央反腐败协调小组国际追逃追赃工作办公室关于部分外逃人员有关线索的公告》，《人民日报》2018年6月7日第12版。
[②] 《"百名红通人员"赖明敏回国投案》，2018年7月，中央纪委国家监委网站，http://www.ccdi.gov.cn/gzdt/gjhz/201806/t20180627_174537.html。

（一）黄海勇引渡案

黄海勇引渡案是我国近年来境外追逃最为成功的案例之一，被誉为是新中国成立以来最为复杂的引渡案件。① 该案不仅涉案金额巨大，犯罪嫌疑人滞留境外时间漫长，而且引渡程序异常繁复艰难，历经秘鲁地方法院、秘鲁最高法院、秘鲁宪法法院，最后还被提交到美洲人权委员会和美洲人权法院。

1. 具体案情

黄海勇，原深圳裕伟贸易实业有限公司法人代表、深圳市亨润国际实业有限公司董事及总经理、湖北裕伟贸易实业有限公司法人代表、武汉丰润油脂保税仓库有限公司董事长、香港宝润集团有限公司董事。1996年8月至1998年5月期间，黄海勇伙同他人共同走私进口保税毛豆油10.74万吨，案值12.15亿元，偷逃税款7.17亿元。案发后，黄海勇于1998年8月出逃，2001年6月，中国通过国际刑警组织的红色通缉令对黄海勇进行全球通缉。2008年10月，黄海勇在秘鲁被秘鲁警方逮捕，随后我国外交部根据2003年生效的《中华人民共和国和秘鲁共和国引渡条约》向秘鲁政府提出引渡黄海勇的请求。该案分别经过秘鲁法院、秘鲁最高法院、秘鲁宪法法院、美洲人权委员会及美洲人权法院等多级法律程序。2015年6月美洲人权法院判定由于引渡黄海勇回国不存在其被判处死刑和遭受酷刑的风险，所以秘鲁政府可以引渡黄海勇回国。② 至此，黄海勇引渡案获得实质性突破，黄海勇于2016年7月17日被引渡回中国。该案中，黄海勇虽然陆续穷尽了秘鲁国内法律救济程序，但仍被引渡回国，历时8年的黄海勇引渡案宣告结束。

2. 案件反思：引渡适用前提条件苛严，法律障碍难以逾越

黄海勇案带来的积极意义不言而喻。该案是美洲人权法院成立以来首次就引渡逃犯案件作出判决，是秘鲁首次同欧洲以外的国家进行的引渡合作，是我国专家证人首次到国际人权法院出庭作证，也是我国首次从拉美国家成功引渡犯罪嫌疑人。③ 该案全面反映了近年来中国刑事法治发展的进程，对于我国今后开展国际追逃具有极其重要的借鉴意义。

黄海勇引渡案引发的问题是：引渡作为国际追逃最为常见的国际刑事司法合作形式，能否广泛适用？答案是否定的。我国虽然已经缔结了39项引渡条

---

① 赵秉志、张磊：《黄海勇引渡程序研究》（上），《法学杂志》2018年第1期。
② 同上。
③ 赵秉志、张磊：《黄海勇引渡案法理问题研究》，《法律适用》2017年第4期。

约（其中 29 项已经生效），已经签署 52 项刑事司法协助条约（其中 46 项已经生效）①，但是现实以引渡方式实现的国际追逃案例却少之又少。

究其原因，各国立法对于引渡规定的一些前提条件我国难以逾越。例如死刑不引渡、政治犯不引渡等，此外还有条约前置原则、互惠原则、双重犯罪原则等制约，因此在实践中能真正运用引渡的案例并不多。我国现在所签订的引渡条约多数是与发展中国家签订的，与发达国家签订的较少。而目前国内贪官潜逃的目的地大多集中于发达国家，其中以美国、加拿大、澳大利亚和新西兰为最多。遗憾的是，我国虽然与美国、加拿大以及澳大利亚签订有双边引渡条约，要么是还没有生效（中加引渡条约尚未生效），要么是奉行条约前置主义原则②（美国奉行严格的条约前置主义），因此在实践中能够有效运用引渡措施只能在现有的已经签署双边引渡条约的国家范围内进行。黄海勇案之所以能够顺利实施，也是由于中国与秘鲁签署有双边引渡条约。但是由于红通人员的潜逃目的地多在发达国家，因此以引渡方式追逃嫌疑人面临不可逾越的法律障碍。

（二）杨秀珠案

杨秀珠案的典型意义在于以引渡替代措施为主导成功劝返嫌疑人。在杨秀珠案件中，我国综合采用了非法移民遣返程序、异地追诉程序以及劝返等引渡替代措施，最终使百名红通人员头号嫌犯成功劝返，使其回国投案自首。

1. 具体案情

杨秀珠，原温州市市长助理、温州市副市长，福建省建设厅副厅长，涉嫌腐败犯罪，于 2003 年 4 月携家人出逃境外。2003 年 6 月 16 日，浙江省人民检察院以涉嫌贪污受贿罪立案侦查，批捕杨秀珠，并于 7 月 22 日通过国际刑警组织发布红色通缉令。从 2003 年 4 月 20 日起，杨秀珠携女儿、女婿经由香港前往新加坡，后辗转逃往意大利、法国、荷兰、加拿大、美国等地。2016 年 11 月 16 日，杨秀珠在外逃 13 年之后回国投案自首。

2. 案件反思：引渡替代措施值得关注

杨秀珠案的积极意义在于：杨秀珠是百名红通人员的头号嫌犯，我国积极与美国、荷兰等国开展国际刑事司法合作，最终促使其回国自首，其威慑效力和样本效应不容小觑。甚至有学者认为，杨秀珠案是我国国际追逃追赃工作的

---

① 张磊：《腐败犯罪境外追逃追赃的反思与对策》，《当代法学》2015 年第 3 期。

② 条约前置主义要求以双边引渡条约作为向外国引渡逃犯的前提条件。

杨秀珠案引发的思考如下。其一，该案面临的主要法律障碍在于政治犯罪问题、死刑问题和酷刑问题。因此在我国逐步减少死刑适用，避免适用酷刑，提高我国国际法治形象势不容缓。其二，引渡方式需要前提条件过于严苛，因此引渡替代措施的适用就显得尤为重要。杨秀珠案中综合采用各种引渡替代措施并成功将杨秀珠劝返回国的经验值得借鉴。

（三）赖昌星案

1. 具体案情

赖昌星案是震惊中外的厦门特大走私案的主犯。从1996年到1999年，他所领导的走私集团在厦门大肆走私进口成品油、植物油、汽车、香烟等货物，案值高达人民币530亿元，偷逃税款300亿元，是1949年以来中国最大的经济犯罪案件。② 1999年8月赖昌星携家人出逃加拿大。2000年3月其旅游签证到期，加拿大边境服务局向其发出有条件的离境令，2011年7月23日，赖昌星在加拿大警察押送下遭返中国，厦门海关缉私局依法对其执行逮捕，历时11年，其潜逃时间长达12年。2012年5月18日，厦门市中级人民法院一审宣判赖昌星犯走私普通货物罪、行贿罪，数罪并罚，决定执行无期徒刑，剥夺政治权利终身，并处没收个人全部财产。赖昌星在一审宣判后没有提出上诉。

2. 案件反思：遣返非法移民方式不确定性因素多，个案协议方式可尝试适用

赖昌星案非常具有代表性意义，由该案引发一系列思考。其一，应当继续加强与西方发达国家的国际刑事司法合作。赖昌星案是中加两国在国际刑事司法合作方面的成功范例③，中加双方都付出了极大努力，并成功使赖昌星顺利遣返。

其二，我国应当开拓引渡合作新领域，可尝试适用个案协议或多边国际条约合作手段。如前所述，赖昌星潜逃国外长达12年，耗费大量人力物力财力，赖昌星穷尽一切救济手段，妄图逃脱中国法律的制裁。由于中国和加拿大引渡条约尚未真正实施，因此可尝试引渡合作新领域，个案协议适用更为灵活和

---

① 张磊：《境外追逃中的引渡替代措施及其适用》，《法学评论》2017年第2期。
② 廉颖婷：《媒体披露赖昌星在加拿大12年诉讼历程》，《法制日报》2011年7月27日。
③ 张磊：《从高山案看我国境外追逃的法律问题——兼与赖昌星案比较》，《吉林大学社会科学学报》2014年第1期。

便捷。

二 腐败犯罪国际追逃面临的法律适用新问题

（一）外逃人员主要目的地美国、澳大利亚、新加坡和加拿大适用条约引渡困难重重

目前腐败犯罪外逃人员主要目的地为美国、加拿大、澳大利亚和新加坡。此外新西兰、泰国等也是外逃人员相对比较集中的国家。目前，我国与美国、加拿大、澳大利亚、新西兰均无生效的双边引渡条约、协定。虽然2007年9月6日在澳大利亚悉尼签订了《中华人民共和国和澳大利亚引渡条约》，但该条约至今未得的澳大利亚议会的通过，尚未生效。

引渡适用的首要条件就是我国应与对方国家签订有双边（多边）引渡条约或协定，方可适用引渡。根据各国引渡法的不同规定，启动条约引渡的方式分为三种。（1）互惠为基础的引渡，即开展引渡合作要求请求国提供或者承诺提供对等的引渡合作。我国《引渡法》第3条规定："在平等互惠的基础上进行引渡合作"。（2）引渡条约为基础的引渡，即开展引渡要求请求国与自己存在引渡条约关系。引渡条约为基础的引渡又分两类，一种是以存在双边引渡条约为基础（美国）被称为"条约前置主义"；另一种是以存在双边、多边条约（公约）为基础（澳大利亚、新西兰、加拿大）。[①] 其中，后一种的"多边条约"还可以扩大解释为含有引渡内容的其他多边条约（公约）。（3）外交途径的个案协议引渡，即可以通过外交手段就个案进行协商后展开引渡，往往是外交利益的交换。

1. 从美国进行条约引渡不现实

我国与美国没有签署双边引渡条约，虽然中美两国都是《联合国打击跨国有组织犯罪公约》和《联合国反腐败公约》的缔约国，但是《美国法典》第209章第3181条规定："本章与移交外国犯罪人有关的各条款，仅在与该国政府签订的任何引渡条约存续期间有效。"[②] 此处的"引渡条约"应该做狭义的理解，仅仅指"双边引渡条约"。从理论和实践中看，我国目前都不存在从

---

① 参见黄风、凌岩、王秀梅主编《国际刑法》，中国人民大学出版社2007年版，第177—181页。

② 同上书，178页。

美国通过条约引渡犯罪嫌疑人回国的可能性。

2. 与加拿大进行条约引渡存在一定可能性

加拿大与我国在打击犯罪方面合作相对于美国来说更加密切。中加两国在北京签订《中华人民共和国和加拿大关于刑事司法协助的条约》于 1995 年 7 月 1 日已经生效；1999 年 4 月 16 日，中加两国在加拿大首都渥太华签订《中华人民共和国政府和加拿大政府关于打击犯罪的合作谅解备忘录》（有效期 5 年）；2010 年 6 月 24 日，中加两国在加拿大首都渥太华签订《中华人民共和国公安部和加拿大皇家骑警关于打击犯罪的合作谅解备忘录》（有效期 5 年）（两个备忘录已经失效）。中加双方还签署了《中国政府和加拿大政府关于分享和返还被追缴资产的协定》，在《中华人民共和国和加拿大联合声明》（2016）中有提及。

我国与加拿大虽然没有签署双边引渡条约，但我国《引渡法》第一章规定，我国承认共同参加的"载有引渡条款的其他条约"可以作为引渡的依据。加拿大《1999 年引渡法》第 2 条规定："涵盖多边公约"，第 10 条规定："不存在引渡协定的情况下，经争得司法部长的同意，外交部长可以与有关外国就个案达成'特定协议'，以便执行该国的引渡请求。"这说明加拿大从立法上允许将多边公约或者个案协议作为引渡合作的依据。由此看来，根据加拿大《1999 年引渡法》，中加双方如果启动引渡程序，也是有法律依据的。① 中加双方在赖昌星案和高山案中均有较大范围的合作，因此双方通过条约引渡犯罪嫌疑人的可能性还是存在的，双方进行国际刑事司法协助也是有先例可循的。

3. 可以尝试与澳大利亚开展引渡合作

2007 年 9 月 6 日，澳大利亚与我国签订了《中华人民共和国和澳大利亚引渡条约》，我国早在 2008 年 4 月 24 日的第十一届全国人民代表大会常务委员会第二次会议上已经批准了条约，但该条约未被澳大利亚议会通过，导致条约至今尚未生效。但是，澳大利亚《1988 年引渡法》第 5 条对"引渡条约"的解释，"有关外国和澳大利亚均为缔约国的、全部或者部分涉及移交因犯罪而受到指控人员或被定罪人员的条约"。为了强调这一概念不局限于双边条约，有关的解释条款特别在括号中注明，"无论是否其他任何国家也为该条约的缔约方"。可以看出，澳大利亚没有将引渡依据完全限制在双边条约，而是

---

① 参见张磊《从高山案看我国境外追逃的法律问题——兼与赖昌星案比较》，《吉林大学社会科学学报》2014 年第 1 期。

包括了多边国际条约。① 由于中国和澳大利都是《联合国反腐败公约》缔约国，所以可以尝试根据该公约开展引渡合作。

（二）事实引渡适用灵活，但是程序繁杂，不确定因素太多

所谓事实引渡是指一国通过遣返非法移民、驱逐出境等方式将外国人遣送至对其进行追诉的国家，无论作出遣返或者驱逐决定的国家具有怎样的意愿，这在客观上造成了与引渡相同的结果，因而被称为"事实引渡"。② 目前实践中适用的事实引渡方式主要包括遣返非法移民、异地追诉、劝返等。杨进军案③就是采用强制遣返方式回国的。

1. 遣返非法移民

所谓遣返非法移民，是指一国行政机关，由于入境者不具有入境资格"秘密"入境、入境签证造假、签证到期后滞留境内等违反入境国相关移民法规定，通过一定程序将其遣送回国。在遣返非法移民的过程中我国往往通过司法协助等手段向入境国提供犯罪嫌疑人在申请签证时资料造假、骗取签证、签证期限已过等证据，使其受到入境国的遣返，从而达到追逃目的。赖昌星案就是通过遣返非法移民方式成功使其回国的。

关于遣返非法移民的方式，以美国为例展开说明。美国法律对非法移民有明确的定义，即所谓"没有资格获得签证和没有资格入境的外国人"（aliens ineligible to receive visas and ineligible for admission）。根据美国《移民与国籍法》，假如在美国的外国人出现以下情况之一，就会成为"可被驱逐的外国人"（deportable aliens）：在入境或变更"非移民身份"时，根据当时有效的移民法律，属于不得入境的外国人；入境后实施犯罪行为；没有依法登记或伪造文件；从事任何威胁美国国家安全或公共安全的活动；入境5年内沦为需接受美国政府救济的人；以违反美国宪法、各州宪法及其他法律的方式参与投票活动。上述情况都可能导致非法移民遭强制遣返。

对于是否要将某个外国人驱逐出境，美国存在行政审查和司法审查两个环节（在该环节需要对该外国人是否构成难民进行审查，若构成难民则不驱逐

---

① 参见张磊《腐败犯罪境外追逃追赃的反思与对策》，《当代法学》2015年第3期。
② 参见黄风、凌岩、王秀梅主编《国际刑法》，中国人民大学出版社2007年版，第212页。
③ 参见《"百名红通人员"杨进军被从美国强制遣返回国》，2016年6月，中共中央纪律委员会、中华人民共和国国家监察委员会官网，http://www.ccdi.gov.cn/toutiao/201509/t20150918_124259.html。

出境，被驱逐人往往会高薪聘请律师，在移民法庭的审查中证明自己是难民）。其一，行政审查环节。行政审查主要由移民法庭和移民上诉委员会进行（两组织都隶属于美国司法部下的移民审查执行办公室，都是行政机关，审查行为属于美国行政法院的范畴）。在移民法庭决定予以驱逐之后，该外国人可以上诉至移民上诉委员会，如果移民上诉委员会的裁决仍然是驱逐出境，那么该外国人还可以在 30 天之内向联邦巡回上诉法院提出上诉。其二，司法审查环节。并不是所有的事项都可以接受司法审查。不接受司法审查的事项主要包括：（1）移民官员对抵达美国的外国人进行入境资格的审查（没进国门）；（2）移民法庭不予以驱逐出境的赦免裁定（赦免了）；（3）暂缓驱逐出境的行政决定（暂时不准备遣返）；（4）对实施犯罪行为的外国人予以驱逐出境的决定等。

不仅如此，尽管外国人有将案件上诉至美国法院系统的权利，即要求司法审查的权利，但当驱逐出境的裁决通过行政审查之后，即在行政层面变为终局裁决之后，美国移民与海关执法局（Immigration and Customs Enforcement）就获得将该外国人驱逐出境的权力，即使司法审查此时尚未作出终局裁决。因此，当外国人向联邦巡回上诉法院进一步提出司法审查的请求时，他可以同时要求法院在作出裁决之前签发命令，暂缓执行驱逐出境（stay of deportation）。否则，美国移民与海关执法局就有权力立即采取驱逐措施。不过，仅仅向联邦巡回上诉法院或者最高法院提出上诉请求本身并不会自动导致暂缓执行驱逐。换言之，必须上诉的同时明确地附加暂缓执行的请求。值得注意的是，根据美国国土安全部在 2017 年 2 月 21 日公布的《落实边境安全和加强移民执法的政策》和《执行移民法律以服务国家利益》，凡是不能证明自己已在美国连续生活两年以上的非法移民可能被"快速遣返"。① 但是，美国《移民法》第 1253 条（h）款规定，如果司法部长认为有关外国人的生命和自由可能因种族、宗教、国籍、从属于某一特殊社会群体或者政治见解等原因而在某一国受到威胁，则不应当向上述国家递解或者遣返该外国人。

再以加拿大为例。通过让对方国采取"遣返非法移民""驱逐出境"实现追逃的方式同样适用于加拿大，程序和美国基本相同。例如，遣返赖昌星案和高山回国自首案。遣返非法移民是指将不具有合法居留身份的外国入境者遣送回国，是遣返国为维护本国安全和秩序而单方面做出的决定。通过这种方式，

---

① 参见张磊《欧盟与美国对非法移民的治理比较——兼论对我国的启示》，《华东政法大学学报》2017 年第 5 期。

在客观上造成了与引渡相同的结果,因而在理论上也被称为"事实引渡"。具体来说,就是追逃国通过给逃犯所在地国提供线索或证据,促使后者以遣返非法移民的方式将逃往他国的犯罪人员遣送出境。① 赖昌星案和高山案有几点值得我们注意。第一,非法移民遣返的过程是十分漫长的,程序是十分烦琐的。在中、加双方存在启动引渡程序的情况下,我们应该大胆尝试,探索通过启动引渡程序将外逃犯罪人引渡回国的新途径。第二,上述两个案例我们可以看出,潜逃人在利用加拿大法律反抗遣返的过程中都不惜重金请了律师,日常生活的主要内容就是在对遣返进行反抗,并没有进行日常的工作。所以,从侧面提醒追逃人员要"釜底抽薪",通过在国内搜集其非法转移资产和洗钱的证据,利用中、加《刑事司法的协定》对其非法财产进行冻结、扣押、没收。

在采取遣返非法移民方式实施追捕目的时,我国应该特别注意策略,不宜对外过分宣传或者强调欲对被遣返人实行刑事追诉,以防事态出现反转。② 我国可以根据 2001 生效的《中华人民共和国政府和美利坚合众国政府关于刑事司法协助的协定》向美国政府提供非法移民在入境前犯有严重罪行的证据资料,以证明其不符合美国移民法保护的条件,也可以提供入境人构成非法移民的证据、资料。值得注意的是,遣返非法移民往往程序烦琐且复杂,是一个相当漫长的过程。需要追逃人员了解和掌握嫌疑人所在国的遣返非法移民程序,并且掌握确凿证据,在该国法律允许的范围内开展行动,方能被所在国认可。

2. 驱逐出境的方式

驱逐出境既可以和遣返非法移民一样适用行政程序,也可以作为刑事制裁的后果。中国银行广东开平支行行长"余振东案"就是采用的驱逐出境方式被遣送回国的。以美国为例,根据美国移民法的规定,如果外国人在入境后的 5 年内被判定犯有轻罪,或者被判定犯有可判处 1 年或 1 年以上监禁刑的罪行,将被驱逐出境;在任何情况下,如果被判定犯有严重罪行,将一律被驱逐出境。同时,美国法律赋予可能被驱逐出境人以某些法律手段进行救济,例如申请避难的权利,但是犯有严重罪行的人可能会被剥夺这一权利。对于那些因在美国的严重罪行而被判处 5 年以上监禁刑的外国人,美国司法部长有权决定不再适用移民法在驱逐出境方面的保护条款。③

对被驱逐出境人的去向问题也是需要关注的。根据美国法律规定,被驱逐

---

① 参见赵秉志、张磊《赖昌星案件法律问题研究》,《政法论坛》2014 年第 4 期。
② 参见黄风、凌岩、王秀梅主编《国际刑法》,中国人民大学出版社 2007 年版,第 213 页。
③ 同上书,第 214 页。

出境人有一次自由选择去向国的机会,如果其选择的去向国在3个月内答复美国愿意接纳其到该国,我国仍无法实现将其抓捕回国。此时,必须密切关注该被追捕人的活动,及时获取相关信息;若存在被追捕人选择他国作为接纳国情况,要及时通过外交途径与准备接纳国取得联系,避免追捕活动落空。例如,钱宏案。① 钱宏因诈骗罪被批捕,后潜逃美国。2000年11月20日钱宏因涉嫌开办地下钱庄、非法敛财,被美国当局逮捕,在移民法庭接受审判。美国对其判处无期徒刑后因其持有巴拿马护照,遂将其驱逐出境至巴拿马。经过多方交涉,巴拿马政府于2001年5月将其驱逐出境至我国。由钱宏案得出的经验是,对被驱逐出境人的去向一定要及时关注,防止外方将其驱逐至其他国家,以至于前期工作白费,一切推倒重来,妨碍追逃工作的顺利进行。

3. 劝返

所谓劝返是指在确定犯罪嫌疑人已经潜逃国外,并锁定了其位置后,相关部门会根据具体情况组织其原在单位领导、家属成员、好友等等通过前往境外或者网络、电话、书信等形式,与犯罪嫌疑人取得联系,通过摆政策、讲道理、说人情等手段做其思想工作,劝导其主动回国的措施。劝返在国际追逃工作中发挥着非常重要的作用。在2014年"猎狐行动"开展的头3个月里,各地劝返的境外经济犯罪嫌疑人76名,在180名被成功回国的犯罪嫌疑人中(截至2014年11月10日),劝返占了42%。②

劝返具有非常重要的积极意义。不仅可以大大降低国际追逃的经济代价,提高追逃的效率,而且可以彰显刑罚的及时性和必然性,鼓励更多潜逃者主动接受劝返。对于被追捕人所在国来说,在劝返中只需要被动配合,即可将重大经济犯罪分子遣送出境,免去了在非法移民遣返程序中处于主导地位的诉累。对于被追捕人本人来说,可以尽快结束在异域忐忑的流亡生活,基于"自首"

---

① 1992年5月,时年34岁的钱宏在上海市衡山路一家高级饭店,挂出了"美国康泰财务投资有限公司""美国康泰企业集团有限公司"两块牌子,自封为"集团董事局主席",开始了肆无忌惮的诈骗活动。1993年8月,上海市公安机关接到群众报案,迅速立案侦查;上海市检察机关很快批准以诈骗罪逮捕钱宏及数名"康泰集团"骨干分子,钱宏潜逃出境。2000年11月20日,钱宏因涉嫌开办地下钱庄、非法敛财,被当局逮捕,在美国移民法庭接受审判。美国对其判处无期徒刑后因其持有巴拿马护照,遂将其驱逐出境至巴拿马。经过交涉,巴拿马政府于2001年5月将其驱逐出境至我国。参见刘仁文主编《贪污贿赂犯罪的刑法规制》,社会科学文献出版社2015年版,第219页。

② 刘仁文主编:《贪污贿赂犯罪的刑法规制》,社会科学文献出版社2015年版,第229页。

而减轻刑事责任,得到真正的实惠。①

劝返工作开展需要在法治轨道内进行。在劝返过程中和对被劝返犯罪嫌疑人的处理上要注意几点。

首先,劝返方案必须合法。我国2014年10月11日由最高人民法院、最高人民检察院、公安部、外交部联合印发《关于敦促在逃境外经济犯罪人员投案自首的通告》(以下简称《通告》)。实践中,虽然只要潜逃人接受劝返回国,在量刑时都被认定为"自首",这是符合《通告》精神的。但是,应当注意在劝返过程中涉及的量刑承诺问题。如果嫌疑人不存在立功等量刑情节,必须严格遵守《通告》,不能为了实现"劝返"作出过分降低法定刑的承诺,必须把握好"减轻处罚"和"从轻处罚"之间的度。参与"劝返"的国家工作人员也要避免劝返人员"先斩后奏",以防进退两难。如果作出过低的量刑承诺,会将司法机关逼进"进退维谷"的境地:一方面如果按照过低的量刑承诺作出判决,对其他情节相同却没有出逃的犯罪人来说显失公平;另一方面,如果不按照量刑承诺作出判决,则会使"劝返"人员的"信用度"降低,将会影响以后劝返工作的顺利开展。

其次,劝返活动必须在所在国法律框架内开展。参加"劝返"的行动者如果需要到犯罪嫌疑人逃亡的目的国进行"劝返"活动,劝返人员特别是国家工作人员一定要严格遵守当地法律,要对当地法律进行了解,避免出现违反当地法律的情况。如果我国在当地设有驻外使领馆,可以在进行劝返活动之前和他们取得联系,寻求必要的帮助(我国在一些地区使领馆派驻的有警务联络代表)。

再次,劝返活动涉及被缉捕人家属时,一定注意"施压"措施的合法性。近期曝光的罗山县"打击盗窃民航旅客财物犯罪专项治理行动办公室"针对当地4名在国外航班上偷盗财物的嫌疑人,发出了一则劝返告知书。这份劝返告知书中明确指出,若7日内不回国配合公安机关调查,将把其个人情况在县电视台曝光,必要时将其父母、兄弟姐妹、儿子儿媳、女儿女婿曝光;若10日内不回的,将其本人及父母、兄弟姐妹、子女全部拉入诚信系统黑名单,限制出行,株连三代人;若20日内仍不回,将在其家门口、村口悬挂"飞天大

---

① 张磊:《从高山案看我国境外追逃的法律问题——兼与赖昌星案比较》,《吉林大学社会科学学报》2014年第1期。

盗之家"的牌子等。① 这种行为违反了我国刑法中"自责自负"原则，甚至对被缉捕人家属构成民事上的侵权行为。

最后，劝返活动应当与财产冻结、扣押、"红色通缉令"等手段相结合。劝返活动成功的关键在于精神层面和现实层面两个方面的工作。精神层面，潜逃人员对国内家属的牵挂，对自己犯罪行为的负罪感，对自己可能会被遣送回国的担忧，对自己一个人生活存在的压力和风险的考虑都可以用来做潜逃人员的思想工作。现实层面，如果潜逃人员的财产被扣押、冻结、没收，就断绝了其经济来源，使其生活难以自立，劝返的成功性会大大提高。中国与美、加、澳、新四国签署的《刑事司法协助的协定》都有关于对涉案资产"查询、搜查、冻结和扣押"的规定，要求潜逃国给予司法协助，对被追捕人的非法财产进行查封、扣押、冻结，让其失去生活来源。此外，国际刑警组织发布的"红色通缉令"虽然在美国没有强制执行的效力，至少能让当地警察对潜逃人员持有"警惕心理"。如果潜逃人员存在非法移民、非法转移财产、洗钱、签证欺诈等违反美国国内法的犯罪行为，会受到当地执法机关的追诉。"红色通缉令"也会对被缉捕人的生活带来困扰，给其生活带来诸多不便，也在一定程度上促使劝返工作顺利进行。

4. 异地追诉

异地追诉是指我国通过司法协助等手段向潜逃人所在地政府提交其在该国的犯罪证据，使其受到该国法律追诉。例如杨秀珠案。我国对杨秀珠主要采用非法移民遣返程序，同时我国政府也在努力采取异地追诉措施对杨秀珠施加压力，推动其早日回国。杨秀珠除了涉嫌在中国实施腐败犯罪以外，在转移赃款到美国，以及入境美国过程中，都涉及洗钱犯罪，而这种罪行在美国也是严重的犯罪。因此，中方在努力推动非法移民遣返程序的同时，也将杨秀珠涉嫌跨境洗钱的证据提交给美国，促使美国方面以洗钱犯罪追究其刑事责任，迫使杨秀珠认识到，即使不回国，即使非法移民遣返程序进展缓慢，其也可能因为刑事犯罪而受到美国的刑事制裁。② 异地追诉也是引渡的重要替代措施，杨秀珠最终能够回国自首，与我国成功适用异地追诉方式密不可分。

---

① 参见《河南罗山就"株连三代"公告致歉：及时撤回，吸取教训》，2018年6月，新华网，http://www.xinhuanet.com/2018-06/09/c_1122961749.htm。

② 参见张磊《境外追逃中的引渡替代措施及其适用——以杨秀珠案为切入点》，《法学评论》2017年第2期。

三 腐败犯罪国际追逃法律适用困境的有效应对

（一）严守国家主权原则，是追逃追赃行为的红线

国家主权原则是国际法的基本原则，要求各国在国际交往中尊重他国主权。一方面，腐败犯罪国际追逃的出发点和归宿是为了维护国家主权，即通过实现对于外逃人员的刑事管辖权来维护追逃国的司法主权；另一方面，国际追逃主要在境外进行，很容易对被请求国的司法主权造成侵犯。国际追逃的过程，在某种意义上也是双方主权的博弈过程。① 所以，在国际追逃追赃过程中一定要注意尊重被请求国的国家主权，一旦侵犯该国主权，就很容易引起该国的反感、抵触和反击。不论出现哪种情况，首先会导致我国追逃行动的失败，甚至会给两国的外交关系带来不利影响。

（二）依法、依约开展国际追逃工作

我国在劝返潜逃人员的过程中，为了把握机会，害怕错失良机，往往在锁定犯罪嫌疑人准确位置后迅速行动，持旅游、商务护照"秘密"入境请求国。境外追逃过程中有些机会稍纵即逝，为了提高追逃追赃行动的成功率，这是无可厚非的。但是，在时间允许、条件允许的情况下，劝返人员还是应该通过跨境警务合作和跨境司法协助来进行，尽量避免"秘密"入境。

2015年8月16日，一则发表在美国《纽约时报》上题为"奥巴马政府就在美行动的秘密工作人员警告北京"的文章引起了舆论的广泛关注。美国的所谓"警告"主要包括以下两方面的内容：其一，中国的追逃人员在不遵守美国法律的情况下在美国从事秘密工作；其二，中国没有向美国提供开展刑事司法合作的证据。美国司法部发言人马克·雷蒙迪说："美国不是任何国家逃犯的避风港。"但他也表示，如果中国想让美国协助追捕逃犯，中国政府必须向美国司法部提供证据，但是太多时候，"中国没有提供我们要求的证据"。② 我国认为既然美方一再承诺会配合中国开展反腐败行动，就应当在合

---

① 参见张磊《境外追逃追赃良性循环理念的界定与论证》，《当代法学》2018年第3期。
② 参见张磊《美国的所谓"警告"及其对我国境外追逃的启示》，《河南大学学报》（社会科学版）2016年第2期。

作中表示出应有的诚意，采取合理的措施，切实推动中美双方刑事司法合作，而不是动辄提出所谓的"警告"。有人认为这是美国人的外交把戏，在"美国明知中国境外追逃经验不足，人才缺乏"且高度重视境外追逃追赃的情况下发出这样的"警告"存在其他外交企图。

澳大利亚也曾经就类似事件向我国政府发出照会。根据《墨尔本时代报》的报道，2014年12月，中国山东日照警方曾经派遣两名警察进入澳大利亚，到墨尔本劝说犯罪嫌疑人董锋回国投案，澳洲媒体称中国警方没有提前通知其警方和外交部，而是以非正式的方式悄悄前往墨尔本与董锋直接谈判的。据《悉尼先驱晨报》等澳洲媒体报道，中国政府就此事向澳洲保证以后这样的事情不会再发生。①

笔者认为，美国和澳大利亚提出的警告确实值得我们警醒，在国际追逃过程中一定要依法、依约进行。具体应对措施包括：（1）我国与美、加、澳、新四国都签有《刑事司法的协定》，可以依约申请司法协助，尽量避免出现"秘密"入境；（2）我国和与美、加、澳、新四国都是国际刑警组织的成员国，可以通过国际刑警组织国家中心局之间进行沟通，请求警务协助。（3）我们要对请求国政府和司法机关给予充足的信任，即使对方不给予协助也不会给追逃追赃行动添乱。至少能给予一定的法律建议，这也能避免我方人员因行动违犯请求国法律而带来的其他麻烦。

（三）充分利用我国已经签署或者参加的各种双边条约或加入的国际公约

我国与美、加、澳、新四国都是《联合国反腐败公约》的缔约国，根据《公约》和各国《引渡法》的规定，我国和加拿大、澳大利亚之间都存在启动引渡程序的可能性（详见下表）。要尝试探索通过引渡追逃追赃的新途径，因为引渡相对于遣返非法移民、驱逐出境等手段来说，更加经济高效。

国别	引渡条约	刑事司法协助条约	国际刑警组织成员国	《联合国反腐败公约》	《联合国打击跨国有组织犯罪公约》	其他
美国	无	有	是	成员国	成员国	
加拿大	无	有	是	成员国	成员国	

---

① 参见张磊《美国的所谓"警告"及其对我国境外追逃的启示》，《河南大学学报》（社会科学版）2016年第2期。

续表

国别	引渡条约	刑事司法协助条约	国际刑警组织成员国	《联合国反腐败公约》	《联合国打击跨国有组织犯罪公约》	其他
澳大利亚	已签署未生效	有	是	成员国	成员国	关于移管被判刑人的条约
新西兰	无	有	是	成员国	成员国	

四　防患于未然，构建国内防逃工作机制

虽然近年来我国国际追逃追赃取得辉煌战绩，但防患于未然更为重要，我们应当构建国内防逃制度，将腐败分子和赃款赃物拦截在我国边境之内。实践中腐败犯罪的嫌疑人在携款外逃时一般会有严密筹划、准备证件、伪造身份、转移财产的过程。在此过程当中，很可能会有频繁的出国记录、账户资金异动等明显信号。我们可以建立防逃工作机制，监控可疑人员的一举一动，及早切断其外逃程序。

（一）严格落实《领导干部报告个人有关事项规定》

有申报义务的人员，必须对自己的财产情况、婚姻状况，妻子（女）户籍国（境）证件情况向有关部门进行报告，避免"裸官"就在身边，我们却一无所知的情况。对申报情况进行审核，同时监察部门应当进行高密度、大范围的规律性抽查核实。对于瞒报、谎报的情况责成说明理由，严肃处理。

（二）严格执行《中纪委关于进一步加强党员干部出国（境）管理的通知》

严格执行《中纪委关于进一步加强党员干部出国（境）管理的通知》，具体包括以下几点。（1）加强对因公出国（境）人员的管理。例如，上海市卢江区原副区长于2008年10月中旬在法国考察期间擅自离团，后经劝返回国。（2）对因私出国（境）党员干部进行严格审查。例如，中国银行哈尔滨河松街支行原行长高山就是因私出国到加拿大看望妻女时（其出国时购买有返程机票），得知案发滞留加拿大。（3）做好出国（境）证件的管理工作。相关证件（包括私人证件）必须及时上交有关部门管理。应当严格审核、定期和不定期抽查，发现问题后严肃处理，防止该制度形成"一纸空文"，一定要严格

执行，将该制度落到实处。

（三）建立监察部门、公安部门、金融部门信息共享机制

潜逃人员在准备出境前往往精心策划出逃路线，频繁出入国（境）进行财产转移、出国后生活安置等活动。各部门联合建立信息共享平台，建立防控模型。例如，李某（国家监察委监察人员）一年内因私出国（境）3次，公安部门出入境管理系统对其判定风险系数3（最高10），给境外上学的儿子打出5万美元的学费和10万美元的生活费，金融部门判定风险系数5（最高10），综合评分8分，超过了3分的报警分数线，自动进入监察委重点关注对象。

（四）银行系统应当建立大额资金转移监测制度，实施金融交易报告制度

遏制资本外逃，需要各有关部门加强协调，齐抓共管，特别是银行系统要建立大额资金转移监测制度，实施金融交易报告制。到目前为止，中国人民银行已经先后颁布了《金融机构反洗钱规定》《人民币大额和可疑支付交易报告管理办法》和《金融机构大额和可疑外汇资金交易管理办法》，这些规定和办法在一定程度上发挥了金融机构在对外资金流动中的监督和管理作用，但仍然存在各自为政、监管不力等情况。笔者认为，我国应采取措施消除多头管理的现状，明确国家外汇管理局作为全国管理外汇资金的责任部门，对进口付汇的报关单位严格查验其真实性，对金额超过10万美元或20万美元的报关单位进行第二次甚至第三次核验，对弄虚作假的单位及利用单位账户外逃资金的腐败分子通知相关部门严肃查处。特别要注意监管具有一定行政级别（如正处级）领导干部及大中型国有企业负责人的对外支付行为，审查其转移收支的合法性、合理性，并建立完善的对外支付记录。此外，还应完善外汇管理制度，对国内出境外汇进行严格的审查，对在国外的外汇必须加强监督和审计，对公职人员的境外财产进行监控或审查。国家外汇管理部门肩负着防止资金外逃的重担。

（五）建立和完善公职人员财产申报制度

对公职人员的财产申报等制度应以立法形式加以规定和完善。具体包括以下方面。(1) 应当扩大财产申报主体。财产申报不应当限定在"县处级以上领导干部"或"省部级领导干部"，而应当延伸为所有的国家工作人员。(2) 财产申报的内容应当是其拥有的所有财产，而非仅仅是收入，包括动产、

不动产、债权和债务等。对公职人员家庭共有财产及家庭成员是否在境外有存款或购置财产等方面也应当进行申报。(3) 应当建立财产申报制度惩处机制，对拒不申报或不如实申报家庭财产的公职人员，根据情况轻重给予相应的纪律或行政处分；构成犯罪的，依法追究刑事责任。(4) 应当建立和完善党员领导干部配偶、子女移居海外的报告和备案制度。根据党员领导干部重大事项报告制度的有关规定，党员干部有义务将配偶子女移居海外并申请"绿卡"的情况向组织报告，故意隐瞒不报的，应当给予相应处分。党员领导干部必须公布配偶、子女的国籍，包括有没有在国外的永久居留权，并就此完善立法，加大执法力度，不给贪官外逃机会。

(六) 探索运用大数据进行出逃风险系数分析

美国有个将大数据分析运用到行政管理领域的经典案例：流行病防控部门与谷歌公司进行合作，谷歌公司通过对适用浏览器搜索与某种流行病有关的信息的数量进行收集，并将数据和该部门分享，从而判断该流行病暴发的风险系数，实现对该流行病的防控。我国可以借鉴此方法防止腐败犯罪嫌疑人潜逃国外。具体方法为，公安网络管理部门、监察部门通过与国内各大浏览器公司合作分享信息。国内各大浏览器公司根据用户搜索信息的内容、频率进行是否构成"潜逃可疑人物的风险系数"分析。如果风险系数超过 3（最高 10），就将相关信息直接转到公安网络管理部门，由其根据 IP 进行定位，通过长期 IP 登录监控等方式对其是否存在"潜逃可能"进行分析。如果存在"出逃境外可能"风险系数超过 5（最高 10），则将信息直接流入监察部门信息库，由其进行核实。

(七) 着力打造一支强有力的追逃队伍

全球化背景下中国与其他国家开展反腐败国际刑事司法合作不仅是大势所趋，也是强势反腐的紧迫要求。打造一支强有力的追逃队伍是时代发展的要求，也是国际追逃工作能否顺利开展的关键。笔者认为，应当做好如下几个方面。(1) 国际追逃工作事关大局，应当加大资金投入。国际追逃工作需要大量资金投入，这是我们必须付出的成本，也是每个国家必须面临的挑战。他国在我国开展相应合作同样也需付出必要的代价。既然代价不可避免，我们就坦然接受，加大资金投入，让追逃人员无后顾之忧，底气十足。(2) 提高追逃人员的专业外语应用能力。实践中，普通翻译不能满足瞬息万变追逃追赃的工作需要，关键词语含义翻译的些许误差都可能造成不必要的损失。但是熟知法律知识（更别说追逃追赃规则）的高水平翻译数量太少，所以提高队伍自身的外语应用能力就成为当务之急。知己知彼，方能百战不殆。(3) 追逃人员应当熟稔各国追逃追赃具体法律规则。结合各国外交政策，提出符合对方法律、政策要求的刑事司法协助请求（包括所附的外文版本），防止因为程序上的错讹与疏漏影响追逃追赃工作的开展。(4) 各部门密切配合，完善协调工作机制。国际追逃涉及最高人民法院（负责对嫌疑人的量刑承诺），最高人民检察院（负责境外追逃追赃的取证程序规范性文件），外交部（负责境外工作的外交配合），公安部（负责境外侦查），司法部（负责提出司法协助请求），人民银行（负责反洗钱的调查和监管）等多个部门，需要多部门统一协调，密切配合。为此，我国建立了中央反腐败协调小组国际追逃追赃工作办公室，致力于建立统一高效的协调工作机制。现在要做的是尽快将该机制投入运行，提高实践中运行的有效性、快捷性与灵活性。同时，还应强调国内办案机关与境外工作人员的配合。境内调查和搜集的犯罪证据及线索，是境外工作的先期条件和基础，没有扎实的国内调查工作为后盾，任何境外协助请求都可能被拒绝或者搁置。

我国刑事驱逐出境的问题与调校

杜少尉[*]

一 问题的缘起

案例一：【吴弘达窃取国家秘密案】吴弘达1985年赴美国探亲后加入美国国籍，1995年7月8日进入我国边境后被武汉市人民检察院批捕，所指控罪名是为境外机构窃取、刺探、非法提供国家秘密罪和冒充国家工作人员招摇撞骗罪，后经武汉市中级人民法院审理，认定其被指控罪名成立，且情节严重，判处其有期徒刑15年并处驱逐出境。[①] 但本案令人瞠目之处在于，在一审宣判的当天晚上，吴弘达即被公安机关驱除出境。

案例二：【让-皮埃尔盗窃案】2008年4月27日，多哥西亚西亚·让-皮埃尔（Toko Siasia Jean-Pierre，刚果民主共和国国籍）在广州市广园西路迦南外贸服装城二楼被害人叶某昌的2225号档，趁档口人员不注意，将放于该档口旁边的一袋上衣（价值人民币1110元）盗走并窝藏在其位于广州市白云区的住所内。次日，多哥西亚西亚·让-皮埃尔再次到上述服装城时被抓获。法院审理后认为，被告人让-皮埃尔以非法占有为目的，秘密窃取他人财物，数额较大，其行为已构成盗窃罪，判处其有期徒刑六个月，并处罚金1000元，刑满后驱逐出境。[②]

以上两个案例皆是外国人在华犯罪案件，两个案件法院都对被告人科处了"驱逐出境"这一刑罚。但稍加思索便可发现，两个案件中我国司法机关虽都判定当事人驱逐出境，但至少存在四个问题。

第一，在吴弘达一案中，一审法院对其判处15年有期徒刑附加驱逐出境，

---

[*] 杜少尉，中国政法大学刑法学专业博士研究生。
[①] 参见黄风《中国引渡制度研究》，中国政法大学出版社1997年版，第146页。
[②] 本案之详情参见广州市中级人民法院刑事判决书［2008］穗中法刑二初字第148号。

单从刑罚的执行角度而言，尚未执行监禁刑就对犯罪人执行附加的驱逐出境，不仅违背刑罚执行顺序和基本逻辑，使得主刑的执行沦为不可能，更使得主刑和附加驱逐失去了刑事制裁的功能；第二，在以上判决中对驱逐出境的时间皆未提及；第三，在以上案例中，吴弘达因窃取国家秘密等行为被判处15年有期徒刑并驱逐出境，让皮埃尔因盗窃价值1100元衣物被判处刑满后驱逐出境，显然盗窃普通财物犯罪性质与危害程度明显小于窃取国家机密，但二者皆被附加适用了驱逐出境，那么不论犯罪之危害程度而对外国犯罪人一律可处以驱逐出境是否妥当；第四，进而言之，让皮埃尔之国籍国为刚果，而刚果自1998年爆发内战后武装冲突从未真正停止过，而让皮埃尔的有期徒刑为6个月，裁判前简单推算便可知其被驱逐出境时间应为2009年，如果选择将其驱逐回其母国刚果，则很可能将其卷入武装冲突之中，而这违背最基本的人权保障。① 所以，在判处被告人驱逐出境和选择逐入国时，若认为该外国人在目的国可能具有基本人权被侵犯的危险，是否应当禁止驱逐？对以上问题的追问，是本文写作的初衷。

二 我国的刑事驱逐出境制度及问题

驱逐，作简单理解，即个人被强制离开某地或某国领土的行为。而驱逐出境，则因为各国法律规定之不同，其表述也略有差异，有驱逐出国、遣送出境、强制出境、递解出境等。但无论各国对驱逐权规定于哪部法律、其又属于何种性质，本质上皆是依赖国家强制力迫使个人离开某国。故所谓驱逐出境，即某国行政机关或司法机关为了维护本国的社会秩序和安全，勒令外国人离开本国领域并强制予以执行的行为，② 其核心便在于强制性。这一定义也合乎《公民与权利国际公约》中的措辞，其第13条关于驱逐的表达中使用了 expel（be expelled）一词，而非 deport 一词，联合国人权事务委员会（Human Right Committee）曾专门解释：expel 之射程涵盖了各种样态的强制性离境的方式，凡具有驱逐出国或强制出境性质，不论缔约国对其如何命名，皆可谓之"驱逐出境"（expel）。③

---

① 事实上，2009年的刚果的确再次爆发武装冲突。
② 黄风：《国际刑事司法合作的规则与实践》，北京大学出版社2008年版，第42页。
③ 参见李震山《外国人出境义务之履行与执行》，《警察丛刊》1999年第4期。

刑事驱逐出境在中华人民共和国成立之初便被我国立法与司法机关采纳，在1954年的《中华人民共和国刑法指导原则草案》中便已对驱逐出境作出了规定，至1979年《刑法》中规定："对于犯罪的外国人，可以独立适用或者附加适用驱逐出境。"现行刑法第35条完全延续了这一规定。可能是因其仅适用于外国人的原因，驱逐出境并未被写入我国一般的刑罚体系之中，刑法在列举说明刑罚的种类时，主刑与附加刑中都未纳入驱逐出境，而是单独规定其既可独立适用也可附加适用。但无论是单独适用还是作为附加刑，驱逐出境的性质都属于资格刑。本质则在于剥夺外国人在我国境内停留或居住资格，并使其永久或在一定时间内丧失再次入境我国的权利。但对于作为资格刑的驱逐出境之规定，仅有刑法典中第35条此一条，显而易见，在我国已经从人口输出国渐次走向人口输入国的今日，这一立法不仅滞后且过于笼统简单，更存在一系列弊端。

（一）适用范围与驱逐期限不明

阅读我国刑法对驱逐出境这一刑罚的规定，最显见的问题便是适用对象、范围、期限的不明确。首先，依现行法条表述，意味着凡是犯罪之外国人均可被驱逐出境，而不论犯罪性质、严重程度，也不论犯罪人是否是中国永久居民、是否在中国具有家庭等。对此问题，不仅法条规定不够具体，我国也尚未出台专门司法解释予以进一步细化规定。在司法实践中如不分犯罪性质、身份地对任何一个犯罪外国人都适用驱逐出境刑罚，这样无差别的适用看似公允实则不妥，其造成的是罪责与刑罚不相适应。事实上，我们的司法实践中已显露出这一问题。根据笔者在万律中国搜索统计显示，2010—2017年，我国共判处犯罪外国人驱逐出境118例。但在此118个判决中，有因盗窃被判处10年有期徒刑并驱逐出境者，[①] 也有因盗窃被判7个月有期徒刑并驱逐出境者。[②]

其次，是驱逐出境的期限未规定。仅仅说明对于犯罪之外国人可适用驱逐出境，但对于驱逐出境的年限（是一定时期驱逐还是永久驱逐）有待明确。而这一具体时限规定的缺失，不仅使得司法人员在书写刑事判决时缺乏相应的明确性，也使得一些因犯罪而被驱逐的外国人可轻而易举地再次入境，许多被驱逐出境的外国犯罪人在境外更换护照后又进入我国，这使得刑事上的驱逐只

---

① 本案之详情参见：上海市第二中级人民法院刑事判决书［2012］沪二中刑初字第59号。
② 本案之详情参见：北京市东城区人民法院刑事判决书［2015］东刑初字第00414号。

是增加了其再次入境我国的成本而已，而丧失了刑罚的严厉属性，[①] 也未起到将外国犯罪人拒于国门之外的作用。

（二）阻却条款缺失

依我国刑法第 35 条之规定，只有外国人才能成为被驱逐对象，即国家不驱逐本国公民，但这并不意味着在驱逐事项上可以忽视对拟驱逐出境的外国人人权之保护。时至今日，保护外国人之合法权益已被大多数国家宪法所肯定，区别仅仅在于对外国人保护的范围与程度有所差异，我国宪法亦不例外。作为资格刑的驱逐出境，对被适用的外国人及其家庭成员造成的影响不可小觑。职是之故，在规定可驱逐出境的同时，也应通过一定的阻却条款以防止驱逐出境的滥用。《宪法》32 条作出的是总纲性的规定，但无论是我国刑法还是司法解释等，都缺乏对这一立法精神进行具体细化，即没有任何具体的关于阻却驱逐出境的条款。而我国驱逐出境相应阻却条款的缺位，势必造成人权保护不足。由于合法的入境权与居留权开启了外国人的基本权利与一般权利保护，进入一国疆域与社会经济体系，故而进入我国的外国人至少有四种情形应当直接或间接阻却对其适用驱逐出境的刑罚，而这种四种情形在我国刑事对驱逐出境的规定中全部缺失。

（1）难民身份阻却驱逐的缺位。无论是作为《难民公约》的缔约国，还是出于人道主义精神，对于难民都应免于驱逐，而我国与有关驱逐出境的条款中尚未写明此项。(2) 对具有中国永久居留权的当事人驱逐出境的阻却条款缺位。一方面，随着经济全球化时代我国开放程度越来越高，申请我国永久居留权的外国人会与日俱增；另一方面相对于外国人和本国公民而言，永久居留者具备应较为独特的法律地位。永久居留资格必然区别于短期居留，永久居留者也应获得比短期居留外国人更多的权利，就驱逐出境事项而言，应当赋予永久居留者一定程度免于驱逐的权利。(3) 基于保护外国人生命权的驱逐出境阻却条款缺失。生命权乃是最基本最首要的人权，所以生命权应当作为外国人免于驱逐的实体条款之一，而我国刑事驱逐出境制度中缺乏禁止遣返原则实体规定。(4) 基于家庭团聚权的阻却条款缺失。一个外国人一旦在地主国缔结婚姻拥有家庭，那么驱逐出境将不再只是影响其个人权益，而会涉及其家庭成员，所以在决定是否驱逐该外国人时，应对其家庭团聚权加以考量。

[①] 参见于志刚《在华外国人犯罪的刑事法律应对》，《中国社会科学》2012 年第 6 期。

(三) 减刑与复权制度缺位

我国目前主要针对主刑设置了减刑制度,而对于资格刑的减刑却未予规定。最高法在 1991 年发布的《关于减刑、假释案件具体应用法律若干问题的规定》(以下简称《规定》)中,规定了对剥夺政治权利这一资格刑刑期可酌定减少,但最短不得少于一年。但对于同样作为资格刑的驱逐出境,却一直未曾涉及其减刑问题。这便导致在实务中,无论外国犯罪人主刑如何递减,附加的驱逐出境都无法改变和减少。如艾德琳·黛拉·克鲁兹因犯走私毒品罪,被上海市一中院判处有期徒刑十五年,并处驱逐出境。在刑罚执行过程中,艾德琳遵守罪犯改造行为规范,有悔改表现,四次被核准减刑,但无论如何减刑,刑事裁定书中固定不变的是"驱逐出境"[①] 这一结论。但从减刑制度初衷来看,为犯罪人消减所须承受的刑罚,既是对其积极悔改、接受矫正的奖励,也是为了鼓励犯罪人更加自律自励,以使其将来能更早、更好地重返社会。作为附加的资格刑,其轻重应当与主刑相适应,亦即如果主刑重,则附加刑期限则应该长,如果主刑轻,则附加刑期限则应该短,所以在法院根据个人表现对主刑裁减时,附加的驱逐出境也应当相应减轻,如此才符合刑罚配置的合理性。

除去作为资格刑驱逐出境的减刑制度不完整以外,我国还缺乏对驱逐出境复权制度。所谓"复"与"失"相对应,是对犯罪人因受资格刑所丧失或被限制的资格、权利的失而复得,这是最狭义的复权。广义的复权则是指恢复犯罪人由于犯罪而被宣告丧失的一切权利,而不局限于资格刑,本文仅重点讨论狭义的复权。狭义复权针对的是资格刑罚的适用,其直接目的在于为失去资格的犯罪人搭建桥梁,令其在承受了一定的刑罚并达到刑罚目的后,可以通过这一制度及时恢复其权利。其根本目的则在于通过对其资格的恢复或限制的取消,促使犯罪人更好地重返社会、融入社会。也正因此,复权须是在资格刑执行完毕之前发动,进而达到资格刑提前消灭之效果。若资格刑已然执行完毕,则属于刑罚的自然消灭,也就不存在复权的空间。针对驱逐出境这一资格刑而言,我国尚未构建复权制度。在既没有针对资格刑的减刑制度,又没有针对其复权制度的情况下,对驱逐出境唯一的可能救济便只剩下了赦免。但我国自赦免制度设置一来,使用率极低,况且即使针对某一个外国人的驱逐出境行使了赦免权,对于整个驱逐出境制度中复权缺失的弥补也是杯水车薪。

---

① 本案之详情参见:上海市第一中级人民法院刑事裁定书〔2015〕沪一中刑执字第 1107 号。

(四) 驱逐出境执行受非法律因素影响

因刑事驱逐出境既可以独立适用,亦可附加适用。根据《关于强制外国人出境的执行办法的规定》和《公安机关办理刑事案件规定》,对于被判处附加驱逐出境的外国人,则在其主刑执行期满后执行驱逐出境。可见我国明确了对驱逐出境的执行应当是在主刑执行完毕后,这也是符合最基本的主刑与附加刑的执行顺序的。

但我国对附加驱逐出境的执行却出现了与此相反的情况,主刑尚未开始执行,便已将犯罪人驱逐出境。本文认为,这一脱节乃是因为驱逐出境的执行受到非法律因素之影响。对外国人犯罪问题,在过去一直被认为具有"涉外无小事,处理需谨慎",囿于这一惯性思维,导致我国一些地区司法机关因担心案件涉外性可能产生不利影响,宁可对外国人犯罪案件轻判缓判甚至宣判后不予执行主刑,而这种司法上的"礼遇",无疑有损于我国刑法的公正与威信。典型如前述吴弘达案,便因为受到外交上、政治上因素影响,使得本应被执行15年有期徒刑后再行驱逐的吴弘达在宣判当天便被"驱逐",而这一案件不仅减损我国法制原则,也给其他国家传递错误信号,以致出现过他国使领馆请求将其犯罪人直接驱逐回国的情况。

三 刑事驱逐出境的比较法考察

为不致有偏隅之见,笔者共统计了68个国家和地区刑事立法,其中有22个国家和地区在刑法中规定了驱逐出境。下附部分国家刑事驱逐出境制度一览表。

表1　　　　　　　部分国家或地区刑事驱逐制度一览表

刑法典	性质	依据	难民是否免受驱逐	是否明确考量犯罪性质、严重程度等因素	是否考虑家庭、社会等因素	是否考虑驱逐后或遭受非人道处遇	是否界定驱逐出境时限
阿尔巴尼亚	从刑	第42条	否	否	否	否	否
罗马尼亚	保安处分	第130条	否	否	是	是	否
塞尔维亚	保安处分	第88条	否	是	否	否	1—10年

续表

刑法典	性质	依据	难民是否免受驱逐	是否明确考量犯罪性质、严重程度等因素	是否考虑家庭、社会等因素	是否考虑驱逐后或遭受非人道处遇	是否界定驱逐出境时限
希腊	附加刑	第74条	是	否	是	是	3年
西班牙	保安处分	第96条	否	否	否	否	10年
意大利	保安处分	第235条	否	是	否	否	否
黑山	保安处分	第76条	是	是	否	是	1—10年；累犯永久禁止
马其顿	刑罚	第38-D条	是	是	否	是	1—10年或永久
克罗地亚	刑罚	第79条	否	是（考虑再犯可能性）	否	否	1—10年；长期监禁者永久驱逐
古巴	从刑	第46条	否	是	否	否	否
哥伦比亚	刑罚	第43条	否	否	否	否	否
越南	刑罚	第32条	否	否	否	否	否
智利	刑罚	第21条	否	否	否	否	短期：61日—5年；长期：5—20年
土耳其	保安处分	第59条	否	是	否	否	内务部决定
匈牙利	附加刑	第61条	是	是	否	否	1—10年；严重危及公共安全者永久驱逐出境
哈萨克斯坦	附加刑	第51条	否	否	否	否	5年
捷克	刑罚	第80条	是	是	是	否	1—10年或永久驱逐
斯洛伐克	刑罚	第65条	是	是	是	是	1—15年
法国	刑罚	第131-30条	否	否	否	否	10年内或永久
瑞士	刑罚	第55条	否	否	否	否	3—15年；累犯终生驱逐
科索沃	附加刑	第62条	是	是	是	是	1—10年
台湾地区	保安处分	第95条	否	否	否	否	否

从上表可以看出，各国的刑法典对驱逐出境规定不尽相同，但总体而言一个较为完备的驱除出境立法应至少包含适用对象、驱逐时间的明确和阻却驱逐出境的条款。

（一）关于驱逐出境时限与适用范围

对于驱逐出境之时限的规定，有些国家与我国一样并未予以明确，如古巴、哥伦比亚和我国台湾地区刑法中，皆未明确具体的驱逐出境期限。有些国家刑法是单纯限定一个期限，至于驱逐期限则具体交由法官裁量，如《塞尔维亚刑法典》将驱逐期限定为1—10年。[①] 有些国家则是根据行为人所犯罪行严重级别或是否为累犯而划定驱逐时间，《黑山刑法典》便是如此。

同样，对于驱逐出境的适用范围，各国普遍一致的一点是驱逐出境仅适用于外国人，而适用对本国公民。就刑事驱逐出境而言，有四种界定形式。其一是根据犯罪人被判处监禁刑时间为基准，来确定是否可适用驱逐出境，如《意大利刑法》第235条规定："除法律明确规定的情况外，当外国人被判处10年以上有期徒刑时，法官作出将其驱逐出境的决定。"[②] 其二是不给出具体的受监禁刑时间，而是以犯罪或被判处刑罚轻重作为标准来衡量驱逐出境的适用与否。如《瑞士刑法典》之规定，受重惩或轻惩自由刑之外国人可被驱逐出境。[③] 其三，是在刑法个罪中明确触犯本罪外国犯罪人是可驱逐出境的，法国刑法便是采取这一形式。其四，不给出明确的适用标准，而是要求法官在对外国人适用驱逐出境时应考虑犯罪的性质、严重程度、犯罪动机等。《塞尔维亚刑法典》与《黑山刑法典》都是采取这一模式进行限定。最后一种模式虽然较为笼统，却是前三种规定形式的本质，即无论通过何种形式界定驱逐出境的范围，本质上都是衡量在犯罪的性质及严重程度等因素后来确定驱逐出境的适用。

（二）关于对驱逐出境的阻却

首先，对难民免于驱逐，这里的难民应当包括虽然是非法处在一国领土内，但正在申请难民资格的人。对此，各国刑法典中有两种表述，一种是在条文中直接表述为难民不予驱逐；另一种则是以不违背本国所批准的有关国际公

[①] 参见《塞尔维亚刑法典》，王立志译，中国人民公安大学出版社2011年版，第39页。

[②] 《最新意大利刑法典》，黄风译，法律出版社2007年版，第86页。

[③] 参见《瑞士联邦刑法典》，徐久生、庄敬华译，中国方正出版社2004年版，第43页。

约为准，如《科索沃刑法典》第 60 条的规定便是此种方式。①

其次，是对于永久居留权（或居留达到一定年限）和家庭团聚保障权的阻却条款。此二者都是在考量犯罪人与地主国的社会关联度，即是否有家庭、其居留或工作时间长度。因为当一个外国人与地主国关联度越高，那么对该外国人的驱逐便会越多影响到本国公民的反射利益，其中最关键的便是对其家庭成员利益的影响，所以许多国家在决定是否驱逐某外国人时往往衡量其在本国是否有家庭、居住时间长短等，以判断其与本国社会关联程度。如《罗马尼亚刑法典》第 135 条规定："如犯罪人在其将被实施驱逐出境前与罗马尼亚公民缔结婚姻关系或在罗马尼亚有居所或住所的，不得驱逐。"②

最后，是基于外国人生命保护的阻却。由于生命权乃是一个最基本的权利，所以无论是采用刑事驱逐还是行政驱逐的国家，大多都明确了"禁止遣返"这一原则。对于这一原则，有些国家将《禁止酷刑公约》内容直接援引入刑法典之中，并以此为限；有些国家则将之进一步细化，如依《希腊刑法典》第 74 条规定，法定机构在决定是否予以驱逐出境时应当考虑进入驱逐目的国其生命、身体完整、人身自由、性自由是否会面临严重危险；③ 也有些国家为其设置了例外。如《斯洛伐克刑法典》第 65 条规定，禁止遣返不适用于可合理认为对斯洛伐克的安全构成危险的罪犯或者实施特别严重的重罪罪犯。④ 可见，当外国人之行为可能对国家利益构成危险时，即便其可能在逐入国遭遇生命或自由之威胁，同样会被驱逐出境，意味着当外国人人权保障与国家利益相冲突时，仍优先考量国家利益。

（三）对于驱逐出境的减刑或复权

世界上对刑事驱逐出境这一刑罚设置减刑国家较少，但大多在刑法典或刑事诉讼法中构建了复权制度，从某种程度来说，复权也是一种"减刑"，只不过这一减刑是彻底的、一次性的。本文重点在于探讨第一种复权，即狭义的复权。狭义复权适用的时间要求是资格刑执行完毕以前，如果资格刑已经执行完毕，便不存在复权问题。这是复权制度的初衷决定的，在刑期结束之前根据犯罪人的改造情况和人身危险性评估提前消灭其承受的资格刑，一方面既可鼓励

---

① 《科索沃地区刑法典》，汤海军、徐留成译，中国人民公安大学出版社 2011 年版，第 18 页。
② 《罗马尼亚刑法典》，王秀梅译，中国人民公安大学出版社 2007 年版，第 43 页。
③ 《希腊刑法典》，陈志军译，中国人民公安大学出版社 2010 年版，第 33 页。
④ 《斯洛伐克刑法典》，陈志军译，中国人民公安大学出版社 2011 年版，第 37 页。

犯罪人努力改造；另一方面也可消灭长期剥夺他人权利造成的"刑罚过剩"。为此，一些国家刑法中规定了基于申请的资格刑复权。如《匈牙利刑法》第60条第5款规定，对于被永久驱逐出境的人，在被出境满10年后，基于其申请，如果法院认为撤销驱逐出境是适当的，可以撤销对其永久驱逐出境的处罚。①

四 我国刑事驱逐出境的调校

在考察并梳理分析国际法及各国刑事立法及美国移民法案对驱逐出境规定之后，笔者认为应当从明确驱逐出境适用对象与时限、设置阻却条款、允许驱逐出境者减刑与复权、扭转刑事驱逐出境的司法观念等几个方面对其进行调校。至于调校形式，则以出台相关司法解释为宜，而非立法修改。一来等待立法修正所需时日较久，不如司法解释更为灵活快捷；二来我国刑事驱逐与行政驱逐在功能上有所重合，在我国已成立移民局的情况下，将来可以考虑将二者合一，构建一个统一的行政驱逐出境制度，将对外国人的驱逐出境完全交由移民管理部门负责。

（一）规范刑事驱逐出境的适用对象与期限

明确驱逐出境的适用对象是正确适用驱逐出境的前提，刑法第35条的规定过于抽象和笼统，似乎所有犯罪的外国人都可以适用驱逐出境，也可以都不适用驱逐出境，导致具体适用不一。实际上，驱逐出境作为一种特殊的刑罚，并不对全部的外国犯罪人适用，例如对于过失犯罪或危害性较轻的外国犯罪人，对其适用刑事驱逐出境应审慎，对轻罪慎用驱逐出境这也是国际通行的惯例。我国目前唯有在最高法印发的《关于依法惩治性侵害未成年人犯罪的意见》（以下简称《意见》）中涉及过这一问题："外国人在我国领域内实施强奸、猥亵未成年人等犯罪的，应当依法判处，在判处刑罚时，可以独立适用或者附加适用驱逐出境。对于尚不构成犯罪但构成违反治安管理行为的，或者因实施性侵害未成年人犯罪不适宜在中国境内继续停留居留的，公安机关可以依法适用限期出境或者驱逐出境。"可见，该《意见》明确了对我国未成年的有

---

① 参见珀尔特·彼得主编《匈牙利新〈刑法典〉评述》，郭晓晶、宋晨晨译，上海社会科学院出版社2017年版，第205页。

关性犯罪的外国人可被驱逐出境，重在保护我国的未成年人，《意见》本身无疑是正确的。但相对驱逐出境适用范围而言，只是勾勒了冰山一角，仍有颇多空白等待明晰。对此，笔者认为应在司法解释中写明，对于外国犯罪人，只有当其所犯罪行被判处3年以上监禁刑时，才可被驱逐出境。如果基于所犯罪性质、严重程度和犯罪人的人身情况认为没有必要适用其他刑罚的，法院可以单独适用驱逐出境。

刑事驱逐出境的法律后果是剥夺外国犯罪人入境我国以及在我国居留的资格，这种剥夺应当要有一个具体期限。虽然在最高人民法院、最高人民检察院、公安部、外交部、司法部、财政部于1992年联合发布的《关于强制外国人出境的执行办法的规定》之中规定："凡被驱逐出境的外国人，均应列入公安部的不准入境者名单。凡被列入不准入境者名单的外国人，执行的公安机关应当在执行前向其宣布不准入境年限。"这一规定看似明晰了驱逐出境的时限，但本质上却是一种行政措施，并非法院依据当事人的犯罪性质、严重程度等因素做出的适用驱逐出境这一刑罚时间长短的宣告。所以，针对不同的犯罪对象，应当设置不同的驱逐出境年限。本文认为，对一般犯罪可限定驱逐出境1至10年，对于累犯和恐怖主义、有组织犯罪、危害国家安全的罪犯可以规定无限期剥夺在中国的居留资格，即永久驱逐出境。

（二）设置驱逐出境的阻却条款

事实上，在谈及驱逐出境问题时，不应该仅仅存在本国人、外国人这两种简单的类型划分，其至少可划分为四种身份类型：普通外国人、永久居留者、难民、本国人。显然，相对于临时入境或过境的外国人，永久居留者及难民在法律上具有更加独特的地位。

首先，明确难民不予驱逐出境，贯彻"禁止遣返"原则，并说明此处的难民应当包括正在向我国申请难民资格的待定者。我国作为《难民公约》缔约国，在刑事驱逐中同样有义务对难民予以特殊保护。但另一个与此关联且亟须解决的问题是我国至今未有关于难民资格认定、保护的有关法律法规，仅仅在《中华人民共和国出境入境管理法》第46条规定："申请难民地位的外国人，在难民地位甄别期间，可以凭公安机关签发的临时身份证明在中国境内停留；被认定为难民的外国人，可以凭公安机关签发的难民身份证件在中国境内停留居留。"除此之外，再无其他法律对此问题有所规定。而我国签署的国际公约、双边条约中对于难民问题往往是原则性的规定，也由于我国对难民问题一直没有专门立法规范，对难民地位的认定包括对来华难民的登记、初审、二审工作,一直都主要由联合国难民署驻华代表处完成,而代表处每年所能完成的难民工作是有限的。这导致了我国在难民问题实践中多是"一事一请示""一事一办"①,例如一旦有被告人在庭审中拿出难民证,以示自己不应被判驱逐出境,我国法院则还需向难民署核实询问。是故这一问题的解决不仅需在司法解释中明确难民不予驱逐出境,还有赖于我国难民法或相关条例的尽早出台,否则我们对难民免于驱逐出境的保护便可能沦为一纸空谈。

其次,设置对具有中国永久居留资格的人驱逐出境的阻却条款。一方面,拥有我国永久居留资格者,往往是在我国有关单位任职的外国籍高层次人才、较高额直接投资的外国籍投资者、对我国有重大突出贡献或国家特别需要的人员。另一方面,永久居留者无论是享受的权利还是与我国社会的关联紧密程度,都高于一般来华外国人。虽然外国人的参政权或社会权在他国是受到一定程度限制的,但如果拥有永久居民身份便有所不同,例如在美国,除了选举权和担任公职等少数权利,永久居留者之权利与美国公民之权利已然相差不远。并且,许多国家移民法规都将满足居留条件、获得永久居留资格的外国人,给予其(部分或全部的)免除被驱逐出境的权利。例如,在阿根廷,获得永久居民身份的外国人,除非在两年内违反接纳国的特定法律,或者行政当局决定其离境时,其居留权才会被剥夺;在奥地利,持合法居留证件的外国人只要在奥地利连续居住四年,便可以获得无限的准许居留。即使有严重的违法行为,该外国人也能相应地豁免于被驱逐;在丹麦,只能对那些在丹麦居住不满二年,且通过非法途径滞留的外国人行使驱逐权;在荷兰外国人居住满5年之后,只要其具有稳定的收入和未被判刑入狱超过一个月,可获得居留许可。而在荷兰居留满10年的外国人在获取居留许可时不必证明其有稳定的收入;在法国,居住三年之后的外国人,只要其有足够财力维持其本人及家人生活,且在5年间未被判刑入狱一年或一年以上的记录,可获得限期为10年的居留许可证。② 但永久居留者的免于驱逐出境应当是部分阻却,在永久居留者被处以10年以上有期徒刑时或其被判犯有危害国家安全罪时,仍应驱逐出境,以保护公众安全和国家利益。

再次,设置为保护家庭团聚权的阻却条款。除去上述基于永久居留、难民

---

① 参见刘红岩、张丽施《对中国难民立法的若干建议》,载刘国福主编《移民法理论与实践》,法律出版社2009年版,第314页。

② 参见[荷兰]Richard Plender《国际移民法》,翁里、徐公社译,中国人民公安大学出版社2006年版,第89页。

特殊身份而可能阻却驱逐外，在决定是否驱逐一个外国人时，还应考量其婚姻、家庭情况。显而易见，一个临时入境的外国人与一个在地主国已缔结婚姻，拥有家庭、子女、父母的外国人相比，驱逐出境对后者的损害性、影响性更大，因为驱逐将不仅牵涉其一个人的利益，还关乎其配偶和子女。易言之，对本国人之外籍家庭成员驱逐出境时，本国人具有相应的反射利益。诚如前文所列，《罗马尼亚刑法典》便规定与本国公民缔结婚姻者禁止适用驱逐出境，并且，《公民及政治权利公约》中也规定了家庭权应给予保护。① 需另外指出的是，这里子女、父母应包括养子女和养父母。但此时，应当甄别外国人建立婚姻关系、收养关系之目的，如果其与我国公民缔结婚姻、建立收养关系之目的乃是为了逃避拟定的驱逐出境，则不可阻却。因为考量外国人在我国婚姻、家庭情况是出于对其家庭团聚权的保护，只有当该外国人其法律上的配偶真正地拥有婚姻生活时，以及与其养子女或养父母真正地产生收养关系时，才值得捍卫与保护，否则这些关系的建立便仅仅是为了逃避被驱逐出境的决定。

最后，明确驱逐出境不适用于罪犯在接受国可能会因其种族、肤色、族群、宗教、民族属于特定社会团体、政治信仰而使其生命或者人身自由面临危险；但如果是被判处危害国家安全犯罪则这一原则不再适用。事实上，这一原则在目的国的选择上禁止将该外国人驱逐至一个其可能遭受酷刑、非人道的处遇、生命或自由可能遭威胁的国家。比如：拟逐入国正在发生武装冲突、大规模环境灾害等。对于这一原则突破只有两种情况，一种是该外国人因犯罪且被认定为对我国国家安全具有危险；另一种是该外国人在明知其返回目的国可能面临酷刑、非人道处遇等生命风险，但仍愿选择返回这一目的国的，此时我国作为驱逐国不具有责任，如果该外国人在到达目的国后所面临或遭受的侵害则应由其自我答责。

（三）构建驱逐出境的减刑与复权制度

允许作为资格刑的驱逐出境减刑，不仅没有副作用，反而利于犯罪分子的改造，对此理论界并无太多异议。分歧点在于，对附加驱逐出境的减刑是与主刑同步减刑，还是与主刑分别减刑。前者为同步减刑制，即主刑与附加刑减刑步伐相同。此时，依据二者减刑量是否相同，又分为绝对同步减刑与相对同步减刑。绝对同步即二者减刑时间、次数与所减刑量全部一致。相对同步则是二

---

① 《公民及政治权利国际公约》第 23 条第 1 款规定："家庭为社会自然且基本之团体单元，并应受社会及国家之保护。"

者仅在减刑时间与次数上相同，减刑量则不同。后者则为分减制，即二者的减刑应分开进行，且应等主刑完毕后再行适用资格刑的减刑。支持分减制的学者认为，在主刑尚未完结之时，就判定犯罪人的资格刑同样可以消解是不合理的预判。① 但本文支持相对同步减刑。事实上，分减制不合理地剥夺了行为人在被执行主刑时为其争取降低减少资格刑罚量的权利与机会。而可给予减刑的实质条件是犯罪人良好的改造或有立功表现，既然如此，达到这一条件的犯罪人主刑与附加刑都应得到削减，而非等待主刑完毕后再行考量。故而，宜在司法解释中明确，被处永久驱逐出境可减为驱逐出境 10 年，之后如再有减刑，则在 1—10 年区间进行递减，最低不可少于 1 年。而对于主刑完毕后和独立适用的驱逐出境，则不再予以减刑。这里主要考虑行为人一旦被驱离我国后，对其在国外表现的评估和判定难度较大，可操作性差。这也在另一侧体现了复权制度的重要。

所以，在允许驱逐出境减刑的同时，也应在司法解释中明确，对于被永久驱逐出境的人，在被驱逐出境满 10 年后，基于其申请，如果法院认为撤销驱逐出境是适当的，可以撤销对其永久驱逐出境的处罚；对于被判处特定期限驱逐出境的人，在被驱逐出境满刑期二分之一时，基于其申请，如果法院认为撤销驱逐出境是适当的，可以撤销对驱逐出境的处罚。如此一来，对驱逐的减刑与复权，便形成了一个有梯次的刑罚消灭体系，从而不致让已改过自新的外国犯罪人过多背负这一刑罚。

（四）拒绝非法律因素影响驱逐出境的执行

虽然诸多学者反对如前述吴弘达案一样的驱逐出境执行方式，但与此同时，一些学者又坚持认为，鉴于驱逐出境仅针对外国人，其具有涉外性，所以在适用驱逐出境时还需要考虑国与国之间复杂的斗争关系。② 笔者认为，我们应坚决摒弃"涉外无小事"和对外国人处罚涉及国与国的关系等类似司法观念，这些观念是对法治观念和原则的背离。事实上，随着我国刑事司法不断进步，我国近年来已开始有意改变这一涉外司法观念，如吴弘达一样的案件未再出现，但本案作为一个教训，却值得我们牢记，而这种背后扭曲的涉外司法理念，尤其是认为刑事驱逐出境的执行应当考虑政治性、外交性因素的观念应该

---

① 参见高长富《资格刑制度新探——外国人在中国境内犯罪的刑罚设定与适用》，《江西社会科学》2008 年第 3 期。

② 参见吴平《资格刑研究》，中国政法大学出版社 2000 年版，第 286 页。

被彻底摒弃。鉴于此,应在司法解释中明确,独立适用驱除出境在判决生效后即执行。附加适用的驱逐出境,则在主刑完毕后予以执行。

五 结语:一个更长远的设想

行文及此,本文意欲强调的是:以出台司法解释的形式应对我国刑事驱逐所存在的不足,乃是一种暂时的调校措施,这不仅是因立法修正所需时日持久,更因为在有越来越多外国人迁移至我国的情况下,我国国际移民事务必然不断走向法治化、服务化,而在 2018 年 4 月,按照《深化党和国家机构改革方案》,我国将公安部的出入境管理、边防检查职责进行整合,并组建了国家移民管理局,加挂中华人民共和国出入境管理局牌子,由公安部管理。可见,着眼未来,我国制订《移民法》只是时间问题。所以,在未来的移民法中构建一个统一的驱逐出境制度,取消作为刑罚的驱逐乃是一个值得研究的、长远的解决思路。而在当前,尽快以出台相关司法解释形式来细化我国刑事驱逐出境的适用条件,不失为一种"最佳"选择。

第三编
网络时代的刑法面孔

帮助信息网络犯罪活动罪判例与检讨

魏 东 悦 洋[*]

一 问题、司法样本与检讨路径

帮助信息网络犯罪活动罪由于是《刑法修正案（九）》新增罪名，其立法机理阐释与司法适用规则均呈现纷繁复杂的困难局面，亟待展开深入检讨。综观学界近年来的探讨，对于本罪的争议主要集中在两点：一是网络中立帮助行为的入罪限度，有学者认为刑法此举是将中立帮助行为入罪化，对网络服务提供者提出了过高的要求；[①] 有学者则认为还不够严密，无法规制帮助大量违法行为的现象，和网络帮助行为"一对多"的特质不相适应[②]；二是立法机理，本罪是帮助犯正犯化立法模式的观点几乎成为学界共识，论辩则集中于是赞成[③]还是质疑[④]以及正犯化的程度。如果将正犯化的程度从100到0的区间进行划分，则有完全正犯化[⑤]、相对正犯化[⑥]、帮

---

[*] 魏东，四川大学法学院教授、博士生导师；悦洋，四川大学法学院党委副书记、讲师。

[①] 参见周光权《网络服务商的刑事责任范围》，《中国法律评论》2015年第2期。

[②] 参见于志刚《网络空间中犯罪帮助行为的制裁体系与完善思路》，《中国法学》2016年第2期。

[③] 参见于冲《网络犯罪帮助行为正犯化的规范解读与理论省思》，《刑事法杂志》2017年第1期。

[④] 参见苏彩霞、侯文静《"帮助网络信息犯罪活动罪"正当性考量——〈刑法修正案九〉第29条之评议》，《中南财经政法大学研究生学报》2016年第1期。

[⑤] 参见陈洪兵《帮助信息网络犯罪活动罪的限缩解释适用》，《辽宁大学学报》（哲学社会科学版）2018年第1期。

[⑥] 参见王爱鲜《帮助行为正犯化视野下的帮助信息网络犯罪活动罪研究》，《河南大学学报》（社会科学版）2017年第3期。

助犯的量刑规则①的不同看法。

本罪实施以来，已累积了一定的实践素材。笔者利用 OpenLaw 裁判文书检索工具，截至 2018 年 5 月 16 日，共查询到帮助信息网络犯罪活动罪的 85 条结果。除去重复上传和归类错误的文书、文书中涉及帮助信息网络犯罪活动罪但实际审判结果为他罪的 52 条结果，得到帮助信息网络犯罪活动罪 33 个。源于司法样本实证观察的归纳，可形成对问题的真实感觉，反思聚讼观点，进一步开发判断规则。

根据法院审理意见，以帮助行为类型、主观明知的判断依据、提供帮助的对象行为是否构成犯罪、情节严重的判断依据以及刑罚为五个观察点对 33 个已决案例进行了归纳整理，得到以下表格。

案件	客观行为	主观明知的判断依据	提供帮助的对象行为	情节严重的判断	刑罚
李雄宇案	软件安装和技术维护	服务过程中听到诈骗语音	犯罪行为	违法所得 5400 元	11 个月，罚金 2 万元
邓茂良案	软件安装和技术维护	服务过程中听到诈骗语音	犯罪行为		11 个月，罚金 1 万元
李志洪案	出租电信线路	接到供应商投诉，关闭了部分线路，其余线路明知可能被用于违法犯罪行为而放任	犯罪行为	20 余人被骗，被骗金额达人民币 230 余万元	2 年 6 个月，罚金 10 万元
李甲案	制作网站并维护	网站内容为传销	犯罪行为		1 年 2 个月，缓刑 2 年，罚金 1 万元
董某、周某案	提供支付接口	受理投诉并帮助逃避监管	犯罪行为	他人使用支付接口骗取财物人民币 821969 元	1 年，罚金 2 万元；1 年缓 1 年，罚金 2 万元
赵瑞案	提供支付接口	服务过程中帮助对方做虚假证件	犯罪行为	被害人被骗金额中的 50 万元经该支付接口	7 个月，罚金 3000 元

---

① 参见张明楷《论帮助信息网络犯罪活动罪》，《政治与法律》2016 年第 2 期。严格地说，张明楷教授提出的"帮助犯的量刑规则"并不是帮助犯正犯化，因为帮助犯实际并没有被正犯化，只是被设置了独立的法定刑。之所以将其归入帮助犯正犯化，源于其和帮助犯正犯化的机理是一致的，都是脱胎于共同犯罪的原型，因此位于帮助犯正犯化的最末端，正犯化程度为 0。

续表

案件	客观行为	主观明知的判断依据	提供帮助的对象行为	情节严重的判断	刑罚
张磊案	提供钓鱼网站	违法服务	犯罪行为	被害人损失近6万元	罚金5000元
杨博案	服务器托管	不详	犯罪行为	非法获利近2万元	罚金18000元
吕斌、张康案	制作虚假网站	违法服务	犯罪行为	非法获利6500元	均9个月，罚金3000元
黎某某案	提供收款账户	不详	犯罪行为	帮助收取被骗钱款人民币376908元	2年，罚金3万元
冷景高案	呼叫转接等通信服务	认为构成间接故意	犯罪行为	涉及电信诈骗案件400起，金额超过2000万元	1年，缓1年6个月，罚金5000元
关某某案	提供收款账户	不详	犯罪行为	被害人被骗金额67000元	拘役5个月，缓10个月，罚金8000元
陈思锝案	服务器托管	虚假网站托管、提供防止拦截的技术支持	犯罪行为	非法所得2400元	6个月，罚金2000元
陈冠雄案	提供域名并解析	不详	犯罪行为	被害人被骗191920元	1年缓2年，罚金5万元
杨云明案	制作网站并推广	不详	犯罪行为		罚金5000元
梁文杨案	购买非法软件、调试服务器、软件安装及维护	违法服务	犯罪行为		罚金2000元
厦门玥羽互联网科技有限公司、黎翔、何朋春案	广告推广	推广内容不法	犯罪行为	多名被害人	单位判处罚金30万元。个人均为1年10个月，罚金4万元/38000元
彭某某案	制作仿淘宝网站链接程序	违法服务	犯罪行为	帮助的盗窃数额巨大	1年4个月，罚金15000元
黎明亮、崔永正案	广告推广	推广内容不法	犯罪行为	非法获利近6万元	1年3个月，缓1年6个月；2年缓3年。均并处罚金
汪全才、徐文杰案	网站建设、维护	不详	犯罪行为	2人非法所得近2万元	9个月，均并处罚金
谢海龙案	广告推广	推广内容不法	犯罪行为	非法获利741300元	7个月，罚金1万元

续表

案件	客观行为	主观明知的判断依据	提供帮助的对象行为	情节严重的判断	刑罚
马某、宋某案	出租电信线路	接到意见函后，采取限制手段，但客观上并不能起到预防、阻止他人继续实施电信诈骗活动的作用	犯罪行为	非法获利38万元	1年6个月，1年5个月，均并处罚金
杨子金案	创建网站并维护，提供结算账户	根据职业经历和认知能力判断为明知	犯罪行为	牟取非法利益	1年6个月，罚金3万元
张在竟案	计算机系统维护	不详	犯罪行为		1年缓1年，罚金2000元
江贤亮案	出售宽带账号	服务费畸高、自认	犯罪行为	被害人被骗98万元	2年，罚金2万元
程聪案	云存储服务	证人证言证实明知	犯罪行为	大量淫秽视频传播	2年缓2年，罚金20万元
张盼盼案	提供改号软件	违法服务	违法、犯罪行为	多人被骗	1年7个月，罚金2万元
宗圆、陈峥案	创建论坛并维护	管理、维护论坛	违法行为	网站发布的公民个人信息达1218636条	1年4个月，1年，均并处罚金
温晓亮案	服务器租赁、托管	发现客户使用服务器异常	犯罪行为		2年6个月，罚金20万元
刘某甲、苏某甲案	建立网站并维护	不详	犯罪行为		1年、10个月；均并处罚金
张某某案	申请微信商户和支付平台	不详	犯罪行为		拘4个月缓6个月，罚金2000元
吴程远案	推广虚假电话	违法服务	违法行为		2年，罚金2万元
游伟案	商城技术支持	对违法行为有一定程度的认知，但对犯罪的具体内容、过程并不明确知道	犯罪行为		1年9个月

通过对33份判决书的观察，得出以下结论。

关于帮助行为本身，帮助信息网络犯罪活动罪所规定的网络接入、服务器托管、网络存储、通信传输、广告推广、支付结算等行为全部涉及。其中，有6例帮助行为本身即是违法服务，如制作钓鱼网站、假冒链接、提供非法软件等。

关于帮助对象是否构成犯罪，33 份判决中，仅有 2 份帮助的对象并不一定构成犯罪，一份是帮助的对象行为导致的犯罪结果是未知数量行为人违法行为的聚合，另一份难以从判决书中识别帮助对象行为是否构成犯罪。

对于情节严重的判断，33 份判决书里，有 23 份进行了情节严重的判断，依据主要有三类：1. 非法获利的数额；2. 受害人被骗金额；3. 不法信息传播的数量。而这 3 类判断标准并无规律可循。以非法获利数额为例，最少的人民币 2400 元，最高的达人民币 74 万元。还有 10 份判决书并未说明为何情节严重，似乎只要是帮助了不法行为就已经等同于情节严重。

关于主观明知的判断，33 份判决书里有 24 份对明知进行了分析，其中 21 份判决书里的明知判断依据主要有：服务过程中有证据证明行为人知道（自己发现或接到投诉）、有帮助对方逃避监管或办理虚假证件的行为、服务费异常、根据行为人职业经历和认知能力、提供的服务本身即违法行为，大致在过往司法解释建立的明知的判断规则之内。还有 3 份的依据分别是：认为行为人构成间接故意，根据证人证言的印证、认为行为人对违法行为有一定程度的认知，实际上并未对明知的判断根据进行详细的说理。除以上 24 例外，其余 9 份判决书对明知的判断缺乏分析。在未提出明知依据的 9 个案件中，有 3 个案件的客观行为是建立网站并维护，有 3 个案件的客观行为是提供支付结算服务。

对行为人的处刑中，41 人有 39 人处以自由刑并处罚金，自由刑最高的有期徒刑 2 年 6 个月，最低的拘役 4 个月，有 10 例配置了缓刑，另有 2 人仅处以罚金。从情节严重和处刑的搭配来看，非法获利人民币 2400 元的，获有期徒刑 6 个月并处罚金 2000 元，而非法获利人民币 74 万元的，获有期徒刑 7 个月并处罚金 1 万元。

犯罪的实体是不法与罪责。从实质的观点进行考察，只有具备以下两个条件才能认定为犯罪：其一，发生了违法事实（不法）；其二，能够就违法事实进行非难（罪责）。[①] 笔者以帮助信息网络犯罪活动罪的不法判断为主线，首先在单独犯罪的不法方面，通过司法样本的研判总结客观行为和主观明知的裁判规律，提出不法要素的判断规则，破解中立帮助行为理论的难题；其次，在共同犯罪的不法方面，以部分共同犯罪说为立论起点，对帮助犯正犯化观点进行反思，澄清本罪的"帮助"和帮助犯的不同，进一步提出并论证本罪和共

---

① 参见张明楷《共同犯罪是违法形态》，《人民检察》2010 年第 3 期。

同犯罪的关系；最后，在不法类型方面，就本罪和其他犯罪的竞合与界限提出看法。

二 "不法的帮助"帮助了"不法"：破解中立帮助行为的悖论

网络服务提供者的技术支持或帮助的行为是否是可罚的帮助，是帮助信息网络犯罪活动罪的难题之一，也是中立帮助行为理论讨论的重点。

（一）客观不法要素的判断

从行为人的角度来说，不法要问的是我们做错了什么，罪责要问的是我是否该对错误的行为付出什么代价。① 中立帮助行为理论勾勒出一类具有特殊性的帮助行为的观念形象：客观上具有日常性、主观上具有模糊性。尽管时至今日，中立帮助行为的概念还未达成一致，但国内外主流观点均认为对于中立帮助行为应当采取限制可罚的态度，也就是说，一部分中立帮助行为是合法的，另一部分中立帮助行为则是可罚的。中立帮助行为理论的目的就是要在可罚与不可罚之间寻求一个规范的标准，从不法与罪责之中去寻找犯罪成立的依据。

1. 中立帮助行为理论的迷局

中立帮助行为限制可罚性的观点提示我们，对于那些客观上为正犯提供了便利，和正犯结果具有条件因果关系，主观上又多多少少知道正犯的行为的帮助者，不能径直认定为帮助犯，而应考虑日常生活行为、职业行为、业务活动的惯常性、一般性、反复性，保持谨慎入罪的态度。在这一点上，中立帮助行为理论对于司法实践无疑具有重要意义：以条件因果关系去判断帮助行为是否成立犯罪是日常行为被轻易入罪的根本弊端。"正犯本身可借由系争构成要件的检验予以界定成立范围，但帮助行为却毫无此等限制，抽象而言，任何一种行为，即便是日常生活衣食住行的中性行为，在某些特定情形，都有可能是某种促进行为。"② 这些促进行为，单靠条件因果关系，便能够得出具有关联性的结论。

---

① 许玉秀：《当代刑法思潮》，中国民主法制出版社 2005 年版，第 44 页。
② 林珏雄：《帮助行为的因果关系及中性帮助问题》，林维主编：《共犯论研究》，北京大学出版社 2014 年版，第 440 页。

不过，中立帮助行为理论却是"成也萧何败也萧何"。对于法律而言，讨论技术中立问题，有意义的是技术中立的价值判断，只有通过价值判断才能完成行为人是否需要承担责任的规范评价。也就是说，"对责任的理解可以界定技术中立的含义，而不是技术的客观属性豁免了责任"[1]。价值判断的结论只有正价值和负价值，没有位于正负之间的中立价值。既然一部分中立帮助行为是合法的，另一部分中立帮助行为就是可罚的。中立帮助行为本身也就成了一个模棱两可的概念：既可罚又不可罚。法律属于价值判断的范畴，而一个规范意义上的概念竟然包含截然对立的价值判断是不可思议的。

在不法的实质判断中，由于行为外观上并无特殊之处，而是行为人主观上可能知道被帮助行为是犯罪行为，因此如何判断行为人的主观恶性成为理论争点，主观说由此展开；但主观恶性的判断又必须依赖于客观事实的把握，客观说由此展开；当客观事实呈现正常业务形态时，可罚与不可罚如何界分？折中说陆续登场；最终成为一个主客观循环论证的死结。根本的原因就在于中立帮助行为实则是对外观正常、无特殊之处的客观事实状态的描述，是中性事实而非中性价值。由于中性事实缺乏不法判断的要素，因此并不能推导出规范上负价值的结论。进而再以这种事实状态的描述去评价事实，显然有逻辑上的瑕疵。无论是主观说、客观说还是折中说，我们都看到了在外观正常的客观事实中添加的佐料，如犯罪意义上的关联和明显的犯罪倾向[2]，帮助行为是否对正犯结果的引起有重大影响[3]，当帮助者与正犯有共谋关系或承担有特别的注意义务时或存在有特别需要保护的法益时[4]等，要得出这些评价结论必然需要依赖一定的客观事实。那么反过来看，被评价的客观事实就已经不是原本外观正常、无特殊之处的中立帮助行为了。帮助行为中，必然存在"不正常的事实"。

2. 司法样本的观察：客观不法要素的揭示

当我们观察司法判决时会发现，结合判决书对客观行为的描述和主观明知的判断，33 个案件中，有 21 个的帮助行为在客观上呈现了不法要素，包括：

---

[1] 郑玉双：《破解技术中立的难题——法律与科技之关系的法理学再思》，《华东政法大学学报》2018 年第 1 期。

[2] 参见［德］克劳斯·罗克辛《德国刑法学总论》（第 2 卷），王世洲主译与校订，王锴、劳东燕、王莹、李婧、徐晓辉译，法律出版社 2013 年 5 月第 1 版，第 155—172 页。

[3] 参见黎宏《论中立的诈骗帮助行为之定性》，《法律科学》2012 年第 2 期。

[4] 参见陈洪兵《论中立帮助行为的处罚边界》，《中国法学》2017 年第 1 期。

服务本身即违法服务 6 例、服务标的呈现明显的违法要素 6 例、在服务过程中主动帮助对方逃避监管 1 例、服务过程中帮助对方做虚假证件 1 例、服务费异常 2 例，另外还有 5 例是知道了不法行为时继续提供服务。

首先，关于本罪的行为方式，有学者提出，帮助信息网络犯罪活动罪只能由作为的方式实施。① 该方案以限缩本罪的适用范围为目的，和拒不履行信息网络安全管理罪的纯正不作为相区别，有一定合理性。但从现有司法判决来看，完全否定帮助信息网络犯罪活动罪能够以不作为方式构成不太现实。

在李雄宇帮助信息网络犯罪活动罪案中，被告人李雄宇在彩铃软件的维护过程中听到了诈骗语音后继续维护软件。从整体行为流程来看，行为人一直是以作为的状态在提供技术服务，但于听到不法语音时，行为的价值判断已经发生了变化，成了不作为。如果认为得知犯罪行为后的继续服务也应当放在整个提供服务的行为来看，是混淆了"前行为"与构成要件行为。法院的判决书也很明确地指出了这一点："至 2016 年初，李雄宇在排除故障的过程中听到了'重金求子'类的诈骗语音，才知道安装的彩铃被用于录制诈骗语音，故 2015 年期间李雄宇所获取的 42000 元是其合法收入。"在李志洪帮助信息网络犯罪活动罪案中，根据法院说理，行为人接到线路供应商关于其出租的相关电信线路涉嫌诈骗的投诉，强行关停了部分电信线路；但对于其他电信线路，行为人在知道可能涉嫌诈骗的情况下，为了牟取经济利益，没有进一步向客户核实情况，放任其继续使用，明知他人利用信息网络实施犯罪，仍为其犯罪提供通信传输等技术支持，应以帮助信息网络犯罪活动罪定罪处罚。在冷景高帮助信息网络犯罪活动罪中，被告人冷景高在其开设的淘宝店铺出租上海铁通等固定电话号码。在出租号码的过程中，明知有租用者在从事诈骗等违法犯罪的行为，继续提供呼叫转接（固定电话绑定指定手机号码）及充值话费等通信服务。

以上个案，是不同法院在 2017 年至 2018 年不同时间做出的判决，行为人均是在提供技术服务的过程中得知了不法行为，在得知后继续提供技术服务。法院由此判断行为人构成了帮助信息网络犯罪活动罪。因此，完全从学理上否认能够以不作为构成本罪并不太现实。并且，在服务过程中得知了犯罪行为而继续提供服务的情形，在语义上也能够被"帮助"的概念所容纳。对于以不作为方式构成帮助信息网络犯罪活动罪的情形，应当适用义务型犯罪的法理进行判断。义务型犯罪以义务违反为核心，违背刑法分配的特别义务、满足了刑

---

① 参见李冠煜、吕明利《帮助信息网络犯罪活动罪司法适用问题研究——以客观归责方法论为视角》，《河南财经政法大学学报》2017 年第 2 期。

法设定的罪量因素等限制性条件，便可以将危害归因于行为人。网络服务提供者承担刑事责任的根据首先在于违反了刑法上的信息网络安全管理义务。与典型的义务型犯罪——拒不履行信息网络安全管理义务罪相对，帮助信息网络犯罪活动罪是隐含的义务型犯罪，网络服务提供者负有不得为犯罪提供帮助的义务；当网络服务提供者在提供服务的过程中知道了犯罪行为的发生时始负有不得继续为犯罪行为提供服务的义务。如果网络服务提供者在知道犯罪行为发生后在可期待的情况下未采取有效的方式切断服务行为和犯罪行为的关联时，此种不作为的帮助便已在客观上呈现不法要素。

其次，除在客观上已经呈现明显不法要素的21个案件外，还有12个案件未明确指出客观不法要素。其中，有3个案件的客观行为是建立网站并维护，有4个案件的客观行为是提供支付结算服务。

帮助信息网络犯罪活动罪是一般主体的犯罪，但该罪的规制对象主要是网络服务提供者。根据该罪客观行为的描述，接入网络、托管服务器、网络存储服务、提供通信传输等技术支持，提供广告推广、支付结算等帮助行为均属于网络服务提供者的技术服务范畴。或者说，能够提供以上技术支持和帮助行为的一般都是网络服务提供者。不过，尽管《刑法》对网络服务提供者的行为采取了一刀切的规定，但是中外刑法理论大多认可网络服务提供者刑事责任的类型化判断原则。网络服务提供者提供的技术服务不同，在网络系统中的地位、对信息的控制能力、阻止违法犯罪行为的可能性都有差异。原则上，越是接近信息内容的，网络服务提供者的注意义务也更高。物理层的技术服务主要是以硬件技术为保证帮助用户接入网络、传输数据、提高信息访问效率，被动地根据服务对象的指令进行操作。这种服务是为海量信息提供数据通道，是面对所有用户提供的无差别服务，距离网络空间信息治理尚有较大一段距离，如接入网络、托管服务器、提供通信传输等。尽管部分判决书语焉不详，但法院在判断明知时主要是依据行为人得到了相应的通知。

应用层的技术服务则具有更多的个性化元素，是针对特定用户的需求提供个性化解决方案的技术服务模式，在服务的过程中和信息内容的距离更近，有的甚至可以直接接触用户数据，如提供网络存储、广告推广、支付结算等。其中，距离用户信息最近的包括广告推广、支付结算、网站建设等。广告推广必然接触用户信息，且广告推广需要对推广内容进行编辑、美化等，对于在广告推广中涉及犯罪行为的，不仅可能构成帮助信息网络犯罪活动罪，还可能构成其他相应犯罪。网站建设服务一般还包括后续的网站维护服务，在维护的过程中，网络服务提供者也必然会接触网站内容；当明知网站犯罪内容的存在仍然提供网站维护帮助的，不仅可能构成帮助信息网络犯罪活动罪，同样可能构成其他相应犯罪。关于支付结算，除银行外，根据央行公布的《非银行支付机构网络支付业务管理办法》，支付机构是指依法取得《支付业务许可证》，获准办理互联网支付、移动电话支付、固定电话支付、数字电视支付等网络支付业务的非银行机构。支付机构受到国家监管的严格制约，因此可能构成帮助信息网络犯罪活动罪中从事支付结算业务的行为人更多是通过支付宝、微信等方式提供支付结算的"二传手"，往往是深度介入犯罪行为，以提供非法资金往来为目的的支付结算行为。对于建立网站并维护、提供支付结算的7个案件，客观不法要素的呈现似乎已是不言自明的状况。

因此，33个案例中，明确标识和能够大概率推断出客观上呈现不法要素的案件为28例，占比84.8%；另外5例也并非客观正常，而是判决书语焉不详。司法样本显示，所谓的中立帮助行为被"误伤"的概率并不高；进入犯罪评价的帮助行为大概率地在客观面上呈现了"不正常的事实"。进一步可提炼为，外观正常、并无特殊之处的网络服务行为不应当进入不法的评价；也即，无法评价为负价值的客观行为不具有违法性。

3. 客观不法要素之一：不法的帮助

帮助信息网络犯罪活动罪的客观构成要件之一是"提供互联网接入、服务器托管、网络存储、通信传输等技术支持，或者提供广告推广、支付结算等帮助"，如果要认定为可罚的帮助，需要在客观上呈现不法帮助的要素。

网络服务提供者和卖菜刀不同，菜刀一旦出售，生产者就再也无法控制购刀者的使用，而网络并不受用户的控制，也一直和网络服务提供者的行为相关；如果网络服务行为和犯罪行为之间存在刑法上的因果关系，需要以指向法益侵害方向的不法要素的出现来限定自然科学、社会科学概念上的因果关系。"相关软件的提供行为，要想成立帮助犯，必须要有超越一般可能性的具体侵害利用状况"，[①] 此时并无正常的业务行为，行为本身即显示了有害的因素，客观上完全正常的业务行为不应当评价为本罪。

因此，在判断行为人的行为是否属于可罚的帮助时，首先需要建立两个规则，一是作为帮助的判断规则：网络服务提供者的行为本身就具有明显的不法要素，如帮助行为本身就是违法行为、有超出正常业务范围的不法协助行为、服务费畸高或畸低等；二是不作为帮助的判断规则：根据网络服务提供者的信

[①] 陈城：《限制网络平台帮助行为处罚的理论解构——以日本Winny案为视角的分析》，《中国刑事法杂志》2017年第6期。

息网络安全管理义务,当网络服务提供者在知道不法行为的时间节点上无所作为或义务履行不充分时,出现可谴责的不法要素。只有当帮助行为在客观上出现不法要素时,网络服务提供者的行为才有可能被认定为可罚的帮助。

4. 客观不法要素之二:帮助了"不法"

帮助信息网络犯罪活动罪的客观构成要件除了帮助行为之外,还有"他人利用信息网络实施犯罪",然而"正犯是否成立犯罪对本罪是否处罚的影响,二者究竟是完全独立还是有所关联,在目前的司法实践中并未明确,容易产生司法误区"①。那么此"犯罪"的含义是否指具备全部犯罪构成要件意义上的犯罪?根据本罪的立法目的,基本可以达成一致的是,虽然条文表述为明知他人利用信息网络实施"犯罪",为其"犯罪"提供技术支持等帮助,但不能由此认为,只有查明他人利用网络帮助,实施了符合构成要件、违法且有责的严格意义上的"犯罪",即使并未被依法裁判,才能成立帮助信息网络犯罪活动罪,刑法中"犯罪"或"罪"的含义具有相对性,② 此"犯罪"并不是具备全部犯罪构成要件意义上的犯罪。起码可以肯定的是,犯罪主体这一要件是可以不需要的,但是,帮助对象是否特定、被帮助行为是否达到犯罪的罪量要求,学界是有分歧的。也即,"犯罪"是仅需要犯行意义上的客观行为即可,还是不仅要有行为本身,还需要特定人的行为达到构成犯罪的量。

认为仅需要犯行意义上的客观行为、不要求帮助对象特定、被帮助行为达到犯罪的罪量要求的观点的依据在于,如果本罪的设置需要被帮助的行为指向特定个人、达到罪量要求,那么本罪的立法效果就不明显了,不利于对网络犯罪的打击。网络服务的提供者是处于信息网络传播的核心,"一对多""职业化""持续性"地提供技术支持和帮助的人,如果将技术支持用于帮助犯罪,原本处于从属地位的帮助行为就实现了社会危害性的聚拢和强化效应。③ 因此,与其说网络服务提供者是针对每一次的信息流动提供单一的帮助,不如说是预先提供了整体性的帮助,这样的帮助使得每一次借助信息网络平台媒介的传播都从中获益。④ 因此,应当把本罪中的"犯罪"理解为具体违法行为总量

---

① 张铁军:《帮助信息网络犯罪活动罪的若干司法适用难题疏解》,《中国刑事法杂志》2017年第6期。

② 陈洪兵:《帮助信息网络犯罪活动罪的限缩解释适用》,《辽宁大学学报》(哲学社会科学版) 2018年第1期。

③ 参见于志刚《网络犯罪与中国刑法应对》,《中国社会科学》2010年第3期。

④ 参见李粒源《网络安全与平台服务商的刑事责任》,《法学论坛》2014年第11期。

的聚合,虽然某个违法行为单独并不构成犯罪,但基于网络的特殊性,千万个违法行为叠加的危害性已大大超过单独犯罪的危害性,故对本罪的"犯罪"不应当理解为有严格犯罪属性的行为,只要这些行为聚合起来达到犯罪的质量即可。① 相应的,既然是违法行为的聚合,当然也不要求帮助对象特定。因此,如果要求帮助对象特定、被帮助行为达到犯罪的罪量要求才构成犯罪,不符合本罪设立的初衷,失去立法的价值。

反对的意见则认为,如果将网络用户的违法行为归属于网络服务商,已超出了刑事责任的边界。从美国、欧盟、德国的立法和判例来看,也都没有要求网络服务商具有一般性的监控传输信息义务,② 将浩如烟海的违法信息总量进行叠加认为达到犯罪的质,对网络服务提供者提出了过高的要求。

还有意见认为,本罪原则上以帮助对象特定、被帮助行为达到犯罪的罪量要求为前提,但是出于处罚必要性的考虑可以有例外。如虽然一次帮助了少数人,但是多次、反复帮助的;或者帮助对象人数众多的;或者帮助的行为不是一般的违法行为,是经过查证属于刑法规定的行为,但侦查机关由于客观条件的限制确实无法证实罪量要件的;以及帮助行为本身的严重性大大超过了"情节严重",而又无法证实帮助对象构成犯罪的情况。③

本文的意见是,本罪以被帮助行为构成犯罪为前提,帮助对象是需要罪量要素的、不法意义上的犯罪行为。首先,将被帮助对象从犯罪扩张至包括违法行为会不当扩大犯罪圈。同样是基于网络技术帮助行为"一对多""职业化""持续性"的特征,要将借由该技术帮助产生的违法信息的量聚合起来评价为犯罪的质,并不是一件困难的事。将帮助对象行为放宽为违法行为的后果实际是将本罪定型化的构成要件消解为无边无际的违法行为。其次,违法信息的量并不是行为人所能控制或支配的。基于网络空间的特质,违法信息的量是呈几何级增长的,网络服务提供者不可能、也没有权力对浩如烟海的网络信息进行全面的审查,更没有能力防止违法信息无限制的扩大,只能承担法律要求的和技术可能性相符合的义务。不能认为,只要行为人实施了帮助行为,则对此后发生的结果均要负责,这是违反刑法基本原则的状态责任。再次,尽管在刑法分则的条款中,可能的确存在有"犯罪"的表述、但包含了违法的情况,如

---

① 参见刘科《帮助下信息网络活动罪探析——以为网络知识产权犯罪提供帮助的犯罪行为为视角》,《知识产权》2015 年第 2 期。

② 参见陈志刚、李山河《P2P 下载的刑法考量与应对》,《中国刑事法杂志》2014 年第 4 期。

③ 参见喻海松《网络犯罪的态势与刑事政策调整》,《法治现代化研究》2018 年第 1 期。

转化型抢劫罪，学界对此看法不一①；但《刑法修正案（九）》在增设本罪的同时，还增设了非法利用信息网络罪。在非法利用信息网络罪第 2 款第（2）、（3）项里均有"违法犯罪"的表述，同时增设的条文，立法者不太可能在用语上如此草率。最后，即使出现了确实具有严重社会危害性的帮助行为，而被帮助行为又难以被判断为构成犯罪的，没有必要、也不应当基于"处罚必要性"牺牲构成要件的定型性。例如侦查机关因为客观条件的限制确实无法证实罪量要件的情况，侦查机关对事实无法查证的情况有何理由要网络服务提供者来买单呢？至于帮助对象是否特定倒并不见得，因为被帮助行为的犯罪主体是可以不需要的，在网络中多数也是隐蔽的，网络服务提供者只需要知道其在为犯罪行为提供服务即可。故，帮助了不法，是本罪的第二个客观不法要素。

通过对现有本罪的已决案件的观察，仅有 2 例帮助的对象行为并不一定构成犯罪，其中 1 例是难以从判决书中识别帮助对象行为是否构成犯罪。另一例比较明确的以帮助对象行为是违法信息的聚合作为"犯罪"的是宗圆、陈峥案②。该案原判侵犯公民个人信息罪，二审改判本罪。行为人的行为是创建论坛并维护，放任论坛中会员非法上传大量公民个人信息。法院认为："经查，《中华人民共和国刑法修正案（九）》系自 2015 年 11 月 1 日起生效，在 2015 年 11 月 5 日至同年 12 月 3 日期间，该网站发布的公民个人信息高达 1218636 条，信息量巨大，且上诉人宗圆系在缓刑考验期内再次犯罪，主观恶性深，应属情节严重。上诉人宗圆客观上有偿提供了网络平台和管理服务，帮助他人实施了网络犯罪活动，故应适用《中华人民共和国刑法修正案（九）》增设的帮助信息网络犯罪活动罪。"本案中，作为论坛的创建者和维护者，行为人在明知论坛中存在大量侵害公民个人信息的违法行为的情况下，虽未履行网络服务提供者的特别义务、采取了放任的态度，却并未帮助任何犯罪。被评价为帮助信息网络犯罪活动罪，本文认为值得商榷。

5. 客观不法要素之三：情节严重

帮助信息网络犯罪活动罪是不法的帮助帮助了不法的行为，其不法性在客观面上的呈现已经明显超过了中立帮助行为对客观事实状态的中立性描述；不仅如此，立法还设置了"情节严重"作为入罪的门槛，进一步补强了本罪的

---

① 参见章惠萍《转化型抢劫罪成立的条件》，《现代法学》2004 年第 2 期。
② 参见《宗圆、陈峥侵犯公民个人信息罪二审刑事判决书》，江苏省苏州市中级人民法院（2016）苏 05 刑终 776 号。

不法程度。不过遗憾的是，通过对 33 个司法样本的观察发现，本罪的"情节严重"缺乏一个契合罪质的标准。

不同的法院对于情节严重的判断依据差异极大，尽管大致指向了三类依据：非法获利的数额、受害人被骗金额、不法信息传播的数量。但这 3 类依据的判断标准毫无规律可循，还有占判决总量 30% 的判决书甚至并未对情节严重进行说明。以非法获利数额和量刑搭配来看，非法获利人民币 2400 元和人民币 74 万元同样被评价为情节严重，但非法获利人民币 2400 元的，获有期徒刑 6 个月并处罚金 2000 元，而非法获利人民币 74 万元的，也仅获有期徒刑 7 个月并处罚金 1 万元。

在冷景高案①中，法院认为："在被害人楼某被骗人民币 359 万的电信诈骗案中，诈骗团伙使用的诈骗电话号码之一 021××××0922，是冷景高当时出租的固定电话号码。冷景高其他出租的 145 张固定电话卡还涉及全国电信诈骗案件 400 余起，涉案金额超过 2000 万。"辩护人则提出，"从情节严重程度看，被告人出租的电话号码在涉嫌的诈骗案中与其他使用的诈骗电话相比，诈骗时使用的时间短、次数少、所起作用较小，违法情节相对较轻"，"本案的证据材料无法证明起诉书指控'冷景高其他出租的 145 张固定电话卡还涉及全国电信诈骗案件 400 余起，涉案金额超过 2000 万'的事实"。法院并未采纳辩护人的意见，认为"根据本案的社会危害性，被告人冷景高的行为应认定为情节严重"。而从法院最后的处刑结论看，判处有期徒刑一年，缓刑一年六个月，并处罚金人民币五千元似乎和"涉及全国电信诈骗案件 400 余起，涉案金额超过 2000 万"的社会危害性并不匹配。"情节严重"到底是依据行为人的行为来判断，还是朦胧的法感情呢？

司法样本显示，帮助信息网络犯罪活动罪的定量因素和标准缺乏一定的专属性或特殊性，主要还是在借鉴相关计算机犯罪罪名或过往司法解释的内容以及被帮助的犯罪行为的定量因素，如信息数量、计算机信息系统数量、非法所得、经济损失等。② "帮助型正犯立法的倡导者从社会风险治理、犯罪复杂化的基本诉求出发，提出此种立法彰显了犯罪预防的机能。暴恐犯罪、网络犯罪中的帮助型正犯立法是研究该问题聚焦最多的领域。恐怖主义活动、网络犯罪

---

① 参见《冷景高帮助信息网络犯一审刑事判决书》，绍兴市上虞区人民法院 [2016] 浙 0604 刑初 1032 号。

② 张铁军：《帮助信息网络犯罪活动罪的若干司法适用难题疏解》，《中国刑事法杂志》2017 年第 6 期。

离不开物质的保障,帮助型正犯立法正是对提供犯罪来源和支持者的惩罚";但"用帮助行为正犯化这样一个'过程'来解决诸多帮助型正犯的刑罚扩张上的问题"① 必须要经受住刑法基本原则的考验。

因此,标识明确的入罪条件是未来司法解释的要点之一。建议司法解释采取"列举+兜底"的判断规则,建立"情节严重"的判断标准,具体指标可包括不法帮助行为直接获利的数额、社会危害性程度或还原为个人法益受侵害的量化指标等,最后的兜底条款也能够按照同类原则被司法实践所把握。"情节严重"的标准不明确不仅有损司法统一,也可能出现迫使司法机关弃用本罪,转而选择其他罪名的后果。②

综上,帮助信息网络犯罪活动罪的客观不法判断由三个不法要素组成:不法的帮助、帮助了不法、情节严重。这样一来,由于进入帮助信息网络犯罪活动罪评价范围的客观行为本身便具备了能够给予负价值评价的不法要素,所谓的中立帮助行为导致的悖论也由此解开。

(二) 主观不法要素的判断

行为的主观面与客观面、行为的主客观面所投射的事实与规范,以及因而构成的评价体系不法与罪责,是在至今各种犯罪阶层构造中可以找出的支架。③ 本文同意这样的观点:认识是不法要素,意欲是罪责要素;不法行为必须出于不法认识而行为;构成要件的故意不可能因为认识一个中性事实而具有不法;故意所认识的不是一个单纯的事实,而是一个不法的事实,这是故意之所以能够成为主观不法要素的理由。④ 帮助信息网络犯罪活动罪的故意认识内容是不法的帮助和帮助了不法;需要进一步讨论的问题是由来已久的关于"明知"的聚讼。

学界对"明知"的研究主要涉及三个有争议的问题:第一,总则"明知"与分则"明知"的关系;第二,分则"明知"的具体含义;第三,"明知"的程度。

---

① 童德华、董敏:《帮助型正犯的立法实践及其合理性检视》,《湖南师范大学社会科学学报》2018年第1期。
② 张铁军:《帮助信息网络犯罪活动罪的若干司法适用难题疏解》,《中国刑事法杂志》2017年第6期。
③ 许玉秀:《当代刑法思潮》,中国民主法制出版社2005年11月版,第39页。
④ 同上书,第46页。

关于总则"明知"和分则"明知"的关系，一种观点认为："总则中的'明知'是故意的一般因素，分则中的'明知'是故意的特定因素；只有具备分则中的'明知'，才能产生总则中的'明知'；但分则中的'明知'不等于总则中的'明知'，只是总则中的'明知'的前提。"① 另一种观点认为，"刑法总则规定的明知与分则规定的明知不是一般明知与特殊明知的关系。我国刑法分则规定的明知是一种前置型的明知，因此其不是对刑法总则规定的明知的例外，而是一种并列关系。"② 尽管理论界说还存在不同，但可以肯定的是"明知"是一种较为特殊的主观要素，不能从行为中直接得到确证，需要通过推论进行证明。

关于分则的"明知"的具体含义，主要集中在对"应当知道"的解释，因为我国《刑法》对过失犯罪采用了应当预见而没有预见的表述。根据陈兴良教授的介绍，我国司法解释没有把明知与应知并列起来，而是将明知解释为知道和应当知道，即把应知包含在明知的范畴之中。对此，司法解释的执笔人指出，《解释》起草之初曾对"明知"有说明性文字，即"明知是指知道或者应当知道"；但有意见指出，从理论上看并不严谨，"应当知道"包括确实不知道或者说过失的情形，而本解释强调的是明知可以通过客观证据来推定，并非要将过失的情形涵括在内。③ 本文同意"'应知'暗含着对相关信息进行合理调查的义务；而'有理由知道'仅要求当事人对相关信息进行正常思维推理，并不包含合理审查侵权的义务"④ 的观点，由于网络服务提供者不应当承担事前的审查义务，"明知"不应包括过失，而是指实际知道和有理由知道。其中，有理由知道即是"应知"，并不是指行为人实际不知道，而是刑事证明的目标。犯罪故意中的明知，不论是总则的明知还是分则的明知，都是指行为人已经知道某种事实的存在或者可能存在，而不包括应当知道而实际不知道某种事实存在的情形，否则便混淆了故意与过失。⑤ 因此，"明知"的含义应当做双层次的理解，在事实层面上，是行为人实际知道；在价值层面上，是通过司法推论去证明行为人实际知道，是运用证据以证明事实，当经过证明的案件

---

① 参见张明楷《刑法学》（第五版），法律出版社2016年版，第265页。
② 参见陈兴良《刑法分则规定的明知：以表现犯为解释进路》，《法学界》2013年第3期。
③ 同上。
④ 刘家瑞：《论我国网络服务提供商的避风港原则》，《知识产权》2009年第2期。
⑤ 参见张明楷《刑法分则的解释原理（上）》，中国人民大学出版社2011年5月版，第159页。

事实与客观事实相符合的信念程度达到证明标准后，客观事实便视为已被发现①。

关于"明知"的程度问题，达成一致的意见应当是，"明知"是指行为人认识到行为或结果的可能性。如认为"刑法分则中的明知基本上是对行为客体的明知，这种明知本身是确定性的认识"②，明知即"确知（肯定知道）"③；明知包括确定性认识和可能性认识，确定性认识和可能性认识均应纳入"明知"的范畴，成为判断"明知"程度的标准；④"明知"是指"行为人确实认识到或预见到犯罪结果"⑤ 等。就故意的程度而言，包括确定故意和不确定故意。确定故意是指行为人认识到犯罪的实现（发生）结果是确定的。而不确定故意包括未必的故意、概括的故意、择一的故意；其中，未必的故意指行为人认识到结果可能（而非确实）发生（不是确知），并且不是积极希望结果发生。⑥ 理论上讲，对于网络服务提供者来说，不确定故意应当被排除，因为任何一个网络服务提供者都有认识到网络犯罪存在的可能性。成为问题的是，确定故意和不确定故意都属于故意，无论是刑法的规定，还是共犯理论，都没有区分确定故意和不确定故意，以此入手对故意进行限定仍然是心情刑法观的体现；⑦ 即便有确定的故意和不确定的故意也只是认识因素的程度问题，仅影响量刑而不影响定罪；⑧ 并且，确定故意和不确定故意本身就难以区分，缺乏实际的可操作性。另一个方案从意志因素上进行限缩，同样存在问题。有学者认为可以将网络服务提供者的故意分为"明知且欲促进"，即明知犯罪人的犯罪计划、意图或行为而希望促进，使犯罪行为更容易实施，和"明知不欲促进"，即明知犯罪人的犯罪计划或意图而不愿意促进两个类型。"明知不

---

① 参见王彪《犯罪主观要件证明问题研究》，法律出版社 2016 年版，第 45、46 页。
② 陈兴良：《刑法分则规定之明知——以表现犯为解释进路》，《法学家》2013 年第 3 期。
③ 周光权：《明知与刑事推定》，《现代法学》2009 年第 2 期。
④ 王新：《我国刑法中"明知"的含义和认定——基于刑事立法和司法解释的分析》，《法制与社会发展》2013 年第 1 期。
⑤ ［日］西田典之：《日本刑法总论》，刘明祥、王昭武译，中国人民大学出版社 2007 年版，第 169 页。
⑥ 参见张明楷《刑法学（上）》（第五版），法律出版社 2016 年版，第 255—256 页。
⑦ 陈洪兵：《论中立帮助行为的处罚边界》，《中国法学》2017 年第 1 期。
⑧ 孙万怀、政梦玲：《中立的帮助行为》，《法学》2016 年第 1 期。

欲促进"类型是不可罚的,① 但是,和认识因素相比,意志因素的判断更加困难,"易欲是一种原始的、终极的心理现象,它无法从其他感性或知性的心理流程中探索出来,因而只能描述它、无法定义它"②。因此,无论是从认识因素还是意志因素去限定"明知"都是极其困难的。

"明知"包括行为人实际知道和通过司法推论去证明行为人实际知道。法官的任务是从现有的证据和被告人对此证据的解释中去判断被告能够知道什么。③"推论"和"推定"有本质的区别,推论要求"已知事实"与"待证事实"之间的逻辑关系必须具有"充足性";而推定是"在缺乏其他证明方法时所使用的一种根据已知证据作出确定性推断的一种法律设计,是依法从已知事实或诉讼中确定的事实出发所作的假定",因此不需要达到"充足性"的要求,④ 因此是有罪推论,无罪推定。然而司法样本显示,有27%的案件对"明知"的推论并不具有充足性,有从"推论"到"推定"的变异之嫌疑,或许是受到了经由目的管道进入刑法的刑事政策的利益权衡和价值评价的影响。因此,对于"明知"的认定必须依靠客观不法要素的识别,通过司法经验的不断累积提高明知推论的充足性和科学性。

在司法实践经验的累积下,目前的"明知"推论依据主要有:经监管部门告知后仍然实施有关行为的、接到举报后不履行法定管理职责的、收取费用明显异常的、提供专门用于违法犯罪活动的程序或工具的、本身就是专门从事违法犯罪活动的或者故意避开监管措施、规避调查、通风报信等其他情形。⑤本文认为,"接到举报后不履行法定管理职责的"应当剔除。对于通知的主体应当仅限于监管部门,而不应当扩展至其他主体。大量存在的恶意举报行为不应当被同意;由监管部门之外的人来行使通知权力,由网络服务提供者来判断是否移除,违背了任何人不得为自己法官的基本程序正义原则。另外,其他情形里还可增设故意销毁、隐匿相关数据的行为。

---

① 参见敬力嘉《非确定性背景下网络服务提供者的刑事归责——基于实行行为视角的思考》,《云南大学学报法学版》2016年第11期。
② 车浩:《阶层犯罪论的构造》,法律出版社2017年版,第133页。
③ 参见罗维鹏《犯罪"明知"要素的知识论分析》,《北大法律评论》(第18卷)送审稿。
④ 参见龙宗智《推定的界限及其适用》,《法学研究》2008年第1期。
⑤ 参见喻海松《网络犯罪的立法扩张与司法适用》,《法律适用》2016年第9期。

三 部分共同犯罪说的坚守：帮助犯正犯化的澄清

在学理上，关于帮助信息网络犯罪活动罪和共同犯罪的关系，代表性的观点是认为本罪是帮助犯正犯化，也即是将形式上表现为其他犯罪行为的帮助行为，在该帮助行为具有了可被独立评价的特质时，通过立法或者司法解释规定为独立的犯罪的现象；行为人实施了该帮助行为的，不再按照传统的共同犯罪判断为共犯，而是直接按照新规定的个罪予以评价。① 由此带来的问题便是正犯化的程度问题，包括完全的正犯化、相对的正犯化以及帮助犯的量刑规则。但是究竟以何标准认定正犯化的程度便不得而知了。观点争鸣的症结不在于帮助信息网络犯罪活动罪本身，而在于对共同犯罪性质或成立根据的理解。

（一）"不法的帮助"和共同犯罪帮助犯的区隔

共同犯罪区别于单独犯罪的根本特征即在于犯罪的共同性，故，共同犯罪的根本问题即：共同犯罪以什么为共同？共同犯罪在何种范围内存在？我国学界的代表性学说为部分犯罪共同说和构成要件的行为共同说。犯罪共同说和行为共同说最早由来于法国刑法学，而正式将共犯的本质问题归结为犯罪共同说和行为共同说的对立是日本学者牧野英一的首创。两说在后续发展中各自修正、逐渐靠拢，在大多数案件中能够得出一致的结论。其中，关于共同犯罪是违法形态的认识也是两说一致的结论。曾经的完全犯罪共同说由于强调故意的共同，于是将责任的判断连带进行，当极端从属性说和完全犯罪共同说组合时，便产生了处罚的缝隙。当完全犯罪共同说修正为部分犯罪共同说时，同样可以运用限制从属性说对共同犯罪进行分析，强调犯意和行为的重叠，是不法的共同而非责任的共同。

两说最大的差别在于对双向意思联络的要求与否。部分犯罪共同说要求各行为人的认识内容必须在（表征违法的）构成要件的意义上具有交集，构成要件的行为共同说不要求数人必须具有共同实现犯罪的意思联络，只要就实施行为具有一般的意思联络即可，不具有构成要件的类型化意义，是一种前构成要件的事实犯意联络。② 虽然该说要求的主观联系的"弱势性"并没有否定主

---

① 参见于志刚《网络犯罪与中国刑法应对》，《中国社会科学》2010年第3期。
② 胡东飞：《过失共同正犯否定论》，《当代法学》2016年第1期。

观联系的必然性，但对于意思联络的判断已经脱离了构成要件的制约，等于不要求双向意思联络。因此，以构成要件的行为共同说作为共同犯罪共同性的判断根基，片面共犯由此具备了理论基石；相反，如果坚持部分犯罪共同说，片面共犯实则并无立锥之地。

将部分犯罪共同说的观点贯彻到网络服务提供者参与被帮助犯罪的判断中去，由于部分犯罪共同说不承认片面共犯，因此只能构成片面共犯的不作为参与不会成为共同犯罪判断的对象，只有当网络服务提供者与被帮助犯罪的行为人形成了双向意思联络时，才能进行共同犯罪的评价。当网络服务提供者的行为符合帮助信息网络犯罪活动罪的构成要件而又未和被帮助犯罪行为人形成双向意思联络的情形则溢出了共同犯罪的范围，包括不作为参与和未形成双向意思联络的作为参与。在溢出的这部分情形中，自然还有所谓的中立帮助行为。中立帮助行为的主观方面正是行为人多多少少知道他人可能会利用其帮助行为实施犯罪。

将构成要件的行为共同说的观点贯彻到网络服务提供者参与被帮助犯罪的判断中，由于承认片面共犯，网络服务提供者参与被帮助犯罪则包括作为参与和不作为参与两种形式，没有形成双向意思联络的参与形式均能够被共同犯罪的理论所容纳。这样一来，帮助信息网络犯罪活动罪的情形也能够完全被共同犯罪所包容。因此，从构成要件的行为共同说出发，会得出帮助信息网络犯罪活动罪无单独立法必要的结论，成为量刑规则。不过，量刑规则一说的巧妙之处在于，既然是帮助犯的量刑规则，那么无论是单独构成帮助信息网络犯罪活动罪还是共同犯罪，网络服务提供者的地位始终都是帮助犯，从而回避了不作为参与的最大难题——不作为参与行为人是正犯还是帮助犯。不作为犯罪是义务型犯罪，义务违反只能定性难以定量，因此讨论不作为者到底是正犯还是共犯时总会遇到难以解释的问题。

刑法教义学是将刑法的信仰及重要义理、教义、准则进行系统、正规的研究和逻辑自洽的诠释，在成文刑法的约束下，在法律与事实的互动之间，通过对法律规范的理解与诠释，释放法律的意义和外延。对于片面共犯，本文的意见是，片面共犯的情形在现实中是存在的，片面共犯理论在我国学界也是有一定基础的，但我国《刑法》并没有全面承认片面共犯。一是我国刑法总则没有明确片面共犯；二是分则和单行刑法的部分规定虽然事实上承认了片面共犯的存在，但这种承认是有限的、例外的，其效力仅限于相应条款内，且这种规定是否合理还值得商榷。① 对于《刑法》没有明确规定的、具有应受处罚性的片面助力行为至少不应当根据共犯制度来处罚。结合刑法教义学原理和我国《刑法》的规定，我国共同犯罪的成立应坚持汉语语境下的部分犯罪共同说。② 不作为参与和未形成双向意思联络的作为参与，不应当成为共同犯罪的评价对象。帮助犯的量刑规则说是构成要件的行为共同说的理论归结以及根据前文的论述，帮助信息网络犯罪活动罪可以由不作为构成，因此，此罪中"帮助"的原型就不仅仅是共同犯罪中的帮助犯了，还包括了非共同犯罪的帮助行为。认为本罪是帮助犯的正犯化的观点因此也并不全面。

如果将本文的33个案件样本还原为共同犯罪，也只能以行为共同说的"数人犯数罪"去解释共同犯罪的机理，即使网络服务提供者的行为和其他犯罪行为在客观上具备共同性，但主观上，网络服务提供者和其他犯罪行为人之间实际上并无刑法意义上的意思联络，不过是各自为政，为了各自的目的在客观上实施了共同的行为。

因此，帮助信息网络犯罪活动罪只以行为人单向的明知即可，而要构成共同犯罪，需要双方意思联络的证明，帮助犯的明知是达成合意的明知③。"不法的帮助"和共同犯罪的帮助犯不应当做渊源一致的理解。本罪帮助行为的原型包括两种：一种是共犯的帮助，一种是非共犯的帮助。从这个意义上说，帮助信息网络犯罪活动罪的设置实现了犯罪圈的扩张。将非共犯的帮助类型化为独立的个罪的情形，不能为"帮助犯正犯化"所概括；认为本罪的立法机理是"帮助犯正犯化"的观点值得商榷。

（二）具体判断方法的展开

因立法者的介入，网络帮助行为已获得独立的构成要件，其不法的判断有赖于客观不法要素和主观不法要素的识别；行为是否成立犯罪的讨论，仅在本罪的犯罪构成中进行，究竟帮助者对实施犯罪者的决意或行为有无强化或促进作用，帮助行为与实施犯罪的行为及结果之间有无从属关系，则在所不问。帮

---

① 参见邱帅萍《明知型共犯立法反思——以骗购外汇罪为视角》，《政治与法律》2017年第5期。

② 参见魏东《我国共犯论的知识性考察》，魏东《刑法理性与解释论》，中国社会科学出版社2015年8月版，第244页。

③ 参见劳娃《为犯罪行为提供秒拨"动态"IP服务行为的刑法定性研究——兼及帮助信息网络犯罪活动罪的适用》，《中国检察官》2018年第3期。

助行为的实行行为化，是针对帮助行为本身单独规定的犯罪。如果能够证明帮助者与被帮助者之间的双向意思联络，能够进入共同犯罪的评价范畴，适用本罪第3款的规定，如果构成的共犯责任低于本罪的，适用从一重处断的竞合原则，仍然适用本罪。帮助信息网络犯罪活动罪中，被帮助的犯罪可以是轻罪也可能是重罪，但是对帮助行为的量刑最高仅三年有期徒刑，由此也可见本罪的独立性质，从而也更应当明确和共同犯罪的关系。

不过，司法样本显示，在认定本罪与共同犯罪时，标准并不明晰。33份判决书里有6份涉及本罪与其他犯罪的关系，包括原判他罪（诈骗罪、侵犯公民个人信息罪、开设赌场罪），改判本罪3例；公诉机关以诈骗罪提起公诉、法院判为本罪1例；法院根据从旧兼从轻原则判本罪2例。在这33份判决书之外，还有13份判决书属于公安、检察、律师意见为本罪，法院判他罪（诈骗罪、盗窃罪、扰乱无线电通讯管理秩序罪、非法经营罪）10例。一审判诈骗罪，上诉提出改判帮助信息网络犯罪活动罪未改判3例。判断基准模糊的原因除了帮助犯正犯化思维的误导，还有来自司法解释的影响。

《淫秽电子信息解释（二）》第7条规定，直接负责的主管人员和其他直接责任人员明知+牟利+投放广告/费用结算＝传播淫秽物品牟利罪的共同犯罪。

《网络赌博案件意见》则规定，明知是赌博网站，而为其提供服务或者帮助的，属于开设赌场罪的共同犯罪。根据最高人民法院2010年12月10日《〈关于办理网络赌博犯罪案件适用法律若干问题的意见〉的理解与适用》，提供服务或者帮助的包括："赌博网站的程序开发和技术维护环节；将赌博网站的服务器接入到网络环节；赌博网站的推广环节；赌资支付结算环节。"

《计算机信息系统安全解释》第3条和第4条规定了明知他人实施违法犯罪行为而为其提供程序、工具的属于"提供侵入、非法控制计算机信息系统程序、工具罪"；明知他人实施破坏计算机信息系统安全相关犯罪，提供程序、工具或技术支持等帮助或通过委托推广软件、投放广告等方式向其提供资金的，应当认定为共同犯罪。

以上几个司法解释的共性是，对于信息网络中的技术支持或帮助行为，主观上均以明知为要件，客观上囊括了网络服务提供者的技术支持和帮助的全系列行为，均设置了罪量要件，这几点也是和帮助信息网络犯罪活动罪一致的。但个性在于，帮助的对象行为有的以犯罪为限制，有的还明确包括了违法行为。以上几个司法解释均出台于《刑法修正案（九）》实施之前，由于当时没有帮助信息网络犯罪或活动罪的规定，因此，对于具有处罚必要性的技术支持和帮助行为，司法解释不得已采取了突破共犯理论的方式以应对网络犯罪态势。随着《刑法修正案（九）》的实施，以上司法解释是否自动失效并不明确。本文的意见是，以上司法解释的内容自始就与刑法关于共同犯罪的规定有冲突，在《刑法修正案（九）》实施之后，两个淫秽信息解释、网络赌博相关条款更应自动失效①。

不过，如果说以上司法解释可能失效，2016年12月19日出台的《电信网络诈骗案件意见》就相对棘手了。《电信网络诈骗案件意见》第4条"准确认定共同犯罪与主观故意"第（3）项规定："明知他人实施电信网络诈骗犯罪，提供互联网接入、服务器托管、网络存储、通讯传输等技术支持，或者提供支付结算等帮助的，以共同犯罪论处，但法律和司法解释另有规定的除外。"根据该司法解释：行为人明知+电信网络诈骗犯罪+提供技术支持或帮助=诈骗罪的共犯；然而帮助信息网络犯罪活动罪的公式则是：行为人明知+犯罪+提供技术支持或帮助+情节严重=帮助信息网络犯罪活动罪。

帮助信息网络犯罪活动罪最高刑期三年，而成立诈骗罪"数额巨大"在网络环境下几乎是很容易达到的罪量，刑期则是三年以上十年以下，如果数额特别巨大或情节特别严重，最高刑期可至无期徒刑。然而，在犯罪主体、主观心态、客观行为完全一致的情况下，根据帮助的对象犯罪不同，情节严重的构成帮助信息网络犯罪活动罪，情节不严重的则成立诈骗罪的共犯。为什么会出现如此蹊跷的情形？笔者只能推测，帮助信息网络犯罪活动罪出现在2015年11月1日，设立本罪的目的本是为严惩网络犯罪，然而在司法实践的具体适用中，由于证明要求低于共同犯罪，一些根据之前的司法解释本可以论以共犯的情形反而因为该罪的出现仅构成了轻罪——帮助信息网络犯罪活动罪，从而和立法原意相悖。针对危害性巨大的网络诈骗犯罪，司法解释不得不再次出手，放宽诈骗罪共犯的证明要求，扳回一局。

根据前文的论证，本罪只以行为人单向的明知即可，而要构成共同犯罪，需要双方意思联络的证明。因此，解决《电信网络诈骗案件意见》的冲突，仍然是坚持双向意思联络的判断。对于没有形成共同犯罪的帮助行为，实质是扩大了犯罪圈，需要更加严格的入罪条件，因此需要达到"情节严重"才能入罪；而对于共同犯罪的帮助犯，本来就是具有可罚性的对象，当然不需要再设置"情节严重"的标准。因此，本罪的"明知"和《电信网络诈骗案件意见》的"明知"应当做不一样的理解，《电信网络诈骗案件意见》中的"明

---

① 欧阳本祺、王倩：《〈刑法修正案〉（九）新增网络犯罪的法律适用》，《江苏行政学院学报》2016年第4期。

知"只能视为判断双向意思联络的推论。

四 延伸讨论：不法类型的竞合与界限

帮助信息网络犯罪活动罪和拒不履行信息网络安全管理义务罪在具体适用中可能出现竞合。从客观上看，尽管拒不履行信息网络安全管理义务罪是不作为犯罪，无论采取何种方式拒不改正，可谴责性的重点总是拒不改正，也即不履行义务。帮助信息网络犯罪活动罪一般被认为是作为犯罪①，但是正如前文所述，当网络服务提供者在提供服务的过程中，发现有人利用其网络实施犯罪行为，但继续"不动声色"地提供服务的，仍然可能构成本罪。对于义务型犯罪而言，作为和不作为方式并不影响该罪的成立。因此，从客观行为上，当帮助信息网络犯罪活动罪以不作为方式实现时，两罪存在相似性。从法益侵害来看，两罪都是信息网络安全秩序。从主体上看，尽管拒不履行信息网络安全管理义务罪是特殊主体的犯罪，但两罪能够构成帮助信息网络犯罪活动罪的也主要是网络服务提供者。从主观上看，两罪都是故意犯罪。

主观方面之中，帮助信息网络犯罪活动罪在罪状描述中采用的"明知"模式也会使两罪发生交叉。最高人民法院研究室法官喻海松博士在未来司法解释对该罪采用规则认定的方法的初步构想中提出，"经监管部门告知后仍然实施有关行为的，如果行为人不能作出合理解释，可以认定为'明知'，除非有证据证明行为人确属被蒙骗"。② 那么，当网络服务提供者经监管部门告知后仍然实施有关行为——同样是拒不改正，发生危害后果的，该网络服务提供者应该构成帮助信息网络犯罪活动罪还是拒不履行信息网络安全管理义务罪呢？

事实上，在《刑法修正案（九）》出台之前，司法解释中"明知"规则的内容也基本同上。如《淫秽电子信息解释（二）》第8条规定，"……具有下列情形之一的，应当认定行为人'明知'，但是有证据证明确实不知道的除外：（一）行政主管机关书面告知后仍然实施上述行为的；（二）接到举报后不履行法定管理职责的；（三）为淫秽网站提供互联网接入、服务器托管、网络存储空间、通讯传输通道、代收费、费用结算等服务，收取服务费明显高于

---

① 参见刘艳红《网络中立帮助行为可罚性的流变及批判：以德日的理论和实务为比较基准》，《法学评论》2016年第5期。

② 参见喻海松《网络犯罪的立法扩张与司法适用》，《法律适用》2016年第9期。

市场价格的；（四）向淫秽网站投放广告，广告点击率明显异常的；（五）其他能够认定行为人明知的情形。"

本文认为，两罪的区别主要表现为两点，帮助信息网络犯罪活动罪针对的是为犯罪提供帮助的行为，拒不履行信息网络安全管理义务罪是对不法信息治理的失职，各有重心。如果发生了竞合，从一重处理即可。并且，"经监管部门责令采取改正措施而拒不改正"和"经监管部门告知后仍然实施有关行为的"是有区别的，前者需要严格符合行政命令的形式要件，后者则不一定，告知的效果类似于接到用户举报，形式上可能是书面的，也可能是电子邮件、电话、短信、微信，这种告知仅仅是作为明知的证据。因此，仅仅是得到监管部门告知的，不符合"经监管部门责令采取改正措施而拒不改正"的要件。

帮助信息网络犯罪活动罪和非法利用信息网络罪存在交叉。非法利用信息网络的客观行为，既包括为自己非法利用信息网络的情形，也包括为他人非法利用信息网络的情形，设立网站也可以是诈骗罪、传授犯罪方法罪、销售毒品、枪支淫秽物品等其他犯罪的帮助行为。有学者认为，两罪的法条竞合关系是因网络犯罪的特质所决定的，"为他人非法利用信息网络设立网站、通讯群组、发布信息的行为，虽然也属于帮助信息网络犯罪活动的情形，但在本质上还是一种非法利用信息网络的情形"[①]；也有学者认为非法利用信息网络罪"暗渡陈仓"地实现了共犯的正犯化，实则达到了和帮助信息网络犯罪活动罪一样的效果。[②]

本文不同意这样的看法。帮助信息网络犯罪活动罪的帮助对象行为可以处于犯罪的前端、中端或末端；而非法利用信息网络罪是对其他犯罪预备行为的处罚，是前端行为。《刑法》第287条之1的第2款，规定了非法利用信息网络罪的三种客观行为方式。其中，第（2）项和第（3）项，发布有关制作或者销售毒品、枪支、淫秽物品等违禁物品、管制物品或者其他违法犯罪信息的；为实施诈骗等违法犯罪活动发布信息的，即使是网络服务提供者的行为，也属于内容服务的行为，和线下犯罪无异，因此不会和帮助信息网络犯罪活动罪相混淆。主要的问题出在第（1）项：设立用于实施诈骗、传授犯罪方法、制作或者销售违禁物品、管制物品等违法犯罪活动的网站、通讯群组的。通常认为，"设立网站、通讯群组"是网络服务提供者的行为，因此，当行为人为

---

① 喻海松：《网络犯罪的立法扩张与司法适用》，《法律适用》2016年第9期。
② 参见王霖《网络犯罪参与行为刑事责任模式的教义学塑造——共犯归责模式的回归》，《政治与法律》2016年第9期。

他人犯罪设立网站、通讯群组时，将会同时构成帮助信息网络犯罪活动罪和非法利用信息网络罪。实则不然。首先，设立通讯群组的行为不一定是网络服务提供者的行为。设立通讯群组多数是用户的行为，如 QQ 群、微信群的设置。而设立网站本身有两种含义：一是为他人设立网站；二是依托他人的技术来设立网站，后者指向的是使用网站的人。犯罪判断的依据是网站的内容，至于网站是谁建的，并不重要。因此，本款指向的并不是网络服务提供者，而是使用技术的人，换句话说，作为一般主体的犯罪，网络服务提供者当然也可以构成非法利用信息网络罪，但评价的不是网络服务提供者不履行信息安全管理义务，而是在其他支配型犯罪领域内的预备行为。因此，在第 287 条之一第 2 款第（3）项中，设立网站和设立通讯群组是并列的，均是指向使用网络的人。这一点从之前的司法解释也能看出端倪，《淫秽电子信息解释（二）》里对设立通讯群组、网站建立者和管理者的责任和网络服务提供者的责任也是分开规定的。

根据立法原意："增加非法利用信息网络罪，将为实施有关犯罪而设立网站、通讯群组以及在信息网络上发布信息等准备性行为规定为单独犯罪。按照传统刑法理论和刑法总则的规定，对这类犯罪按照所实施犯罪的预备犯处理是没有问题的，之所以另外规定为独立犯罪，是考虑到这类犯罪的危害性极大，危害后果极为严重，如果实践中按照预备犯处理，不利于及时处理这类危害社会的行为。这类犯罪按照司法实践中传统的犯罪追诉做法，要一一查明整个犯罪链条中各行为人之间的联系，网络上所实施的大量行为与现实生活中受害人的对应关系，这类行为与实行行为、危害结果间的关联关系等，既延宕追诉时间，又耗费司法资源。而单独规定为犯罪，将处罚环节前移，同时规定构成其他犯罪的从一重罪处罚，有利于及时有效地打击这类危险犯罪，且实现罪责刑相当。"①

因此，对于构成非法利用信息网络罪的行为人，原本就是具有可罚性的其他犯罪的预备犯，只不过为了网络犯罪防控的需要提前处罚，切断犯罪的因果流程。预备犯的行为欠缺定型性，为了及时有效地控制严重犯罪行为的发生，立法者将一些预备行为的可类型化要素规定为实行行为，规定了具有危险犯内核的独立犯罪。非法利用信息网络罪的设置和《刑法》第 287 条"利用计算机实施金融诈骗、盗窃、贪污、挪用公款、窃取国家秘密或者其他犯罪的，依照本法有关规定定罪处罚"具有同样的内涵，只不过后者利

---

① 郎胜：《我国刑法的新发展》，《中国法学》2017 年第 5 期。

用的是计算机系统而非信息网络，都是以计算机或信息网络为工具实现的传统犯罪。因此，非法利用信息网络罪并不特别指向网络服务提供者的刑事责任。

关于帮助信息网络犯罪活动罪与破坏计算机信息系统罪、非法控制计算机信息系统罪，有学者认为帮助在逻辑上也可以归属为一种"破坏"[1]；帮助信息网络犯罪活动罪和提供侵入、非法控制计算机信息系统程序、工具罪在客观方面同样存在交叉。

破坏计算机信息系统罪、非法控制计算机信息系统罪和提供侵入、非法控制计算机信息系统程序、工具罪的规制对象是比较明确的，主要是针对以计算机信息系统本身为对象的犯罪，一般不涉及网络空间；而帮助信息网络犯罪活动罪是以信息网络安全为对象的犯罪，针对发生在网络空间中的犯罪行为。提供侵入、非法控制计算机信息系统程序、工具罪的帮助行为体现为提供程序和工具，一般不包括培训网络技术、传播黑客技术，而帮助信息网络犯罪活动罪则包括了直接以技术进行服务。我国网络犯罪经历了从最初的"计算机犯罪"魔变为以网络作为"犯罪对象""犯罪工具""犯罪空间"的网络犯罪的历史过程，并且现阶段三种类型处于共存的状态[2]，如果帮助信息网络犯罪活动罪和以网络作为"犯罪对象"的犯罪发生竞合时，择一重处罚即可。

五　结语

互联网高度发达的今天，人类的行为图谱经由信息网络的绘制，被表达为一连串的电子信号流，人类自身和生存其中的社会结构被改变，互联网塑造的社会生活形态得到进一步加强。当人们习惯用数字来表达生存世界的感受与认同时，这些特征就会使传播出现多变的面孔，也一同带来新的风险。在整体的风险控制模式中，刑法应当是最后的环节。作为不法判断根据的法规范具有提供标准的功能，这一功能使我们能够获得"某种法的确定性"，

---

[1] 参见张铁军《帮助信息网络犯罪活动罪的若干司法适用难题疏解》，《中国刑事法杂志》2017年第6期。

[2] 魏东、金燚：《网络犯罪魔变中的刑法理性检讨》，《刑法论丛》总第50卷，2017年第2卷。

没有充分依据就动辄入刑不能达到预防犯罪的目的。网络犯罪的司法适用需要严守罪与非罪的边界，以问题和个案为导向，将技术和理论研究相结合，建立功能性的刑法研究方法，给予公民刑事政策效用的确定性和刑法的安定性。

侵犯公民个人信息罪的述与评

——以《关于办理侵犯公民个人信息刑事案件适用法律若干问题的解释》为视角

郑旭江*

由于愈演愈烈的侵犯公民个人信息和电信诈骗的违法犯罪态势，法律对于个人信息的保护与日俱增，并逐渐构建了保护个人信息的法律体系。2009年的《刑法修正案（七）》（下称"《刑修七》"）首次将公民个人信息纳入刑法保护，在第253条之一规定了出售、非法提供公民个人信息罪和非法获取公民个人信息罪两个新罪名。2015年的《刑法修正案（九）》（下称"《刑修九》"）加大了防治公民个人信息犯罪的力度，将"出售、非法提供公民个人信息罪"和"非法获取公民个人信息罪"融合为"侵犯公民个人信息罪"；扩大了出售、非法提供公民个人信息罪的主体范围，不再局限于"国家机关或者金融、电信、交通、教育、医疗等单位的工作人员"；减低了出售、非法提供公民个人信息罪的入罪要求，将原先的"违反国家规定"修改为"违反国家有关规定"；删减了非法获取公民个人信息罪的犯罪构成要件，去掉了原有的"情节严重"的要求等。2016年的《中华人民共和国网络安全法》在第40—44条集中规定了个人信息的保护制度，比如第44条规定："任何个人和组织不得窃取或者以其他非法方式获取个人信息，不得非法出售或者非法向他人提供个人信息。"2017年的《中华人民共和国民法总则》在第111条规定："自然人的个人信息受法律保护。任何组织和个人需要获取他人个人信息的，应当依法取得并确保信息安全，不得非法收集、使用、加工、传输他人个人信息，不得非法买卖、提供或者公开他人个人信息。"2017年6月1日起，两高《关于办理侵犯公民个人信息刑事案件适用法律若干问题的解释》（下称"《解释》"）正式施行，涉及公民个人信息的范围，侵犯公民个人信息罪的定罪量刑标准以及侵犯公民个人信息犯罪相关的犯罪竞合、单位犯罪和数量计算等

---

* 郑旭江，浙江理工大学法律系副主任，中国社会科学院法学研究所博士后。

重要问题,并由此引发侵犯公民个人信息罪的热议,值得我们对此开展进一步的探究。

一 侵犯公民个人信息罪的对象问题

(一) 个人信息的性质和范围

自侵犯公民个人信息入罪化以来,对于"公民个人信息"概念的争论就未停止过。[①] 顾名思义,公民个人信息是指能够识别出公民个人身份和情况的信息,按照类别而言通常包括身份信息、征信信息、财产信息、通信信息、生理信息等。学界对此的争论主要有以下几种观点:(1) 公民个人信息应指以任何形式存在并与公民个人相关的信息,包括身份信息、财产信息和隐私信息等;(2) 公民个人信息应指与公民个人直接相关、能够反映公民局部或整体特点并具有法律保护价值的信息,包括反映个人生理、身份、经历、家庭、财务、识别代码等情况的信息;(3) 公民个人信息应是本人不希望为他人所知晓并存在法律保护价值的信息。[②] 在《解释》出台之前,有关公民个人信息范畴的权威解释来自 2013 年两高和公安部联合发布的《关于依法惩处侵害公民个人信息犯罪活动的通知》,认为侵犯公民个人信息罪的"公民个人信息"是指"以电子或者其他方式记录的能够单独或者与其他信息结合识别特定自然人身份或者反映特定自然人活动情况的各种信息"。由此,我们可以归纳出个人信息的性质,并在性质的基础上对范围有所限制,而非不加辨别地对所有与个人相关的信息都一视同仁。

首先,个人信息应具有法益性。在立法层面,刑法所保护的利益即法益决定了刑事违法性的规范,如果说《刑修七》对本罪犯罪主体的限制体现了公权主体对公民个人信息的保管义务,那么如今侵犯公民个人信息罪所侵害的是公民个人信息得到合法采集、流通和使用的权利。刑法第 253 条之一的规定介于"侵犯通信自由罪"和"私自开拆、隐匿、毁弃邮件、电报罪"之后,体

---

① 参见于冲《侵犯公民个人信息罪中"公民个人信息"法益属性与入罪边界》,《政治与法律》2018 年第 4 期。

② 参见张磊《司法实践中侵犯公民个人信息犯罪的疑难问题及其对策》,《当代法学》2011 年第 1 期。

现了侵犯公民个人信息罪所保护的法益应是与上述罪名相似的公民人格尊严和个人信息自由。因此，个人信息本身应与人格尊严和信息自由具有一定程度的同质性和关联性。

其次，个人信息应具有映射性。在数学里，映射是指两个元素的集合之间元素相互"对应"的关系。在个人信息和个人身份状况或活动情况之间也需要具备一定的映射关系。侵犯公民个人信息罪中的"信息"是指能单独或与其他信息结合后识别特定自然人身份或反映特定自然人活动情况的信息。能够单独识别特定自然人身份的信息当属个人信息无疑，然而如何判断与其他信息结合后能够识别身份的"信息"是否属于个人信息将是司法实践必须面对的问题。在大数据时代的信息环境中，因为信息"记录而有用，而非有用而记录"成了一种行业常态和发展趋势。通过数据清理、数据集成、数据转换以及数据规约的一系列技术处理，原本与自然人身份或活动情况并不直接相关甚至相距甚远的信息也可以具有一定的识别功能。"应当认为，即便只是个人的非敏感信息，但这些针对特定主体、有明确目的收集的信息，实际上与家庭地址、电话号码等敏感信息具有同样重要的价值。小数据甚至比传统的个人档案还要详细，它从睡眠、饮食、出行、作息等方面事无巨细地记录了一个人，如果用于诈骗、敲诈勒索、绑架、盗窃等犯罪，会带来巨大危害……有针对性和特定性的个性化数据记录完全能够实现从一般数据到个人核心信息的转化。"①因此，我们需要在个人信息的识别性上加以进一步阐明，正确理解"结合"的技术应用范畴，理应让个人信息的单独识别和结合识别产生对个人信息范围的解释作用和限制作用。反映特定自然人活动情况的信息包括行踪轨迹、住宅信息、开房信息以及其他具备地理定位属性的信息。在《解释》出台之前，对于行踪轨迹是否属于公民个人信息尚有较大的争论，有学者就认为即使在《刑修九》实行之后，个人的日常行踪等动态情况仍然不能认定为刑法中的公民个人信息，因其不具有公民个人信息的"强识别性"和"法益关联性"。同时，公民个人信息不仅需要具备一定的可识别性，还应根据刑法的谦抑性对其范围进行合理的限缩。② 但是，由于侵犯公民个人信息犯罪处于高发态势，而且与电信网络诈骗、敲诈勒索、绑架等犯罪呈合流态势，《解释》将反映自然人活动情况的信息也归入"公民个人信息"，符合信息时代中对个人关键信息

---

① 于志刚、李源粒：《大数据时代数据犯罪的制裁思路》，《中国社会科学》2014年第10期。
② 叶良芳、应家赟：《非法获取公民个人信息罪之"公民个人信息"的教义学阐释》，《浙江社会科学》2016年第4期。

加强保护的未来要求。

最后,个人信息应具有真实性。《解释》根据个人信息的用途、数量和种类等情节要素来认定"情节严重",但对于信息真实性及其举证责任的分配缺乏足够的说明。现行司法实践中,往往由于个人信息数量巨大,如果逐一认定个人信息是否真实则需要巨大的司法资源,因此司法机关往往对个人信息的真实性予以推定。① 但是无论基于"映射性"所内含的真实性要求,还是在窃取、收买、非法提供信用卡信息罪中司法机关对信用卡信息真实性的举证实践,都要求司法机关旗帜鲜明地重视个人信息中的真实性问题,对于虚假的个人信息,如符合"虚构事实,隐瞒真相"以谋求非法利益的构成要件,则可以诈骗罪加以处理,否则该予以剔除。

(二)公民的性质和范围

理论界和实务界对于侵犯公民个人信息罪中"个人信息"的性质和范围聚讼不已,但对于"公民"的概念却缺乏足够的重视。对于公民个人信息是否可以包含外国自然人的个人信息是一个值得加以研究的问题。

首先,公民在刑法中的概念与在其他法律中的概念要有所区分。我国最新民法通则在第二章目录采用了"公民(自然人)"这样的表述方式,其第8条第2款规定"本法关于公民的规定,适用于在中华人民共和国领域内的外国人、无国籍人,法律另有规定的除外"。可见,在民法领域,有时候"公民"和"自然人"在立法技术上可等同使用。但在刑法领域,"公民"这一概念显然不同于"自然人"。我国刑法第7条"属人管辖权"规定:"中华人民共和国公民在中华人民共和国领域外犯本法规定之罪的,适用本法,但是按本法规定的最高刑为三年以下有期徒刑的,可以不予追究。"第8条"保护管辖权"规定:"外国人在中华人民共和国领域外对中华人民共和国国家或者公民犯罪,而按本法规定的最低刑为三年以上有期徒刑的,可以适用本法,但是按照犯罪地的法律不受处罚的除外。"可见,在我国刑法规范中,公民、外国人和自然人不会在具体语境中混为一谈。

其次,作为公法上的概念,公民是指具有一个国家国籍并享有其全部权利和承担其全部义务的自然人。有研究者认为,出于平等保护个人信息的需求和

---

① 付玉明:《侵犯公民个人信息案件之"批量公民个人信息"的数量认定规则——《关于办理侵犯公民个人信息刑事案件适用法律若干问题的解释》第11条第3款评析》,《浙江社会科学》2017年第10期。

维护外国人在华的权益，我们理应借鉴"公民"概念在民法中的使用方式，宜把"公民"扩张解释为"自然人"，认为既可节约立法成本，也不会伤害民众预期。① 但是，在公法上，"公民"具有自身显著的特定含义。我国宪法第33条规定，具有中华人民共和国国籍的自然人才是所谓的"公民"。我国刑法第376条"战时拒绝、逃避服役罪"规定，公民战时拒绝、逃避服役，情节严重的，处二年以下有期徒刑或者拘役。同时，民法总则也明确指出"法律另有规定的除外"。因此，将刑法中的"公民"扩张解释为"自然人"将会明显突破"公民"的核心语义范围，不符合刑法文义解释的基本原理。

最后，公民个人信息可以通过其他方式解释为包含外国自然人的个人信息。侵犯公民个人信息的行为并不会专门指向本国公民，我们并没有理由在司法个案中对本国公民和他国公民的个人信息进行区别对待，"所以在个人信息的保护上，对受到不法侵犯的中国公民或外国人，都应当给予其平等保护，不主张有例外"。② 具体来说，我国刑法第253条并没有前缀去限定侵犯公民个人信息罪中的"公民"属于哪个国家的公民，因此，我们无须通过所谓的"扩张解释"来强行突破"公民"的特定含义，而是要充分挖掘刑法规范本身的弹性来应对实践中法益保护的需求。从长远来看，侵犯公民个人信息罪中的"公民"在以后法律规范的"立改删"中应加以阐明。

二 侵犯公民个人信息罪的前置性法律法规问题

侵犯公民个人信息罪是典型的法定犯，其所具备的二次违法性决定了对侵犯公民个人信息罪的界定有赖于前置性法律法规的相关规定。我国目前尚未建立公民个人信息保护法，也并没有对"个人信息"进行统一的法律表述。可以说，对于个人信息的刑法保护冲在了防治公民个人信息违法犯罪的前线，在保障法冲锋陷阵而前置法却相对延迟的情形下形成了对个人信息法律保护的"倒逼"状态。因此，我国《刑法》第253条中"违反国家有关规定"的解读就显得尤为重要。

首先，我们应该明确"违反国家有关规定"和"违反国家规定"的区别。我国《刑法》第96条规定："本法所称违反国家规定，是指违反全国人民代

---

① 韦鹏：《侵犯公民个人信息罪疑难问题研究》，硕士学位论文，西南大学，2016年。
② 赵秉志主编：《刑法修正案（七）专题研究》，北京师范大学出版社2011年版，第150页。

表大会及其常务委员会制定的法律和决定，国务院制定的行政法规、规定的行政措施、发布的决定和命令。"进一步来说，"国家规定"的发布主体限于人大及其常委会与国务院，具有国家中央层次的立法权限。而"违反国家有关规定"的表述在刑法中尚是首次出现，它与"国家规定"的区别到底在何处？从立法角度看，"违反……规定"的表述是立法技术在刑法规范中的运用，意味着该罪状属于需要参照其他前置性法律法规的空白罪状，罪状所涉的犯罪属于法定犯。从文义解释来看，将"规定"变为"有关规定"意味着两者基本含义的不同。刑法规范涉及公民的财产、自由乃至生命，一字之差甚至一个标点符号也理应严肃对待。我们有理由确信，无论是基于立法者的不同表述还是客观理解分则条文的表达方式，"国家规定"和"国家有关规定"在概念上确实存在显而易见的区别。

其次，"国家有关规定"的外延应该追求刑法秩序内的一致性。我国刑法在总则部分规定了"国家规定"的概念，又在分则部分第253条规定了"国家有关规定"。尽管刑法总则和分则具有各自的特点，但是基于同一个法律系统内秩序的一致性，我们在阐释和应用分则个罪中的"国家有关规定"时理应尽可能参照总则中"国家规定"的内涵和外延，以保持法律系统内的协调统一。有学者认为，在加入"有关"两字后，所有和我国相关的法律都可视为本罪的前置性法规，因此其范围应当扩大至包括地方性法规、部门规章和地方政府规章。至于其最终是否能认定为刑法中的"国家有关规定"，还应当取决于规章的法律效力。[①] 但是，如果将"国家有关规定"扩大至如此范围，则意味着司法裁判者在解决具体个案时要首先查明纷繁复杂的地方性法规、部门规章和地方政府规章。在潜藏的巨大司法成本之外，裁判者还要应对地方性法规、部门规章和地方政府规章之间的相互脱节、抵牾甚至矛盾。而且基于侵犯公民个人信息犯罪的跨地域性，不同地区不同层级的地方性法规和地方政府规章该如何协调也将是一个难题。反过来思考，如果我们可以遵从法秩序的一致性，参照"国家规定"来解读"国家有关规定"的外延，就可以有效解决上述问题。《解释》第2条规定：违反法律、行政法规、部门规章有关公民个人信息保护的规定的，应当认定为刑法第253条之一规定的"违反国家有关规定"。在这里，法律和行政法规与"国家规定"中的外延重合，但是如何理解增加的"部门规章"也将存在一定的争议。在立法上，行政法规是指国务院

[①] 吴允锋、纪康：《侵犯公民个人信息罪的司法适用——以〈网络安全法〉为视角》，《河南警察学院学报》2017年第2期。

制定颁布的规范性文件，其法律地位和效力仅次于宪法和法律；而部门规章是由国务院的组成部门和直属机构在它们的职权范围内制定的规范性文件，行政规章要服从宪法、法律和行政法规，并与地方性法规同级。为了避免"政出多门"而无所适从，也基于"国家规定"的参照提示作用，我们理应将部门规章作限制解释和狭义理解，排除同级地方性法规、广义部门规章中的地方行政规章。

最后，"国家有关规定"需要保持刑法秩序外的协调性。由于法律的滞后性和我国刑法应对的主动性，我们往往在缺乏相应前置性法律法规的时候就探索新兴领域的刑法治理，因而导致相关概念没有达成共识，刑法和其他法律法规缺乏应有的协调性。以"个人信息"的概念变迁为例，2005年6月16日中国人民银行发布实施的《个人信用信息基础数据库管理暂行办法》第4条对公民个人信用信息作了明确："本办法所称个人信用信息包括个人基本信息、个人信贷交易信息以及反映个人信用状况的其他信息。""前款所称个人基本信息是指自然人身份识别信息、职业和居住地址等信息；个人信贷交易信息是指商业银行提供的自然人在个人贷款、贷记卡、准贷记卡、担保等信用活动中形成的交易记录；反映个人信用状况的其他信息是指除信贷交易信息之外的反映个人信用状况的相关信息。"2012年12月28日，《全国人民代表大会常务委员会关于加强网络信息保护的决定》规定了公民个人电子信息，第1条第1款规定："国家保护能够识别公民个人身份和涉及公民个人隐私的电子信息。"上述规定虽然不是直接针对刑法第253条之一规定的"公民个人信息"，但为准确把握"公民个人信息"提供了参考的基础。2013年4月23日，两高和公安部联合发布的《关于依法惩处侵害公民个人信息犯罪活动的通知》第2条规定："公民个人信息包括公民的姓名、年龄、有效证件号码、婚姻状况、工作单位、学历、履历、家庭住址、电话号码等能够识别公民个人身份或者涉及公民个人隐私的信息、数据资料"，明确了公民个人信息主要包括能否识别公民个人身份的信息和涉及公民个人隐私的信息两大类。2013年6月28日，我国工业和信息化部审议通过的《电信和互联网用户个人信息保护规定》第4条规定："本规定所称用户个人信息，是指电信业务经营者和互联网信息服务提供者在提供服务的过程中收集的用户姓名、出生日期、身份证件号码、住址、电话号码、账号和密码等能够单独或者与其他信息结合识别用户的信息以及用户使用服务的时间、地点等信息。"2016年11月7日通过的《网络安全法》在附则第76条首次对"个人信息"进行了定义，认为"个人信息是指以电子或其他方式记录的能够单独或者与其他信息结合识别自然人个人身份的各种信息，包括但不仅限于自然人的姓名、出生日期、身份证件号码、个人生物识别信息、住址、电话号码等"。从公民个人信用信息到公民个人电子信息，从用户个人信息到公民个人信息再到个人信息，我们可以发现如表一所示，个人信息的内涵一直处于不断的调试当中。侵犯公民个人信息罪中的"个人信息"在形式上不再局限于电子信息，在范围上增加了反映特定自然人活动情况的信息，在本质上强调了信息和人之间的映射性。而在具体解释"国家有关规定"时，我们的目光更要往返于刑法规范和前置性法律法规之间，注重两者的协调均衡。

表一 "公民个人信息"概念变迁

时间	法律法规	称呼	规范要点
2005年6月16日	《个人信用信息基础数据库管理暂行办法》	个人信用信息	个人基本信息、个人信贷交易信息以及同质的其他信息
2012年12月28日	《全国人民代表大会常务委员会关于加强网络信息保护的决定》	个人电子信息	识别公民个人身份和涉及公民个人隐私的电子信息
2013年4月23日	《关于依法惩处侵害公民个人信息犯罪活动的通知》	公民个人信息	能识别公民个人身份或者涉及公民个人隐私的信息、数据资料
2013年6月28日	《电信和互联网用户个人信息保护规定》	用户个人信息	能单独或与其他信息结合识别用户的信息以及用户使用服务的时间、地点等信息
2016年11月7日	《网络安全法》	个人信息	以电子或其他方式记录的能单独或者与其他信息结合识别自然人个人身份的各种信息
2017年3月20日	《关于办理侵犯公民个人信息刑事案件适用法律若干问题的解释》	公民个人信息	指以电子或者其他方式记录的能够单独或者与其他信息结合识别特定自然人身份或者反映特定自然人活动情况的各种信息

三 侵犯公民个人信息罪的"情节"问题

情节犯作为我国刑法中特有的一种犯罪类型，因其立法表述上的"开放性"和"模糊性"，尤其需要刑法学界对其内涵和意蕴进行深入的解读，在解读刑法分则个罪中的"情节"时理应采取类型化的思维进行总结和应用。侵犯公民个人信息罪的情节要素可以概括为以下六类,分别对应"情节严重"和"情节特别严重"的不同情形。

(一) 信息种类和数量

如表二所示,《解释》规定了不同个人信息种类和相应的信息数量所构成的情节程度。个人信息种类在一定程度上反映了危害行为所侵害或威胁的法益的大小,个人信息的数量也表征着危害行为的社会危害性程度的高低。在个人信息种类上,主要有行踪轨迹信息、通信内容、征信信息、财产信息、住宿信息、通信记录、健康生理信息、交易信息等其他可能影响人身、财产安全的公民个人信息;在信息数量上,主要存在"五十条以上""五百条以上""五千条以上""相应标准一半以上""相应标准10倍以上"的入罪标准,以体现罪责刑相适应的刑法原则。此外,《解释》规定"数量未达到第三项至第五项规定标准,但是按照相应比例合计达到有关数量标准的",也将达到"情节严重"的程度。在这里,如何理解"相应比例"需要更进一步的明确。司法实践中,在涉及同一罪名下不同类型犯罪的数额计算时,往往按照入罪的数额标准按照一定比例进行折算与合计。就如信用卡诈骗罪中恶意透支型信用卡诈骗罪计算数额的方式一样,侵犯公民个人信息罪中,如果犯罪嫌疑人非法获取、出售或提供不同类型个人信息时未达到规定的数量标准,则可以不同类型个人信息所对应的 50∶500∶5000 的标准进行相应的折算。

表二　　　　　　　　信息种类、数量对应的情节程度

情节程度	行为方式	信息种类	信息数量
情节严重	非法获取、出售、提供	行踪轨迹信息、通信内容、征信信息、财产信息	50条以上
情节严重	非法获取、出售、提供	住宿信息、通信记录、健康生理信息、交易信息等其他可能影响人身、财产安全的公民个人信息	500条以上
情节严重	非法获取、出售、提供	其他公民个人信息	5000条以上
情节严重	非法获取、出售、提供	不同类型个人信息	相应比例合计得到相应数量标准

续表

情节程度	行为方式	信息种类	信息数量
情节严重	出售或提供履职或服务过程中获得的个人信息	不同类型个人信息	相应标准的50%以上
情节特别严重	？	不同类型个人信息	相应标准的10倍以上

（二）危害行为类型

《解释》在不同的条款列举了不同的行为类型，编织了严密的法网以涵盖现实中出现的各种情形。（一）非法获取公民个人信息。"非法获取公民个人信息"存在两种情形，一种是行为人违反国家有关规定，购买、收受、交换公民个人信息；另外一种是在履行职责、提供服务过程中非法收集。（二）非法出售公民个人信息。未经过个人信息被收集者同意，以一定的对价方式与他人进行个人信息的交易，应当认定为非法出售公民个人信息。（三）非法提供公民个人信息。对于非法搜集的公民个人信息，《解释》规定："向特定人提供公民个人信息，以及通过信息网络或者其他途径发布公民个人信息的，应当认定为刑法第253条之一规定的'提供公民个人信息'。"由此，"人肉搜索"的行为就属于行为人未经权利人同意即将其身份、照片、姓名、生活细节等个人信息公布于众的"非法提供公民个人信息"的行为，应承担相应的刑事责任。对于合法搜集的公民个人信息，《解释》规定："未经被收集者同意，将合法收集的公民个人信息向他人提供的，属于刑法第二百五十三条之一规定的'提供公民个人信息'，但是经过处理无法识别特定个人且不能复原的除外。"其中，如何认定"无法识别特定个人且不能复原"，需要确立一定的技术标准和行业准则，比如引入虚拟匿名化信息采集技术来代替原先的匿名信息采集技术，[①] 否则将很有可能阻滞信息的自由流通和高效运用。（四）为"合法经营活动"而非法购买、收受公民个人信息。实践中企业公司为从事广告推销等经营活动而非法购买、收受公民个人信息的情形较为普遍，为贯彻体现宽严相济的刑事政策，《解释》第6条专门规定为合法经营活动而非法购买、收受敏感信息以外的公民个人信息，具有下列情形之一的，应当认定为"情节严重"：（1）获利五万元以上的；（2）有此罪前科的；（3）其他情节严重的

---

① 万方：《大数据背景下个人信息保护的新路径》，《图书情报知识》2016年第6期。

情形。

（三）主体身份和前科状况

《解释》考虑到了行为人的职业身份所赋予的义务和以往经历所反映的人身危险性，明确规定"将在履行职责或者提供服务过程中获得的公民个人信息出售或者提供给他人"的，认定"情节严重"的数量、数额标准减半计算。对于曾因侵犯公民个人信息受过刑事处罚或者二年内受过行政处罚，又非法获取、出售或者提供公民个人信息的，行为人屡教不改、主观恶性较大，因而将其也规定为"情节严重"。在这里，行为人可能构成一般累犯，即被判处有期徒刑以上刑罚的行为人，刑罚执行完毕或者赦免以后，在5年以内再犯应当判处有期徒刑以上刑罚之罪，应当从重处罚，不得适用缓刑和假释。

（四）信息用途和主观不法

侵犯公民个人信息所得信息的用途或目的也是"情节"的组成要素。是否承认主观不法一直是结果无价值与行为无价值的争议点之一，在一定范围内将主观不法纳入情节的要素能够完善情节犯的评价体系，健全"情节严重"的分类，从而有助于刑法规范的解释和适用。《解释》将"非法获取、出售或者提供行踪轨迹信息，被他人用于犯罪"，"知道或者应当知道他人利用公民个人信息实施犯罪，向其出售或者提供"规定为"情节严重"。在这里，"非法获取、出售或者提供行踪轨迹信息，被他人用于犯罪"属于行为人本身难以预料的客观现实，刑法为了严厉打击公民个人信息方面的犯罪而科以更高的合法使用信息的责任。"知道或者应当知道他人利用公民个人信息实施犯罪，向其出售或者提供"则为犯罪人提供了犯罪的条件，在一定条件下可能构成他人所犯之罪的帮助犯。

（五）危害后果和违法所得

侵犯公民个人信息往往是为了牟利或者会造成一定的危害后果，因此《解释》将违法所得和危害后果作为"情节"的要素。《解释》将违法所得5000元以上的规定为"情节严重"；将"造成被害人死亡、重伤、精神失常或者被绑架等严重后果"，"造成重大经济损失或者恶劣社会影响"规定为"情节特别严重"。值得注意的是，在"情节特别严重"列明"经济损失"的情节要素时，"情节严重"的情形中并没有明确列出"经济损失"的要素，侵犯公民个人信息的行为既可能产生违法所得，也很有可能造成信息所有人的"经济损失",甚至两者兼有。

(六) 其他情节严重或情节特别严重的情形

在从上述五大方面罗列情节要素的同时,《解释》基于立法技术留下了"兜底"条款,如何认定"其他情形"这样的"兜底"性规定需要参照上述情节要素的性质而加以总结。在危害行为上,可以将获取信息的手段是否恶劣作为情节要素;在危害后果上,可以将一定数量的信息流向境外作为要素;在主体身份上,可将执法机关在履职过程中甄别身份或收集证据侵犯公民个人信息作为情节要素;在主观不法上,可以将"为进行违法犯罪活动获取公民个人信息""以陷害目的获取公民个人信息""为打击、报复目的获取公民个人信息"等列为情节要素。在斟字酌句地对侵犯公民个人信息罪进行述与评之后,《解释》的进步和局限也将一目了然,而日新月异的社会发展和科技进步将会持续推动侵犯公民个人信息罪的研究,如何在公民个人权利保护和社会科技经济进步之间保持动态的平衡将是大数据时代刑法学人必须思考的命题。

网上理财的刑事风险及刑法规制逻辑

乔 远[*]

网上理财，也称互联网理财，其本质是依托互联网进行的金融产品交易。尽管学界并未试图对其作出定义，然而在经历了近年来的爆发式增长后，"网上理财"作为一个术语早已在事实上为大众所熟知并接受。而作为一种交易，其规模也极其庞大。数据表明，2017年仅北上广三地"网上理财"的成交量便高达20286.24亿元。[①] 诚然，依托互联网进行金融产品的交易模式方便了普通用户，降低了交易成本。然而与这一场爆发式增长相伴而生的巨大风险也令人难以忽视。网上理财公司及投资人对监管的漠视与对相关刑事风险的认知匮乏，使其面临着巨大刑事风险敞口。近来互联网金融转向政治工作领导小组办公室发布的《关于加大通过互联网开展资产管理业务政治力度及开展验收工作的通知》中，也明确指出了网上理财被定性为非法金融活动的可能性。[②]

从表面来看，有关网上理财的刑法规制除了常见几个罪名外，似乎没有别的方式。我们尽管在一定程度上必须承认刑法规制方式有限的事实，但草率得出刑法不够用的结论也彰显出我们对网上理财背后交易模式以及对现有罪名适用逻辑在认知上的不足。实践中，网上理财背后的复杂交易结构的确在一定程度上挑战了传统刑法所秉持的规制范式，但并未脱离现有刑法的规制框架。对网上理财进行详尽的法律分析，并在此基础上探讨其刑事风险，对解决刑法在规制网上理财之时饱受诟病的不够精细具有重要的价值，也对改善刑法在金融市场领域"一收就死，一放就乱"的现状具有积极的意义。

---

[*] 乔远，深圳大学法学院讲师，法学博士。

[①] 参见《2017年互联网理财行业研究报告》，搜狐财经，http://www.sohu.com/a/214676982_697246。

[②] 参见《互联网金融风险转向政治工作领导小组办公室关于加大通过互联网开展资产管理业务整治力度及开展验收工作的通知》。

理论上，近年的刑法研究已经逐渐脱离了仅关注刑法本身，逐渐走向"左看右盼"、注重刑法学科与其他学科交叉关系研究的"立体化"研究。① 更进一步讲，由于刑法有关犯罪构成的规定，尤其是金融犯罪相关的规定，在很多时候需要参考相关民商事法规及行政法规。因而，很多时候刑事犯罪的判定与相关违法的判定之间"并不存在截然分明的界限"。② 有关"网上理财"刑事风险及刑法规制逻辑的相关研究，也理应以此为基础，并秉持"立体化"的研究思路，不仅关注刑法规制问题本身，而且注重网上理财背后的交易结构及基础法律关系。

目前，在市场上比较流行的几种网上主要理财产品虽然名目繁多，但其背后的交易结构却不乏规律可循。具体而言，从网上理财的交易结构角度进行分析，主要包括四种类型："债权型"网上理财、"基金型"网上理财、"信托型"网上理财及"保险型"网上理财。这几种典型的网上理财因背后交易结构的不同，因而所依托的民商事法律关系相去甚远。因而尽管其刑事风险及刑法规制的方式从表面看十分类似，但适用相关刑法规制方式及罪名的逻辑却大不相同，值得深入分析。在本文看来，以上述四种类型为主的网上理财通常会经历设立及运营两个阶段。相应地，对其刑事风险和刑法规制的讨论也与这两个阶段对应，主要包括"擅设"风险与"运营"风险。当然，本文所讨论的这两个阶段的刑事风险仅指那些因适用互联网而开展业务的理财平台所面临的刑事风险，而非泛指全部设立与运营相关的风险。除与"网上理财"交易直接相关的刑事风险外，理财平台因利用互联网而具有的收集及利用公民信息便利，同时也使之面临信息滥用相关的"衍生"刑事风险。

---

① 有学者提出了"立体刑法学"的概念，主张刑法研究不仅应关注刑法本身，也要关注刑法学与其他学科间的关系。刘仁文：《构建我国立体刑法学的思考》，《东方法学》2009年第5期；刘仁文：《立体刑法学：回顾与展望》，《北京工业大学学报》（社会科学版）2017年第5期。

② 已有学者从刑民学科交叉的角度对法与冲突之排除问题进行了深入的研究。我们认为，不仅"民事违法与刑事犯罪之间并不存在截然分明的界限"，至少在金融犯罪领域，相关的民事违法与行政违法与刑事犯罪之间也不存在截然分明的界限。于改之：《法域冲突的排除：立场、规则与适用》，《中国法学》2018年第4期。

一 典型的网上理财类型、法律关系及一般法律风险

尽管网上理财已为大众所熟知,但事实上很难对其作出准确的定义。[1]在本文看来,所谓"网上理财"主要是指以互联网为依托、面向大众销售的各种理财产品的总称。我国金融市场中各种网上理财名目繁多、花样百出。然而若从交易结构及产品内容的角度出发,我国金融市场中现存的网上理财主要包括四类:以债权为基础的"债权型"网上理财,以基金产品为内容的"基金型"网上理财,以信托产品为内容的"信托型"网上理财,以及以兼具理财功能的保险作为产品的"保险型"网上理财。具体来看,每种类型的网上理财都因其独特的交易结构而依托于不同的民商事法律关系,也相应地面临不同的法律风险乃至刑事风险。

(一) "债权型"网上理财

"债权型"网上理财是以债权交易为基础的网上理财。目前为止,我国"债权型"网上理财主要包括两类,一类是以直接融资模式为基础的网上理财,例如 P2P 融资;另一类则是偏向于利用互联网销售以债权为内容、以质权等为担保的理财产品。就第一类网上理财而言,多数包括 P2P 在内的以互联网直接融资为基础的网上理财产品,都涉及 P2P 平台本身为债权提供担保,因而其存在从"信息"中介转变为"信用"中介的问题。[2]背后的原因主要在于平台为实现期限错配而设立资金池,这样一来,本不具有吸纳公众资金资质的 P2P 平台事实上从事的是向公众吸纳资金的业务,这导致实践中除符合法律规定的小额豁免外,多数 P2P 平台都面临着非法集资的法律风险。

就第二类网上理财产品而言,其背后依然是直接融资为内容的债权,不同之处在于其债权通常由其他权利(如质权等)为其担保,实践中常见的"票

---

[1] 刘晛:《中国互联网金融的发展问题研究》,博士学位论文,吉林大学,2016 年;李树文:《互联网理财产品特征与风险分析》,《大连海事大学学报》(社会科学版) 2015 年第 3 期。

[2] 乔远:《刑法视域中的 P2P 融资担保行为》,《政法论丛》2017 年第 1 期。

据理财"便是如此。①这类理财产品背后的交易结构中,大致有四方当事人,投资人、融资人、互联网平台及第三方支付机构。投资人作为资金的出借方,通过互联网平台,与融资人之间形成借贷法律关系,一般而言,合法的票据理财项目中投资人所出借的钱款将用于融资人日常经营之中,融资人(借款人)还款时应使用自有资金,并且以银行承兑汇票为质押以担保投资人债权的实现。与此同时,投资人委托平台代办汇票质押、验真、保管及主张票据权利等事项;而投资人与融资人间的资金往来则不通过互联网平台,而是通过第三方支付机构完成。银行承兑汇票在其中不仅可以作为债权的担保,通过其1—6个月不等的承兑期限,也使投资人可选择的投资期限更为多样。另外,依照我国《票据法》的规定,票据是具有支付结算功能的金融产品。互联网平台一旦涉及使用票据进行融资,便很容易触及刑法底线。

(二)"基金型"网上理财

以基金产品为主要交易内容的"基金型"网上理财,是目前我国最为常见的网上理财产品之一。近年来十分流行的"余额宝"便是非常典型的、本质为货币市场基金的理财产品。②而复杂一点的基金型理财更为灵活且收益更高,涉及的基金类型、交易结构和相关法律关系也更为复杂。"基金型"网上理财的背后,一般至少包括三个基本的法律关系:基金市场法律关系、网络代销关系及依托第三方支付平台赎回产生的法律关系。在"基金市场法律关系"中,基金管理人一般在成立之后,会在对公众开放申购募集到一定数量的金钱之后,一般或投资国债、央票等低风险、低收益的货币市场工具;或投资企业债、股票等高风险、高收益的金融产品。而其中常见的"基金型"网上理财都是依托网络平台对公众展开申购的,尤其是那些投资起点要求不高的理财产品,基本都采用通过互联网平台这一渠道对公众开放。换言之,基金公司在成立之后,需要通过一个或数个互联网平台,将其基金销售给投资者,这便是上述法律关系中的"网络代销法律关系"。"基金型"网上理财产品还会涉及投

---

① 在我国,票据理财的知名度远不及其实际规模。自2013年我国第一家票据理财平台"金银猫"设立至今,多达数百家的P2P理财平台实际上采用的都是票据理财的模式。除金票通、银票网、票据宝等知名理财平台外,阿里巴巴与京东金融业都有自己的票据理财产品。刘江伟:《互联网票据理财的法律风险及其化解建议》,《西南金融》2017年第3期。

② 刘燕:《监管余额宝:真问题与假问题》,载彭冰主编《互联网金融实践的法律分析》,北京大学出版社,第41—44页。

资者提现时的另一法律关系,即"依托第三方支付平台产生的赎回法律关系"。当投资人希望赎回其所投资的金额,一般是通过一个第三方支付平台来实现的,具体路径为投资人申请赎回,资金回到第三方支付平台上,后依照投资人的需求,可从该第三方支付平台回流到与平台绑定的银行卡上。

在这种交易模式下,若基金销售平台直接嵌入互联网平台,事实上便会形成上述网络代销法律关系下互联网平台用户与基金购买者的混同,不仅是我国目前市面上的"基金型"网上理财所面临的最主要法律风险,更是其触犯刑事底线的最大隐患。事实上,由于我国现行法律对公募基金产品的发行和销售都有较高的准入要求,需要在获得证监会的批准之后才能发行,并且销售机构也需要获得证监会的许可。实践中大量的被认定非法的基金型理财,之所以被看作是非法,其背后的主要原因基本是基金销售直接嵌入了互联网代销平台,而互联网代销平台本身又并不具有证监会的基金销售许可。与此同时,法律对投资者的适当性必须加以考虑,并且应当向基金投资者进行必要的信息披露和风险提示。

(三)"信托型"网上理财

"信托型"网上理财也是我国目前市场上较为常见的一种理财方式。这种类型的网上理财以信托产品作为主要交易内容,其交易模式基本可以被总结为:广大用户通过网络平台与某投资公司签订委托代理协议,该公司在取得用户的委托代理权之后,再以自己的名义与信托公司签订信托合同,对具体的信托产品进行投资。当然,互联网用户的资金一般由第三方公司托管,在信托产品额度已满的情况下,由第三方公司向信托公司打款,而非直接由该公司管理用户资金。其中的问题在于,依照我国法律规定,信托投资人不得违规汇集他人资金购买信托产品,在我国能够向公众吸收资金的金融中介机构仅为银行及保险机构。而多数违法的"信托型"网上理财的问题都源于投资公司试图绕开资质监管,将信托产品先进行拆分后,再利用互联网平台销售。这种拆分销售的行为实质上便是非法汇集他人资金购买信托产品的行为,极易触及法律底线。

(四)"保险型"网上理财

"保险型"网上理财,顾名思义便是以保险产品为基础的网上理财产品。其具体的交易结构基本可以总结为:投保者通过网络平台,与保险公司签署投资协议,保险公司收到用户的投资后,对资金可进行管理及再投资,其可投资范围非常广泛,包括可使用资金投资信托计划等,因而也更为灵活。有些情况下,"保险型"网上理财会与其他方式的网上理财结合起来一并向投资者销售,阿里巴巴旗下的"招财宝"便是如此。由于在现有的保险法及相关法律框架下,保险公司是被允许向公众吸收资金的,因而当保险公司本身是依照我国保险法第三章之要求合法设立的情况下,是没有面临"非法集资"相关刑事风险的可能性的。然而,当投资者通过网上理财平台购买某一保险公司产品之时,网上理财平台作为保险代理人或经纪人,其设立也要符合我国《保险法》要求,在开展业务之前需取得保险监管机构颁发的经营保险代理业务许可证、保险经纪业务许可证。① 同时,按照法律要求,作为保险代理人或经纪人,"不得挪用、截留、侵占保险费或者保险金"。② 在这种情况下,平台如何在保证投资者的资金安全的前提下不截留资金,以免触犯相关法律甚至刑事法律,是尤其值得我们关注的问题。

二 网上理财的主要刑事风险及刑法规制逻辑

总体而言,我国不同类型的网上理财所面临的刑事风险尽管从表面上看十分相似,但若我们结合上述四种类型化的网上理财之背后的法律关系与交易逻辑,则会发现极为相似的法律风险背后,是差别巨大的交易结构与法律关系。具体而言,任何一个网上理财公司,都会至少经历从设立到运营两个阶段。而这两个阶段中,上述四种常见的网上理财所面临的刑事风险,可以大致总结如下。第一,设立阶段中,不具法定资格擅自利用互联网设立金融机构从事相关业务的"擅设"刑事风险。第二,运营阶段中,未经国家有关主管部门批准,利用互联网实施非法经营证券、期货、保险业务或非法从事资金支付结算业务的非法经营刑事风险;以及不具法定资格,却利用互联网之便利向公众筹集资金的"非法集资"相关刑事风险。这两种风险可被统一看作"运营"风险。尽管刑法对四种类型的网上理财之规制可能会表现为适用同一罪名,然而多数情况下其背后的规制逻辑并不相同,值得进一步深入分析。

---

① 参见《中华人民共和国保险法》第119条。
② 参见《中华人民共和国保险法》第130条。

(一)"擅设"法律风险及刑法规制逻辑

刑法中有关规制擅自设立从事相关网上理财业务机构的罪名主要是指《刑法》第174条规定的擅自设立金融机构罪,"未经国家有关主管部门批准,擅自设立商业银行、证券交易所、期货交易所、证券公司、期货经纪公司、保险公司或者其他金融机构的,处三年以下有期徒刑或者拘役,并处或者单处二万元以上二十万元以下罚金;情节严重的,处三年以上十年以下有期徒刑,并处五万元以上五十万元以下罚金"。然而,上述四种类型的网上理财并不全面临此类法律风险;并且,无论是具有抑或不具有此类"擅设"刑事风险的网上理财类型,其背后的原因及逻辑也有差异,需要具体分析。

就第一类"债权型"网上理财而言,其主要是指行为人从事以直接融资为基础的网上理财业务(如,以"P2P"为基础的网上理财)。由于目前刑法及其前置行政法并不要求设立该类机构需事先获得批准或者取得牌照,因而在多数情况下此类理财并不存在面临本类法律风险的问题。当然,若"债权型"网上理财采用更为复杂的形式开展业务,例如采用票据作为担保,在设立之时本类网上理财也并无"擅设"风险。反观"信托型"网上理财,也同样存在着利用互联网向客户公开售卖信托产品的情况。当然,无论售卖行为是否合法,信托公司的设立首先应当符合我国《信托公司管理办法》的规定,设立信托公司应当经中国银行业监督管理委员会批准,并领取金融许可证、符合《办法》规定的多个条件。[①] 然而,"信托型"网上理财的交易结构决定了,信托公司符合设立要求并不意味着"信托型"网上理财不存在刑事上的风险。合法设立的信托公司,一般而言会面向合格投资人开放购买,而现实中的风险并不存在于信托公司本身,而在于作为信托投资人的投资公司。因此,可以说绝大多数情况下,"信托型"网上理财的刑事风险,并非我们讨论的在设立中的刑事风险,而更多的是运营中因投资公司违法而导致的运营风险。"保险型"网上理财亦是如此,在我国保险公司的设立需要经国务院保险监督管理机构批准,并符合《保险法》规定的条件及注册资本等方面的要求。然而,实践中几乎没有因擅自设立保险公司本身而触犯刑法的案例,更可能的情况在于保险公司通过网络进行理财产品的售卖,而网络平台本身因不具有保险的保险经纪人资格,或者保险经济人截留保险资金而带来的风险。这种类型的风

---

① 参见《信托公司管理办法》,中国银行业监督管理委员会令2007年第2号,2007年3月1日第7条。

险,将在下一部分进行讨论。

与此相反,"基金型"网上理财则直接面临着"擅设"风险。根据我国《证券投资基金法》之规定,由于网上理财一般是面向公众开放的,所以其从事的业务都可以被理解为"公开募集"业务。因而从事"基金型"网上理财的公司,在设立之时便应设立合乎法律规定的"基金管理公司",根据《证券投资基金法》的规定,其应当符合法律规定的条件,并由证券监督管理部门批准,[①]否则有可能触及这里所说的擅自设立金融机构罪。可以看出,"基金型"网上理财的"擅设"刑事风险来源,在于法律对从事基金管理业务的公司具有强制性准入规定,开展本类型的网上理财业务,无论其是否采用互联网手段进行销售,只要"基金管理公司"本身不符合法律规定,便很可能触碰刑法中的擅自设立金融机构罪。刑法在适用时更为关注擅自设立基金管理公司本身,而非基金产品的销售行为。

(二)"运营"法律风险及刑法规制逻辑

绝大多数情况下,若"网上理财"公司在设立之后进入运营阶段,则进一步面临着相关的"运营"刑事风险。在"网上理财"的运营实践中,如下罪名常常作为刑法规制方式出现:一是我国《刑法》第 225 条规定的非法经营罪;二是我国《刑法》所规定的"非法集资"相关的两个罪名:第 176 条规定的非法吸收公众存款罪及第 193 条规定的贷款诈骗罪。尽管从表面看来,网上理财所面临的刑事风险多数与上述几个罪名直接相关,但某一类型的网上理财由上述某一罪名规制的具体逻辑,很多时候与其他类型的网上理财被规制的逻辑不同,因而值得进一步分析。

1. 非法经营罪及其适用逻辑

我国《刑法》第 225 条规定了非法经营罪,指"违反国家规定,有下列非法经营行为之一,扰乱市场秩序,情节严重的,处五年以下有期徒刑或者拘役,并处或者单处违法所得一倍以上五倍以下罚金;情节特别严重的,处五年以上有期徒刑,并处违法所得一倍以上五倍以下罚金或者没收财产:……(三)未经国家有关主管部门批准非法经营证券、期货、保险业务的,或者非法从事资金支付结算业务的……"结合上文中总结出来的四种主要网上理财类型,不难发现,四种常见的网上理财均可能依本罪第(三)款而面临非法经营刑事风险。

[①] 参见《证券投资基金法》(2015 年修订)第十三条。

"债权型"的网上理财背后主要是以直接融资为基础的普通债权交易，所以一般而言不会触及非法经营罪。然而，如果"债权型"网上理财的公司采取了更为复杂的交易方式，如使用质权、票据等对双方债权债务关系进行担保，那么便存在面临本类风险的可能。以目前的实践看来，如果适用包括票据在内的方式对债权提供担保，那么"债权型"理财公司则可能触及非法经营罪。原因在于，在我国票据是具有支付结算功能的。而根据中国人民银行《支付结算办法》的规定，银行是支付结算及资金清算的中介机构。[①]未经批准的作为中介机构经营支付结算业务的，便有可能因符合上述非法经营罪第（三）款的规定而构成犯罪。当然，以票据对债权进行担保本身并不直接意味着适用票据从事资金清算。然而如果网上理财平台采用票据贴现的方式进行融资，或者利用票据作为投资人（债权人）和项目（债务人）间的结算工具，则应认定这一理财产品的本质，属于刑法所认定的"非法从事资金支付结算业务"。

对于"基金型"和"保险型"网上理财而言，在网上理财公司正常经营的情况下，因基金公司与保险公司未取得牌照却直接开展业务而构成非法经营罪的案例较为少见。值得关注的是在网上理财的运营过程中，极易出现的基金管理人与保险经纪嵌入互联网平台的情况。由此可能导致基金经纪人、保险经纪人与互联网平台的混同。因此，网络平台本身若是与基金管理人或保险经纪人相互独立的机构，却没有依照我国《证券投资基金法》和《保险法》的规定持有牌照，那么平台公司则会因此面临非法经营罪相关的刑事风险。"基金型"网上理财与"保险型"网上理财触犯非法经营罪的原因表面相似，但二者具有实质区别。"基金型"网上理财中，平台非法经营的风险直接来源于基金管理人与平台的功能混同；而"保险型"网上理财的非法经营风险则来源于保险经纪人，而非保险公司。

"信托型"网上理财的情况更为复杂。与"基金型""保险型"网上理财类似，一般而言，"信托型"网上理财在实践中很少出现因为从事业务的公司不符合我国信托法规定的"信托"公司而触犯非法经营罪。然而，信托产品的投资人如果是自然人，依照我国《信托公司集合资金信托计划管理办法》的规定，投资公司不能非法向他人募资以投资信托产品。当然，此时若投资公司采用了特定方式进行募资而不具有法定资格，尤其是以符合刑法第225条第三款规定的方式进行募资，投资公司很显然因此面临非法经营的刑事风险。而

[①] 参见《支付管理结算办法》第6条。

进一步的问题在于：由于信托公司本身必须对投资人是否为合格投资人，以及投资人是否为唯一受益人进行审查，此时若信托公司未尽合格投资人审查义务，未按规定进行风险申明及披露，应如何处理信托公司？在本文看来，此时不应轻易适用共犯原理将信托公司的行为认定为非法经营之行为，主要原因在于其不具有共犯所要求的故意的主观责任。当然，如果信托公司违规与投资公司进行串通的情况不属此列。

2. "非法集资"相关二罪名及其适用逻辑

我国刑法中，有关"非法集资"的罪名通常被认为包括刑法第176条规定的非法吸收公众存款罪及192条规定的集资诈骗罪。一般认为，二者所规制的行为模式并无区别，主要区别在于行为人是否具有"非法占有"目的。[①] 无论作为开展网上理财业务的行为人是否具有"非法占有"目的，并不影响其是否面临"非法集资"相关的刑事风险，因此在本部分的讨论中，重点是讨论网上理财公司的行为类型，而非行为人是否具有非法占有目的。具体到本文所讨论的网上理财领域，最为常见的刑事风险便是基于该二罪的刑事风险。例如，近年来P2P网上理财盛行的背后，"非法集资"相关二罪名一直如影随形。除包括P2P在内的"债权型"网上理财外，其他几种类型的网上理财也都面临着此种刑事风险。在我国只有银行和保险公司这两种金融机构具有向公众吸收资金的资格，其他任何种类的金融机构都并不具有该资格。由于网上理财的受众为公众，因此除银行和保险公司之外的其他任何种类的金融公司在从事网上理财业务时，触犯"非法集资"相关两罪名的可能性都很高。同时，银行和保险公司具有向公众吸收资金的资格并不意味着只要网上理财的交易中吸收资金一方涉及银行和保险公司，就一定能排除"非法集资"的刑事风险。可以说，常见四种网上理财类型都可能因不同的原因触及刑法底线。

"债权型"网上理财多数情况下面临"非法集资"刑事风险的原因在于其设有资金池，而与此同时并不具有向公众吸收资金的资格。在设有资金池的情况下，无论债权型理财是较为简单的P2P类型，抑或是较为复杂的、以第三方或其他权利（包括质权等进行担保的情况），只要网上理财公司为错配资金设有资金池，那么其行为便符合我国刑法规定的非法吸收公众存款罪及集资诈骗罪所规定的不法行为类型。

"基金型"网上理财也具有一定的"非法集资"相关刑事风险。依照我国

---

① 胡启忠：《集资诈骗罪"非法占有"目的认定标准的局限与完善》，《法治研究》2015年第5期。

法律规定，基金公司主要可以发行两种不同类型的基金，公募基金与私募基金。前者一般是指取得了证监会批准能够向公众发行的基金，后者则指仅能以非公开的方式向特定投资者、机构和个人募集资金并依约对其进行回报的基金。因此，"基金型"网上理财是否面临"非法集资"刑事风险，也因基金本身是公募基金或是私募基金而不同。若"基金型"网上理财背后是公募基金，那么该公募基金是否经证监会核准开展业务便是影响其是否具有"非法集资"刑事风险的主要因素。与此同时，公募基金的销售若依托互联网开展，那么实施销售的公司也必须获得证监会的许可，否则一旦销售平台未经许可向公众销售产品，其行为便会与"非法集资"二罪名所规定的行为所契合，因而具有相应的刑事风险。而私募基金公司是不能向公众开放募集资金的，所以一旦私募公司采用互联网公开销售其基金产品，便触及了刑法底线。①

"信托型"网上理财面临"非法集资"刑事风险的主要原因在于作为中间人的投资人。在"信托型"网上理财的交易中，如果合格投资人自己直接投资合法设立的信托公司所发行的信托产品，其触犯"非法集资"两罪名的可能性较低。然而，如果"信托型"网上理财中，平台作为中间人，利用互联网吸纳他人资金投资信托产品的情况下，网上理财公司本身由于并不具有吸纳公众资金的资格，却采用了面向大众的"互联网"作为手段吸纳资金，则有可能面临"非法集资"刑事风险。当然，如果投资人将信托产品进行拆分，公开售卖，本质上也是向公众非法募集资金的行为。"保险型"网上理财面临本类刑事风险的主要原因也在于作为中间人的保险经纪人。即使是符合我国法律规定的保险经纪人，若其截留、挪用公众用以购买保险的资金，则其行为有可能因符合非法吸收公众存款罪与集资诈骗罪的规定而面临相应的刑事风险。

概言之，不同类型的网上理财面临的"非法集资"相关刑事风险，因其背后的交易结构不同而有所差别。"债权型"网上理财触及"非法集资"刑事底线的原因在于网上理财公司开设资金池的行为。"基金型"网上理财则与其业务为公募或私募有关，若交易内容为公募基金产品，是否取得证监会许可是判断其是否面临"非法集资"刑事风险的关键；而私募基金一旦通过互联网公开募集资金便有可能成立相关罪名。"信托型"网上理财触犯刑法有关"非法集资"二罪名的情况多出现在网上理财公司作为投资人之时；而"保险型"网上理财触及"非法集资"二罪名的可能性，主要来源于保险经纪人对客户

---

① 卢勤忠、盛林燕：《我国基金犯罪的界限认定问题》，《昆明理工大学学报》（社会科学版）2010年第6期。

资金的不法截留和挪用。

三 网上理财的"衍生"风险及刑法规制

如上所述,"债权型""基金型""信托型"与"保险型"网上理财的刑事法律风险,因其独特的交易及交易结构而具有的刑事风险主要有二:其一是与平台设立相牵连的"擅设"风险;其二是与平台经营相关的"运营"风险。前者关注的是网上理财平台如何合法地"设立"于襁褓之中;后者则聚焦在其设立之后如何合法"运营"。刑法规制逻辑的脉络于此是前后相承、清晰可见的。可以认为,前述讨论主要集中在网上理财相关的基础交易之上。但除此之外,一种衍生性的、更为一般性的刑事风险也应引起人们的警惕,因为其侵害的往往不是金融刑法所致力于保护的大众投资者的经济利益,而是常易被我们在讨论金融犯罪时所忽略的信息保护问题。此类风险在本文看来即网上理财的"衍生"刑事风险,其主要因对公民信息的管理不善及滥用而起。与前面讨论的"擅设"及"运营"刑事风险相比,这里的"衍生"刑事风险及相关刑法规制逻辑,就不同类型的网上理财而言,更多地具有共性而非差异性。

我国刑法中,与网上理财直接有涉的相关公民信息保护的罪名主要是指《刑法》第286条之一规定的"拒不履行信息网络安全管理义务罪";当然,如果相关公司的设立本身便是以实施犯罪行为为目的,那么还可能构成刑法第287条之一规定的"非法利用信息网络罪"或《刑法》第287条之二规定的"帮助信息网络犯罪活动罪";此外,《刑法》第253条之一规定的"侵犯公民个人信息罪"也从个人信息保护的角度为刑法规制网上理财的"衍生"刑事风险提供了依据。

就前三罪的刑法规制的逻辑而言,在我国现行刑法中,上述前三项罪名被规定在第六章"妨害社会管理秩序罪"下的"扰乱公共秩序罪"之中。因为该类犯罪所侵犯的同类客体是"狭义的社会管理秩序,即国家对社会日常生活进行管理而形成的有条不紊的秩序,特指刑法分则其他各章规定之罪所侵犯的同类客体以外的社会管理秩序"。① "作为本章法益的社会管理秩序,是指由社会生活所必须遵守的行为准则与国家活动所调整的社会模式、结构体系和社

---

① 高铭暄、马克昌主编:《刑法学》,北京大学出版社、高等教育出版社2016年版,第521页。

会关系的有序性、稳定性与连续性。"①可以看出，相较于"侵犯公民个人信息罪"更多地关注单一的公民个体（点状式分布），刑法还考虑到了网上理财产品的"衍生"风险更大范围地规制（网状式分布），考虑到了互联网作为放大器的功用，关注到了范围性的刑事风险。进一步而言，金融刑法的传统规制逻辑强调的即是"从点到面"，金融机构对单个投资者财产利益的侵害可能构成诈骗罪，但由于规模性的侵害日益频繁，终将导致集资诈骗罪的设立。而在信息类犯罪中，虽然表面上与金融刑法的规制领域无涉，但当其依附于"网上理财"平台这一载体蔓延生长时，不难发现，这种"从点到面"的规制逻辑再次得到立法者的关注。于此，传统的金融刑法规制与网上理财的衍生信息类犯罪规制逻辑达到了某种程度的契合。

可以认为，"网上理财"的主要"衍生"风险是与其交易结构相对剥离的，而更多地关注对信息违法使用及对信息进行滥用的风险，二者实质上是内容与路径的关系。一方面，我们需要关注被传播信息本身的内容是否合法，如"拒不履行信息网络安全管理义务罪"对违法信息（如影响金融产品定价的谣言等）的大量传播者进行归责；另一方面，对合法或秘密信息的非法传播，是值得被关注的又一领域，如"拒不履行信息网络安全管理义务罪"中关于致使用户信息严重泄露者的责难即为此例。另外，"帮助信息网络犯罪活动罪"则对为利用网络侵害法益行为提供间接帮助的网络服务者进行了规制。

综上所述，本部分对"网上理财"的主要衍生风险及其规制逻辑，即涉及公民信息保管不善及滥用的这一衍生风险，结合我国刑法的现行规定，进行了"从点到面"和"从内容到路径"两条规制逻辑进行了简要阐述。需要注意的是，虽然笔者所用的表述是"衍生"风险，且该部分的论述亦被置于似乎更为前沿、精细的理财产品因交易本身所涉刑事风险之后，但其重要性并不因为一种边缘化的表达方式或结构安排而显得黯淡。我们很难去比较大众投资者的经济利益丧失和关涉其名誉的个人信息泄露二者的痛苦程度孰轻孰重，因此对二者给予平等公正的关注，而非重此轻彼，应是刑法学者需要进一步认识的。

结　论

网上理财在近年来迅速发展，与之相伴的刑事风险不容忽视，因此对其进

---

① 张明楷：《刑法学》（下），法律出版社2016年版，第1030页。

行刑法规制也是不得不做出的选择。尽管从表面看来我国目前的刑法规制方式略显粗糙，但解决问题的方式并不只限于设立更多的罪名。对网上理财本身的交易特征及结构进行分析，并在此基础上探寻其刑事风险的"风险点"，也是实现精细化规制具有可行性的方式之一。事实上，网上理财的刑事风险和刑法规制问题已不再是单纯的刑法问题，它在很大程度上体现出刑法学与金融法交叉的特征。这一领域刑法中的大多罪名是以相关民商事法规及行政法规为前置性规定的。因而从这一角度讲，从分析网上理财交易本身及其交易结构出发，讨论相关基础法律关系，进而探析其刑事风险也是应有的思路。我国目前金融市场中的网上理财，从交易内容和结构角度看大致包括四类：以债权为基础的"债权型"网上理财，以基金产品为内容的"基金型"网上理财，以信托产品为内容的"信托型"网上理财，以及以兼具理财功能的保险作为产品的"保险型"网上理财。上述四种类型的网上理财公司都会至少经历从设立到运营两个阶段。其面临的刑事风险可以大致总结为：第一，与网上理财之基础交易直接相关的"擅设"风险和"运营风险"；第二，衍生于网上理财业务的"衍生"风险。网上理财的"擅设"刑事风险，主要是指因设立阶段中不具法定资格，但擅自利用互联网设立金融机构从事相关业务而产生的刑事风险。某种类型的网上理财是否面临"擅设"风险，主要取决于法律对设立该特定类型、采取特定交易结构的网上理财公司是否有强制性的前置要求。除"债权型"网上理财之外，其余三种类型的网上理财公司都可能因不符合现有法律的前置性要求，而违反我国刑法规定的擅自设立金融机构罪，面临"擅设"刑事风险。运营阶段中，四种类型的网上理财公司都有可能因未经国家有关主管部门批准，利用互联网实施非法经营证券、期货、保险业务或非法从事资金支付结算业务的非法经营刑事风险。此外，网上理财还有可能因不具法定资格但却利用互联网之便利向公众汇集资金而面临"非法集资"相关刑事风险。尽管从表面看，对"擅设"和"运营"两种风险的刑法规制方式都是通过擅自设立金融机构罪、非法经营罪、非法吸收公众存款罪及集资诈骗罪等罪名实现的，但每种类型的网上理财公司被规制的逻辑却因其交易结构不同而大相径庭。刑法规制背后的逻辑在于必须分别考量每种类型的理财交易之特性及结构。而"衍生"刑事风险是指那些虽然与网上理财交易本身没有直接关联，但却大量衍生于其业务的风险，目前主要包括因对公民信息的不法利用及侵害而导致的刑事风险。与前两类刑事风险相比，我国刑法对"衍生"刑事风险的规制逻辑是一种更具共性的"从点到面""从内容到路径"的逻辑。

网络犯罪实证分析

——基于北京市海淀区人民法院 2007 年至 2016 年审结网络犯罪案件情况的调研

游 涛 杨 茜[*]

北京市海淀区一直是中国互联网技术应用和研发最为活跃的地区，统计分析海淀区人民法院历年来审理网络犯罪案件的基本情况[①]，可以为研究我国当下网络犯罪的新特点和新类型提供样本，为遏制网络犯罪提供经验。

一 网络犯罪的总体概况及特点

（一）总体态势增长平稳，近两年却稳中有升

1999 年到 2006 年的八年间，海淀区人民法院审结网络犯罪案件总计 115 件，占审结案件总数的 5.84‰[②]。而从 2007 年到 2016 年 6 月份，海淀区人民法院审结网络犯罪案件 322 件，占审结案件总数的 8.6‰。但是 2015 年审结 49 件，较 2014 年的 29 件增长了近 69%。

（二）涉案罪名种类繁多，网络诈骗案件占比较重

网络犯罪涉案罪名剧增且种类繁多，传统犯罪通过网络实施的案件日渐多发。从 2007 年至今网络犯罪涉案罪名已达到 47 个，相较 2006 年之前，

---

[*] 游涛，法学博士，北京市海淀区人民法院刑一庭庭长；杨茜，法学硕士，北京市海淀区刑一庭法官助理。

[①] 本文的研究样本是 2007 年至 2016 年 12 月北京市海淀区人民法院审结刑事案件。

[②] 石金平、游涛：《我国网络犯罪的实证分析——以北京市海淀区法院审结案件为例》，《上海政法学院学报》2006 年第 5 期。

涉及罪名种类明显增加，特别是非法买卖枪支、伪造金融票证、销售有毒有害食品、出售非法制作的发票等传统犯罪网络化明显。其中涉案数量最多的是诈骗类犯罪，包括诈骗罪、冒充军人招摇撞骗罪、招摇撞骗罪、合同诈骗罪等，共计52件，占网络犯罪总数的16.1%。此外，网络诽谤案件也呈爆发态势，近年来海淀区人民法院几乎每周都会受理网络诽谤案件，占据刑事自诉案件的近八成。

（三）犯罪人中男性比例高，且以高学历青年为主

在450名罪犯中，有82名女性，仅占18.2%。在一些犯罪中，男性犯罪人比例占据绝对多数，31件传播淫秽物品和10件非法持有枪支、非法买卖枪支案件的犯罪人均为男性。年龄分布集中在20岁到40岁，大专以上学历占45%，而同期海淀区人民法院审结案件中近72%的犯罪人学历在初中以下。一个犯罪人可以通过将技术、程序、软件等传授给没有相关技术的犯罪人实施犯罪行为，这也使得网络犯罪像"病毒"一样极易扩散。网络犯罪中低学历人群数量也在不断增加。

二 五大类型网络犯罪的现状及特点 [①]

（一）破坏网络信息系统的犯罪

破坏网络信息系统的犯罪是针对网络系统实施破坏措施的行为。2006年以前破坏网络信息系统的犯罪仅有1起，近十年增至65起，涉案罪名也增加了7种。

这类犯罪作案手段技术化，犯罪规模产业化特点明显。犯罪手段包括删除、修改信息数据，制作、传播破坏性程序，利用僵尸网络进行DDOS流量攻击、信息窃取、发送垃圾邮件、监听流量等恶意网络技术行为。由于犯罪技术如黑客技术、病毒研发技术越发成熟，一个犯罪人可以迅速将犯罪手段教给其他犯罪人，催生以网络诈骗为核心的上下游犯罪产业链，导致盗取公民个人信息和电信诈骗类案件急剧增长。近十年海淀区人民法院审结的网络诈骗及其相

---

① 石金平、游涛：《我国网络犯罪的实证分析——以北京市海淀区法院审结案件为例》，《上海政法学院学报》2006年第5期。

关案件高达 127 起,犯罪规模产业化现象明显。

(二) 侵害网络信息数据的犯罪

侵害网络信息犯罪行为是指非法侵入网络的行为,并不破坏互联网系统,获取的往往只是时间、权限、数据等网络信息,但却给他人造成了现实的资费、财产的损害。1998 年到 2006 年审结此类案件 26 起,近十年审结 27 起,数量持平,相较于其他四种类型,案件数量最低。

1. 犯罪手段无翻新。与 2006 年之前相比,近十年此类犯罪常见的行为方式基本没有变化,包括:(1) 合法手段进入网络信息系统,如内部员工利用职务便利,进入公司系统侵占或盗窃财物;(2) 非法手段侵入信息系统,主要有冒充合法用户侵入网络信息系统,如盗窃、非法获取真实用户信息后进入信息系统,或者利用技术攻击手段突破网络安全防卫机制或者通过系统漏洞或"后门"进行非法入侵。

2. 身份职务化,手段技术化。这类犯罪或者需要利用职务便利或者需要专业化网络技术进行犯罪。

3. 犯罪所得巨大。此类犯罪通过侵入计算机信息系统转账或者技术盗窃,往往获利惊人,近十年海淀区人民法院审结网络盗窃平均每个案件犯罪所得高达 63 万余元。例如一起中石油员工盗窃案[①]中,顾某多次使用私自编写的程序对其购买的上千张中国石油昆仑加油卡进行非法充值,后又倒卖上述加油卡牟利,非法充值数额共计人民币 700 余万元。

(三) 以网络作为犯罪场所的犯罪

该类犯罪将网络作为犯罪的平台,作为实施犯罪的"主阵地",并不破坏网络系统或者侵害网络信息,而是在互联网上完成所有的犯罪行为,或在互联网上完成主要的犯罪行为,再辅之现实世界的一些手段,即达到了犯罪目的。近十年审结这类犯罪共有 55 件。

1. 案件数量翻倍,犯罪手段多样,涉案罪名翻新。2006 年之前的八年间审结此类犯罪共 35 件,而近十年审结 55 件,增长近 1 倍。既有利用网络发布信息编造谣言、恶意中伤、散布隐私的侮辱诽谤行为,又有通过网络发布虚假消息恐吓他人的敲诈勒索,最为常见的是开设赌博网站或者为设在境外的赌博网站做代理进行赌博的非法行为,以及在网站或者微博、博客上公开散播淫秽

---

① 参见北京市海淀区人民法院 [2015] 海刑初字第 1323 号刑事判决书。

物品的行为。罪名涉及掩饰隐瞒犯罪所得罪、敲诈勒索罪、销售有毒有害食品罪、侮辱罪、诽谤罪等。侵害的法益相当广泛，既有社会秩序又有人身健康和财产安全。

2. 犯罪行为本地多，危害后果跨地域。13 件开设赌场罪案件中 12 件是在北京本地作案，但为境外赌博网站担任代理，为境外赌博网站招揽赌徒，这些赌博网站的参赌人员分布广泛，体现出跨国跨区域的特点。

3. 故意犯为主，偶有过失犯。既有直接故意，也存在间接故意。如快播案中四名高管，作为网络信息服务提供者负有网络安全管理义务，明知其缓存服务器存储淫秽视频而放任存储、传播的行为具有间接故意。过失犯则体现在泄露国家秘密的犯罪中。

（四）网络被作为中介利用的犯罪

此类犯罪系利用互联网作为信息媒介和中介，具体犯罪行为在现实世界发生。近十年审结此类案件共计 123 件。

1. 作案手段技术含量低。在智能手机普及之后利用互联网作为沟通媒介已然是最基本的生活技能，相伴而生的是用网络做信息媒介实施传统犯罪的案件增多。

2. 网络交友骗子多，网购骗局陷阱深。网络诈骗作为最常见的网络犯罪，其中利用网络交友骗取钱财最为严重；还有网购骗局，这种诈骗往往发布虚假信息，通常是低价购物诱使消费者上当，还有一些利用弹窗发布虚假中奖信息，使用电话假扮客服等骗取财物。

3. 涉枪犯罪增长快，高学历人群成购枪主流。犯罪人通过网络论坛、微信等途径便可购买枪支，犯罪人均为大专以上学历的男性，有 2 名被告人有硕士学历，其中不乏工程师、公司职员、摄影师、大学教师等。

4. 社交平台涉黄赌，违法交易速达成。通过 QQ 群、朋友圈、陌陌等社交平台购买毒品和介绍买淫成为新趋势。

（五）利用网络资源的犯罪

此类犯罪集中表现为下载网上资源进行犯罪，比较突出的是通过互联网非法获取公民个人信息的行为。近十年审结此类案件 53 件。

1. 利用职务便利获取个人信息案件多。非法获取公民个人信息罪的犯罪人包括出卖信息者和购买信息者，出卖者多从事招聘、中介等职业，利用工作便利将客户信息私自贩卖，购买者则多是通过网络直接找到卖家，收购个人信息用于商业目的或者诈骗，这类行为也助长了电信诈骗。

2. 这类行为与利用网络作为犯罪场所的犯罪以及利用网络作为犯罪中介有竞合。部分犯罪人从网络上将资源复制后，通过网络继续散播或出售。

三 网络犯罪案件审理难点分析

网络犯罪从将网络作为犯罪对象，到一步步和传统犯罪融合，使网络逐步成为传统犯罪的工具、手段，甚至成为犯罪场所、空间。网络犯罪的增多给司法实践带来很多新问题。法官审理网络犯罪案件的过程可以概括为：证据—技术—行为—定性。每个环节都存在不同的审理难点。

（一）从证据到技术的难题

将技术归纳为行为，再将行为准确归纳为法律事实，需要证据支撑，只有取证全面、完整且程序合法，才能将技术与行为的对应认定分析得出来。但是现实司法活动中，网络犯罪案件取证较为困难是个共性问题，这一点突出地表现在电子证据的固定、保存、移交等环节。

1. 电子证据的调取和固定存在现实约束和技术瓶颈。比如在网络诈骗案件中，实施诈骗的自然人或者单位变成了虚拟的 IP 地址和域名，侦查中人机对应的同一性认定存在困难；又如出租僵尸网络非法控制他人计算机实施 DDOS 攻击时，往往由于机器不存在日志记录，而且抓取的僵尸机的数量又处于动态变化中，给认定实际控制计算机数量和损失数额带来困难。

2. 电子证据的取证程序违法。如"快播案"中行政执法机关最初扣押服务器时只是记载了 4 台服务器的 IP 地址，没有写明特征、型号，没有记载内置硬盘的编号。这让辩护律师直接怀疑涉案硬盘及淫秽视频来源的真实性。而公安机关从行政机关调取服务器时存在先扣押物品后移交调取清单的问题。

3. 电子证据真实性与完整性问题。"电子数据的完整性，不仅是指对涉案电子数据无遗漏、无毁损的提取，还包括要对电子数据进行全面提取。"[①]在

---

① 王志刚：《从"快播案"看当前电子数据运用困境》，《法治研究》2016 年第 4 期。

"快播案"中，检材真实性存疑。公安机关出具的多份鉴定意见①，鉴定的涉案服务器内硬盘数量、容量前后矛盾，结合前述扣押登记时没有记载内置硬盘编号，足以让人怀疑涉案鉴定的内置硬盘是否为原始扣押的硬盘。另外，服务器内容存在被污染的可能。涉案服务器硬盘里的视频很容易被替换、拷入、修改，因此最高人民法院、最高人民检察院、公安部专门出台《关于办理刑事案件收集提取和审查判断电子数据若干问题的规定》予以规范。本案行政扣押期间，没有相应证据证明文创动力公司在开启服务器时是否有相关行政执法人员在场监督，服务器硬盘内容是否被污染，有无写入、替换视频文件情况。

（二）从技术到行为的难题

网络犯罪中新型的软件、程序、技术手段一般都是比较专业的技术性概念，在将其解析为与定罪量刑所需要的法律行为并进而将行为全面归纳为准确的法律事实会存在诸多问题。"隔行如隔山"，司法工作者对网络技术不熟悉，很多情况下，即使有根据证据形成的技术分析类鉴定意见辅助理解，但要从计算机技术基本概念组成的分析意见中归纳出审理查明所需要的手段、动作以至行为等事实，对于司法工作者来说也是个难题。

以海淀区人民法院2006年审结的全国首例网络游戏"外挂"刑事案件为例②。检察院指控被告人侵犯著作权罪，因为外挂程序复制了游戏的文件地址，然后通过指令从文件地址大量调用游戏的函数，完成了代码复制。其依据是北京市版权局著作权鉴定书、北京市版权局《007外挂举证报告》及附件等证据材料。这些证据阐述的内容为："'007传奇3外挂'、'008传奇3外挂'、'超人传奇3外挂'软件中均存在与'传奇3G'网络游戏客户端程序中功能、结构、算法一致的计算机程序。这些功能、结构、算法一致的程序是'007传奇外挂'软件实现其功能必不可少的程序和'008传奇3外挂'程序、'超人传奇3外挂'程序的核心程序。上述外挂软件均系部分复制'传奇3G'网络游戏客户端程序后又加入其他程序而生成，上述外挂软件的制作者从事了部分

---

① 公安机关于2014年4月11日出具第一份鉴定书，记载的服务器内置硬盘数量为3台内置7块硬盘，1台内置6块硬盘，每块硬盘容量均为2T。第三次淫秽物品鉴定期间，公安机关委托信诺鉴定所出具一份鉴定意见书，记载送检3台服务器内置硬盘数量6块，1台内置5块，且有1台服务器内的硬盘容量为1T。

② 参见［2006］海法刑初字第1750号判决书。石金平、游涛：《论网络游戏外挂的刑法规制》，《政治与法律》2009年第10期。

复制他人享有著作权的计算机软件的行为。007外挂软件未经授权，修改了传奇3G游戏中服务器端与客户端之间用于通讯的'协议'内容；传奇3G游戏的著作权人，为了保护该软件而使用加密手段对游戏客户端程序的静态表现形式进行了加密处理，但是由于动态表现形式的特殊性无法进行加密处理，007外挂软件利用该技术缺陷绕过有加密的静态文件，直接对传奇3G游戏在内存中的动态表现形式进行了修改，并非法调用传奇3G游戏所使用的大量函数的事实。"

但是，外挂的运行原理是什么？什么是功能、结构、算法一致的计算机程序？外挂软件利用该技术缺陷绕过有加密的静态文件，直接对传奇3G游戏在内存中的动态表现形式进行了修改，并非法调用传奇3G游戏所使用的大量函数，这是什么行为？作为审判人员如果没有相关技术常识，没有使用过外挂进行网络游戏，单纯从字面上是很难理解这些技术的，更无法归纳出行为事实。为了解决技术理解上的难题，了解外挂行为的本质，法官不得不反复与外挂的设计人员交流，走访中科院相关技术专家反复质询相关意见，才最终推翻了鉴定意见和指控认定侵犯著作权的关键证据。判决认为："该鉴定存在逻辑证明过程不完整瑕疵。从依据上看，该鉴定既没有将《恶魔的幻影》的源代码与涉案系列外挂软件的源代码进行比对，也没有对执行程序全部反编译后加以比对，无从证明涉案外挂软件与《恶魔的幻影》软件相同的程序究竟有多少、外挂软件的源代码究竟在多大程度上与网络游戏的源代码存在同一性。从内容上看，该鉴定只有结论，缺乏对鉴定过程和鉴定依据的论证，没有说明'结构、功能、算法'一致的计算机程序具体是哪些以及为何认定这些一致的计算机程序是外挂软件的核心程序，没有说明凭借'结构、功能、算法'一致这一事实判断出部分复制这一结论的依据。与该鉴定紧密相关的北京市版权局的《007外挂举证报告》及其附件，只分析了007外挂软件，没有分析008外挂软件和超人外挂软件，且内容仅仅涉及007外挂软件在运行过程中突破了《恶魔的幻影》游戏软件技术保护措施、修改了数据和调用了函数，虽然此内容经过控辩双方当庭认可，但此事实并不能得出涉案系列外挂软件系部分复制《恶魔的幻影》游戏软件的结论。虽然光通公司技术人员反编译涉案外挂程序后得出的内容及其证言内容，控辩双方无异议，但该证言和相关资料只能证明涉案外挂软件使用了《恶魔的幻影》游戏软件的一些数据名称和一个配置文档，以及在动态运行状态下调用了《恶魔的幻影》游戏软件的函数，不能证明上述专有名称或配置设置文件的存在就构成外挂软件与《恶魔的幻影》游戏软件内容的实质性相似；同时'调用'与'复制'在行为方式和表现形态上亦有较大区别,二者不可混同。故上述北京市版权局的鉴定结论、《007外挂举证报告》及其附件、证人证言及相关举证资料不能证明涉案外挂软件构成对《恶魔的幻影》游戏软件的复制。"上述判决结论的得出,对于没有计算机技术常识,也不玩网络游戏,更不使用外挂的法官来说,实属不易。但是如果不去研究这些技术问题,如何能发现专业人员作出的技术鉴定结论与定罪所需的法律事实之间存在差异呢?如何能够归纳出含有复杂技术原理和内容的法律事实?

(三) 从行为到定性的难题

法律事实到法律适用的过程中同样存在很多难点,一是主观构罪要件的理解;二是客观构成要件的问题;三是此罪与彼罪的区别。

1. 主观构罪要件的问题。网络犯罪中主观构成要件认定存在被告人违法性认识不足,间接故意认定难的新问题,这是新型犯罪对传统理论的挑战。

被告人违法性认识不足能否阻却定罪?破坏计算机信息系统数据罪等新型网络犯罪完全不同于传统犯罪,在互联网虚拟空间里,人们固有的社会规范、伦理道德、价值观很容易被削弱,对某些网络犯罪行为犯罪感虚无化。在互联网兴起之后,相关法律模糊或者滞后导致行为人并未将违法犯罪行为视为违法。以一起非法获取计算机信息系统数据案件[1]为例,被告人毕业于知名大学,通过侵入某公司网络后台获取数据资源,并把获取的系统漏洞情况写入其研究文章,发表在乌云网,被告人辩称其仅仅是为了测试系统漏洞,这是为了网络安全的需要,是"白帽子"[2]而非盗取信息数据。这种心理普遍存在于"黑客"群体中,也能引起部分网民的共鸣。

间接故意主要存在于网络服务提供者实施的犯罪上,部分互联网企业为了迎合用户的趣味以实现盈利,突破传统法律规则和公序良俗,对其应该履行的管理、监管义务放任不管,以技术中立为自己开脱责任。"提供'犯罪空间者和在犯罪空间、平台上犯罪的所有犯罪人之间,只能是一种共犯关系,而不是犯罪与非犯罪的关系。即使如此,'明知'如何判断?在缺乏双方双向犯意交流证据的情况下,要求网络空间、平台提供者具有单向'明知',可能在证据

---

[1] 参见北京市海淀区人民法院[2016]京0108刑初607号刑事判决书。

[2] 白帽子是指正面的黑客,可以识别计算机系统或网络系统中的安全漏洞,但并不会恶意去利用,而是公布其漏洞。

上更不具有可操作性,在将来会是巨大的理论难点和司法焦点。"① 快播公司传播淫秽物品牟利一案中,高管均以没有明知服务器存储淫秽视频资料和没有放任为自己辩解。

2. 客观构成要件的问题。客观构成要件尤其是对行为模式理解不同,加上司法解释不周全,不少新类型网络犯罪的构成要件模糊,也会导致罪与非罪的争议。

例如《刑法》第二百八十五条第二款规定的非法获取计算机信息系统数据罪,按法律规定共有两种行为模式,一是侵入加获取,二是其他技术手段加获取。非法侵入的手段主要是盗取账号或者利用漏洞,然而目前已经出现了新型的侵入手段如"撞库"② 等,有些行为人通过人工搜集用户名和密码生成信息表,对另一个网站进行尝试性配对,从而获取用户的信息。这种人工进行匹配的手段是否是"其他技术手段",也是模糊的。

此外,在实际审理过程中,对数据和程序的增减、修改到何种程度才构成破坏计算机信息系统罪是十分模糊的,"将'计算机信息系统功能'扩张解释为'计算机信息系统数据',进而,所有对于计算机信息系统数据的删除、增加、修改、干扰行为,无论是否危及计算机信息系统功能的正常运行和安全状态,都会被司法机关视为符合'破坏计算机信息系统罪'的罪状描述,这一罪名因而被口袋化"。③

3. 此罪与彼罪的难题。新型网络犯罪行为定性上往往存在争议,例如上文提及的"外挂"程序案件中,检察院起诉罪名为侵犯著作权罪,一审法院认为该行为是违反出版程序的非法经营罪,而不是侵犯著作权的行为,理由是控方证据只能证明涉案外挂软件在运行过程中突破了游戏软件的技术保护措施并修改数据和调用函数,这一结论并不等同于"复制发行"。外挂软件没有通过合法出版机构经过合法程序出版,属于出版程序性违法的非法互联网出版物,应该以非法经营罪定罪处罚。该案上诉后,二审法院的分析角度除了认定出版程序性违法外,还认定该"外挂"程序存在内容违法,具有非法复制的内容,并认定属于情节严重。然而,对于"外挂"程序案件的行为定性,在

---

① 于志刚:《网络思维的演变与网络犯罪的制裁思路》,《中外法学》2014 年第 4 期。
② 撞库是黑客通过收集互联网已泄露的用户和密码信息,生成对应的字典表,尝试批量登录其他网站后,得到一系列可以登录的用户。很多用户在不同网站使用的是相同的账号密码,因此黑客可以通过获取用户的 A 网站的账户尝试登录 B 网站,这就可以理解为撞库攻击。
③ 于志刚:《口袋罪的时代变迁、当前乱象与消减思路》,《法学家》2013 年第 3 期。

2015年又出现变化，在另一起类似的"外挂"程序案件①中，二审法院却又认可了原一审法院的观点。可以看出，在司法机关内部，对于"外挂"程序也有不同理解。实际上，这一类型案件在其他地区审理过程中还存在定性为破坏计算机信息系统罪的情况，有法官指出"外挂行为有编制外挂软件并出售牟利、单纯出售外挂程序牟利、利用他人制作的外挂程序从事网络游戏有偿代练升级而牟利、利用外挂软件避开游戏安全保护措施在游戏中自动赚取虚拟游戏币四种。这四种行为具体样态各异，能否在一个抽象的层面适用一种罪名，存在较大疑问。在没有对这四种行为作出剖析并类型化的基础上，试图用一个罪名予以涵括，与刑法调整的精确性相差甚远"②。

四 应对之策

（一）尽快完善相关法律

存在上述难题固然有司法能力落后的原因，也有立法规范落后的问题。立法滞后于实践是法律实务中的共性问题，尤其是在面对互联网高科技日新月异的时候，不但民事及商事法律规范存在应对不周的情况，刑事法律在打击网络犯罪时也存在保护法益模糊，构罪要件不明晰，规范芜杂的情况。

比如前述"外挂"程序案件，法院在审理过程中，主要依据《电子出版物管理规定》《最高人民法院关于审理非法出版物刑事案件具体应用法律若干问题的解释》《出版管理条例》，但是这些依据对于恶意作弊外挂程序和辅助性外挂程序没有区分，而且"此类外挂所侵犯的'技术保护措施、作品修改权'只规定于民事和有关行政法律中，尚未纳入刑法保护的范围，造成法律上不衔接，无法适用侵犯著作权类罪，而只能以非法经营罪定罪处罚"③。而且在知识产权保护上，刑法仅仅部分保障"著作权、邻接权、商标权、企业名称权"，"刑法所保护的具体知识产权仅占全部知识产权的三分之一，结合

---

① 参见海淀区人民法院［2014］海刑初字第1346号刑事判决书，北京市一中院［2015］一中刑终字第539号刑事裁定书。

② 俞小海：《网络游戏外挂行为刑法评价的正本清源》，《政治与法律》2015年第6期。

③ 石金平、游涛：《论网络游戏外挂的刑法规制》，《政治与法律》2009年第1期。

前述实效检验中特殊罪名适用比例的不足,可见,部门法之间不协调已经极为明显。"①

此外,由于网络技术发展,网络犯罪行为往往触犯多个法益,行为也有交叉,使得立法者难以选择。例如侵犯公民个人信息非法获利地下产业发达,"犯罪人往往利用盗号木马、后门病毒、假冒网站等窃取大量用户数据牟取暴利,包括网络购物账号、网银账号和密码等,从网络木马、病毒等恶意程序的制作传播,到个人信息的窃取,销赃等各环节实现了基本的'流水作业'"。②其中破坏计算机信息系统行为、非法获取公民个人信息行为,以及非法获取计算机信息数据的行为存在交叉与重叠。而且《关于办理危害计算机信息系统安全刑事案件应用法律若干问题的解释》和《关于办理侵犯公民个人信息刑事案件适用法律若干问题的解释》中关于入罪标准又存在着类似规定,其中非法获取计算机信息系统数据罪的定罪标准是"获取支付结算、证券交易、期货交易等网络金融服务的身份认证信息十组以上";而侵犯公民个人信息的定罪标准是"非法获取、出售或者提供行踪轨迹信息、通信内容、征信信息、财产信息五十条以上",这就在获取信息范围和内容上产生了交叉,为司法带来困惑。

立法水平高低直接关乎司法者所能依据的法律,对于新型问题,立法者更应及时回应。

两高一部在2016年出台了《关于办理刑事案件收集提取和审查判断电子证据若干问题的规定》,从程序法的角度对取证和侦查过程予以规范,使得办案机关在提取收集证据时能有法可依。这个规定明确了收集、提取、冻结、移送和展示的具体操作流程,也"确立了依靠'独特特征'的鉴真方法(如封存特征、校验值特征、IP地址特征、网络活动记录特征等),探索建立了关于电子证据的部分推定鉴真制度,也明确了未能鉴真的有限排除规则"。③但是这个规定依旧有很多不完善之处,如技术侦查手段并没有具体的启动条件,会给提证带来随意性,给保护公民个人隐私、约束公权力带来隐患。在确认人机同一性上,虽然该规定第二十五条做了规定,这一规定很好地确认了计算机与证据之间关联性与同一性,但是在计算机对应犯罪嫌疑人上,却无法区分出计算机所有者和实际操作者,更有依赖口供补强的倾向。

---

① 于志强:《我国网络知识产权犯罪制裁体系检视与未来建构》,《中国法学》2014年第3期。
② 于冲:《侵犯公民个人信息犯罪的司法困境及其解决》,《青海社会科学》2013年第3期。
③ 刘品新:《电子证据鉴真问题,基于快播案的反思》,《中外法学》2017年第1期。

（二）及时研究解决审判难点

司法界对于网络犯罪案件中行为认定、事实认定以及法律适用的分歧，固然有司法工作人员自身水平局限性的原因，但不可否认任何人对新生事物都有接受、熟悉的过程，在保证法官自由裁量权的同时，为了尽量做到适用法律的统一，需要由最高人民法院定期发布指导性案例，及时更新司法解释，为法律适用做参考与借鉴；需要司法工作人员加强自身学习，参加专门培训，理解相关的技术问题。

对于上文提及的审理中的难点，也有几点建议作为参考。

一是案件的定性需要结合典型案例。海淀区人民法院审结案例中将盗窃实际财物的网络侵入行为定为盗窃，而将虚拟财物视为信息数据，将此类行为认定为非法获取计算机信息系统数据罪。

二是涉及共犯问题。如果计算机仅仅是行为人的犯罪工具，行为在符合相应犯罪构成的情况下，要按照对应的罪名进行定罪处罚；如果行为人提供"中性业务行为"如单纯的互联网接入、服务器托管、网络存储、通信技术、广告推广、支付结算等互联网基础服务，没有产生诈骗、盗窃之类的共同犯罪意思，则适用"帮助信息网络犯罪活动罪"。

三是违法性认识不足不妨碍主观构成要件认定。刑法理论中将违法性认识作为认识错误的一种，但是在网络犯罪中行为人能熟练运用计算机，往往具有高学历，并且可以通过网络获取信息，并不能以此作为抗辩的理由。对于辩称主观动机仅仅是发现漏洞的黑客，只要实施了刑法所禁止的其他犯罪行为，依然按照客观行为和主观故意定罪。

四是技术中立不能是间接故意的挡箭牌。"技术中立原则"本身来源于著作权法，是指"技术本身并无善恶之分。一个产品或技术被用于合法用途或非法用途，非系产品或技术提供者所能预料和控制，因而无从仅仅因为产品或技术成为侵权工具而使提供者为他人侵权行为负责"。[①] 司法实践对于技术中立的肯定，旨在鼓励技术创新和发展，但技术是人类利用自然规律的成果，一定程度上受到技术提供者和使用者意志的控制和影响，并体现技术提供者和使用者的目的和利益。技术本身的中立性与技术使用者的社会责任、法律责任的关系，主要取决于技术使用方式对社会发展起到了推动还是阻碍作用。依据技术中立原则给予法律责任豁免的情形，通常限于技术提供者，对于技术的实

---

① 张今：《版权法上"技术中立"的反思与评析》，《知识产权》2008年第1期。

际使用者，则应视其具体行为是否符合法律规定进行判断。恶意使用技术危害社会或他人的行为，应受法律制裁。在"快播案"中，快播公司并不单纯是技术的提供者，"站长"或用户发布或点播视频时，快播公司的调度服务器、缓存服务器参与其中，快播公司构建的 P2P 网络平台和缓存加速服务都让其成为技术的使用者，同时也是网络视频信息服务的内容提供者。快播公司在提供 P2P 视频技术服务和缓存技术服务时，虽然客观上没有对视频内容进行选择，但当明知其 P2P 视频技术服务被他人用于传播淫秽视频，其缓存技术服务被利用成为大量淫秽视频的加速传播工具，本身有义务、有能力阻止而不阻止时，快播公司就不可能再获得技术中立的责任豁免。

（三）加强专业队伍建设

经过近些年的努力，我国打击网络犯罪的专业化队伍建设取得了较大进步，公安机关成立了网警队伍，成为打击网络犯罪的尖兵。但是网络犯罪在取证、技术分析、行为认定、法律适用方面的困难，仅仅依靠专门的侦察力量很多问题并不能得到很好的解决。甚至一些案件在公安机关也并没有交由网络安全部门来侦察，比如"快播案"交由治安部门而非网络安全部门来侦察，这也是造成证据出现大量问题的重要因素。因此建议公安机关进一步整合力量，加强部门间协作，提高专业侦察水平。另外，之所以 2015 年以来海淀区人民法院审结网络犯罪的数量较前一年增加了 69%，很大程度上是因为海淀区检察院在 2015 年成立了科技犯罪起诉部门，网络犯罪由这一起诉部门来完成批捕、审查起诉和指控。这一部门随着案件集中处理逐步提升了指控犯罪和指导公安机关侦察的能力，从而使得更多的网络犯罪得以发现和审判。因此，也建议有条件的检察院成立专业部门来完成网络犯罪的指控工作。

（四）强化网络企业与司法机关合作

互联网企业作为网络服务的提供者，既参与网络活动，也遭受网络犯罪危害。网络企业与司法机关的合作既能提高打击网络犯罪的精准度，也能保证网络空间的安全秩序。实践中，侦查机关调取证据，往往需要企业配合。新型网络犯罪往往由被害企业发现并报案，最初证据都由企业提供。网络企业和司法机关可以就电子证据保存、提取加强指导和合作，逐步建立起网络企业保存证据的指导性和强制性的规范。互联网企业在信息数据管理上和数据比对上也具有优势，可以发挥技术特长为侦查、起诉和审判提供技术帮助。

[本文原载《法律适用》2017 年第 17 期]

第四编
人工智能与刑法

人工智能时代机器人行为道德伦理与刑法规制

刘宪权*

　　人工智能时代已悄然来临，人工智能的迅速发展正深刻地改变人类社会生活、改变世界，并影响着国家的发展战略。2017年7月8日国务院《新一代人工智能发展规划》将发展人工智能作为我国抢抓战略机遇、构筑先发优势、加快建设创新型国家和世界科技强国的重要国家战略。规划指出，人工智能成为国际竞争的新焦点，人工智能是引领未来的战略性技术，世界主要发达国家把发展人工智能作为提升国家竞争力、维护国家安全的重大战略；人工智能成为经济发展的新引擎，其将重构生产、分配、交换、消费等经济活动各环节，形成从宏观到微观各领域的智能化新需求，催生新技术、新产品、新产业、新业态、新模式，引发经济结构重大变革。在此重大社会变革之下，作为上层建筑而存在的伦理、法律、政策也应当实现必要的调整与升级，按照规划所提出的目标，实行"三步走"战略：第一步，到2020年，"部分领域的人工智能伦理规范和政策法规初步建立"；第二步，到2025年，"初步建立人工智能法律法规、伦理规范和政策体系"；第三步，到2030年，"建成更加完善的人工智能法律法规、伦理规范和政策体系"。然而目前我国尚无与人工智能紧密相关的伦理规范与政策法规，与人工智能应用相关的民事与刑事责任确认等法律问题依然主要在传统法律框架内进行，并且迄今为止围绕该问题所展开的研究还极为匮乏。如果说在民事领域有限承认智能机器人的民事权利能力已经成为现阶段部分民法学者的呼声，那么在刑事领域有限承认智能机器人刑事责任能力的主张或讨论则显得极为罕见。而事实上，人工智能时代注定无法回避后一问题。

　　时下，因人工智能与信息科技的进一步发展与提升，智能机器人愈加

---

* 刘宪权，华东政法大学教授、博士生导师。

接近于"人"。除在医疗、交通、灾害应急处理等社会领域已经出现"人机合作"外，在某些特定领域（如知识产权领域），智能机器人甚至能独立创作出"作品"，其主体性、人格性、创造性特征已初露端倪，并将会随着人工智能技术的进一步提升而愈发凸显。既然智能机器人愈加接近于人，并能够逐步与人合作或完全替代人从事工作，那么以下这些问题便应当得到理论上的回答：智能机器人与人的区别是什么？智能机器人与人的法律地位之间是否有着不可逾越的鸿沟？是否应当赋予智能机器人法律人格？当智能机器人像人一样实施了危害社会的行为时，仅仅以"人"为主体而构筑的现行法律体系是否"过时"，是否仍然足以应对人工智能时代涌现的新情况、新问题？

以上并不是单纯的法律问题，同时也是深层次的伦理问题。康德将法与伦理相区别，法律与伦理之间的关系是哲学领域经久不衰的话题。目前已达成共识的是：伦理与法律作为两种社会规范分别独立存在，法律是外在的、强制性的秩序；伦理是内在的、求诸个人内心的力量，二者刚柔相济、相辅相成地调整着社会秩序。正是基于法律与伦理之间合作共生的关系，《新一代人工智能发展规划》将法律法规、伦理规范、政策体系并列，共同作为人工智能时代社会治理的战略目标。法律与伦理，同为社会规范，都以社会为其发生的基础，"法和伦理适合于社会，发生于社会……在没有社会共同生活的地方，法和伦理虽然在观念上可能，但是不具有现实性。法与伦理在它们同来之于社会这一点上，两者并不矛盾"。[①]伦理与法律均为规范，规范是社会的产物，同时也反过来及时助推社会的发展，一方面，人工智能时代与社会是人工智能伦理规范与法律法规的发生基础与现实来源；另一方面，人工智能伦理规范与法律法规的快速建立与完善，也是人工智能加速发展的必然要求与规范保障。

值得指出的是，《新一代人工智能发展规划》在"三步走"战略目标中对人工智能时代的伦理规范、法律法规、政策体系分别作了不同顺序的排位。第一步，到2020年"部分领域的人工智能伦理规范和政策法规初步建立"，其将"伦理规范"置于"政策法规"之前，并且并未使用"政策体系""法律法规"的表述；第二步与第三步，分别为到2025年"初步建立人工智能法律法规、伦理规范和政策体系"；到2030年"建成更加完善的人工智能法律法

[①] [日]川岛武宜：《现代化与法》，王志安、渠涛、申政武、李旺译，中国政法大学出版社1994年版，第10页。

规、伦理规范和政策体系"。不难发现，此时其将"伦理规范"的位置略微后移，置于"法律法规"之后、"政策体系"之前。排位上的前后差别恐怕并非偶然无意之举，而自有其深意。在人工智能时代初期，缺乏与人工智能紧密相关的法律法规，初创法律法规须以伦理为土壤，只有解决了新时代的道德、伦理等基本问题，才有可能制定出符合时代要求与顺应人们内心准则的法律。因此，初创人工智能法律法规应当遵循从伦理走向规范的路径。而当人工智能时代深化发展到一定的程度，人工智能法律法规已渐成体系之时，伦理势必要离开历史的主场，退居次要地位，更多表现为对法律的辅助实施。伦理与法律在不同历史阶段的角色与彼此之间的互动规律，反映着人类社会规范的产生过程，我们在构建人工智能法律体系时显然不能无视这一过程。在机器人广泛介入人类生活的人工智能时代，道德、伦理问题必须首先得到充分的讨论。故本文主要通过分析智能机器人的道德、伦理，探究机器人的法律地位和法律权利，并在此基础上解析智能机器人在刑法体系中的地位以及对应的犯罪范围与受保护范围。

一 机器人道德、伦理

虽然人工智能的概念于 1956 年的达特茅斯会议上首次提出，但从一项技术、产品演进为一个时代并切实影响着人们的生活却是近年来才发生的事情。人们将人工智能称为一个时代不仅仅是因为人工智能技术的提升与应用改变了人们社会生活的方方面面，更在于人工智能呈现出以往从未有过的特征：即主体性、人格性、创造性等。智能机器人在代替人类从事工作的过程中，已慢慢呈现出摆脱工具地位，渐获主体地位的趋势；在深度学习、神经网络原理与大数据技术的支持下，智能机器人已可独立创作"作品"，符合独创性的特征；在某些发达国家，智能机器人甚至已经被赋予"工人"地位或给予"户籍"。上述种种现象似乎已经与既有的人类伦理产生冲突，使得我们必须重新审视机器人本身以及人类与机器人之间的关系。纯粹的机器人工具主义是否会遭到时代与世界的抛弃，最终在历史舞台上离场，取而代之的是经过时代更新的伦理？机器人的伦理与规范问题必将成为人工智能时代社会科学研究的重要课题。人工智能的法律制度安排离不开伦理基础与价值取向，机器人伦理是研究机器人规范、机器人刑法的重要前提。对机器人伦理的思考应具有一定的前瞻性与超越性，并着重于控制、预防机器人发展、应用过程中的风险，使机器人在发挥有益于人类社会的价值的同时不至于侵害人类的基本利益。笔者认为，机器人伦理涉及文化、意识的碰撞，主要表现为机器人道德、机器人关系等问题。

（一）机器人道德应当被赋予和认可

机器人道德是具有自主意识的智能机器人判断行为正当与否的基本标准与准则。机器人道德是智能机器人的必备内容，是人类社会对智能机器人融入社会生活最低限度的要求。道德是后天养成的，而非先天即有，这也意味着道德并非专属于自然人，智能机器人也可通过后天养成道德。机器人需要道德并非一个伪命题，尽管目前的机器人尚未有道德，但这并不意味着未来的智能机器人不需要道德。机器人需不需要道德与如何形成机器人道德是两个不同层面的问题。我们不能因为将道德"加载"于机器人存在技术困境，便简单地认为机器人无须道德。事实上，智能机器人大范围应用于社会各领域，必然会涉及机器人道德问题。例如，杀伤性军用机器人如何区分平民、伤患、投降者和恐怖分子，在同时存在大量恐怖分子和些许人质的情况下是否选择攻击等等。又如，家庭服务型机器人如何在照顾家庭成员的过程中，区分伤害与救助。再如，医疗型机器人在手术过程中对病人造成的"伤害"或者"治疗"，何时、何种程度才能被认为是不道德的，甚至在传统的"电车难题""洞穴奇案"伦理困境中，机器人又会如何做出选择？以无人驾驶机器人道德实验的"隧道问题"为例，当你乘坐的汽车高速行驶至隧道口，一个儿童冒了出来，走到了路中间，正好挡住了隧道的入口，此时通过刹车来避免事故发生已为时晚矣。无人驾驶机器人只有两个选择：一是直接冲过去，但这会导致儿童死亡；二是快速转向撞向隧道的任意一边，但这会让你丧生。很显然，这一道德困境即便人类也没有"正确答案"，但无人驾驶机器人却必须面对并作出选择。上述所言都是机器人在快速、广泛、深入社会生活中所可能面对的道德、伦理问题。机器人的自由程度越高，就越需要道德标准。机器人感知力的提升、自由化程度的提高所带来的不仅仅是工作效率的提升、社会成本的降低，更多的是系统性风险。机器人"加载"道德的目的并不是为了使机器人成为独立的物种，真正平等地参与社会生活，而是为了控制人工智能技术发展所致的系统性风险。这里的系统性风险主要是指机器人在发展、应用过程中，由于技术、外力、故障等各种原因可能导致的对人类、社会、国家的危害。

机器人道德的主体是机器人，而非设计者或使用者。曾经有人提出机器人的道德选择应该由设计者、使用者设定或者由法律规定。"机器道德决定的做出是基于一种程序或软件,从深层理解,却是机器的使用者,因此在软件设计上体现一种道德的力量,可能是关键和必要的。"① 哲学、伦理学和计算机科学等领域的学者已经提出了"人工道德"的概念,随着机器人智能水平的提高、独立自主性的提升,对于自主性越来越强的智能机器人来说,它们完全可能成为人工道德的主体。因此,机器人的设计者、使用者或法律规定的道德选择并不在本文所讨论的机器人道德问题的范畴内。事实上,机器人可以具有道德并非天方夜谭,更非无稽之谈。国外已有人进行类似的实证研究,美国机器人研究专家阿金(Ronald Arkin)为了使军用机器人比人类更具有人性,在机器人系统中设计了"人工良心",并公开征求机器人应遵循的道德规范。② 赋予机器人道德能力需要让机器人在一个道德判断情境中,模仿人类的决策过程。首先,机器人就是能意识到一个道德判断情境,接着依循所布建的推理策略——包括道德原则、基准与价值等,机器人才能在多样化的情境之下判断并处理道德信息,并做出相应敏感判断;特别是在道德两难的情境下,在不同道德原则相互冲突时,做出"合情、合理的决定"。其次,机器人道德不可能也不应该脱离人类道德,这就意味着对机器人的设计者提出了较高的要求。在机器人的设计之初,便应将人类的基本道德原则以算法形式加入其中,并在其后的深度学习养成过程中进行不断的修正,以免出现机器人自以为"道德"但实际已严重背离人类道德观念的情形。这一重要的机器人设计要求应当体现在日后的机器人法律制度之中,以法律之形式明确设计要求才可有效控制机器人"无道德"或"非道德"所带来的风险。相应地,如果机器人的"道德算法"出现问题时,机器人的设计者、使用者应根据主观过错程度与客观危害结果承担相应责任。例如:如果机器人的设计者在机器人的智能程序中取消了不能伤害人类的"机器人三法则",③ 那么在机器人失控并造成危害结果的情况下,设计者就应承担相应责任。又如:如果机器人的使用者故意将关于违法犯罪内容的大数据灌输给机器人致使其严重背离人类道德并实施违法、犯罪行为的,就应追究使用者的法律责任。

---

① 王东浩:《机器人伦理问题研究》,博士学位论文,南开大学,2014 年。
② 杜严勇:《现代军用机器人的伦理困境》,载《伦理学研究》2014 年第 5 期。
③ 在 1942 年发表的短篇科幻故事《环舞》(Runaround)中,阿西莫夫首次明确阐述了他有关机器人三法则的思想。机器人第一法则:机器人不得伤害人类,或坐视人类受到伤害;机器人第二法则:除非违背第一法则,机器人必须服从人类的命令;机器人第三法则:在不违背第一及第二法则下,机器人必须保护自己。机器人三原则虽然来源于科幻小说作者的遐想,但笔者认为具有重要的指导意义。

当机器人能够且应当拥有道德时，其不道德的行为便存在了可谴责的基础，所谓道德非难才成为可能。从机器人的设计上来看，只有具备"人工道德"的机器人，才可以因不道德行为而受到非难，并承担相应责任。对于具备"独立意志""人工道德"的机器人，自身独立于机器人的设计者，应对自身行为及其所造成的后果负责。

（二）机器人与自然人的关系不应是平等的

机器人的社会关系包括机器人与自然人的关系以及机器人与机器人之间的关系，其中最为重要也最具有现实意义的是机器人与自然人的关系。机器人与自然人的关系是随着历史发展、科技进步而逐渐产生变化的，其具体表现主要是取决于机器人自身的伦理地位。"对机器人伦理地位的思考正在成为人类不可回避的价值基点。机器人作为一种打引号的'他'，不是动物的它，也不是人类的他，而是一种介于他和它之间的准他者。只有承认机器人是一种存在，承认其独立的伦理地位和内在价值，保持'他'作为存在的完整性，人类才能和机器人和平共处，才能在与机器的结合中发展出恰当的伦理规范。"① 机器人主体性、人格性、创造性的形成使得机器人的伦理地位成了人们未来必须考虑的问题。在很长的一段时间内，机器人只能是自然人的"工具"，机器人的"工具"地位于人们的观念之中根深蒂固，以致有些人很难接受机器人主体地位的观点。然而，在人类的想象和对未来的预测之中，机器人在各方面均能够媲美甚至超过人类，其不仅可能获得主体地位，甚至可能会成为人类的"主人"。这一现实接受度与未来接受度的差异来源于人类对科技发展的复杂态度，并隐隐契合了人类心理与利益。人类一方面希望人工智能技术不断发展，机器人的智能性等能够媲美或者超越人类，最终实现替代人类从事工作的愿望；另一方面又害怕机器人在能力提升的同时会脱离人类的掌控，进而危害乃至奴役人类。著名理论物理学家霍金早于2014年接受BBC采访时就断言人工智能可能意味着"人类的末日"。② 这一复杂的心理态度从另一侧面展现了机器人的益处与风险。从科技发展的角度来看，以往的机器人本质上是基于自动化技术的机械电子装置，不具有人的属性，更不能与人进行无障碍、自由互动，因而将其视为工具无可厚非。但在人工智能技术革新与大数据支持的背景

---

① 《情感机器人：技术与伦理的双重困境》，《科技日报》2009年4月21日第5版。

② BBC News, "Stephen Hawking: will AI kill or save humankind?", http://www.bbc.com/news/technology-37713629, accessed July 28, 2017.

下，机器人已经迈向高度智能化，能够独立自主地活动而无须由人事先设定或发出指令。从机器人与自然人的关系来看，机器人的地位正在逐渐发生变化。可以预见的是，未来自然人与机器人的主从关系将慢慢淡化，取而代之的是近乎平等的关系，机器人的主体地位正在逐步显现。深圳一女子欲与机器人结婚，前往民政局进行婚姻登记，系全国首例自然人欲与机器人结婚的事例。① 从图灵测试开始，人工智能的目标早已不是纯粹的运算能力与感知运算，"情感计算"也是人工智能的重要发展方向。人们希望与机器人展开情感交流，期盼机器人在完成工作与任务之余能满足人的情感和心理需求，而不是面对一台冷冰冰的机器。现实的人类需求孕育出越来越多具备情感计算能力、能与人类进行感性交互的技术和产品，比如菲比小精灵和真娃娃机器人玩偶，一个叫"帕罗"的机器海豹，甚至可以用来充当老年人的伴侣动物。② 2010 年 11 月 7 日，"帕罗"成为首个获得"户籍"的机器人，"帕罗"的发明人在户口簿上的身份是父亲。③ 人类与机器人产生感情并不是无意义的臆想，而是具有科学依据的。日本丰桥技术科学大学（Toyohashi University of Technology）和京都大学（Kyoto University）的研究人员为人类与机器人的情感共鸣能力提供了神经生理学依据。④ 机器人主体地位的趋势已经形成，我们应当正视这一社会伦理现象，考虑赋予其适当的法律资格与地位，制定并完善相关的法律制度。

可以肯定的是，机器人绝不可能获得完全的、不受限制的、与自然人平等的主体地位。众多科幻电影、未来学家早已警醒人们人工智能若不受控制地发展下去，将会灭绝人类。即便不会使人类灭绝，恐怕人类也绝难接受与机器人共同治理社会、分享资源的局面。正是基于保护人类、维护人类利益的理由，机器人的伦理地位只能是也至多是限制性主体地位，这一原则应始终予以贯彻，并在法律制度中予以体现。笔者认为，即便未来有一天机器人真的能够成为"其他人"，法谚"法律面前人人平等"也不应适用于自然人与机器人之间。机器人限制性主体地位意味着当自然人利益与机器人利益产生冲突时，原

---

① 《全国首例机器人与人结婚?》，2017 年 10 月，http：//news.chinabyte.com/187/14066187.shtml。

② 《人工智能，当机器人有了丰富的感情，与机器人谈"感情"，人类是否"很受伤"?》，2017 年 10 月，http：//www.cankaoxiaoxi.com/science/20160405/1118962.shtml。

③ Jennifer Robertson, "Human Rights vs Robot Rights: Forecasts from Japan", *Critical Asian Studies*, 2014, (4), pp. 571-598.

④ 《人类会与机器人相爱吗? 易产生情感共鸣引担忧》，2017 年 10 月，http：//tech.sina.com.cn/d/v/2015-11-09/doc-ifxknutf1617260.shtml。

则上应保障自然人利益，在绝大多数领域内，自然人与机器人之间不应存在法律意义上的平等。

二 机器人的法律属性

机器人伦理是研究机器人法律属性的前提与基础，机器人伦理的研究成果能够为机器人的法律属性提供研究依据。机器人的伦理地位、机器人与自然人的关系都应体现在机器人的法律属性、法律制度之中。上述机器人伦理的内容可总结为机器人的法律制度安排所必须遵循的基本原则：承认与限制。智能机器人的规范研究与制度安排应始终坚持上述基本原则。在智能机器人的法律人格、法律权利与责任等问题上应秉持承认与限制的基本立场，这一立场实质上是赋予机器人限制性主体地位，而非与自然人完全平等的主体地位，因此在自然人与机器人的利益博弈、冲突中应坚持自然人利益优位。

（一）机器人的法律地位

机器人伦理是构建机器人法律制度的基础与前提。以机器人的法律地位为例，尽管我们能够通过技术操作满足机器人法律地位的条件，但其背后的伦理基础显然是无法通过解释技巧进行补足的。因此，机器人的伦理地位与机器人的法律地位息息相关。机器人伦理地位不仅取决于社会的态度，更与人工智能技术存在重要关联。机器人主体性、人格性、创造性的凸显是人工智能技术迅速发展的高科技结果，没有这些科技，机器人永远只能是工具。人工智能技术使得智能机器人在情感、军事、服务等领域都有突出的表现，具有越来越多的可能性。例如：Packbot 机器人在成功执行了 35 次任务后，不幸被炸坏，而后有几名士兵恳求修复它，因为它曾救过他们的命。又如：性爱机器人在日本、欧洲相继出现并流行，也有人提出希望与其成为伴侣。可以预见的是，智能机器人的伦理主体地位终将会得到人们的认可，这一需求必然会反映在法律制度的构建上。机器人的主体地位虽然目前只是一种学术观点，但这一趋势必然会继续演进下去直至落实到法律实践之中。

承认机器人的伦理主体地位是构建智能机器人法律人格的前提与基础。智能机器人已然不同于普通的机器，存在赋予法律人格的正当化依据。可以肯定的是，目前智能机器人已具有以下能力：（1）模仿任何其他机器的行为；（2）好奇心（即为了研究它们的环境总是在移动），自我识别（即对它们自己的视觉能作出反应),相互识别其同类机种的成员;(3)从它们自身的错误中学习;(4)像人一样"有创造力的"和"有目的的",甚至会"寻找它们力所能及的目标";(5)再生自己的能力;(6)"通过自我修复机制而有无限的使用寿命"。①"没有理性的东西只具有一种相对的价值,只能作为手段,因此叫作物;而有理性的生灵才叫作'人',因为人依其本质即为目的本身,而不能仅仅作为手段来使用。"② 智能机器人具有理性已是不争的事实,具有思维与意志未来亦是可期。

法律的功能是将社会现实中纷繁不同、各具特点的人,以统一的标准人、制度人的方式抽象构建出法律上的人。③ 应该看到,时下将智能机器人作为法律人对待仍存在法理上的困惑。在法学发展的历史中,法律人的构建有许多不同的法学流派,自然法学派以"自然人"为基点,以人性为视角构建出在人类共性之上的"抽象人"。④ 功利法学派也同样以人性为视角,二者的区别是,自然法学派以"理性人"为基础,而功利法学派以"现实人"为基础。分析法学派则认为人生存于制度之中,依附于制度而获得相应的权利与自由。⑤ 凯尔森认为:"法律上的人并不是在'它的'义务和权利之外的一个分立的实体,而不过是它们的人格化了的统一体,或者由于它的义务与权利就是法律规范,所以不过是一批法律规范的人格化了的统一体而已。"⑥ 笔者认为,我们将智能机器人作为法律上的人或者赋予智能机器人法律上的人格并不是天方夜谭,更不必有背离法学基础理论的担忧。自然法学派与功利法学派从人性角度解构法律人,而分析法学派从规范与制度角度解构法律人,两者都具有相当深厚的理论基础。从法规范本身来说,法律人的构建源于规范而非人性。法律人这一概念的出现,是通过法律制度将人的概念予以类型化的结果。"人之所以为人,并不是因为他是一种有肉体和精神的生物,而是因为根据法律规则的观点,人展现了一种自我目的。这样为了证明人类群体可能可以具备法学人格,

---

① Phil McNally、Sohai Inayatullay,邵水浩:《机器人的权利——二十一世纪的技术、文化和法律(上)》,《世界科学》1989年第6期。
② [德]卡尔·拉伦茨:《德国民法通论》(上册),王晓晔等译,法律出版社2003年版,第46页。
③ 胡玉鸿:《法律主体概念及其特性》,《法学研究》2008年第3期。
④ 参见赵敦华《西方哲学简史》,北京大学出版社2000年版,第289页。
⑤ 胡玉鸿:《"法律人"建构论纲》,《中国法学》2006年第5期。
⑥ [奥]凯尔森:《法与国家的一般理论》,沈宗灵译,中国大百科全书出版社1996年版,第106页。

我们不需要证明人类在生物学上是相同的客观实体、组织，而是需要证明自我目的在人类群体当中和在个体的人身上体现的是一致的。"① 因此，将没有生命体的智能机器人作为法律人是具有现实可能性的。超越程序设计与编制范围、基于独立意志进行活动的智能机器人，完全可以证明自我目的，具备法律人格的基础。此外，也有学者提出从"伦理人"到"科学人"的转变。② "无论如何，法律人格总会随着时代变迁丰富其内涵。值得肯定的是，法律人格在其历史发展过程中，起源于伦理性，又最终超越于（而非脱离）伦理性；伦理性在一定层面上仍是其深层基础，完全彻底抛弃伦理性这一本源很可能会让法律人格迷失方向和丧失进一步发展的动力。"③

既然智能机器人具备法律人格的基础，那么将其作为法律主体对待是否会对法律上"人"的概念产生致命的冲击？应当看到，法律上"人"的概念并非一成不变。随着时代的变革与理念的转变，法律上"人"的内涵与外延经历了不断的演进与变化。正如同"法人"这一概念的确立扩大了法律上"人"的概念与范畴，人工智能时代智能机器人法律人格的创设也可依迹而循。因此，将智能机器人作为法律上的"人"似乎是契合时代潮流的。事实上，虽然我国法律目前没有规定智能机器人的法律人格与权利义务，但世界范围内早已有国家或组织针对该议题进行研究或立法。可见，立法上赋予智能机器人法律人格与权利义务并非完全不可能。

（二）机器人的法律权利

机器人权利是机器人伦理与规范研究的重要内容。在承认法律人格之后，机器人的权利自然而然便是我们研究的重点和方向。承认与限制的基本原则应始终贯穿于机器人伦理与规范研究之中，在机器人权利的领域内亦不例外。机器人权利具有合理性，随着人工智能向纵深发展，机器人的权利必将得到承认。与此同时，机器人也应承担其行为所致责任，这是基本法理之所在。在承认的基础上，对机器人的权利类型、范围也应当以伦理为依据进行限制。这一限制取决于自然人与机器人之间的关系，正如前文所述，无论如何自然人与机器人都不可能平等相处，人类不会容许机器人与人类共同治理国家的情形出

---

① ［德］拉德布鲁赫：《法哲学》，王朴译，法律出版社2005年版，第134页。
② 沈寨：《从"伦理人"到"科学人"——以民法为例看近现代中国法律上的"人"的变迁》，《太平洋学报》2011年第8期。
③ 马骏驹、刘卉：《论法律人格内涵的变迁和人格权的发展》，《法学评论》2002年第1期。

现。即便机器人真的有可能达到与自然人无异，两者也不可能平等相处。

承认机器人的权利具有必然性。机器人权利应该得到承认的根本原因在于机器人权利具有合理性。主张机器人权利的观点并非一家之言，亦非空中楼阁。早在19世纪便有学者对机器人权利与责任进行研究。1964年，麻省理工学院的美国哲学家普特南（Hilary Putnam）认为当机器人技术足够成熟时，机器人对权利便会有所要求。① 2000—2011年，也有外国政府、研究机构等召开研讨会，讨论"机器人与权利"。② 直至2017年，机器人权利与责任已经从学术研究转变为现实的立法例。欧盟法律事务委员会主张机器人的"工人"身份并赋予其特定的权利义务；日本、韩国也起草了《机器人伦理宪章》等规范性文件。③ 针对机器人权利的说法，也有反对的声音。"即便是机器人可以进行一定程度的自我进化，这也并不意味着人对这种进化的方向与速度失去可控性。假如机器人可以进化到成为拥有生命意识、自我生存欲求和发展目标能力的新型物种，我们就必须及时阻绝这种事态，绝对禁止这种可能提出权利要求的失控物对人类利益造成威胁与损害，这是我们触及与机器人相关的伦理道德问题时的核心关切之所在。"④ 应当看到，这一反对只不过是将限制的立场发挥到极致，核心在于保守的观念与对人工智能技术发展的悲观。一些保守的社会科学学者无法接受这一立场情有可原，毕竟科学技术的发展速度早已超出一般人的理解。"最终，人类不仅可以把机器人看作是机械奴隶、生产品和买卖物，而且可以看作是有其自身权利的实体。通观整个法律史，权利的每次向某种新实体的继续延伸总是有点不可思议的。我们倾向于设想无权'事物'的无权性是大自然的一种天意，而不是一种出乎支持某种现状的法律协定。"⑤

在承认机器人权利的基础上，限制机器人的权利亦符合人类利益。"人权是一个重要的伦理、法律与政治概念，而机器人权利更多地属于伦理、科技与安全的范畴。"⑥ 美国未来学家库兹韦尔的"奇点"理论认为，技术的加速发展会导致一个"失控效应"，人工智能将超越人类智能的潜力和控制，迅速改

---

① Hilary Putnam, "Robots: Machines or Artificially Created Life?", *The Journal of Philosophy*, 1964 (21), pp. 668-691.

② For and Against: Robot Rights, http://eandt.theiet.org/magazine/2011/06/debate.cfm.

③ 参见吴汉东《人工智能时代的制度安排与法律规制》，《法律科学》2017年第5期。

④ 甘绍平：《机器人怎么可能拥有权利》，《伦理学研究》2017年第3期。

⑤ Phil McNally、SohaiInayatullay、邵水浩：《机器人的权利——二十一世纪的技术、文化和法律（上）》，《世界科学》1989年第6期。

⑥ 杜严勇：《论机器人权利》，《哲学动态》2015年第8期。

变人类文明。人工智能奇点的来临使得机器人能够完全独立、自主升级、进化，人类已经无法理解机器人的世界。奇点带来的失控可能是人类与机器人共生，亦可能是人类完全被奴役甚至灭绝。所以，为了避免人类的灭绝，也为了人类的共同利益，限制是必然得到共识的基本立场。

值得注意的是，机器人的权利只能由法律明文规定，"天赋人权"无法适用于机器人。机器人毕竟不是普通法律意义上的人，自然人的法律权利诸如宪法权利、民事权利等均无法及于机器人。在机器人权利的具体内容上，不同类型、不同智能水平的机器人所享有的权利应当是不同的。有人提出无人汽车应当有"路权"，即通过制定法律规定路面上车身前、后一定距离内为无人汽车独自占有。机器人被攻击时应有"自卫权"，机器人外科医生应有执照和行医权。机器人为了有效地服务社会和便于公众接受，应当拥有相应的权利保障，机器人要遵纪守法，也要有权利。① 此外，具有独立、自主意识的智能机器人不应被视为自然人的财产，而应受到最基本的尊重。② 人类不能肆意处置、虐待或者抛弃此类机器人，针对机器人的利益也应当通过立法进行保护。

三　智能机器人严重危害社会的行为应受刑法规制

机器人伦理规范在机器人法律制度中的体现不仅应包含对智能机器人法律地位、法律权利的承认与限制，还应包括对智能机器人的规制与惩罚。这一内容尤其体现在与伦理规范息息相关的刑法之中。人工智能时代的来临，不仅为社会带来效率与红利，也带来了诸多的智能机器人风险。刑法如何应对智能机器人风险，如何规制与惩罚智能机器人是未来研究的重要内容。我们首先需要面对的问题是，智能机器人能否成为犯罪主体？智能机器人可以实施何种犯罪？

（一）智能机器人可以成为犯罪主体

智能机器人能否成为犯罪主体取决于其是否符合刑法所规定的成为犯罪主体的条件。根据《刑法》第17条的规定，犯罪主体需具备以下条件：（1）实

---

① 封锡盛：《机器人不是人，是机器，但须当人看》，《科学与社会》2015年第2期。
② David Calverley, "Android Science and Animal Rights, Does Analogy Exist?", *Connection Science*, 2006 (4), pp. 403-417.

施了严重危害社会的行为；（2）具备刑事责任能力；（3）依法应当承担刑事责任。其中第（3）点条件的成立来源于立法，在第（1）点和第（2）点成立之后，由立法明确其犯罪主体地位。正如单位犯罪在1979年刑法中尚未出现，经由1987年《海关法》的附属刑法确立了单位（法人）犯罪一样，智能机器人犯罪是否可以依法应当承担刑事责任本身并不是决定智能机器人能否成为犯罪主体的实质条件，而是立法者在肯定智能机器人具备刑事责任能力并能够实施严重危害社会行为之后在立法上的选择与回应。第（1）点和（2）点才是决定智能机器人能否成为犯罪主体的本质要件，第（3）点只是罪刑法定原则下对前两点在形式上的固定化、法定化。如若符合第（1）点和第（2）点，则可在刑法第二章第四节单位犯罪后增设一节智能机器人犯罪，承认其主体地位。

1. 智能机器人能够实施严重危害社会的行为

本文所言可归责于智能机器人的犯罪行为，是指在程序设计与编制范围之外，智能机器人基于独立"意志"所自主实施的犯罪行为。对于智能机器人按照程序设定的目的实施犯罪行为的，应归责于智能机器人背后的程序设计者以及智能机器人的使用者。此时智能机器人仅是工具，而非主体，故危害结果不应也无法归责于智能机器人本身。智能机器人对社会造成损害的情形在世界范围内并不罕见，只是大部分不是智能机器人基于独立意志所自主实施的行为，而多是由于机器、程序故障或操作失误所致。例如：德国大众汽车厂"机器人杀人"事件其实是生产安全事故而非智能机器人基于独立意志所自主实施的行为。工人在工作过程中不慎触发机器人的程序而受到机器人的误伤，因而导致了死亡结果。目前看来，在躯体层面，智能机器人完全拥有实施严重危害社会行为的能力，而在意识层面，尚不能超越程序控制而产生自主意识。但可以预见的是，基于深度学习技术、神经网络学习技术与大数据技术的发展，在不久的将来，智能机器人完全可能产生超越于程序控制的自主意识。未来实验室首席战略与创新官特雷西·弗洛斯认为，人工智能和机器学习技术将帮助机器人拥有自动编程并实施犯罪行为的能力，并预言到2040年机器人犯罪率将超过人类。①

---

① 彬彬：《2040年机器人犯罪率将超过人类成大多数犯罪主体》，《科学与现代化》2017年第1期；《人工智能AI发展到一定程度后会犯罪吗？》，2017年8月，http://www.techweb.com.cn/column/2016-09-13/2392298.shtml。

2. 智能机器人具有辨认能力和控制能力

辨认能力是控制能力的前提，只有具备辨认自己行为是非对错的能力，才可根据这种认识对自己的行为进行控制。对于有生命体的自然人来说，只要达到刑事责任年龄、精神正常便被视为具有辨认能力与控制能力。对于单位来说，刑事责任能力是单位内部自然人个人辨认、控制能力的集合，但又超越自然人，表现为超个人辨认、控制能力的一种集体意志。但智能机器人既无生命体，亦无法根据精神状况与刑事责任年龄认定其辨认和控制能力，更无法根据集体意志与法定存在形式认定其辨认和控制能力，智能机器人的辨认能力与控制能力来源于程序的设计、编制与物理硬件的联合作用。由人类设计、编制的程序使智能机器人具有了独立思考和学习的能力，这种能力使得智能机器人可以产生独立、自主的意识和意志。在这一意识与意志的支配下，程序与硬件为智能机器人的辨认能力与控制能力提供了物理基础。应当看到，只有同时具备辨认能力和控制能力，才可以承担刑事责任。在程序设计范围内进行活动的智能机器人由于受制于程序，因此不具有控制能力，也就不具有承担刑事责任的能力。另外，刑法意义上的辨认能力是对行为的性质、后果、作用的认识能力，这种认识包括事实层面的认识和规范层面的认识。事实认识是一种形式上的认识，智能机器人可以通过其"电子眼""电子耳"认识到事实。但对行为性质、作用的认识是一种规范认识，仅依靠物理硬件是不可能完成的。即便是自然人，其认识行为的性质、后果、作用的能力也不是一蹴而就的，而是在成长过程中，逐渐在家庭乃至社会生活中体会到规范秩序并由此形成规范意识。笔者认为，在智能机器人的程序设计与编制中加入深度学习法律与规范的部分，将大量的法律、规范性文件、案例作为智能机器人的学习内容，由此使机器人产生规范意识。相较于辨认能力，控制能力的实现是智能机器人的必备能力，是程序设计与编制的必需内容。智能机器人拥有快速的处理能力、反应速度和极精准的控制能力，能够凭借大数据与高速运算能力对行为做出精准的控制。与自然人相比，智能机器人具有超强的控制能力与可培养的辨认能力，即智能机器人具有承担刑事责任的可能性。至于智能机器人承担刑事责任的具体内容与方式，则必须与智能机器人所享有的权利有所对应，因为刑罚是一种必要的害恶，是对犯罪人权利的剥夺与合法侵害，在现行法律体系并未确立机器人权利的情况下，现行刑法也不可能存在可以直接适用于机器人的刑罚。必须根据智能机器人所享有的权利类型重新建构刑罚体系，以实现刑罚的目的。

（二）智能机器人犯罪的范围

我国《刑法》分则共有十章，分别为危害国家安全罪，危害公共安全罪，破坏社会主义市场经济秩序罪，侵犯公民人身权利、民主权利罪，侵犯财产罪，妨害社会管理秩序罪，危害国防利益罪，贪污贿赂罪，渎职罪和军人违反职责罪。对上述十类犯罪而言，自然人完全能够实施，智能机器人则不然。智能机器人能够实施犯罪的范围取决于其自身的特点。智能机器人与自然人的共同点决定了两者都可实施的犯罪范围，智能机器人与自然人的不同点则划分出了智能机器人无法实施犯罪的范围。

实施犯罪的范围取决于犯罪主体的特点。单位作为刑法明文规定的主体，能够实施诸多破坏市场经济秩序、妨害社会管理秩序的犯罪（较多地体现为法定犯），但其无法实施侵犯公民人身权利、民主权利的犯罪（较多地体现为自然犯）。众所周知，《刑法》中法定犯与自然犯的最大区别在于是否违背伦理道德。由于单位不具有伦理道德，其不可能实施具有违背伦理道德特性的自然犯类别的犯罪。对智能机器人而言，尽管其不具有生命体，但是，正如前述，其具有伦理与道德，能够实施违反伦理与道德规范的行为，并进而在构成相应的自然犯类别的犯罪上没有障碍。应当看到，智能机器人能够实施刑法分则规定的大部分犯罪，只有极少数犯罪因其自身特性而不具有实施的可能性。智能机器人与自然人具有较多的共同点，因此以自然人为主体的刑法罪名往往也能够适用于智能机器人。以刑法分则第五章侵犯财产罪为例，智能机器人可以实施绝大部分犯罪，如抢劫罪、盗窃罪、诈骗罪等。但是，基于身份所实施的犯罪，智能机器人有些因不可能具有这种身份而无法单独实施（例如：贪污罪、受贿罪、挪用公款罪等罪的主体只有国家工作人员才能构成，而智能机器人显然不可能具有这种身份），有些则完全可能单独实施（例如，智能机器人医生可以成为医务人员而实施医疗事故罪）。毋庸讳言，时下尽管智能机器人具有替代人进行工作的功能，甚至在医疗、法律、金融领域都有不俗的表现，但由于其在身份认定上还存在较大困难，智能机器人单独构成刑法分则要求具有特定身份的犯罪仍然有很大障碍。我们也应该看到，虽然时下智能机器人尚无法单独成为身份犯罪的正犯，但是我们完全可以用身份犯共同犯罪的规定和原理，对智能机器人的帮助、教唆等行为加以评价。随着智能机器人不断深度融入人类社会，赋予智能机器人某些特定身份的图景迟早会到来，那时智能机器人犯罪与自然人犯罪在主体范围上可能更为接近。

(三) 智能机器人与一般机器人的区别

在人工智能时代到来之前，笔者就已提出"机器人"[①] 可以成为犯罪对象的理论。具体而言，行为人冒用他人信用卡，在 ATM 机上取钱的行为构成信用卡诈骗罪，此时，ATM 机是被骗对象。笔者认为，ATM 机既不是机器也不是人，而是"机器人"。这是因为，程序设计与编制赋予 ATM 机类似于银行柜员的识别功能，替代银行柜员进行金融业务。[②] 当时尚未出现智能机器人，作为一般机器人的 ATM 机仅能成为诈骗罪的对象，不能成为诈骗罪的主体，即机器人无法实施诈骗行为并为此承担刑事责任。主要理由在于以下两点。（1）机器人虽然具有部分人的功能，但不足以主动实施诈骗行为。程序设计与编制赋予机器人部分人的功能，这部分功能主要是指识别功能，包括验证账户、密码以及人的真实性等。一般而言，识别功能是被动的而非主动的，是程式化的而非创造性的。所以，机器人仅能在识别功能的范围内运作，而不可能超出识别功能的范围去实施欺骗行为。（2）识别功能尚不足以被评价为刑法中的辨认能力。实施诈骗行为并承担刑事责任的重要依据在于实施者的辨认能力与控制能力，机器人的识别功能还远远达不到一般自然人的辨认能力。正如前述，辨认能力不仅是对事实的认识更是对事实所蕴含规范意义的认识，作为诈骗类犯罪对象的机器人最多只能认识到事实（包括错误的事实），而不可能认识到事实的性质、作用等规范层面上的意义。因此，机器人仅能作为诈骗类犯罪的犯罪对象，而不能作为诈骗类犯罪的犯罪主体。

然而，人工智能的发展不仅为"机器人"可以成为犯罪对象的理论提供了发展的路径，也为"机器人"可以成为犯罪主体提供了基础。未来的智能机器人可以主动实施诈骗行为，成为诈骗类犯罪的主体。智能机器人是普通机器人的升级，与普通机器人相比，智能机器人可能产生自主的意识和意志。人类创造机器人的技术达到了无与伦比的程度，依次经历了机器人 1.0 时代（制造出对外界环境无感知的初级机器人的时代）、2.0 时代（制造出对外界环境有感知的高级机器人的时代）、3.0 时代（制造出对外界环境有认知、推理和决策能力的智能机器人的时代）。科学技术的发展使得当下和将来的智能机器人能够像"人"一样会思维甚至能自我创造。智能机器人与普通机器人相

[①] 此处"机器人"原本仅指一般机器人，但随着人工智能的发展，智能机器人也应被纳入其中。前文所述"机器人"是属概念，是指与自然人对应的机器人。

[②] 刘宪权：《金融犯罪刑法学原理》，上海人民出版社 2017 年版，第 509 页。

比具有以下不同点。(1) 智能性。智能性是区分普通机器人与智能机器人的本质特征。这一特征主要表现为认知、推理和决策的能力。智能机器人往往能够在需要感知、思考、计算乃至创作的领域达到与人类相媲美甚至超越人类的程度。(2) 主动性。普通机器人与智能机器人的共同点在于对外界都有认知能力,差别在于智能机器人具有推理和决策能力,即智能机器人的活动具有普通机器人难以比拟的主动性。只要给智能机器人设定好目标,其就会自我判断、决策通过何种方式实现目标,并针对情况变化进行反应,而普通机器人只能根据人类的指令进行被动的反应式活动。此外,智能机器人可以主动通过神经学习、深度学习与大数据技术来获得进步。(3) 创造性。普通机器人不具有创造性,其每一步操作都是按照程序的具体设定来进行的,人们可以完全预测到它们遇到不同的情况会做出什么样的具体"反应"。例如:当持卡人将账户和密码告知 ATM 机时,ATM 机会按照设计和编制的程序即时做出识别和判断,与持卡人进行符合设定程序的金融交易。智能机器人完全不同,人们可以为其设定目标,但无法预测其如何实现目标,即智能机器人实现设定目标的过程可能完全超出设计者的控制范围。

在探究智能机器人能否成为诈骗类犯罪主体时,应当考虑到智能机器人与普通机器人存在的差异。正如上文所述,对于具有自主意识的智能机器人,刑法上应当认可其刑事责任能力与主体地位。笔者将智能机器人分为两类。一类是仅能在程序设计与编制范围之内进行活动的智能机器人。这类机器人虽然具有认知、决策与推理能力,也能够实施诈骗行为,但其受研发者或使用者的钳制,不具有自主意识,不能独立作出决定,其实施的诈骗行为所体现的是其背后研发者或使用者而非其本身的意志与目的,因此,智能机器人此时只能作为背后的研发者或使用者实施诈骗行为的工具,而不能作为实施诈骗行为的主体。另一类是能够在程序设计与编制范围之外进行诈骗活动的智能机器人,其可基于自主意识而独立决定实施诈骗行为。后者能够成为诈骗类犯罪的主体应无异议。

综上,笔者认为,从能否成为诈骗类犯罪的主体角度看,普通机器人不具有实施诈骗行为的能力,不能作为主体;不具有独立意识的智能机器人虽然能够实施诈骗行为,但行为体现的是研发者或使用者的意志与目的,此时智能机器人只是工具而非主体;在程序设计与编制范围之外具有独立意识的智能机器人,能够独立实施诈骗行为,可以成为诈骗类犯罪的主体,承担诈骗类犯罪的刑事责任。但是,从能否成为诈骗类犯罪的对象角度看,机器人以及两类智能机器人都至少具有识别功能,因而都可以成为诈骗类犯罪的对象。承认智能机器人的犯罪主体地位，并非理论上的自我诠释与陶醉，而是具有巨大的社会治理意义。对实施了犯罪行为的机器人科处刑罚，有利于降低社会治理成本。刑罚的目的是预防犯罪，包括特殊预防与一般预防。这两种预防功能在机器人身上皆得以奏效。机器人具有感知刑罚痛苦的能力（刑罚的形式包括限制、剥夺自由、毁损等），并且能够在犯罪的快感与刑罚的痛感之间进行理性权衡，以调整其之后的行为，换言之，自由意志的存在决定了机器人本身是可以接受深度学习与深度改造的。一般预防的功能则体现得更为充分，由于机器人具有意识和意志，会学习、能思考，因而此机器人完全可以从彼机器人犯罪受刑的经历中受到威慑与教育，从而不断在自己的"大脑"中塑造或加深符合人类社会规范的价值观。假如我们无视机器人的自由意志，简单粗暴地将机器人当作不具有主体资格的物品来看待，一旦机器人实施了严重危害社会的行为便在物理上毁损之（因为自由意志是无法毁灭的），那么经济成本将是巨大的，一般预防功能也会荡然无存。唯有尊重机器人的自由意志，将其作为行为主体与社会成员来看待，有罪必罚，并经由刑事诉讼程序进行法律上的审判，才能在机器人的"大脑"中建立价值体系，植入人类文明，使其自觉遵守并维护社会秩序，从而实现"人工人"向"社会人"的转变，这是人工智能技术发展到一定程度时的理性选择与必由之路，有利于最大限度地降低社会治理成本。

四　智能机器人应成为刑法保护的对象

智能机器人不仅能够成为犯罪主体，亦可成为犯罪对象。智能机器人的犯罪对象地位是不容否认的，一味地规制智能机器人的犯罪行为，而不保护智能机器人的权利不利于人工智能的健康发展。智能机器人的犯罪对象地位实际上折射出的是刑法保护理念。然而，无论采取何种刑法保护理念，这一疑问总是会浮现于心中：刑法保护智能机器人权利的意义是什么？

（一）刑法保护智能机器人权利的意义

这一问题应当回归到本原，刑法保护的是什么？理论上有观点认为，刑法的任务与目的是保护法益。该观点从利益关联性、法的关联性、可侵害性、人的关联性、宪法关联性五个方面将法益的概念界定为，根据宪法的基本原则，由法所保护的、客观上可能受到侵害或者威胁的人的生活利益。其中人的生活利益不仅包括个人的生命、身体、自由、名誉、财产等利益，而且包括建立在保护个人的利益基础之上因而可以还原为个人利益的国家利益与社会利益。①因此，智能机器人能否成为刑法所保护的对象，取决于其是否享有权利。从利益关联性来看，智能机器人有着归属于自身的利益。特别是在机器人伦理中要求自然人尊重智能机器人，更是利益关联性的重要表现。从可侵害性来看，智能机器人的利益是可能受到他人侵害的。例如黑客故意损毁智能机器人的程序等。从人的关联性来看，前文已述，智能机器人的法律主体地位应得到承认，其能够成为法律上的"人"。从法的关联性与宪法关联性来看，智能机器人能否受到刑法保护，或者说智能机器人的犯罪对象地位最终仍需要宪法与法律明确其主体地位与相关利益。唯此，智能机器人的犯罪对象地位才能够得到确立。

从刑法的机能来看，保护智能机器人有着重要意义。刑法的机能在于人权保障与社会保护。从人权保障来看，智能机器人虽尚未有人权，但无碍于刑法保护其类似于人权的利益。智能机器人灵性的觉醒意味着其能够拥有认知、感情，智能机器人亦有其自身之欲求。在智能机器人成为被告人或被害人时，刑法的人权保障机能便可发挥作用，一方面使得作为被告人的智能机器人免受不白之冤；另一方面保护作为被害人的智能机器人的权益。从社会保护来看，保护智能机器人对维护与控制社会秩序具有积极意义。随着智能机器人的普及，未来的社会成员结构之中必然有智能机器人的一席之地，虽其不能与人类完全平等，但保护这一类特殊的社会成员对社会秩序的维护亦具有重要作用。此外，不对智能机器人进行保护意味着人类可以随意处置它们，这不仅会使得智能机器人产生负面情绪甚至向人类发起反抗，更有可能令智能机器人失控以至于阻碍人工智能的发展，妨害社会秩序。从这个意义上说，承认智能机器人的权利具有鲜明的功利主义色彩，其本质是为了更好地实现人类的利益。

（二）刑法保护智能机器人权利的范围

智能机器人受刑法保护的范围取决于智能机器人的权利范围。刑法所保护的自然人享有的权利类型主要有人身权利、民主权利、财产权利等。行为人侵害某一权利类型即可能构成相应犯罪。例如，非法剥夺他人生命可以构成故意杀人罪。自然人享有生命权（人身权利），行为人故意杀害自然人的，因侵害了其生命权而构成故意杀人罪。然而，虽然单位是法人，但不享有人身权利中的生命权，所以故意使单位破产、消灭的，不属于刑法中故意杀人罪所规制的

---

① 参见张明楷《刑法学》（第四版），法律出版社2016年版，第63页。

范畴。但是，侵害单位财产权利的，则可以构成相应的财产犯罪。由此可知，是否享有法律所赋予的权利是能否成为刑法上的犯罪对象的决定性条件。就权利概念而言，有应然权利与实然权利之分。依照"天赋人权说"，自然人的权利是与生俱来的，此为自然人之应然权利，未将应然权利转化为实然权利的法律，非为良法。但智能机器人不同于自然人，不适用"天赋人权说"，其权利只能来源于法律的规定。尽管目前我国法律尚未作出相应的规定，但不妨碍学者们基于智能机器人的特性为其构建权利模型。譬如在知识产权法领域，已有学者提出智能机器人应享有其创作作品的著作权。[1]

鉴于承认智能机器人权利所秉持的功利主义立场，智能机器人在人身权利保护方面，尚不能与自然人享有同等待遇。智能机器人没有生命体，也不应享有生命权。自然人的生命权表现在自然人的生命体上，伤害自然人的生命体致其死亡即是侵害其生命权。智能机器人没有生命体，只有机器躯体。机器躯体具有可修复性、可替换性等特点，与生命体不可修复、不可替换完全不同，因此，我们不能认为智能机器人具有生命体。应当看到，认为具有独立、自主意识的智能机器人有生命体且享有生命权，显然扩大了生命的本质与内涵。这一认识不仅与人类伦理观念相冲突，对于保护智能机器人也没有较大的积极意义。事实上，即便不赋予智能机器人生命权也同样可以妥当地保护智能机器人。例如，对于破坏智能机器人的机器躯体或者程序的行为，可以按照刑法中相关的财产犯罪加以处理。

智能机器人不应享有人身自由权。《世界人权宣言》第1条指出："人人生而自由，在尊严和权利上一律平等。"天赋人权本质上是一定的社会文化结构所能提供的个人自由空间最大化。[2] 需要指出的是，从刑法意义上分析，人身自由权属于人身权利中的重要组成部分，而所有人身权利（包括人身自由权）的存在，均是以生命权的存在为前提的。一个人如果丧失了生命，那么其所有的人身权利也就随之消失。正如前述，智能机器人与自然人的最大区别在于其不具有生命体，因而智能机器人也当然不可能具有人身自由权。另外，从价值论角度分析，智能机器人存在的目的与价值亦有独特性。智能机器人服务人类社会的存在目的决定了其根本价值是服务价值，自由价值远远低于前两者。赋予智能机器人人身自由权是与其存在目的冲突的，也不利于智能机器人服务人类社会。所以，智能机器人无法成为非法拘禁罪等侵害人身自由权犯罪

---

[1] 王迁：《论人工智能生成的内容在著作权法中的定性》，《法律科学》2017年第5期。
[2] 参见陈兴良《刑法的价值构造》，中国人民大学出版社2006年版，第101页。

的对象。值得注意的是，智能机器人虽然不具有人身自由权，但其具有独立、自主的意识，可在一定的自主空间内实施行为。例如，恐怖分子劫持智能飞行器并试图改变航向时，飞行器应自主判断并作出决定，拒绝恐怖分子的飞行操作，以自动驾驶的方式向正确的目的地飞行。

智能机器人未来可能享有财产权利并受到刑法保护。随着科技的发展和法学研究的逐步深入，智能机器人可能也将享有财产权利。例如，创作出作品的智能机器人享有著作权等。智能机器人享有上述权利是具有理论基础与现实可能的。对于完全独立、自主的智能机器人而言，财产是其赖以独立生存、保养自身的保障，应在立法上予以明确并进行保护。从刑法角度来看，侵害上述权利的行为可能构成相应犯罪。例如：盗窃、诈骗、抢夺智能机器人财产的，构成相应财产犯罪，但由于智能机器人没有肉体也没有生命权、人身自由权等人身权利，所以抢劫智能机器人财产的行为不应构成抢劫罪，而仍属于抢夺罪或者盗窃罪的范畴。

[本文原载《比较法研究》2018 年第 4 期]

论人工智能时代刑事风险的刑法应对

王志祥　张圆国[*]

人工智能是研究、开发用于模拟、延伸和扩展人的智能的理论、方法、技术及应用系统的一门新的技术科学，该领域的研究包括机器人、图像识别、语音识别、专家系统等。人工智能目前已经能够实现自动驾驶航空器、自动驾驶汽车、完成高考试卷。[①] 2017 年 7 月 20 日，国务院印发的《关于新一代人工智能发展规划的通知》提出将人工智能发展放在国家战略层面进行系统布局。由此可见，人工智能这一人类的伟大发明对于社会发展具有重要的战略作用。然而，正如有关学者所指出的，人工智能既是人类社会的伟大发明，同时也会给法律秩序带来巨大的风险。[②] 而人工智能所带来的巨大刑事风险也的确不容忽视。1978 年日本广岛的摩托车厂机器人转身将其背后的工人抓住并切割；1989 年苏联国际象棋冠军尼古拉·古德科夫在与人工智能机器人对战时连胜三局，被"恼羞成怒"的对手自主释放强电流电死；2015 年德国大众汽车工厂内发生机器人杀人事件。近年来，人工智能技术日新月异，人工智能也被人类赋予更多独立自主的能力，而智能机器人依据这种日渐强大的独立自主能力实施的危害社会的行为也将越来越不可预测，由此给社会带来的刑事风险也会进一步加大。人工智能会给人类社会带来哪些刑事风险？智能机器人是否应当对自己实施的行为承担刑事责任并接受刑事处罚？刑法应当按照怎样的路径对人工智能犯罪进行规制以适应人工智能的快速发展？这些问题都是亟待刑法学界作出回应的。凡事预则立，不预则废。只有对人工智能领域的刑法问题进行具有前瞻性的分析并探索出合乎法理、行之有效的解决途径，

---

[*] 王志祥，北京师范大学刑事法律科学研究院教授，博士生导师；张圆国，北京师范大学刑事法律科学研究院刑法专业博士生。

[①] 参见张保生：《人工智能法律系统的法理学思考》，《法学评论》2001 年第 5 期。

[②] 参见吴汉东：《人工智能时代的制度安排与法律规制》，《法律科学》2017 年第 5 期。

才能在不久的将来游刃有余地处理人工智能领域有可能出现的问题。在本文中，笔者在对人工智能时代的刑事风险和犯罪主体问题进行探析的基础上对人工智能时代刑法的完善途径提出建议，以求对人工智能领域刑法问题的解决有所裨益。

一　人工智能时代的刑事风险

由于人工智能实质上是以机器做需要人的智能来做的事情，机器根据程序的设定自主进行分析判断并采取行动，所以，机器实施的犯罪行为显然不同于传统的由自然人实施的犯罪行为，因此其带来的刑事风险与后者也不可同日而语。人工智能时代的刑事风险具有以下两方面的显著特征：一方面，具有更大的社会危害性；另一方面，具有更显著的时代特征。

（一）具有更大的社会危害性

科技的发展在给人类社会带来便利的同时，也给人类社会带来了更大的风险。每次科技的进步都伴随着人类社会生产力的极大解放，同时也使得犯罪的工具更加先进。伴随着两次工业革命的进行，人类发明了汽车、飞机等新型交通工具，同时也使犯罪的工具得到了扩展，给人类社会带来了更大的风险。犯罪分子能够利用这些新型交通工具给社会带来更大的危害，他们可以利用汽车等新型交通工具作为故意杀人和危害公共安全的工具，这比利用马车等传统交通工具给社会带来更大的危害。而随着民航飞机的出现，犯罪分子为实现其犯罪意图而劫持飞机作为犯罪工具的行为给社会带来的危害之大，使利用其他传统交通工具为媒介的犯罪行为黯然失色。伴随着新时代网络科技的发展，以网络为媒介给社会带来严重危害的犯罪行为更是层出不穷。这些新兴科技在给人类社会带来便利的同时，犯罪分子以其为媒介所实施的犯罪给人类社会所带来的社会危害性也呈现出不断强化的趋势。而人工智能技术系现代社会技术进步的突出代表，犯罪分子以人工智能技术为媒介所实施的犯罪往往比以传统技术为媒介所实施的犯罪也具有更大的社会危害性，这主要体现在人工智能时代的刑事犯罪给社会带来的危害更广更深。从广度上来讲，现今人工智能技术被广泛应用于工业生产、医疗救治、智能驾驶、应急事件处置等多领域，而且在这些领域起到至关重要的作用。可以预见，在不久的将来，人工智能技术还将应用于农业、金融、商务、军事等重要领域。人工智能技术的应用范围非常广阔,且还有逐步扩大的趋势,这在给人们带来更多便利的同时,也给以人工智能为犯罪工具的犯罪行为提供了更为广阔的空间,犯罪分子很可能利用人工智能技术在更广的范围内实施犯罪行为。从深度上来讲,人工智能技术被应用在医疗救治、金融、军事等重要领域。犯罪分子在这些重点领域内利用人工智能技术所实施的犯罪行为会给人类社会带来难以估量的危害,造成更加深重、难以估量的损失。由此可见,人工智能技术会使犯罪行为的影响更广更深,使刑事犯罪具有更大的社会危害性。

(二) 具有更显著的时代特征

人工智能时代的刑事风险具有更为显著的时代特征。这一方面体现在随着人工智能技术的进一步发展,人工智能技术的表现形式也会有所变化,逐步呈现出以弱人工智能向强人工智能的转化,刑事犯罪的主要表现形式也会随之变化;另一方面体现在随着人工智能技术的发展,人工智能时代的刑事犯罪可能会产生新的形式。为了更好地打击这些新形势下的犯罪行为,刑法需要创设新的犯罪类型。

依据美国加利福尼亚大学约翰·塞尔教授的观点,可以把人工智能分为"强人工智能"和"弱人工智能"。"弱人工智能"是指计算机在研究心灵中的主要价值,只为我们提供一个强有力的工具;"强人工智能"是指计算机不仅是我们研究心灵的工具,而且带有正确程序的计算机确实可被认为具有理解和其他认知状态,恰当编程的计算机其实就是一个心灵。在强 AI 中,由于编程的计算机具有认知状态,这些程序不仅是我们用来检验心理解释的工具,而且本身就是一种解释。[①] 由此可见,弱人工智能并不具有独立意志,只是在编程的范围内实施相关的行为,是人类为实现自己目的而制造的工具;而强人工智能则拥有独立的意志,具有认识能力和控制能力,能够在编程的范围外实施行为。毋庸置疑,弱人工智能是当前人工智能技术的主要表现形式,利用弱人工智能实施故意犯罪或者涉及弱人工智能的过失犯罪的行为也是当前人工智能犯罪的主流形态。然而,随着人工智能技术的发展,人工智能技术必然会经历由弱人工智向强人工智能的转变,拥有强人工智能的智能机器人依据其产生的独立意志实施的犯罪也极有可能随着人工智能技术的发展而出现。强人工智能机器人不具有自然人所具有的生命权、身体权,却具有自然人才能具有的独立

[①] 参见 [英] 玛格丽特·A. 博登《人工智能哲学》,刘西瑞、王汉琦译,上海译文出版社 2001 年版,第 92 页。

意识。假如其实施犯罪行为，应当由其自身承担刑事责任还是由其背后的研发者、使用者承担责任？可以说，如何确定强人工智能机器人实施犯罪的刑事责任的归属成为现今刑法学领域亟待解决的重要问题。

科学技术的发展会使犯罪呈现出新形式，而为了惩治这些新形式的犯罪，刑法往往会针对这些犯罪的特点规定新的犯罪类型。比如，机动车的出现导致大量交通事故的出现。为了更好地预防刑事风险、惩治犯罪，刑法设立了交通肇事罪、危险驾驶罪等犯罪类型。飞机的出现给犯罪分子提供了新的犯罪工具，为此，刑法规定了劫持航空器罪等犯罪类型。信息网络技术的发展为一些别有用心的人提供了实施危害社会行为的"温床"。为了更好地规制这些行为，刑法规定了非法侵入计算机信息系统罪、破坏计算机信息系统罪等犯罪类型。同样，随着人工智能技术的不断发展，利用人工智能实施犯罪的情况也会大量出现，其中涉及许多新形式的犯罪行为，例如窃取人工智能技术所产生的数据库里的数据并进行传播的性质恶劣的行为，攻击人工智能技术系统从而使其违法犯罪行为逃脱应有的处罚等。这些利用人工智能技术而实施的新形式的危害行为具有很强的社会危害性，而以现有的刑事法律并不能有效地惩治此类行为，这在客观上要求刑法有针对性地增设犯罪类型，以更好地惩罚这些利用人工智能技术实施的新形式的犯罪行为。

二 人工智能时代犯罪主体的范围问题

我国传统刑法理论认为，犯罪主体，是指实施危害社会的行为并依法应负刑事责任的自然人和单位。[①] 自然人犯罪主体应当具备以下两个方面的条件：第一，犯罪主体必须具有自然人人格；第二，犯罪主体必须具备刑事责任能力。单位犯罪的主体应当具备以下两个方面的条件：第一，单位犯罪的主体包括公司、企业、事业单位、机关、团体；第二，只有法律明文规定单位可以成为犯罪主体的犯罪，才存在单位犯罪及单位承担刑事责任的问题。[②] 依据我国传统的刑法理论，人工智能机器人显然不能够成为犯罪主体。既然人工智能机器人并非我国刑法明文规定的犯罪主体，目前将其作为犯罪主体进行处罚就明显违反了罪刑法定原则。

[①] 参见高铭暄、马克昌主编《刑法学》（第5版），北京大学出版社2011年版，第82页。

[②] 同上书，第82、101页。

而就人工智能时代犯罪主体的范围应否扩展至智能机器人而言，有观点认为，随着人工智能技术的不断发展，智能机器人的能力也越来越强，智能机器脑可以像人脑一样进化，产生自主意识和意志，并通过深度学习机制与嵌入成长经历，达到或甚至超越人类的思维水平，有可能以"人工人"的方式成为人类社会中新的一员。智能机器人在设计和编制程序范围内实施行为时，智能机器人不承担刑事责任；在设计和编制程序外实施行为时，智能机器人需要承担刑事责任。① 有的观点主张，智能机器人一旦拥有属于自己的独立的辨认能力和控制能力，即拥有了刑事责任能力。在这种情况下，如果智能机器人实施了严重危害社会的犯罪行为，完全可以成为独立的刑事责任主体。② 笔者认为，上述赋予智能机器人犯罪主体地位的观点是值得商榷的。弱人工智能机器人不能成为犯罪主体，不承担刑事责任；虽然强人工智能机器人拥有独立的意志以及辨认能力、控制能力，但同样也不能成为犯罪主体，不承担刑事责任。

（一）弱人工智能机器人不能成为犯罪主体，不承担刑事责任

如前所述，弱人工智能机器人并不具有自己的独立意志，只是在编程的范围内实施行为，是人类为实现自己目的而制造的工具。其并不能成为犯罪主体并承担刑事责任。一方面，弱人工智能机器人只是犯罪分子实施犯罪时所使用的工具，并不具有自己独立的意识和意志。众所周知，犯罪分子为实现犯罪目的所采用的工具和手段五花八门。犯罪分子为实现剥夺他人生命权的犯罪目的，会使用刀具、枪械、交通工具、动物等作为犯罪工具。在犯罪行为实施过程中，刀具、枪械、交通工具、动物等没有独立意志，当然不可能成为犯罪主体。同样，自然人可以通过对弱人工智能的编程系统进行特定设置或者修改从而以智能机器人为媒介达到其不可告人的犯罪目的。在这种情况下，借助弱人工智能机器人实施的犯罪行为所造成的危害虽然有可能比使用一般犯罪工具实施犯罪行为所造成的危害更为恶劣，但是，其并没有独立意志，其本质是犯罪分子为实现犯罪目的而使用的工具，与上文所述的没有独立意志的刀具、枪械、交通工具、动物等并无二致。在这种情况下，智能机器人当然不能够成为犯罪主体，不能承担刑事责任。另一方面，弱人工智能机器人没有刑法意义上

---

① 参见刘宪权、胡荷佳《论人工智能时代智能机器人的刑事责任能力》，《法学》2018年第1期。

② 参见刘宪权、朱彦《人工智能时代对传统刑法理论的挑战》，《上海政法学院学报》2018年第2期。

的辨认和控制自己行为的能力。只有具有刑法意义上的辨认能力和控制能力的人才具有刑事责任能力。刑事责任能力与辨认能力和控制能力之间也存在有机联系，辨认能力是刑事责任能力的基础，控制能力是刑事责任能力的关键。弱人工智能机器人受到编程程序的控制，没有独立意志，更谈不上具有自然人所拥有的刑法意义上的辨认能力和控制能力，其只能够根据编程来实施编程人员希望其实施的行为，其辨认能力和控制能力受到自然人的操纵，是依附于自然人的辨认能力和控制能力的。这样，就只有操纵弱人工智能机器人实施犯罪的自然人才具有刑法意义上的控制能力和辨认能力，才是刑事责任的真正承担者。

由此可见，弱人工智能机器人不能成为犯罪主体。对于弱人工智能机器人所实施的故意犯罪行为，应由设定或改变弱人工智能机器人编程而控制弱人工智能机器人的自然人作为犯罪主体，承担相应的刑事责任。值得注意的是，弱人工智能机器人有可能因为研发者或使用者的失误而过失地实施犯罪，这里的过失包括研发者或使用者因为疏忽没有预见弱人工智能机器人可能造成损害的过失和研发者或使用者已经预见弱人工智能机器人可能造成损害，但相信这种情况能够避免而产生的过于自信的过失。在这种情况下，如果弱人工智能机器人实施了过失犯罪的行为并确实造成了危害的结果，对于相关研发者或使用者应以相应的过失犯罪追究刑事责任。有观点认为，囿于一定地域社会历史发展阶段与水平的限制，人类所掌握的人工智能技术完全可能无法彻底消除人工智能的安全风险，即人工智能的安全系数与标准的提高还有赖于人工智能技术的进一步成熟。在此情况下，我们不应追究研发者和使用者的责任。对于最终导致的危害结果，可以按刑法中的意外事件处理。[①] 笔者对这种观点表示赞同。智能机器人作为人类社会发展到一定阶段的产物，其发展必然会带来一定的风险。研发者和使用者在当前认知条件下尽到了注意义务，且在现有条件下没有可能对人工智能的刑事风险进行认知，也就谈不上具有疏忽或者过于自信的过失，且如果对这种行为进行处罚，会阻碍人工智能技术的发展，不符合刑事政策的要求，因此，在这种情况下不应当追究人工智能机器人研发者和使用者的刑事责任。

（二）强人工智能机器人也不能成为犯罪主体，不承担刑事责任

如上所述，与弱人工智能机器人相比，强人工智能机器人则拥有独立的意

---

① 参见刘宪权《人工智能时代的刑事风险与刑法应对》，《法商研究》2018年第1期。

志，能够在编程的范围外实施相应的行为。对于这种强人工智能机器人所实施的犯罪行为，可否以人工智能机器人为犯罪主体，并由人工智能机器人承担刑事责任，是一个亟待解决的问题。有观点认为，人工智能时代的到来使得我们不得不警惕人类设计和编制的程序无法完全控制住"头脑"越来越发达的智能机器人的行为，机器人完全可以按照自主意识和意志实施严重危害社会的犯罪行为。在这种情况下，智能机器人完全具有独立的辨认能力和控制能力，可以成为刑事责任主体并需要承担刑事责任。① 笔者认为，这种观点从根本上动摇和改变了传统刑法学关于犯罪主体方面的规定，其合理性是值得商榷的。

支持将强人工智能机器人作为犯罪主体的观点认为强人工智能机器人能够成为犯罪主体的理由如下。第一，在设计和编制的程序范围外实施行为时，智能机器人的行为实现的是自主意志而非他人意志。第二，智能机器人在设计和编制的程序范围外的行为相比于传统理论对于"行为"的定义，除了不满足主体是具有生命体的"人"之要素外，其他的要素似乎均符合行为理论要求。智能机器人在设计和编制的程序范围外的行为可以成为刑法学意义上的"行为"。第三，对智能机器人完全可以科处刑罚，这符合刑罚的目的，且有利于降低社会治理成本。② 支持这一观点的理由还包括，在设计和编制的程序外实施行为的智能机器人具有辨认能力和控制能力，而我们完全可以将刑事责任能力直接理解为辨认能力和控制能力，所以也应当认为此类智能机器人具有刑事责任能力。③ 笔者认为，将强人工智能机器人作为犯罪主体的观点具有一定的道理，但是其忽视了自然人与智能机器人的本质区别，同时也有悖刑法法理，是很难成立的。这种观点的缺陷主要包括以下几个方面。

首先，将强人工智能机器人作为犯罪主体的观点忽视了自然人与智能机器人的区别，是形而上学的观点。具有刑事责任能力必须具备辨认能力和控制能力，对此无须多论。然而，认为强人工智能机器人具备了依靠自我意识而具有辨认能力和控制能力，便具有刑事责任能力，能够成为犯罪主体的观点却过于肤浅，对自然人和强人工智能机器人之间的本质区别缺乏由表及里的审视。这种观点实质上是将强人工智能机器人作为法律拟制主体，将强人工智能机器人

---

① 参见刘宪权、胡荷佳《论人工智能时代智能机器人的刑事责任能力》，《法学》2018 年第 1 期。

② 同上。

③ 参见刘宪权、朱彦《人工智能时代对传统刑法理论的挑战》，《上海政法学院学报》2018 年第 2 期。

过度地考虑为自然人的抽象概念，而忽略了智能机器人和自然人的本质区别，犯了形式主义的错误。自然人作为有血有肉的社会活动主体，其与智能机器人有天壤之别，这体现在自然人在社会中有多重身份、自然人作为社会中的人受到伦理道德规范的约束、自然人的本质是一切社会关系的总和，而这些都是机器人所不具备的特性。自然人的这些特性决定了即使出现了具有辨认能力和控制能力的强人工智能机器人，将其作为犯罪主体的观点也大大超出了预测可能性的范围，容易造成"道德危机"，很难被社会大众所接受。正如相关观点所指出的，在理解法律主体概念的时候，必须考虑人的其他面相，以更多地区别于智能机器人。如果仍然仅仅把人视为理性的过于抽象的法律主体，那么，作为人的其他面相就消失了。应该回到人的本质，更多地参考人的其他面相，构建法律主体的理论基础。人不是仅仅具有身体的一个实体存在，同时也是向他者、与他者共性的存在。显然，承认智能机器人的公法主体地位是十分困难的。① 还应当注意的是，自然人的独立意志是通过自然人在人类社会中受到伦理道德和社会规则约束的情况下形成的独立意志，而强人工智能机器人的独立意志并不受人类社会伦理道德和社会规则的约束。因此，自然人的独立意志与强人工智能机器人的独立意志不具有对等性，很难将智能机器人的自由意志拟制为自然人的自由意志。由此可见，将强人工智能机器人作犯罪主体的观点超出了刑法对犯罪主体的"人"的概念可能具有的含义，在刑法立法者对犯罪主体的"人"的意识之外主张解释者自己所设定的原理；认识到了智能机器人不是刑法规定的犯罪主体，而以强人工智能机器人可能依据其意志实施具有相似社会危害性行为，而主张将其作为犯罪主体，实质上是对刑法规定的"人"的概念进行类推解释的结果。这种观点显然是不妥当的。

其次，在将强人工智能机器人作为犯罪主体的情况下，缺乏相应的刑罚措施。"没有刑罚就没有犯罪"，这是西方刑法中的一句著名格言。这句格言显然是就立法而言的：即某种行为是法律所禁止的，但如果刑法没有对该行为规定刑罚后果，该行为就是无罪的；反之，如果刑法对某种行为规定了刑罚后果，该行为便是犯罪，而不是其他违法行为。我国刑法没有直接对犯罪规定非刑罚处罚后果的条文。因此，在我国，仍然可以说没有刑罚就没有犯罪。② 如果要将强人工智能机器人作为犯罪主体对待，就必须对强人工智能机器人判处

---

① 参见王勇《人工智能时代的法律主体理论构造——以智能机器人为切入点》，《理论导刊》2018年第2期。

② 参见张明楷《刑法格言的展开》（第3版），北京大学出版社2013年版，第186—188页。

刑罚，否则将强人工智能机器人作为犯罪主体就失去了意义。我国现有的刑罚体系包括管制、拘役、有期徒刑、无期徒刑、死刑五种主刑和包括罚金、剥夺政治权利、没收财产、驱逐出境四种附加刑。但是，将这些刑罚适用于智能机器人是不可思议的。由于智能机器人不具有如同自然人一样的人身权，对智能机器人适用诸如管制、有期徒刑等限制或剥夺自由刑不会让智能机器人感到人身痛苦，由此刑罚的报应功能无法实现；而智能机器人被拘禁期间也很难在监狱里得到改造，由此不但刑罚的预防功能无法实现，反而会浪费大量的社会资源。由于智能机器人是由特殊材料制成的，其不具有如同自然人一般的生命权，对智能机器人适用死刑这种生命刑也不具有可操作性。智能机器人更没有财产和政治权利，对其适用罚金、没收财产、剥夺政治权利和驱逐出境也不具有现实意义。由此可见，在现有的刑罚体系下，不可能对智能机器人适用刑罚。而没有刑罚就没有犯罪。把智能机器人作为犯罪主体而对其不实施刑罚处罚的观点是不可取的。

再次，将强人工智能机器人作为犯罪主体并对其设定独特刑罚的观点无法实现刑罚的机能。由于对智能机器人判处现有的刑罚在刑法理论上是不科学的，在实践中是不可行的，在这种情况下将强人工智能机器人作为犯罪主体的观点是无法自圆其说的。为了使强人工智能机器人可以成为犯罪主体的观点在理论和实践中得到支持，有学者指出，我们完全可以通过对刑罚体系的重构来实现对智能机器人的刑事处罚。智能机器人虽然没有生命，但其行为受到编程的影响。编程之于智能机器人犹如生命之于自然人。我们可以通过对自然人的生命、自由进行限制来对自然人进行定罪处罚，同样也可以通过对智能机器人的编程进行调整来对其进行定罪处罚。适用于智能机器人的刑罚有三种，分别为删除数据、修改编程、永久销毁。① 笔者认为，这种观点是不合理的，其漏洞集中体现在无法实现刑罚的机能。刑罚的机能，是指国家制定、裁量和执行刑罚对社会与社会成员可能产生的积极作用。② 刑法学者对刑罚机能的理解大致有三分法和四分法。三分法即将刑罚机能分为对犯罪人的功能、对社会的功能和对被害人的功能。日本刑法学者牧野英一认为，刑罚主要具备以下三个方面的机能：第一，对犯罪人方面，刑罚首先对犯人发挥作用，称之为特别预

---

① 参见刘宪权、朱彦《人工智能时代对传统刑法理论的挑战》，《上海政法学院学报》2018年第2期。

② 参见马克昌、卢建平主编《外国刑法学总论（大陆法系）》（第2版），中国人民大学出版社2016年版，第368页。

防;第二,对社会方面,刑罚又以警戒社会的一般人以防后者的倾覆为目的,谓之一般预防,而同时又有满足一般社会报应思想的作用;第三,对被害者方面,刑罚对被害者有给予满足的作用。[1] 四分法把刑罚机能分为报复感情绥靖机能、保安机能、赎罪机能和预防机能。日本著名刑法学者西原春夫持这种主张,认为所谓报复感情绥靖机能,是指使被害者及其家属,进而包括社会一般的报复感情观得以和缓并满足的机能;所谓保安机能,是由于将犯人隔离于社会而保障社会安全的机能;所谓赎罪机能,是指受刑者由于受到刑罚的痛苦而赎罪;预防机能同样指的是针对一般人,利用威慑来防止犯罪的机能,以及针对犯人本人,使其不再重新犯罪的机能。[2] 由此可见,刑罚的机能包括刑罚的报应机能和预防机能两大方面,而在刑罚设立时必须满足刑罚的两种机能。由于强人工智能机器人具有认识能力和控制能力,对强人工智能机器人施加刑罚具有一定的预防效果,这体现在对智能机器人的编程进行修改和删除可以使实施犯罪行为的机器人得到教育和改造,从而从一定程度上实现特别预防的效果;而且这种刑罚对其他具有独立意识的智能机器人产生震慑,使其他智能机器人考虑到刑罚后果而自觉控制其行为,在一定程度上实现一般预防的效果。但是,也应当看到,对强人工智能机器人施加刑罚,不利于实现刑罚的报应机能。对强人工智能机器人实施诸如删除数据、修改编程、永久销毁一类的刑罚措施,无法使被害者及其家属,进而包括社会一般的报复感情观得以和缓并满足。例如,自然人实施故意危害公共安全犯罪行为,造成多人伤亡后果的,在我国的刑事司法环境中极有可能以危害公共安全罪被判处死刑,这样,被害人和社会的报复感情就可以得到宣泄和满足;然而,具有辨认能力和控制能力的强人工智能机器人如果实施故意危害公共安全的犯罪行为并造成多人伤亡后果的,对其施加删除数据、修改程序一类刑罚措施则根本不可能使被害人和社会的报复心理得到满足。可能有人认为,单位可以成为刑法拟制的犯罪主体,而强人工智能机器人具有独立意识,更可以成为拟制的犯罪主体。这种观点忽视了单位具有一定的财产,其作为犯罪主体可以承担罚金刑,从而使被害人和社会的报复心理得到满足,而智能机器人则没有财产权,对其不能实施罚金刑,由此也就不能使被害人和社会的报复心理得到满足。这都体现出将强人工智能机器人作为犯罪主体并对其设定独特刑罚的观点是不合理的。

最后,将强人工智能机器人作为犯罪主体的观点违反了适用刑法人人平等

---

[1] 参见 [日] 牧野英一《日本刑法》,有斐阁1939年版,第576页。
[2] 参见 [日] 西原春夫《刑法的根基与哲学》,顾肖荣等译,法律出版社2004年版,第92页。

的基本原则。刑法的基本原则，是指贯穿全部刑法规范、具有指导和制约全部刑事立法和刑事司法的意义，并体现我国刑事法治的基本精神的准则。罪刑法定原则、适用刑法人人平等原则、罪责刑相适应原则无可置疑地应当属于我国刑法的基本原则。① 刑法的基本原则对刑事立法和刑事司法所具有的巨大指导意义是毋庸置疑的，任何刑法学观点都应当符合刑法基本原则的精神。适用刑法人人平等原则的含义是：对任何人犯罪，不论犯罪人的家庭出身、社会地位、职业性质、财产情况、政治面貌、才能业绩如何，都应当追究刑事责任，一律平等地适用刑法，依法定罪、量刑和行刑，不允许任何人有超越法律的特权。② 将强人工智能机器人作为刑事主体的观点违反了刑法面前人人平等原则。这体现在刑法不可能对强人工智能机器人与自然人一律平等地适用刑法，依法定罪、量刑和行刑。假使自然人以极其凶残的手段故意杀人，大多会被判处故意杀人罪并处以死刑或长期监禁；而强人工智能机器人作为犯罪主体实施了这类行为，对其判处故意杀人罪，最多却只能对其判处销毁或者删除数据等刑罚措施，这样就带来了平等定罪却不平等量刑和行刑的问题。自然人的生命只有一次，其珍贵性对于单一的自然人个体而言是至高无上的，而对于智能机器人而言，其不具有生命权和身体权，对其实施删除数据甚至销毁等刑罚充其量只算是一种形式意义上的处罚，不能使智能机器人感到生命被剥夺的痛苦和身体上的痛苦，其残酷性与对自然人实施死刑相比不可同日而语。如果在实施相同犯罪行为的情况下对智能机器人判处不同的刑罚，不但被判处死刑的自然人犯罪人会感到不公平和不可接受，整个社会也会感到不公平，甚至对这种不平等量刑的情况感到滑稽，从而使社会大众对刑法公平、公正的理念产生动摇，也将令全社会对智能机器人犯罪陷入恐慌。由此可见，将强人工智能机器人作为犯罪主体的观点违背了刑法面前人人平等的原则和精神，在理论和实践层面都是站不住脚的。

通过以上分析，笔者认为，弱人工智能机器人和强人工智能机器人都不能够成为犯罪主体，能够成为犯罪主体的只能是智能机器人背后的自然人。就自然人利用弱人工智能机器人实施故意犯罪以及涉及弱人工智能机器人的过失犯罪的犯罪主体问题以及刑事归责问题前文已有讨论，而关于强人工智能机器人犯罪的犯罪主体及刑事归责问题，笔者将在下文进行进一步的探讨。

---

① 参见高铭暄、马克昌主编《刑法学》（第 5 版），北京大学出版社 2011 年版，第 24 页。
② 同上书，第 28 页。

三　人工智能时代刑事风险的刑法应对措施

如何使人们在充分享受人工智能技术创新与发展成果的同时最大限度地预防和控制人工智能技术给全社会带来的刑事风险，是刑法需要研究解决的重要问题。防控人工智能刑事风险的任务可谓长期而艰巨，不可能通过对当下人工智能刑事犯罪特点的研究与探索一劳永逸地加以解决。只有结合人工智能发展不同阶段的时代特征持续不断地进行探索，才能找到针对不同时期人工智能刑事风险的刑法应对措施并不断地予以完善。正如上文所论述的，人工智能的发展呼唤刑法有针对性的增加新的犯罪类型，以更好地惩罚利用人工智能技术实施的新形式的犯罪行为。另外，结合当前人工智能技术的发展特征及犯罪主体理论，就强人工智能机器人依据自主意志实施犯罪行为应当如何进行刑事归责的问题也值得进一步探讨。

（一）滥用人工智能行为的刑法应对措施

正如上文所论述的，人工智能技术的不断发展给整个社会带来的刑事风险与日俱增，社会危害性越来越大，尤其是强人工智能机器人可能依靠独立的意志实施犯罪，更凸显出从刑法立法上对滥用人工智能实施危害社会的行为创设新的犯罪类型的必要性。由于当前对滥用人工智能实施犯罪行为的刑法研究方兴未艾，滥用人工智能实施犯罪的形式也不充足，刑事立法尚不具备对滥用人工智能实施危害社会的行为规定大量法条的条件。然而，为化解目前人工智能技术所带来的巨大刑事风险，亟须相关刑法罪名予以规制。为此，笔者建议设立"破坏人工智能管理秩序罪"，规定滥用人工智能技术破坏人工智能管理秩序，情节严重的，按照破坏人工智能管理秩序罪论处。笔者认为，在目前的环境下增设破坏人工智能管理秩序罪有其合理性。第一，从刑事立法上为滥用人工智能实施危害社会的行为制定了新罪名，填补了此类犯罪行为在刑事立法上的空白。第二，人工智能管理秩序并不是横空出世的概念，其内容由民事法规和行政法规予以规定。设立新罪名，实际上构建了一道民事、行政、刑事紧密衔接打击滥用人工智能行为的体系，充分发挥了民法、行政法、刑法在惩治不同情节滥用人工智能危害社会行为上的作用。而对破坏人工智能管理秩序情节严重的行为才作为犯罪论处的规定也充分体现了刑法的谦抑性。第三，对新罪名进行如此设定，既考虑了当前滥用人工智能实施犯罪行为的特征，又前瞻性地对将来滥用人工智能实施犯罪行为的特征进行了预见。随着人工智能技术的不断发展，滥用人工智能实施危害社会的行为将具有更多的形式，将来针对人工智能技术进行规制的民事和行政法规必将不断涌现。刑法做出如此规定，顺应了人工智能不断发展的趋势，避免了刑法在打击新形式犯罪上的滞后性。也许有人会批评破坏人工智能管理秩序罪的设置过于笼统，不符合刑法明确性的要求，但是，我们更应该看到的是如此设定在惩治犯罪和保障人权上所具有的显著作用。回首往昔，新中国各项事业的发展刚刚起步，刑事学研究方兴未艾之时，我国刑法也曾经设定了诸如流氓罪等口袋罪名。这些罪名虽然在刑法的明确性上有所欠缺，但是在客观上符合当时社会发展环境的需要，起到了打击犯罪、保障人权的作用，完成了其历史使命。同理，为了更好地打击当前滥用人工智能危害社会的行为，有必要增设一个涵盖面较广的具有兜底性质的罪名，以避免无法可依的情况出现。而依据今后人工智能发展的新形势要求，对个别行为需要单独增设新罪名时，完全可以以刑法修正案的形式对相关新罪名进行增设；而对于人工智能发展新形势下新出现的亟待解决的疑难问题，也可以按照立法解释和司法解释的方式加以解决。

（二）强人工智能机器人犯罪的刑法应对措施

如上所述，将强人工智能机器人作为犯罪主体，由强人工智能机器人承担刑事责任的观点是站不住脚的。那么，对强人工智能机器人实施的犯罪行为应当如何进行归责？刑法应当对此类行为作出何种规制才能够在预防强人工智能技术所带来的刑事风险的同时促进强人工智能技术的发展？对此，都需要进行进一步的探索。

在强工智能机器人实施犯罪行为的场景下，虽然在表面上犯罪行为确实是由强人工智能机器人实施的，但是，正如上文所述，将强人工智能机器人作为犯罪主体是不符合刑法理论和司法实践要求的。这就要求我们刺破强人工智能机器人的面纱，找寻其背后真正应该承担刑事责任的犯罪主体。由于强人工智能机器人具有意识，具有认识能力和控制能力，其所实施的犯罪行为很难直接由强人工智能机器人的研发者和使用者来承担责任。当然，如果智能机器人的研发者和使用者没有尽到注意义务，已经提前预见到其行为有可能生产出一个产生犯罪意识的强人工智能机器人或在使用中意识到强人工智能机器人有可能产生犯罪意识，却放任机器人依据它产生的犯罪意识实施犯罪行为并造成危害结果，后来智能机器人果然基于这种扭曲意识实施犯罪行为的，应当作为相关犯罪的间接正犯承担相应的刑事责任。例如，强人工智能机器人的生产者在生产过程中意识到智能机器人的编程会使其产生扭曲意识,将来智能机器人可能基于此实施犯罪行为,却放任其进入相关领域,结果智能机器人果然基于扭曲意识实施了犯罪行为,则对相关生产者应当按照相关犯罪的间接正犯进行处罚;而如果智能机器人的研发者和使用者应该预见所生产或使用的强人工智能机器人有可能产生犯罪意识,因为疏忽大意而没有预见或已经预见却轻信能够避免,则应当对智能机器人犯罪承担相应的过失责任。但是,也应当注意的是,这样的情况毕竟是极少数,强人工智能机器人的生产者、使用者在生产、使用强人工智能机器人时,很难预见其今后是否会产生犯罪意识,也很难在生产、使用过程中对强人工智能机器人产生犯罪意识具有注意能力。在这种情况下,似乎就没有人对智能机器人的犯罪行为负责任,而这也给刑法学界带来了困惑。

笔者认为,基于强人工智能机器人实施犯罪行为的特殊性,不妨对强人工智能机器人设定相关的监管人员。这样,当强人工智能机器人依据其意志实施犯罪行为时,对智能机器人负有监管义务且没有履行或充分履行该义务的人员就要负担相应的刑事责任。随着科技的发展,在对强人工智能机器人实施的危害行为予以惩治方面引进替代责任已经较为成熟。可以预见,在不久的将来,强人工智能机器人必然会出现并应用在更广泛的领域。届时,强人工智能机器人给人类社会所带来的各种道德、伦理风险将大大增加,也会给社会带来更大的风险。根据阿西莫夫提出的智能机器人三定律,智能机器人不得危害人类、必须服从人类的命令、在不违反第一条和第二条的情况下必须保护自己。[①] 如何保障强人工智能机器人不危害人类和最大限度地服从人类命令成为当前社会必须解决的问题。对此,笔者认为,由于刑法具有补充性,仅仅以刑法为手段不可能抑制犯罪,并且因为刑罚是剥夺人的自由、财产等极苛酷的制裁,应当限于为了防止犯罪的最后手段。而正如德国学者李斯特所讲的,最好的社会政策就是最好的刑事政策,应当首先积极谋求从技术和社会的角度对强人工智能的危害行为进行防卫。鉴于强人工智能机器人给人类社会带来的巨大风险和挑战,应当成立专门的监管机构对强人工智能机器人进行监管,由精通人工智能技术的专业人员负责对强人工智能机器人进行监督管理。但是,由于强人工智能机器人拥有独立的思维意识,如何才能对其进行有效管理便成为一个难题。在我国首个功夫科幻系列片《功夫机器侠·北腿篇》里,具有自主意识的强

---

① 参见 [美] 艾萨克·阿西莫夫《我,机器人》,叶李华译,江苏文艺出版社 2013 年版,第 59—60 页。

人工智能机器人"阿狗"被植入了特殊芯片，在其准备着手实施针对自然人的暴力犯罪行为时智能系统将启动自毁装置，将智能机器人摧毁。笔者认为，强人工智能机器人拥有意识，而且在某些方面具备比自然人更强的能力。为了对强人工智能机器人进行更加有效的监管，可以考虑在强人工智能机器人的编程系统里设定"毁灭系统"。这样，在强人工智能机器人产生犯罪意识时，相关的毁灭系统介入摧毁智能机器人的全部编程，使其变为没有任何意识的、冷冰冰的机器。待人类重新为其输入编程系统后，再行恢复其相关能力。毁灭系统由专门的智能机器人监管者负责安装与维护。当毁灭系统因故障失效时，监管者可以使用手动遥控启动毁灭程序的方式摧毁强人工智能机器人的编程。如此一来，监管者就承担起对强人工智能机器人的监管责任。如果因为监管者没有履行或充分履行监管义务而导致强人工智能机器人实施犯罪行为的，则由监管者承担相应的刑事责任。但是，由于在这种情况下，监管者仅因为存在一定的过失导致危害结果的发生，而不是积极追求或放任危害结果的发生，对其不宜按照人工智能机器人所实施的行为进行处罚，而应当针对人工智能监管者增设管理机器人失职罪，并按照此罪对监管者进行刑事处罚。强人工智能机器人犯罪未遂的，监管者不应承担相关的责任。此外，基于强人工智能机器人与自然人相比，可能实施具有更大社会危害性的行为，其犯罪行为会给被害人带来更为严重的危害，单单对监管者处以罚金刑显然不能满足对被害人的经济赔偿。由此，如何满足对被害人的经济赔偿的问题也亟待解决。笔者认为，应当推行对强人工智能机器人的强制保险制度。由此，如果强人工智能机器人实施严重危害行为的，则由保险公司承担经济赔偿责任。这样一来，就能够充分利用现代社会的保险制度对被害人的损失加以弥补。

此外，未来强人工智能机器人可能被用于诸多领域，例如工业生产、灾害救助、医疗救治、决策参谋等，这必将大大推动整个社会的发展。但同时也应当考虑到，强人工智能机器人拥有独立意识，一旦将其运用于智能武器系统和人类基因系统等重要领域，智能机器人在这些重要领域实施的犯罪行为将给人类社会带来难以估量的危害。而正如有关学者所指出的，安全是人工智能时代的核心法价值，安全价值是对整个社会秩序稳定的维护。[①] 为了维护整个社会的安全，强人工智能机器人的应用范围必须受到严格限制。我们不能将强人工智能机器人应用于智能武器系统等重要领域，否则必将给整个社会的安全带来更大的风险和挑战。

---

① 参见吴汉东《人工智能时代的制度安排与法律规制》，《法律科学》2017 年第 5 期。

四 结语

　　人工智能技术就像一柄双刃剑，其快速发展既给人类社会带来了更多的便利，推动了人类社会的快速发展，也给整个人类社会带来了极大的风险和挑战。而对于人工智能机器人，尤其是随着人工智能技术的不断发展在将来出现的强人工智能机器人实施的危害社会的行为应当如何从刑法的维度进行规制，成为一个亟待解决的难题。世异则事异，事异则备变。人工智能技术所引发的刑法讨论才刚刚开始。伴随着人工智能技术的快速发展和人类社会知识的创新，刑法理论也需要进一步的发展和创新，以应对人工智能技术给整个人类社会带来的日益复杂的刑事风险。笔者认为，刑法学者应当秉着实事求是的实践精神和与时俱进的创新精神，对人工智能时代的刑法完善途径进行积极探索，以构建一整套防卫人工智能刑事风险的刑事法律制度体系，从而实现防卫人工智能刑事风险和推动人工智能技术不断发展的有机统一。

哈利维的人工智能犯罪观及其启示

彭文华[*]

一 引言

2016年，随着AlphaGo Lee以4：1击败围棋世界冠军韩国棋手李世石，人工智能引起过人们的广泛关注。2017年以来，人工智能及其法律问题成为学界研究的热点，与之相关的各种学术会议可谓接二连三。人工智能引发关注，与其近年来的飞速发展密切相关。2017年10月，谷歌旗下DeepMind公司研发的AlphaGo Zero能够在空白状态下无监督自主学习，并在围棋对弈中取得辉煌战绩。① 这表明AlphaGo Zero的神经网络"大脑"可以进行精准复杂的处理，可以实现编程自动化，并可能产生与人类相似的自主意识和思维，在人工智能发展史上具有里程碑式的意义。而智能机器人索菲亚则能识别人类面部、理解语言，与人类的互动和眼神交流，还会开玩笑。②

---

* 彭文华，上海政法学院刑事司法学院教授。

① 2017年10月19日凌晨，在国际顶级学术期刊《自然》（*Nature*）上发表的一篇研究论文中，谷歌下属公司DeepMind报告新版程序AlphaGo Zero横空出世。AlphaGo Zero从空白状态起，在不需要任何人类输入的条件下迅速自学围棋。在自学围棋72小时后，AlphaGo Zero就以100：0的成绩击败AlphaGo Lee；自学40天后，AlphaGo Zero以89：11击败AlphaGo Lee的升级版AlphaGo Master。与AlphaGo Lee和AlphaGo Master不同的是，AlphaGo Zero是无监督学习的产物，而前两者均使用了监督学习的方法。以前，人工智能在认知智能上面临的最大挑战之一是从零开始，以超人类的水平学习复杂概念的算法。AlphaGo Zero则跨越了这个阶段，在人工智能发展史上具有里程碑式的意义。

② 2017年10月26日，由美国汉森机器人公司设计制造的"女性"机器人索菲亚（Sophia）被授予沙特公民身份，她也因此成为史上首个获得公民身份的机器人。索菲亚拥有橡胶皮肤，其"大脑"采用了相对高级的人工智能技术和谷歌语音识别技术，因而能识别人类面部、理解语言、记住与人类的互动，和人进行眼神交流，甚至还会开玩笑。参见黎史翔、陈薇茜《首位机器人公民原型为赫本》，《法制晚报》2017年11月3日第A16版。

人工智能给人们工作、生活等带来巨大便利的同时，也会造成危害，这自然会引起人们对人工智能之法律规制的关注。其中，对人工智能犯罪及其法律规制的研究将不可避免地成为人们关注的重点，这不仅在于刑法保护的法益重大，而且在于刑法规制人工智能会面临许多复杂难题。事实上，早在1983年，华盛顿州立大学教授奥古斯特就提出过机器人犯罪概念。"刑法目前还不能处理机器人犯罪，即机器人独立于人类指令所犯之罪。犯罪的形式可以想象和人类所犯之罪一样众多：从乱穿马路到谋杀。"[1] 不过，奥古斯特只是提出过机器人犯罪概念，并没有对机器人等人工智能犯罪展开研究。此后，人工智能犯罪也没有引起更大的关注。截至目前，学界对人工智能犯罪的研究尚处于起步阶段。

以色列小野学院法学院教授哈利维是真正对人工智能犯罪有过系统研究的学者，他的很多观点都具有开拓性与创建性。自2010年以来，哈利维先后在《阿克伦知识产权杂志》等刊物上公开发表"人工智能实体的刑事责任——从科幻小说到法律社会的控制"等数篇与人工智能犯罪直接相关的论文。2013年，哈利维所著《当机器人杀人时：刑法中的人工智能》在美国东北大学出版社出版，该书对人工智能犯罪进行了全面、深入研究。通过这些研究成果，哈利维对人工智能的犯罪主体资格、刑事责任、刑事责任模式、严格责任、刑罚目的与刑罚方式等诸多问题，进行了具体、详细的探讨。由于所涉及的内容较多，本文不作一一介绍，仅就哈利维有关人工智能的犯罪主体资格、刑事责任模式以及刑罚目的和刑罚方式等核心问题加以具体论述，期待借此能在人工智能犯罪问题研究上抛砖引玉。

二 人工智能的犯罪主体资格

启蒙运动以后，在刑法的规制对象上，逐渐形成了刑法人类中心主义的犯罪观，这意味着只有人类才能构成犯罪，动物以及其他实体被排除在刑法制裁之外。例如，费尔巴哈就认为，"只有个人才能成为犯罪的可能主体"[2]。后来，尽管作为社会有机体的法人获得犯罪主体资格，但由于法人的行为和意志

---

[1] Raymond S. August, "Turning the Computer into a Criminal", *Barrister*, 1983（10），p. 53.

[2] ［德］安塞尔姆·里特尔·冯·费尔巴哈：《德国刑法教科书》，徐久生译，中国方正出版社2010年版，第37页。

是依托于人类的,因而法人犯罪仍然被认为是人类实施的犯罪。

人工智能则不然。作为科技有机体,它在形式物体特征上与机器等机械实体并无本质区别。因此,人工智能往往被看作人类的工具,是人类信息系统的延伸。"电脑是最新的和最外层的一套符号表征系统。……对待人与机器之间关系的更有效的方法是把机器看作是人类信息系统的延伸,而不是把计算机和人类视为两种不同的智能系统来相互交流。"① 据此,排除人工智能的犯罪主体资格就顺理成章了。这样,因人工智能造成损害或危险而构成犯罪的,只能由其他相关的自然人主体承担刑事责任。当然,刑事责任最终需要根据具体责任人的归责可能性来确定。"假设机器人的制造商和程序员被要求制造它们时遵循一定的规则,那么机器人被卷入的最有可能的情况,是因不正确的制造或者编程而起诉制造商或程序员,或起诉辅助犯罪的机器人的所有人或经营者。"②

哈利维则认为,犯罪主体不应局限于人类,人工智能也可以成为犯罪主体。"只要满足刑法的所有相关要求,除人类个体和法人外,一种新型主体就可以加入到刑法中现有主体的大家庭中。"③ 在哈利维看来,人工智能是现代科技的产物,他会给人类带来巨大的收益,同时也会产生"副产品"——犯罪。"机器人罪犯是人类创造机器人的不可避免的副产品。对机器人无止境的技术追求导致人工智能技术的高度发展,使得模仿人类思想及相关技能较之以前做的更好成为可能。"④ 刑法虽非完美,却是最有效的社会手段,因而有必要利用刑法来应对人工智能。"刑法被认为是指导任何一个社会个体行为的最有效的社会手段。它远非完美,但在现代环境下,这是最有效的措施。因为它对于人类个体来说是有效的,那么有必要检查它是否对非人类实体,尤其是人工智能实体有效。"⑤

在哈利维看来,现代科技的飞速发展,赋予了人工智能拥有类似于人类那样的心理,而人类正是因其独特的心理成为刑法规制的对象,故人工智能也可以成为刑法规制的对象。"如果技术能极大地促进机器智人的创造,这将使现

---

① J. C. Smith, "Machine Intelligence and Legal Reasoning", *Chi.-Kent L. Rev.*, 1998 (73), p. 345.

② Raymond S. August, "Turning the Computer into a Criminal", *Barrister*, 1983 (10), p. 54.

③ Gabriel Hallevy, *When Robots Kill: Artificial Intelligence under Criminal Law*, Chicayo: Northeastern University Press, 2013, p. 21.

④ Ibid., p. 19.

⑤ Ibid.

行刑法与人工智能技术密切相关,因为这种技术模仿人类的心理,而人类的心理已经受制于现行刑法。因此,人工智能技术方法对人的心理的完全模仿越接近,现行刑法与之就越相关。"① 人工智能受刑法规制,至少有以下两个方面的积极意义。一是有利于消除人类对机器的恐惧。"将人工智能机器人置于刑法中可能会减轻我们对人类与机器人共存的恐惧。刑法对人们的自信心有着重要的作用。每个人都知道社会上所有其他人都必须遵守法律,尤其是刑法。……任何个人或团体不受刑法约束,其他人的个人信心受到严重损害,因为不服从刑法的人没有动机服从法律。"② 二是有利于维护其他实体以及社会的信心。"如果其中任一实体不受刑法拘束,其他实体的信心就会受到损害,更广泛地说,整个社会的信任感会受到损害。因此,社会必须做出一切努力,使所有能动实体服从刑法。"③

不过,要想成为犯罪主体,首先面临的是智能代理能否成为道德代理的问题。根据传统刑法理论中的道义责任论,人类之所以成为犯罪主体,是由其自由意志决定的。而人的自由意志是与人特有的道德情感密切相关的,因而道德在决定犯罪主体的去留上具有重要作用。哈利维指出,"刑法以及作为刑法的执行者的国家,也必须接受道德的批判。国家伦理性的问题,在考虑责任论以及刑罚界限的时候,具有特别重要的意义。"④ 由于人工智能不是人,因而不具有人类的意识和道德情感,因而难以像人那样成为犯罪主体。"智能代理缺乏作为人的至关重要的因素:尽管它能够学习并且做出其他人无法预知的决策,但它对于它自身的自由并无意识,更遑论将自己视为社会权利义务的承担者。"⑤

但是,对所谓的道德代理,哈利维有不同看法。哈利维认为:"道德责任确实是一个非常复杂的问题,不仅对机器,而且对人类也是如此。一般来说,道德没有一个共同的、所有社会均可接受的定义。"⑥ 由于不同的社会主体具

---

① Gabriel Hallevy, *When Robots Kill: Artificial Intelligence under Criminal Law*, Chicayo: Northeastern University Press, 2013, pp. 21-22.

② Ibid., p. 22.

③ Ibid.

④ 参见 [日] 曾根威彦《刑法学基础》,黎宏译,法律出版社 2005 年版,第 32 页。

⑤ [瑞士] 萨比娜·格雷斯、[德] 托马斯·魏根特:《智能代理与刑法》,陈泽宪主编:《刑事法前沿》(第十卷),社会科学文献出版社 2017 年版,第 222 页。

⑥ Gabriel Hallevy, *When Robots Kill: Artificial Intelligence under Criminal Law*, Chicayo: Northeastern University Press, 2013, p. 18.

有不同的道德，这使得道德极为复杂甚至难以评价，因而所谓的道德归责并非最恰当的方法。"纳粹认为自己具有道义上的道德，虽然大多数社群和个人不同意。如果道德如此难以评估，那么在我们刚刚审查过的案件中，道德归责可能不是最恰当、最有效的评估责任的方法。"① 据此，哈利维并不赞成所谓的道德归责。"由于刑法并不依赖于道德归责，因而有关机器的道德责任的争论与现在的问题无关，虽然有时在刑事责任、某些类型的道德责任与某些类型的道德规范之间存在重叠，但这样的巧合对于承担刑事责任是没有必要的。"② 同时，哈利维认为智能代理也可以成为道德代理。在他看来，道德有道义论道德与目的论道德之别。"道义论的道德（集中在意志和行为）和目的论的道德（集中在结果）是最可接受的类型，在许多情况下它们发挥着相反的作用。"③ 人工智能虽然不具备人类那样的意志和行为，不能进行道义上的归责。但是，人工智能完全能够给社会或个人造成损害和危险，因而从目的论道德上来看与人类并无本质不同。因此，立足于目的论道德，智能代理是可以成为道德代理的。

哈利维还以动物及人工智能与人类的关系为例，对人工智能可以而动物不能成为犯罪主体加以进一步论证。对于动物为什么不能成为犯罪主体，哈利维通过对古代和现代有关动物的法律进行考察，从两个方面进行了阐述：一是动物作为人类财产的法律关系；二是对动物宽恕的义务。关于第一个方面，哈利维认为："涉及人类对动物的所有权、占有权和其他财产权利。例如：如果损害是由动物造成的，对该动物拥有财产权的人对该损害负有法律责任。如果一个人受到狗的攻击，它的主人对任何伤害负有法律责任。"④ 哈利维指出，当动物造成侵害时，主要涉及的是侵权法的问题，即使与刑法有关，也只能归责于人，任何法律不可能将责任归于动物。"在大多数国家，这些都是侵权法的问题，虽然在一些国家，它们也与刑法有关，但在任何情况下，法律责任都是人的责任，而不是动物的责任。……任何法律制度都不会考虑动物直接受制于法律，特别是不受制于刑法，不管动物智力如何。"⑤

---

① Gabriel Hallevy, *When Robots Kill: Artificial Intelligence under Criminal Law*, Chicayo: Northeastern University Press, 2013, p. 18.
② Ibid., p. 19.
③ Ibid., p. 18.
④ Ibid., pp. 22-23.
⑤ Ibid., p. 23.

关于第二个方面，哈利维认为主要是针对人类而言的。由于人类的智慧较之动物要优越，因而面对人类的侵害动物往往孤立无助。基于同情、怜悯等情感，应禁止人类肆意对动物施虐。当动物受侵害时，实际受害的是社会而不是动物。"人类因智慧而被认为比动物优越，动物被认为是无助的。因此，法律禁止人类滥用权力虐待动物。这些法律条文的主体是人，不是动物。被人类虐待的动物即使遭受损害也不会站在法庭上。在这些情况下，合法的'受害者'是社会而不是动物，因此在大多数情况下，这些法律条款是刑法的一部分。"①既然针对动物的侵害是因为社会受到损害，这种对动物的保护方式显然与财产的保护方式有很大不同。"大多数刑法禁止破坏他人的财产，以保护占有人或所有者的财产权利。但在虐待动物的情况下，这种保护与产权无关。一只狗的合法主人可能因虐待狗而被起诉，而不管狗身上的财产权。这些法律规定自古以来就存在，形成了动物的法律模式。"②

问题在于，为什么动物的法律模式不能适用于人工智能实体呢？这就需要证明人工智能有别于动物，并且较之动物更接近于人类。否则，人工智能与动物就没有实质差异，适用动物法律模式完全可以解决人工智能犯罪问题。哈利维认为，人工智能更接近于人类，主要理由有二。一是人工智能具有类似于人类的逻辑推理能力，动物则不具备，因而人工智能更接近于人类。"人类编程使人工智能实体遵循有条理的人类逻辑推理。这形成了人工智能实体赖以行动的核心推理，因而其计算是由有条理的人类逻辑推理来负责的。大多数情况下，大多数动物缺乏这种推理。不是动物不合理，而是它们的合理性不一定建立在有条理的人类逻辑基础上。"③ 二是人工智能在理性上更接近于人类，动物在情感上更接近于人类，法律适用更需要理性而不是情感。"如果以感情作为衡量，较之人类和机器，人类和动物更接近彼此。但是，如果以纯粹理性作为衡量，较之动物机器更接近人类。虽然情感和理性互相影响，但它们在法律上的区别在于它们的适用性。"④ 对于法律尤其是刑法来说，所考虑的主要因素是理性，情感很少被考虑。"鉴于评价法律责任时法律更倾向于理性而非情感，因为人工智能技术的合理性是建立在有条理的人类逻辑推理基础上，因而

---

① Gabriel Hallevy, *When Robots Kill: Artificial Intelligence under Criminal Law*, Chicayo: Northeastern University Press, 2013, p. 23.

② Ibid.

③ Ibid., p. 24.

④ Ibid.

从法律的角度来看，人工智能技术较之动物更接近于人类物，对于所有的法律方面亦如此。"① 因此，动物法律模式不适于评价人工智能实体的法律责任。不过，由于人工智能没有情感，因而不存在人类对人工智能的宽恕，这也是对人工智能为什么不能适用动物法律模式的原因之一。"由于缺乏情感的基本特质，人工智能实体不能以任何情感形式表达悲痛、遭受痛苦、失望或折磨，动物法律模式的这些因素对于人工智能实体没有意义。"②

哈利维还以法人犯罪主体为例，来论证人工智能为什么能够成为犯罪主体。众所周知，英美法系国家早就接受了法人刑事责任的理念，而20世纪之后许多国家都将法人置于刑法的规制之下。那么，法人犯罪模式是如何产生的呢？哈利维指出，与人类相比，法人既没有物理意义上的身体存在，也没有思维等精神要素。"刑事责任需要事实要素，而法人没有物理身体。刑事责任也需要心理要素，而法人则没有思维、头脑、精神或灵魂。"③ 但是，将法人排除在犯罪主体之外并不合适，因为这样会为犯罪提供庇护。"一些欧洲国家拒绝对非人类生物施加刑事责任，并恢复罗马规则，法人不承担刑事责任（合伙社团非热点）。但这种做法很有问题，因为它为罪犯提供了法律庇护。例如：一个不纳税的人有刑事责任，但当其是法人时却是免责的。这为个人通过公司运作及逃税提供了动力。"④ 哈利维指出，法人犯罪的"新模式是建立在认同理论基础上的。在某些情况下，法人的刑事责任来源于其机关，而在其他案件中，其刑事责任是独立的。当犯罪要求不作为（例如不纳税、不履行法律要求或不维护工人权益）的时候，作为义务就是法人的，法人独立承担刑事责任，与其他实体的刑事责任以及是否是人无关。当犯罪需要作为时，其机关作为就与法人有关，只要其代表实施了犯罪，无论有无许可"⑤ 因此，法人犯罪与其他主体犯罪是有严格界限的，应该分开处置。"如果法人符合犯罪的所有要求，它就会被起诉，与事实上针对一般主体的人的任何诉讼无关。如果被定罪，该法人将受到惩罚，与任何个人实体分开。"⑥

自17世纪以来，非人类的法人最终成为犯罪主体，是顺应时代发展自然

---

① Gabriel Hallevy, *When Robots Kill: Artificial Intelligence under Criminal Law*, Chicayo: Northeastern University Press, 2013, p. 25.

② Ibid., pp. 24-25.

③ Ibid., p. 35.

④ Ibid.

⑤ Ibid., p. 36.

⑥ Ibid.

而然形成的,这说明刑事责任并非只能适用于人类。如果说刑法人类中心主义犯罪观因法人成为犯罪主体而被突破,那么人工智能成为犯罪主体为什么不可以突破呢?"鉴于第一道障碍在 17 世纪被突破,在针对人工智能实体施加刑事责任之前,通往下一道障碍的道路会继续敞开。"① 当然,哈利维也清醒地认识到,"当人工智能实体通过软件能够计算需要如何行动时,法律责任难题中的一些问题仍然会令人困惑"。② 对此,哈利维认为,一方面,由于具备人类那样的逻辑推理,因而"人工智能实体比动物更容易沟通复杂思想"③,这在一定程度上可以弱化人工智能成为犯罪主体所存在的问题;另一方面,就算存在问题,但承担刑事责任并非需要完全具备人类那样的能力。"刑事责任并不一定要求具备所有的人类技能。要成为一个罪犯,不需要使用所有的人类技能,不管他是否拥有这样的技能。"④ 正如法人成为犯罪主体,不需要考虑"对法人的惩罚被认为没有对人类那么有效"⑤ 的问题一样。总之,"在刑法语境中,只要满足这些要求,就没有什么可以防止刑事责任的产生,无论刑法主体是否是人。这就是(刑法)适用于人类和非人类罪犯如法人的逻辑"。⑥ 人工智能同样如此,故成为犯罪主体并无不可。

三 人工智能犯罪的归责模式

作为犯罪构成要件的犯罪心理态度,往往被认为人类才具有,也是检验其他实体能否成为犯罪主体的关键要素之一。动物之所以不能成为犯罪主体,就是因为其不具备人类那样的犯罪心理态度,无所谓犯罪故意与过失,因而难以对其行为承担刑事责任。既然人工智能可以成为犯罪主体,那么如何理解和认定其犯罪心理态度呢?

对此,哈利维没有直接就人工智能的犯罪故意和犯罪过失加以具体分析。他认为,构成犯罪需要具备犯罪行为和罪过。为了对任何实体施加刑事责任,

---

① Gabriel Hallevy, *When Robots Kill: Artificial Intelligence under Criminal Law*, Chicayo: Northeastern University Press, 2013, pp. 36-37.

② Ibid., p. 24.

③ Ibid.

④ Ibid., p. 20.

⑤ Ibid., p. 36.

⑥ Ibid., p. 21.

必须证明犯罪行为和罪过两个因素存在。如果证明某人明知或基于某种犯罪意图而犯罪时，他对该罪行就需要承担刑事责任。那么，与某种实体的刑事责任相关问题是：这些实体是如何实现刑事责任的上述两项要求的呢？① 由此，哈利维将人工智能犯罪的归责模式分为三种：间接正犯模式、自然可能的结果责任模式和直接责任模式。通过对三种不同归责模式进行分析，他就人工智能犯罪如何追究刑事责任提出了自己独特的认识与见解。

（一）间接正犯模式

在刑法理论上，通常认为"构成要件行为，不一定只限于行为人自身的直接的身体动作，和利用动物、工具一样，将他人作为媒介实行犯罪，既有可能，也不罕见。这种通过利用他人实现犯罪的情况，就是间接正犯"。② 这意味着，对于人工智能而言，如果它被他人利用，只是充当他人实施犯罪的媒介，或者只是作为无辜的代理而实施犯罪，那么利用者便是间接正犯。哈利维认为，"虽然无辜的介质是一件复杂的工具，仍被认为是一种纯粹的工具，而作为首犯并策划犯罪的当事人（另一犯罪人）才是真正的罪犯，需要对无辜的介质的行为负责。其他人犯罪的刑事责任，也是以无辜的介质的行为和该犯罪人自己的心理态度为依据确定的"。③ 在这里，哈利维认为无辜的介质，即充当代理的人工智能不承担刑事责任，只有策划犯罪的人以及其他参与犯罪的人承担刑事责任，这便是所谓的间接正犯模式。

在哈利维看来，间接犯罪者承担刑事责任的依据是人工智能的"工具"行为和行为人的精神状态。④ 问题在于，谁是间接正犯呢？对此，哈利维认为"有两个候选者：第一个是人工智能软件的程序员，第二个是用户，或者是最终用户"。⑤ 在他看来，"人工智能软件的程序员可能设计一个程序，以便通过人工智能实体实施犯罪"。⑥ 他还以无人驾驶交通工具为例进行了说明。"例如：一个程序员为运营中的无人驾驶人工智能交通工具设计软件。无人驾驶人

---

① Gabriel Hallevy, "Virtual Criminal Responsibility", *Original L. Rev.*, 2010 (6), p. 10.

② 张明楷：《刑法学》，法律出版社 2016 年版，第 401 页。

③ Gabriel Hallevy, "Unmanned Vehicles: Subordination to Criminal Law under the Modern Concept of Criminal Liability", *J. L. Inf. & Sci.*, 2011 (21), p. 202.

④ Gabriel Hallevy, "The Criminal Liability of Artificial Intelligence Entities－From Science Fiction to Legal Social Control", *Akron Intell. Prop. J.*, 2010 (4), p. 179.

⑤ Ibid.

⑥ Ibid.

工智能交通工具行驶在路上时被有目的地操控，其程序设置指令无人驾驶人工智能交通工具通过碾压无辜的人们来杀死他们。无人驾驶人工智能交通工具可能犯杀人罪，但程序员被认为是犯罪人。"① 与程序员不同的是，用户虽然没有对软件进行编程，但为了自身利益会使用人工智能实体及其软件实施犯罪。例如"一个用户购买一辆无人驾驶人工智能交通工具，其目的是执行主人给它的指令。特定用户就会被无人驾驶人工智能交通工具认为是其主人，主人命令无人驾驶人工智能交通工具碾压任何闯入他或她的农场的入侵者。无人驾驶人工智能交通工具精确执行作为指令的命令。这与一个人命令他的狗攻击入侵者没有什么不同。无人驾驶人工智能交通工具实施的侵犯人身的犯罪，用户被认为是犯罪人"。②

哈利维认为，间接正犯模式可能适用于两种情形：一是在不使用其高级功能的情况下使用人工智能实体进行犯罪；二是使用一个非常旧的人工智能实体版本，它缺乏现代人工智能实体所具有的现代化的高级功能。③ 不难看出，在这两种情况下人工智能实体充当的是工具角色。根据该观点，机器只能是机器，从来不会也不可能成为人。但是，哈利维并没有将人工智能看作工具。哈利维认为，不能忽视人工智能实体所具备的实际能力。虽然其能力不足以认定人工智能实体为犯罪行为人，但这些能力与智力有限的人对应的能力相似，例如儿童、智力不健全的人或缺乏犯罪心理状态的人等。④ 在哈利维看来，人工智能与纯粹的工具有所不同，"因为它有能力执行犯罪的指令。螺丝刀不能执行这样的指令；狗可以。但狗不能执行复杂的命令"。⑤

间接正犯责任模式表明，当程序员或用户对人工智能实体加以工具化使用时，程序设计者和用户对人工智能所犯特定罪行承担刑事责任，而人工智能实体则不承担任何刑事责任。不过，当人工智能实体决定通过自身积累的经验或知识进行犯罪时，或者当人工智能实体软件不是为了犯特定罪行而设计的，而是人工智能实体自己犯下的，或者当特定的人工智能实体功能不是作为一个无辜的代理人，而是作为一个半无辜的代理人时，间接正犯责任模式就不能

---

① Gabriel Hallevy, "The Criminal Liability of Artificial Intelligence Entities – from Science Fiction to Legal Social Control", *Akron Intell. Prop. J.*, 2010 (4), p.179.

② Ibid.

③ Ibid., p.181.

④ Ibid., p.179.

⑤ Ibid., p.181.

适用。

(二) 自然可能的后果责任模式

所谓自然可能的后果责任模式,"是指程序员或用户对人工智能实体的日常活动深入参与,但无意通过人工智能实体进行任何攻击"①,乃至因人工智能犯罪而产生的刑事责任模式。这里所说的"无意",并非是指意外,而是指程序员或者用户并没有参与实施犯罪的明确意图。根据该模式,如果一个人的行为是该行为的自然和可能后果的话,则行为人可能对犯罪承担刑事责任。该模式与间接正犯模式最大的不同在于:间接正犯模式假定了犯罪意图,即程序员或用户通过对某些人工智能实体的功能加以工具化使用进行犯罪的犯罪意图。而在自然可能的后果责任模式中,程序员或用户并没有犯罪的明知,没有计划也没有打算使用人工智能实体犯罪,而是基于程序员或用户预见潜在的犯罪行为的能力。②

在哈利维看来,自然可能的后果责任模式最初被用来对共犯归责。当一个人犯了罪,这些罪行并不是所有人都计划了的,也不是共谋的一部分。法院确立的规则是,行为人的行为能够鼓励共犯或协助犯罪计划,乃至促成"自然可能的后果",因而共犯责任延伸到犯罪人的行为。③ 显然,这种情况下行为人承担的责任类似于大陆法系国家刑法理论中的监督过失责任,或者说至少存在监督过失的责任情形。"就监督过失的事例而言,由于存在着直接引起了结果的行为人,且是由该行为人的过失行为导致了结果的发生,所以对于处在监督直接行为人立场的监督者来说,为了肯定其对于结果的预见可能性,就必须要求其可能预见到直接行为人的过失行为。"④

自然可能的后果责任模式要求程序员或用户存在疏忽所需的心理状态。程序员或用户不需要知道,任何即将到来的、人工智能实施的犯罪行为是他们行为的结果,但必须知道这种行为是他们行为的自然的、可能的结果。换句话说,程序员不知道人工智能会实施何种犯罪,却知道人工智能有可能会实施某种犯罪,并造成相应的结果。"一位无人驾驶人工智能交通工具的程序员或用

---

① Gabriel Hallevy, "The Criminal Liability of Artificial Intelligence Entities – From Science Fiction to Legal Social Control", *Akron Intell. Prop. J.*, 2010 (4), p. 181.

② Ibid.

③ Ibid., p. 183.

④ [日] 山口厚:《刑法总论》,付立庆译,中国人民大学出版社 2018 年版,第 256—257 页。

户,应该预见到触犯即将到来的某种具体犯罪的罪行的可能性,并对该具体犯罪承担刑事责任,即使他们事实上并没有预见它。这是过失犯罪承担刑事责任的根本法律依据。"① 自然可能的后果责任模式的典型例子是,"一个人工智能机器人或者软件被设计成一位自动驾驶员。作为飞行任务的一部分,人工智能实体计划执行护航任务。在飞行过程中,人工飞行员激活自动驾驶员(即人工智能实体),程序初始化。在自动驾驶仪激活后的某个时刻,人类飞行员看到即将来临的风暴,试图中止任务返回基地。人工智能实体认为人类飞行员的行动是对其使命的威胁,并采取行动以消除这种威胁。它可能切断飞行员的空气供应,或激活弹射座椅等。结果,飞行员被人工智能实体的行动杀死"。②

哈利维认为,对于程序员或用户来说,自然可能的后果责任模式在法律后果上存在两种不同类型:一是程序员或用户在编程或使用人工智能实体时疏忽大意,但没有犯罪意图;二是当编程人员或用户蓄意或希望通过编程或使用人工智能实体犯某种罪行时,人工智能实体偏离计划而实施其他罪行,并没有实施所计划的犯罪。③ 在第一种情况下,程序员或者用户是基于纯粹的疏忽,如果法律规定了他们具有相关义务,他们就需要承担监督过失责任。与第一种情形不同的是,第二种情形属于共犯的责任类型。由于行为人期待人工智能合作、共谋以及实施犯罪以达到犯罪目的,因而其主观上对人工智能犯罪是持故意的心理态度,只是由于人工智能没有实施其所期待的犯罪而已。但是,毕竟在行为人的意图下人工智能实施了其他犯罪,因而其社会危害较之第一种情形显然要严重。这种情形类似于我国刑法第 29 条第二款规定,即被教唆的人(人工智能)没有犯所教唆的罪(程序员或者用户期待的罪行),而是犯了其他罪行。

需要进一步澄清的是,在这种责任模式下,人工智能自身的责任如何确定呢?对此,哈利维认为有两种可能的结果。首先,如果人工智能实体充当一个无辜的代理人,不知道任何关于刑事禁止的事情,它就不会对其犯下的罪行负刑事责任。其次,如果人工智能实体不只是作为一个无辜的代理人,那么,除了程序员或用户根据第二种责任模式承担刑事责任外,人工智能实体本身也应

---

① Gabriel Hallevy, "Unmanned Vehicles: Subordination to Criminal Law under the Modern Concept of CriminalLiability", *J. L. Inf. & Sci.*, 2011 (21), p. 206.

② Gabriel Hallevy, "The Criminal Liability of Artificial Intelligence Entities – from Science Fiction to Legal Social Control", *Akron Intell. Prop. J.*, 2010 (4), p. 182.

③ See Gabriel Hallevy, "Virtual Criminal Responsibility", *Original L. Rev.*, 2010 (6), p. 15.

直接对具体罪行承担刑事责任。① 第一种情况与第一种责任模式不同的是，人工智能并非扮演工具角色，而是由于程序员或者用户的疏忽，乃至对法律禁止的内容一无所知，即使其对行为及其结果有认识，也不能承担刑事责任。同时，程序员或者用户并非故意利用人工智能犯罪，而是因为疏忽导致人工智能因不知道刑法禁止的内容而犯罪。这种情形有点类似于德国刑法中规定的不可避免的违法性认识错误，属于免责的事由。

（三）直接责任模式

如果人工智能实体对某个特定程序员或用户没有任何依赖，而是由于自身原因实施犯罪，则属于直接责任模式。哈利维认为，成立犯罪需要具备犯罪的客观要件（外部要素）和主观要件（内部要素），"如果一个人工智能实体能够满足外部要素和内部要素的要求，并且事实上它满足了这些要求，那么就没有什么可以阻止对该人工智能实体施加刑事责任"。② 在他看来，满足犯罪的外部要素要求并不难，也很容易归因于人工智能实体。"只要一个人工智能实体控制一个机械或其他机构来移动它的运动部件，任何行为都可以被认为是人工智能实体实施的。因此，当人工智能机器人激活其供电或液压臂并移动它时，这可能被认为是一种行为，如果特定的犯罪涉及这样的行为。"③

哈利维指出，真正对人工智能犯罪形成挑战的，是将犯罪的心理因素归因于人工智能实体。"对人工智能心理要素的归因不同于其他。现代人工智能技术发展起来的绝大多数认知能力，如创造力，对刑事责任追究问题无关紧要。追究刑事责任所需的唯一认知能力体现在心理要素要求（犯罪意图）中。创造力是人的特点，某些动物也具有，但创造性不是追究刑事责任的要素。即使是最没创意的人也可能会被追究刑事责任。"④ 不过，哈利维还是认为人工智能具备犯罪心理要素。这是因为，刑事责任所需的唯一心理要求是具体犯罪和刑法一般理论所要求的知识、故意、过失等，诸如无人驾驶交通工具等人工智能实体对具体犯罪承担刑事责任，并不需产生具体犯罪的想法，只要对该罪的

---

① See Gabriel Hallevy, "Virtual Criminal Responsibility", *Original L. Rev.*, 2010 (6), p.16.

② Gabriel Hallevy, "The Criminal Liability of Artificial Intelligence Entities-From Science Fiction to Legal Social Control", *Akron Intell. Prop. J.*, 2010 (4), p187.

③ Ibid.

④ Gabriel Hallevy, "Unmanned Vehicles: Subordination to Criminal Law under the Modern Concept of Criminal Liability", *J. L. Inf. & Sci.*, 2011 (21), p. 208.

事实要素有认知便可。① 哈利维认为，具备认知能力对人工智能实体而言并不是问题。"大多数人工智能系统都有良好的接收能力。视觉、声音、身体接触、触觉等感官接收器，在大多数人工智能系统中都很常见。这些受体将接收到的实际数据传送给分析数据的中央处理单元。人工智能系统的分析过程与人类的理解相类似。人脑通过分析数据理解眼睛、耳朵、手等所接收到的数据。先进的人工智能运算程序正试图模仿人类的认知过程。这些过程没有什么不同。"② 当然，对人工智能的犯罪心理要素最具挑战的，是特定意图和情绪或情感等。

哈利维认为，具备特定意图并非人类所独有，无人驾驶交通工具等人工智能同样具备特定意图。"一些无人驾驶人工智能交通工具可以编程找出自己的目的或目标，并采取行动以达到目的，一些先进的无人驾驶人工智能交通工具可以确定自己的目的并采取相关行动以达到目的。在这两种情况下，这可能被视为特定的意图，因为无人驾驶人工智能交通工具确定了自己的目的，并且想办法通过相关行动以达到目的。"③ 至于强烈的情绪或者情感，人们普遍认为是人工智能软件无法模仿的，哪怕是最先进的人工智能软件也是如此。对此，哈利维表示认可。不过，他认为强烈的情绪或情感，如爱、情感、仇恨、嫉妒等，与特定意图一样，只是在少数犯罪中有要求，大多数具体罪行只要满足对外在因素存在的认知就可以了。"除了认知之外，很少犯罪需要特定意图。几乎所有的其他罪行只需满足那些要求少得多的因素（疏忽、鲁莽、严格责任）。也许在极少数特定犯罪中，需要一定的感情（如种族主义犯罪、仇恨），刑事责任不能强加给一辆没有这种情感的无人驾驶人工智能交通工具，但在任何其他特定的犯罪中，某些感情缺失并非刑事责任的障碍。"④

总而言之，哈利维主张，"当一个人工智能实体确立了包括外部和内部要素在内的某一特定罪行的所有要素，就没有理由免除对该罪行承担刑事责任。如果通过任何其他合法路径对程序员和/或用户施加刑事责任，人工智能实体的刑事责任不能取代程序员或用户的刑事责任。刑事责任不是分开的，而是结合在一起的。除了人类程序员或用户的刑事责任外，人工智能实体的刑事责任

---

① Gabriel Hallevy, "Unmanned Vehicles: Subordination to Criminal Law under the Modern Concept of Criminal Liability", *J. L. Inf. & Sci.*, 2011 (21), p. 208.

② Ibid., pp. 208-209.

③ Ibid., p. 209.

④ Ibid.

也需要追究"。① 当然，他也承认，"根据直接责任模式，人工智能实体的刑事责任与人类相关的刑事责任有所不同。在某些情况下，一些调整是必要的，但实质上，建立在相同的要素和相同的方式评价基础上的刑事责任还是非常相似的"。②

四 人工智能犯罪的处罚

既然人工智能可以成为犯罪主体，也存在着承担刑事责任的不同模式，那么一旦人工智能犯罪，可否以及怎样对之给予刑罚处罚呢？对此，哈利维认为，处罚人工智能应当考虑以下三个问题：一是对人的具体处罚的根本意义是什么；二是惩罚对人工智能实体有何影响；三是在对人工智能实体施加实际惩罚时，什么样的实际惩罚可以达到同样的意义？如果需要调整惩罚方式，那么在对人和人工智能实体施加惩罚时，其具体惩罚意义应该相同。③ 基于这样的理念，哈利维从刑罚的目的入手，分析了处罚人工智能可能达到的刑罚目的，并就人工智能承担刑事责任的方式进行了深入探讨。

（一）制裁人工智能犯罪的刑罚目的

哈利维认为，量刑一般有四个共同目的，它们是量刑时通常需要考虑的：报应、威慑、康复和剥夺犯罪能力。④ 那么，制裁人工智能能否实现这四个目的呢？哈利维对此进行了具体分析。在他看来，惩罚人工智能难以达到报应的目的。这是因为，"报应主要是为了满足社会需要。给罪犯造成痛苦本身就没有预期的价值。苦难可以阻止犯罪者，但这是威慑的目的之一，而不是报应。报应可能通过使罪犯遭受痛苦而让社会和受害者产生宣泄作用，然而，在这种情况下基于报应去惩罚机器将毫无意义且不切实际"。⑤ 而且，"如果报应作为一种预防复仇的量刑宽大模式，其与人工智能量刑的不相关更为明显。复仇被

---

① Gabriel Hallevy, "The Criminal Liability of Artificial Intelligence Entities – from Science Fiction to Legal Social Control", *Akron Intell. Prop. J.*, 2010 (4), p. 191.

② Ibid.

③ Ibid., p. 195.

④ See Gabriel Hallevy, *When Robots Kill: Artificial Intelligence under Criminal Law*, Northeastern University Press, 2013, p. 157.

⑤ Ibid., p. 158.

认为对犯罪者造成的痛苦比官方惩罚更大，但是因为机器不经历痛苦，报复和惩罚之间的区别对他们来说毫无意义"。① 同时，哈利维认为威慑主要是针对自然人才有效，机器人等人工智能由于缺乏痛苦的体验，因而规劝、恐吓、威慑等对之均没有效果。"威慑旨在通过恐吓来阻止下一次犯罪的发生。在当前技术中，恐吓是一种机器无法体验的感觉。恐吓是基于对未来犯罪的恐惧。因为机器没有痛苦体验，正如我们已经提到的，当对机器人考虑适当惩罚时，恐吓和规劝都是无效的，同时，惩罚和威慑可能是人工智能实体犯罪中与惩罚人类参与者（例如用户和程序员）相关的目的。"②

哈利维认为，惩罚人工智能能够实现康复目的。"有时，人工智能系统可能需要外部指导，以细化其决策过程，这可能是机器学习过程的一部分。对于人工智能实体来说，康复功能与人类完全一样，能够使它们在日常生活中从社会的角度做出更好的决定。"③ 哈利维指出，人工智能程序是可以被改良的，并且人工智能本身也能够通过深度学习进行自我修复，这为其康复准备了充分的条件，康复本身对于人工智能而言就是学习的一部分。"被修复后，通过对其自我决策施加更多限制，并通过机器学习来改进程序，人工智能系统能够作出各种更精准的决策。因此，如果惩罚被确切地应用到单独的人工智能系统，将成为机器学习过程的一部分。"④ 哈利维甚至认为，康复目的在很多情形下对于人的制裁而言是次要的，但对于人工智能的制裁而言可能是主要的。"康复可以成为对人工智能系统惩罚的相关目的，因为它不是基于恐吓或痛苦，而是致力于改善人工智能系统的性能。对于人类而言，这种考虑在许多情况下可能是次要的，但是对于人工智能系统来说，这可能是惩罚的主要目的。"⑤

至于剥夺犯罪能力，哈利维指出这是为了消除犯罪者的物理能力，以阻止其再次犯罪。"无论罪犯是否理解或同意社会要求，由于犯罪的物理能力被消除，下一次犯罪得以被阻止。"⑥ 适应预防犯罪的需要，剥夺犯罪能力理当为刑罚的目的之一。相对而言，只不过剥夺犯罪能力较之康复要严厉些。"如果在大多数情况下康复被认为是对惩罚的普遍考虑，那么剥夺犯罪能力则被认为

---

① See Gabriel Hallevy, *When Robots Kill: Artificial Intelligence under Criminal Law*, Northeastern University Press, 2013, p. 158.

② Ibid., p. 159.

③ Ibid., p. 160.

④ Ibid.

⑤ Ibid., pp. 160-161.

⑥ Ibid., p. 161.

是严厉的。"① 哈利维认为，防止人工智能再犯罪是必要的。"不管人工智能系统是否理解其行为意义，也不管人工智能系统是否配备了合适的工具来完成内部改变，防止犯罪仍然是必须的。在这样的情形下，社会必须剥夺人工智能系统犯其他罪行的物理能力，尽管它拥有其他技能。"② 如果人工智能不能通过机器学习改变其行为方式，那么剥夺犯罪能力就更有必要。"如果人工智能系统犯罪，并且通过机器学习不能改变其行为方式，只有剥夺犯罪能力才能提供恰当的答案。"③ 因此，剥夺犯罪能力完全能够作为惩罚人工智能的目的。

总之，哈利维认为，康复和剥夺犯罪能力是实现对非人类犯罪的刑罚目的服务的。"惩罚人工智能系统需要考虑的两个相关因素是康复和剥夺犯罪能力。两者反映了量刑的两极，都是为非人类罪犯的刑法目的服务。"④ 如果人工智能能通过机器学习改变其行为方式，康复较之剥夺犯罪能力更可取，否则就需要剥夺犯罪能力。"当人工智能系统能够进行影响其活动的内部变化时，康复似乎比剥夺犯罪能力更可取，但当它不具备这种能力时，剥夺犯罪能力是可取的。"⑤ 这样看来，惩罚人工智能的刑罚目的需要根据具体需要，这一点与惩罚人类并没什么不同。"处罚应根据罪犯的相关个人特征，如同人类犯罪的情形那样。"⑥

（二）人工智能犯罪的刑罚种类

哈利维对人工智能所适用的刑罚类型进行了较为详细的阐述，这些处罚方式涉及死刑、监禁、缓刑、社区服务以及罚金等。在他看来，绝大多数普通刑罚都可适用于人工智能实体。

哈利维认为，对人工智能完全可以适用死刑。通常，死刑对人类的意义是剥夺生命；对人工智能而言，死刑也意味着剥夺"生命"。在他看来，人工智能实体的生命虽然不具有人类那样的生物属性，但也是客观存在的，其"生命"便是它作为实体的独立存在。有时，它具有物理外观（例如：作为机器

---

① Gabriel Hallevy, *When Robots Kill: Artificial Intelligence under Criminal Law*, Northeastern University Press, 2013, p. 161.

② Ibid.

③ Ibid.

④ Ibid., pp. 161–162.

⑤ Ibid., p. 162.

⑥ Ibid.

人),有时它只有抽象的存在(例如:安装在计算机系统或网络服务器上的软件)。① 至于执行死刑的方式,哈利维认为主要有两种。一是删除人工智能软件。"鉴于死刑具有剥夺罪犯犯罪能力的功效,当对人工智能删除控制其的人工智能软件时,死刑在实际上也可能会达到相同的效果。一旦删除的处罚得到执行,犯罪的人工智能实体就不能再犯罪了。删除(人工智能软件)根除了人工智能实体的独立存在,无异于死刑。"② 二是永久关闭人工智能系统。"对人工智能系统判处死刑意味着它被永久关闭,这样对系统而言不会再实施犯罪或其他任何活动……永久丧失能力意味着根据法院命令绝对关闭,再无激活系统的选择。"③

至于监禁,对人类的意义是剥夺了人的自由,即对人类的行为自由、行动自由和个人生活自由等施加严格限制。哈利维认为,人工智能具有自由,也能够自主,因而可以适用监禁刑。"人工智能实体的'自由'或'自主'包括在相关领域的行为自由。例如:从事医疗服务的一个人工智能实体有参与外科手术的自由;一个工厂的一个人工智能实体有生产的自由等。"④ "考虑到监禁刑的性质,当对人工智能实体施加处罚是使人工智能实体在某一确定的期限内不再被使用,这样的处遇之效果与判处监禁刑是相同的。"⑤ 哈利维指出,对人工智能系统也可以实行监禁,即在规定时间剥夺它们的行动自由并加以严格监督,当人工智能系统被羁押、受限制和监督时,它的攻击能力是丧失的。⑥ 在此期间,任何与人工智能实体自由有关的行动都不被允许,因此其自主或自由受到限制。⑦

在西方法律体系中,缓刑是一种非常受欢迎的过渡性惩罚方式,它虽然

---

① See Gabriel Hallevy, "The Criminal Liability of Artificial Intelligence Entities-From Science Fiction to Legal Social Control", *Akron Intell. Prop. J.*, 2010 (4), p.196.

② Ibid.

③ Gabriel Hallevy, *When Robots Kill: Artificial Intelligence under Criminal Law*, Northeastern University Press, 2013, pp.166-167.

④ Gabriel Hallevy, "The Criminal Liability of Artificial Intelligence Entities-From Science Fiction to Legal Social Control", *Akron Intell. Prop. J.*, 2010 (4), pp.196-197.

⑤ Ibid., p.197.

⑥ See Gabriel Hallevy, *When Robots Kill: Artificial Intelligence under Criminal Law*, Northeastern University Press, 2013, p.168.

⑦ See Gabriel Hallevy, "The Criminal Liability of Artificial Intelligence Entities-From Science Fiction to Legal Social Control", *Akron Intell. Prop. J.*, 2010 (4), p.197.

并非对行为人的自由或者行动等实行限制,却增加了对罪犯的威慑作用。这种威慑作用,源自罪犯如果触犯具体罪行或某种类型的具体犯罪,那么对其而言就有撤销缓刑而适用监禁的危险。如果罪犯触犯某种具体罪行,那么第二次犯罪与第一次犯罪的刑罚都要执行,这就促使罪犯不敢冒巨大风险而再次触犯其他罪名。哈利维认为,"适用缓刑仅仅只是法律记录。缓期执行时并没有对身体采取任何实际行动。因此,当判处缓刑时,人类和人工智能实体之间的效果没有差别"。① 关于对人工智能如何执行缓刑以及采取何种执行方式,哈利维指出,"对人工智能系统判处缓刑是对重新考虑其行为过程的警告。这个过程可以由程序员、用户或制造商发起,其方式与人类犯罪由其亲属或专业人员(如心理学家或社会工作者)辅助或法人犯罪由官员或专业人员辅助相同"。② 在具体执行时,"州的法定犯罪记录在对人、法人或者人工智能实体处以缓刑之间并不作区分,只要有关实体能够被具体而准确地确定"。③

公共服务也是西方法律体系中极受欢迎的过渡性制裁措施,它不是真正意义上的监禁。在许多法律制度中,公共服务可以代替实际监禁的短期刑罚。实行公共服务并附加考验期,可以使犯罪人为犯特定罪行所造成的损害而"付出代价"。哈利维认为,"法人和人工智能系统都与社区有很强的互动关系。公共服务可以授权和加强这些互动,并使之成为必要的内在变化的基础"。④ 因此,对人工智能实体是可以适用公共服务的,人工智能系统的公共服务在本质上类似于人类的公共服务。一方面,公共服务对人类的意义是通过劳动对社会作出强制性贡献,而一个人工智能实体可以作为一个工人在许多领域从事工作。当一个人工智能实体在工厂工作时,它的工作是为了工厂所有者的利益或其他工人的利益而进行的,以减缓和帮助他们的职业任务。⑤ 另一方面,"一

---

① See Gabriel Hallevy, "The Criminal Liability of Artificial Intelligence Entities-From Science Fiction to Legal Social Control", *Akron Intell. Prop. J.*, 2010(4), p.197.

② Gabriel Hallevy, *When Robots Kill: Artificial Intelligence under Criminal Law*, Northeastern University Press, 2013, p.169.

③ Gabriel Hallevy, "The Criminal Liability of Artificial Intelligence Entities-From Science Fiction to Legal Social Control", *Akron Intell. Prop. J.*, 2010(4), p.197.

④ Gabriel Hallevy, *When Robots Kill: Artificial Intelligence under Criminal Law*, Northeastern University Press, 2013, pp.172-173.

⑤ See Gabriel Hallevy, "The Criminal Liability of Artificial Intelligence Entities-From Science Fiction to Legal Social Control", *Akron Intell. Prop. J.*, 2010(4), pp.197-198.

个人工智能实体为了个人利益而工作，也可能为公共的利益而工作。当为公共利益而进行的工作被强加给一个人工智能实体，作为对社会作出强制性贡献时，它可以被认为是公共服务"。① 据此，哈利维认为，无论是强加给人类还是人工智能实体，公共服务的意义是相同的。②

在西方法律体系中，罚金判决无疑是最受欢迎的过渡性制裁。判处罚金的意义，对于人类而言意味着剥夺他们的一些财产。通常，如果一个人不缴纳罚金，或没有足够的财产支付罚金，则可以对罪犯处以替代刑，如监禁等。哈利维认为，"对法人处以罚金等同于对某人处以罚款，因为无论是人还是法人都有财产和银行账户，因此罚金的支付方式是相同的，无论支付实体是人还是法人实体"。③ 但是，人工智能实体的情况与人类和法人可能有所不同。"如果某个人工智能实体拥有自己的财产或金钱，对其处以罚款将等同于对人或法人处以罚款。"④ 问题在于，大多数人工智能实体并没有自己的现金、财产或银行账户，如何对人工智能适用罚金呢？对此，哈利维认为可以考虑调整处罚方式。"人工智能系统的确没有财产，但它的工作能力是很有价值的，可以赋予其货币价值。……人工智能系统可以使用它拥有的唯一货币：工作时间。工作时间对社会有贡献，就像公益服务的贡献一样。"⑤ 在哈利维看来，对大多数人和法人来说，财产是通过劳动获得的，缴纳罚金意味着因劳动所得的财产发生转移，这表明除了通过财产的方式外，罚金也可以直接以劳动的方式支付或缴纳。因此，对一个人工智能实体施加的罚金，可能被转化为金钱或财产以及作为社会福利的劳动。当罚金是以劳动的形式为社会利益而募集的，与上面所述的社区服务没有什么不同。⑥

---

① See Gabriel Hallevy, "The Criminal Liability of Artificial Intelligence Entities-From Science Fiction to Legal Social Control", *Akron Intell. Prop. J.*, 2010 (4), p. 198.

② Ibid.

③ Ibid.

④ Ibid.

⑤ Gabriel Hallevy, *When Robots Kill: Artificial Intelligence under Criminal Law*, Northeastern University Press, 2013, p. 174.

⑥ See Gabriel Hallevy, "The Criminal Liability of Artificial Intelligence Entities-From Science Fiction to Legal Social Control", *Akron Intell. Prop. J.*, 2010 (4), p. 199.

五　哈利维的人工智能犯罪观之述评与启示

（一）对哈利维的人工智能犯罪观之述评

对于哈利维有关人工智能犯罪的各种观点，加拿大多伦多大学法学博士蕾切尔·查尼进行了简要评述。查尼指出，现有法律基础是以人类为核心确立的，由于"现行人工智能系统的能力并没有达到刑法所要求的意识和意志的法律标准"①，因而哈利维有关人工智能犯罪的理论并非建立在现有法律基础上的。"最终，'当机器人杀人时'一书包含原始和有趣的理论思想，但哈利维的论点仍然更多地停留在科幻小说领域而不是实际的法律分析。"② 对哈利维有关人工智能犯罪的某些见解，查尼给予充分肯定。"他确实看到了剥夺犯罪能力和康复的价值。剥夺犯罪能力，如关闭人工智能或对人工智能重新编程，有助于防止人工智能犯下更多的罪行，康复则涉及改变人工智能的行为，通过机器学习可以让人工智能在未来作出更好的决策。"③ 同时，查尼对哈利维许多观点又表示疑虑。

例如，对于哈利维所谓的公共服务惩罚，查尼认为并不可信，且这样做会纵容机器人给社区带来伤害。"在公共服务量刑问题上，哈利维给出了一个医疗诊断机器人的例子。他解释说，社会可以惩罚机器人在私人诊所的疏忽诊断，迫使它做一个有监督的社区服务安置诊断公立医院的病人。哈利维忽略了，在机器人被修复之前，机器人的诊断是不可信的，通过公共服务，机器人可能给社区带来伤害。"④ 同时，尽管哈利维认为可以对人工智能从事社区服务加以监督，但查尼认为如何监督是个问题。"虽然他明确表示机器人在公共服务期间将受到监督，以防止进一步的违法行为，但尚不清楚监督将如何进行，因此仍有可能在伤害已经发生之前再发现进一步的疏忽。"⑤ 总之，对人工智能实施公共服务处罚极为微妙和复杂。"在某些情况下，有可能找到一种

---

① Rachel Charney, "Can Androids Plead Automatism—A Review of When Robots Kill: Artificial Intelligenceunder the Criminal Law by Gabriel Hallevy", *U. Toronto Fac. L. Rev.*, 2015 (73), p. 71.
② Ibid., p. 72.
③ Ibid., p. 71.
④ Ibid., pp. 71-72.
⑤ Ibid., p. 72.

替代人工智能系统有益于社区的方法，但是不同于那些在超速行驶后被判捡垃圾的人，一个能够驾驶和超速的人工智能系统不太可能有能力捡起垃圾。因此，公共服务处罚是否适用于人工智能是一个比哈利维指出的更微妙和更复杂的问题。"①

又如，查尼认为对人工智能判处罚金也是不现实的。人工智能本来就被认为是所有者的财产，对人工智能判处罚金无异于对无辜的所有者加以处罚。"现代法律认为人工智能系统仅仅是财产。因此，人工智能系统的所有生产手段，包括其工作时间，都不是由人工智能系统本身，而是由它的所有者拥有。因此，如果一个人工智能系统通过公共服务被罚款，那么其潜在的无辜所有者将因没收财产而受到不适当的惩罚。"② 而且，试图通过调整处罚方式，如处以社区服务来替代罚金也是缺乏证据或逻辑支持的。"哈利维进一步辩称，通过工作时间对人工智能系统加以罚金的目的不是康复而是剥夺犯罪能力，因为额外的工作时间将使得机器人拥有'更少的自由时间犯罪'。这是假定机器人在他们的'自由时间'中优先犯罪，这是一个没有证据或逻辑支持的命题。"③

从查尼博士的相关论述来看，她并没有完全否认人工智能成为犯罪主体及其可以接受不同类型处罚，而是基于现实的不可行性、缺乏法律基础以及处罚的不可信、缺乏具体操作等来看待问题的。客观地说，基于人工智能发展上处于弱人工智能阶段，哈利维的人工智能犯罪观无疑是超前且缺乏法律基础的。这并不意味着未来发展到强人工智能阶段或者超人工智能阶段，人工智能仍然不可以成为犯罪主体并接受处罚。至于处罚人工智能在效果上不可信以及缺乏具体操作性，则主要因为人类目前尚缺乏这方面的具体实践，因而无论是对之充满期待还是质疑，都是情有可原的。

的确，哈利维有关人工智能的罪与罚的许多观点需要进一步探究。例如，以侧重于结果的目的论道德作为人工智能的归责依据，是存在问题的。因为，人类之外的其他实体也会造成一定的危害结果，但显然不能仅以此作为追究刑事责任的依据。哈利维认为道德具有复杂性与多元化特征，因而根据道义论道德归责是不可靠的。然而，自古典刑法理论产生以来，以自由意志论、道德理性论为核心的唯心主义哲学就成为刑事归责的哲理基础，直到今天依然占据主

---

① Rachel Charney, "Can Androids Plead Automatism—A Review of When Robots Kill: Artificial Intelligence under the Criminal Law by Gabriel Hallevy", *U. Toronto Fac. L. Rev.*, 2015 (73), p.72.

② Ibid.

③ Ibid.

导地位。哈利维在没有就自由意志论、道德理性论与人工智能的道德与理性加以深入分析的前提下，就断然否定道义责任论，显然难以令人信服，这也使得其有关人工智能可以成为犯罪主体的观点缺乏哲理基础，这不得不说是一大遗憾。又如，他认为与人工智能犯罪相关的人类犯罪主体是程序员与用户等，就显得过于狭隘。事实上，凡是与人工智能犯罪相关的主体，如人工智能的制造商、销售商、服务商、程序员、所有者、使用者，以及别有用心的黑客等，均有可能因人工智能犯罪而被追究刑事责任。"有关危险的有故障自动驾驶车辆的一种显著可能性是，法人制造商或相关实体，自我驱动的硬件和软件的提供商和服务商，可能会被视为'操作车辆的人'而构成犯罪。"①

就人工智能的处罚而言，哈利维的有些观点还是具有可行性的。例如：对人工智能适用"死刑"，就较之对法人判处"死刑"（如注销）更具有可行性，因为注销法人会"株连"法人中的大多数无辜成员，判处人工智能"死刑"则不会产生"株连"效果。又如：公益服务不失为针对人工智能的有效制裁措施。人工智能的许多技能人类无法企及，公益服务能发挥其技能和作用。至于查尼博士所担心的人工智能在提供公益服务时可能会危害社会的问题，倒是没有必要太在意。因为，即使是人也存在同样的问题，谁又能保证犯罪的人不会再犯罪呢？但是，他认为适用于人类的刑罚大多数可以适用于人工智能，这种按部就班地套用模式是否可行值得进一步探讨，毕竟作为机械实体的人工智能不同于作为有机生命体的人类。这使得其有关人工智能处罚的一些观点招致质疑在所难免。例如：对人工智能处以监禁刑和缓刑，恐怕难以达到像处罚人类那样的效果，至少对弱人工智能而言如此。因为，人工智能若不具备人类那样的意识、思维和理性，通过对计算机程序等酌情加以改写、改良等，显然比判处监禁刑和缓刑更直接并且有利于实现处罚目的。至于哈勒维所主张通过调整处罚方式来对人工智能适用罚金，也是难以自圆其说的。因为公益服务在性质上不同于罚金，与其以公益服务替代罚金，不如直接处以公益服务。

无论哈利维有关人工智能犯罪的理论观点如何，都应当肯定其在人工智能犯罪上的开拓性研究。迄今为止，哈利维对人工智能的罪与罚的研究，可以说是最为全面的。"虽然目前的技术还不够先进，以适应哈利维的理论框架，但新兴技术将使得其在未来得以实施是完全有可能的。虽然他的书后半部分的一

---

① Kieran Tranter, "The Challenges of Autonomous Motor Vehicles for Queensland Road and Criminal Laws", *QUTL. Rev.*, 2016（16）, p. 78.

些论据和类比可以更加精炼,但哈利维的分析是全面的……"① 尽管哈利维对人工智能犯罪的分析缺乏现行法律基础,但其理论研究无疑极具探索性、建设性与开创性,这对尚处于启蒙阶段的人工智能刑法研究可谓意义深远。

(二)哈利维的人工智能犯罪观之启示

哈利维有关人工智能犯罪的理论观点本身如何已经不重要,重要的是哈利维开启了人工智能刑法研究的先河,为人们认识和理解人工智能犯罪提供了借鉴。正如查尼博士在评价《当机器人杀人时:刑法中的人工智能》一书所指出的,"在这本书中,哈利维为我国现行刑法框架中刑事责任能否适用于人工智能提供了一个很好的切入点"。② 哈利维的相关理论显然大大突破了传统刑法理论的框架,给人们重新审视犯罪提供了新的视角与启示。

近年来人工智能发展极为迅猛,远超人们的想象。现今的人工智能已经不是孤立的,其背后是云计算和大数据。新一代互联网在全球范围的推广应用,将让以人与人链接为特征的互联网,转变为人与人、人与物、物与物链接三位一体的物联网,大数据将井喷式涌现。而量子计算机的横空出世,使得人类拥有的计算能力,正处在指数级增长的前夜。凡此种种,使得人工智能不断取得颠覆性发展和进步。③ 与此同时,人工智能也越来越多地进入人们的日常生活。"2017 年 12 月 30 日,中国大陆首条无人驾驶运行线路——北京轨道交通燕房线正式开通运营。2018 年 1 月初,北京市顺义区无人驾驶试运营基地在奥林匹克水上公园启动。2018 年 2 月,浙江宣布将建设首条超级高速公路,全面支持自动驾驶。2018 年 3 月,全国首批 3 张智能网联汽车开放道路测试号牌在上海发放。"④ 预计未来十年,无人驾驶地铁及汽车等将进入全国各大城市运营,深刻地影响人们的日常生活。

---

① Rachel Charney, "Can Androids Plead Automatism-A Review of When Robots Kill: Artificial Intelligence under the Criminal Law by Gabriel Hallevy", *U. Toronto Fac. L. Rev.*, 2015 (73), p.72.

② Ibid.

③ 人脑因其复杂性以及未知性,而被许多人认为是限制人工智能成为犯罪主体的关键因素。问题在于,制造出类人机器人并不需要对人类大脑的功能完全掌握和了解,因为研制"类人"人工智能也并不需要等待脑科学认知原理的突破,只要获得生物神经网络的介观图谱和神经元及神经突触功能特性,就能制造出生物大脑工作模式和性能相当的智能机器,甚至涌现出自我意识。要在技术上达到这一点显然较之对人类大脑功能的完全掌握和了解要容易得多。因此,制造像真正的人一样的人工智能应当不会太遥远。

④ 彭文华:《自动驾驶车辆犯罪的注意义务》,《政治与法律》2018 年第 5 期。

人工智能的很多技能人类难以比肩,但这并非意味着其不存在违法犯罪问题。以人工智能车辆为例,虽然其安全性更佳,有时也会造成事故。随着更多的人工智能车辆上路,引发的交通事故必然会越来越多。在司法实践中,人工智能独立实施犯罪的典型案例是机器人杀人事件。1981年,日本发生第一例机器人杀人事件,受害人是名37岁的工人。① 此后,类似事件不断出现。例如,2015年6月29日,德国法兰克福大众工厂的一名工人被自己组装的机器人杀死,同年印度工厂一名工人被机器人手臂上的焊条刺死。"在过去的30年里,仅在美国机器人就在工作场所杀死了至少26人。"②

于是,传统的机器工具主义犯罪观开始受到质疑,不少学者提出智能机器人、无人驾驶车辆等可以成为犯罪主体。甚至,以往否定人工智能法律人格的刑法学者,现在的态度也发生了动摇。如德国学者魏根特、瑞士学者格雷斯在2014年发表的一篇论文③中反对人工智能成为刑罚主体,但在2016年发表的一篇论文中却承认未来智能代理可以变成道德代理,并认为彼时需要重新考虑人工智能的人格及犯罪主体地位问题。"可以肯定的是,这些陈述是指我们在2016中知道的智能代理。然而,回顾近几十年来计算机科学所发生的迅速变化,未来的智能代理将获得使它们更像人类的素质和能力并非不可能。如果它们获得反省和类似于道德良知的能力,他们的人格问题就不得不重新考虑了。"④ 他们还认为,洛克和康德等古典哲学家们以人的自我反思能力为基础确立的人格方法,并没有考虑当代人工智能。⑤

在我国,认为人工智能可以成为犯罪主体的大有人在。如有学者认为,智能机器人的行为应受刑法规制,刑法视野下的智能机器人具有犯罪主体地位,能够实施绝大部分犯罪并承担相应刑事责任,应当承认机器人的限制性主体地

---

① See Yueh-Hsuan Weng, Chien-Hsun Chen & Chuen-Tsai Sun, "Toward the Human-Robot Co-Existence Society: On Safety Intelligence for Next Generation Robots", *Int. J. Soc. Robotics*, 2009 (1), p. 273.

② S. M. Solaiman, "Corporate Manslaughter by Industrial Robots at Work: Who Should Go on Trial under the Principle of Common Law in Australia", *J. L. & Com.*, 2016 (35), p. 22.

③ [瑞士]萨比娜·格雷斯、[德]托马斯·魏根特:《智能代理与刑法》,陈泽宪主编:《刑事法前沿》(第十卷),社会科学文献出版社2017年版,第215页以下。

④ Sabine Gless, Emily Silverman, Thomas Weigend, "If Robots Cause Harm, Who Is to Blame: Self-Driving Carsand Criminal Liability", *New Crim. L. Rev.*, 2016 (19), p. 417.

⑤ Ibid., p. 416.

位。① 也有学者在充分考虑当前人工智能发展水平的基础上，主张其成为犯罪主体不能一蹴而就。"现阶段只是在法律上赋予人工智能在某些具体的刑事犯罪主体资格，在特定的情况下，追究军事智能武器的法律责任，类似我国刑法规定的单位犯罪，人工智能犯罪类型是具体和明确的，这也是现阶段有效管控人工智能技术发展，解决法律冲突和法律规避的有效方式。"② 还有观点指出，"一个可行的思路是参考既有犯罪主体中的一些主体否定制度，比如间接正犯（否定他人的主体资格）、原因自由行为（延展行为人的主体资格）等问题的立法模式，使人工智能恰当地进入现有刑事主体立法框架，达到立法与处罚的协调"③。对于人工智能犯罪及相关理论，越来越多的人达成如下共识，即应当注重科技创新未来发展可能带来诸多法律问题的预测与预判，与细节微观处的探究，而不是全盘将这一前瞻性的理论研究作为"伪命题"一概排除。唯如此，法律才能彰显生命力，否则是无视人工智能对社会带来法律问题的表现，由此带来的复杂社会难题也将越来越多。④

在人类刑法发展史上，曾出现过将动物甚至建筑物等作为惩罚对象的现象。启蒙运动以后，随着对犯罪本质及刑罚目的等认识和理解的加深，动物以及其他自然界实物逐渐被排除在刑法制裁之外。只有人类作为智能生物有机体才具有行为和心理，具备犯罪成立所需的客观要素和主观要素，故而成为刑法规制的对象，这便是刑法人类中心主义。其后，作为组织机构的法人主体的出现，一度被认为对刑法人类中心主义提出挑战。不过，法人犯罪无论是行为还是心理，均依托于法人背后的自然人。换句话说，法人犯罪仍然离不开自然人的参与，故而认为法人犯罪并未在真正意义上脱离刑法人类中心主义。人工智能显然与人类和法人都不同。人工智能具有相对自主、独立的行为与心理，而作为社会有机体的法人通常不具备人工智能所拥有的独立而清晰的实物形象，其行为与心理完全依托于人类。"机器人/法人类比的问题在于，法人和机器人之间存在本质差异：在法律拟制的背后法人有实际的人，而完全独立的超智

---

① 参见刘宪权《人工智能时代机器人行为道德伦理与刑法规制》，《比较法研究》2018 年第 4 期。

② 夏天：《基于人工智能的军事智能武器犯罪问题初论》，《犯罪研究》2017 年第 6 期。

③ 王肃之：《人工智能犯罪的理论与立法问题初探》，《大连理工大学学报》（社会科学版）2018 年第 4 期。

④ 参见马治国、田小楚《论人工智能体刑法适用之可能性》，《华中科技大学学报》2018 年第 2 期。

能机器人则没有。"① 可见，人工智能犯罪与法人犯罪有着本质不同。因此，人工智能犯罪问题无疑将会对传统刑法理论带来挑战与冲击。

首先，人工智能犯罪将对传统刑法理论中的意志自由论提出挑战。古典学派的意志自由论主张，任何人都有为善避恶的自由意志，犯罪是恶，有自由意志的人能够避之而竟敢实施之，故而犯罪出于自由意志。② 由于人工智能不同于人类，因而能否根据自由意志论来认定犯罪显然是个问题。人工智能作为一种机械实体，在物理特征上与日常生活中的机械物体并无本质区别。但是，人工智能又具备感知、认知等人类才具有的智能，能独立分析问题和解决问题。例如：AlphaGo 在与人类顶尖棋手的对弈中能下出精妙的围棋着法，说明其有独立的判断和自由意志。而谷歌公司开发的 AlphaGo Zero 则可以像人类初学者一样在空白状态下无监督自主学习，这无疑为人工智能产生独立的意识和意志提供了技术根基。甚至，人工智能的某些意志表现力在形式上与人类没有什么区别。可以说，人工智能技术的发展，使得传统意义上的人机之间由主体与客体的关系，逐渐演变成主体与主体的关系，这既是人工智能自由意志的体现，也是其他机械实体无法比拟的。当然，人工智能之自由意志又具有特殊性，如不受身体要素及环境要素等决定，通常只在计算机程序设置和容许的范畴内得以体现，等等。人工智能独特的意志特征，显然会对传统刑法理论中的意志自由论造成冲击。

其次，人工智能犯罪将对传统刑法理论中的道义责任论提出挑战。古典学派的道义责任论通常站在非决定论的立场上，认为在自由意志支配下实施的行为及其结果应归属于行为人，可就其行为和结果从道义上对行为人进行非难。③ 站在规范的立场，道德之于责任是有特定意义的。"刑法以及作为刑法的执行者的国家，也必须接受道德的批判。国家伦理性的问题，在考虑责任论以及刑罚界限的时候，具有特别重要的意义。"④ 刑事责任年龄的确定、犯罪动机与目的之甄别、从重与从轻处罚的规定以及对具体犯罪的处罚等，均体现了道德伦理等对定罪量刑的影响。通常认为，人工智能是有自己的道德准则

---

① Ignatius Michael Ingles, "Regulating Religious Robots: Free Exercise and RFRA in the Time of Superintelligent Artificial Intelligence", *Geo. L. J.*, 2017 (105), pp. 516-517.

② 参见马克昌主编《近代西方刑法学说史》，中国人民公安大学出版社 2008 年版，第 50 页。

③ 参见 [日] 大塚仁《刑法概说（总论）》，冯军译，中国人民大学出版社 2002 年版，第 374 页。

④ [日] 曾根威彦：《刑法学基础》，黎宏译，法律出版社 2005 年版，第 32 页。

的。例如：在一项研究中，学生们被要求与名叫罗伯维（Robovie）的仿真机器人互动，参与者发现罗伯维有精神、情感和社会属性。① 但是，人工智能的道德是有别于人类的。究其原因，在于人类的道德是在历经复杂的社会关系与人际关系后通过抽象思维形成的；而人工智能既没有经过人类那样的漫长成长历程洗礼，也没有经受过复杂的社会关系与人际关系浸淫，其道德是基于数据和算法的线性"思维"形成的。人工智能独有的道德情感会引发许多问题。如智能代理能否成为道德代理？可否因人工智能的独特道德而对之归责？通过何种处罚方式实现对人工智能的道德非难？等等。这些问题将对传统责任理论框架下的定罪量刑造成新的挑战。

长期以来，在刑法人类中心主义犯罪观的支配下，人们总是难以接受人类以外的其他实体成为犯罪主体，这就是为什么直到现在仍然有部分国家不愿意承认法人犯罪的缘由。尽管法人犯罪的背后有人类活动作为支撑，但作为社会组织的法人能够成为犯罪主体，对刑法人类中心主义犯罪观的挑战是毋庸置疑的。可想而知，不依赖于人类活动而能够独立实施犯罪的人工智能一旦可以成为犯罪主体，对传统刑法理论以及刑法人类中心主义犯罪观的挑战，无疑是颠覆性的。尽管人们不愿意面对，但随着人工智能技术的飞速发展及其越来越广泛的应用，人工智能成为犯罪主体并非不可能。届时，我们所要做的不是愿不愿意承认人工智能犯罪的问题，而是如何应对其挑战的问题，就像承认法人犯罪并接受其挑战一样。从这一点来看，哈利维对人工智能犯罪的研究可谓未雨绸缪，其积极的理论价值与现实意义值得肯定。

最后需要说明的是，不管现在或者未来人工智能成为犯罪主体的理由如何充分，要想获得犯罪主体身份必须要有立法的首肯。这是因为，人工智能既不同于生命有机体的人类，也不同于社会有机体的法人，而是属于一种新型、独特的科技实体。对于这样的新型实体，其成为犯罪主体的前提是必须要有刑法的明文规定。否则，便是背离罪刑法定原则，也是不可取的。

---

① Melanie Reid, "Rethinking the Fourth Amendment in the Age of Supercomputers, Artificial Intelligence, and Robots", *W. Va. L. Rev.*, 2017 (119), pp. 863, 886-887.

人工智能时代的刑事风险及其防控

曾明生[*]

引 言

人类文明发展的历史，与劳动工具和生产力的发展密切相关。而刑法文明的发展史，也与此发展变革相关联，历经诸多的时代挑战。从劳动工具和产业形式的历史变革来看，人类社会的法制文明发展大致经历了农耕文明时代、工业文明时代和互联网时代，现在正向人工智能时代迈进。何谓"人工智能时代"？一般认为，人工智能时代以人工智能技术的应用为核心，人工智能技术通过模拟人类的神经网络，让计算机系统对数据库进行深度学习，使得计算机系统能够进行分析、判断以及决策。依据人工智能产品是否具有独立意志及其能否脱离人类控制而自主决策，可以把其分为弱人工智能产品和强人工智能产品。因此，人工智能时代也可分为弱人工智能时代和强人工智能时代。有鉴于此，我国当前已进入弱人工智能时代。[①] 与此演化历史相对应，刑法既要打击传统犯罪，又要应对新型犯罪的挑战。一个全新时代的到来，对传统的法律理念与原有的法律法规冲击最大，而我们未来可能面临的强人工智能时代，也会给社会带来一系列的

---

[*] 曾明生，江西省社会科学院法学研究所副所长、研究员，法学博士。

[①] 参见刘宪权主编《人工智能：刑法的时代挑战》，上海人民出版社2018年版，第4—9、33页。也有人认为，宜把人工智能分为弱人工智能、强人工智能和超人工智能。其中强人工智能可能自主创造弱人工智能，而超人工智能是由强人工智能演化而来，并且它可能自主创造强人工智能。参见前引，刘宪权主编书，第124—128页。因为人类至今尚未演化成超人，所以笔者认为，强人工智能演化成超人工智能只是一些学者的理论设想，其成为现实的可能性几乎为零。

法律应对及完善问题。① 当前，法学界已有越来越多的学者对人工智能带来的法律问题（包括可能出现的刑事责任问题）展开有益探讨，但是存在一些不同的认识。笔者试图对我国刑法应当如何科学合理地应对人工智能时代带来的刑事风险展开更进一步的分析与讨论，以期抛砖引玉，求教于方家。

一　人工智能时代的刑事风险

有学者认为，在人工智能技术的研发与应用过程中存在一定的伦理风险、道德风险和法律风险，而其中可能存在的刑事风险可分为三类：其一，可能使部分传统犯罪的危害性发生"量变"；其二，可能会导致新的犯罪形式产生；其三，人工智能产品可能会脱离人类控制，进而独立实施严重危害社会的犯罪行为。② 也有学者认为，在实践中，智能机器人引发的危险行为，既包括智能系统的技术危害，也包括智能系统作为工具时被非法利用或滥用引发的危害，更包括作为独立主体的内在风险。③ 还有学者认为，从行为层面，人工智能犯罪可能涉及两种类型：第一种类型是人工智能本就应用于社会之中，人工智能出现问题或其他原因而产生危害社会的后果。其中可再展开，认为机器人致人损害有两种情形：一是侵权人对智能系统进行非法控制而造成的损害；二是智能系统自身的产品瑕疵而造成的损害。而第二种类型是人工智能被直接用于犯罪。④

笔者认为，上述见解均有一定的合理性。第一种观点可简称为"三类风

---

① 人工智能的概念早在20世纪50年代的达特茅斯会议上就已被提出，在该次会议召开之前的十几年间，人们就已对此进行了一定范围的研究。对人工智能的研究曾一度停滞不前，但是，2016年谷歌公司的阿尔法狗在人机大战中战胜了围棋世界冠军李世石，人工智能技术正式崛起，由此掀起了新一轮人工智能技术发展的高潮。有学者认为，由于人工智能的介入使得人工智能犯罪中各个要素之间的关系更为复杂，也对既有的刑法理论产生较大冲击，特别是对既有的刑事主体理论提出新挑战，进而延展至罪过理论和行为理论。人工智能犯罪的刑法治理需要理论层面的回应，更要通过刑事立法的完善和适用来对其予以有效治理。参见王肃之《人工智能犯罪的理论与立法问题初探》，《大连理工大学学报》（社会科学版）2018年第4期。
② 参见刘宪权《人工智能时代的刑事风险与刑法应对》，《法商研究》2018年第1期。
③ 参见孙道萃《人工智能对传统刑法的挑战》，《检察日报》2017年10月22日第3版。
④ 参见王肃之《人工智能犯罪的理论与立法问题初探》，《大连理工大学学报》（社会科学版）2018年第4期。

险"说,而第二种观点可简称为"二危害一风险"说,第三种观点则可简称为"两种类型"说。以下对它们略作评论。

"三类风险"说认为,人工智能可能使得部分传统犯罪的危害性发生"量变"。这主要是从其危害结果的覆盖面更"广"、危害的"深度"更"深"来认识的。① 但还要注意到,在"量变"方面涉及人工智能危害的总量上可能有所增加,危害的速度更快,防范的难度更大。其中危害的总量上可能有所增加,是因为新增"滥用人工智能导致的危害""欺诈人工智能系统而导致的危害""因过失而致人工智能引发的危害"等。其中危害的速度更快,防范的难度更大,这主要是由于人工智能技术使产品逐渐走向全面智能化,也使犯罪工具和手段更加智能化,所以对防范该类危害行为的措施智能化和及时性提出了更高要求。

"三类风险"说还指出,人工智能因新结合点的出现可能导致新的犯罪形式的产生。一是与大数据滥用结合的新犯罪形式;② 二是与"欺骗"人工智能系统相结合的新犯罪形式。③ 笔者认为,这些都是新的危害行为的表现形式,的确应当加以重视并认真研究。但还要注意的是,人机合作、人机合谋的情况,即自然人和智能机器人合谋、法人和智能机器人合谋以及自然人、法人和智能机器人合谋作案,共同实施危害行为的情形。④ 这里的智能机器人,特指后文涉及的能够独立自主的智能机器人。至于智能机器人能否成为刑事责任主体的问题,笔者将在后文第四部分中一并讨论。

而且,"三类风险"说还特别指出,人工智能产品有可能脱离人类控制而实施严重危害社会的犯罪行为。因为智能机器人通过深度学习而产生自主意识

---

① 参见刘宪权《人工智能时代的刑事风险与刑法应对》,《法商研究》2018年第1期。

② 人工智能技术往往可能得到超出人类预期的结果,一些数据表面看可能不含关键的敏感信息,但通过人工智能技术对海量数据的分析,以及对多个数据库综合分析,可能推演出关键的敏感信息,甚至包括一些威胁国家安全的重要信息。

③ 不法分子可能通过干扰人工智能系统得以逃脱监控或制裁,还可能通过"欺骗"人工智能系统让其非法行为"合法化"。参见刘宪权《人工智能时代的刑事风险与刑法应对》,《法商研究》2018年第1期。

④ 对此,已有学者在著作论文中进行一些讨论。其中认为智能机器人不能与研发者成立共同犯罪,但可能与使用者成立共同犯罪。参见刘宪权主编《人工智能:刑法的时代挑战》,上海人民出版社2018年版,第118—119页。笔者认为,对强人工智能时代而言,原则上可以如此理解,但是例外情况也可能成立智能机器人与研发者的共同犯罪。因为事后可能发生超出研发者设计范围的人机合谋(研发者和智能机器人合谋)的情形。

和意志，并在自主意志支配下实施不在人类设计与编制的程序范围内的犯罪行为。① 其更多理由也将会在第四部分中述及。笔者认为，关注这一重大风险，应当值得肯定。然而，该说论者在其论证理由中，述及智能机器人的特殊性（两面性）时认为，智能机器人一方面在设计和编程范围内实施行为，其实现的是人类的意志，无法决定自己的行为目的，对自己实施的行为不需要承担相应的责任；另一方面，智能机器人在设计和编程范围外实施行为，实现的是自己的意志，这与其他具有刑事责任能力的主体实施犯罪的情况一致。② 对此，有关后一方面的认识过于绝对，因为没有排除机器人发生故障的情况。在智能机器人发生故障时导致的意外伤亡结果，也属于在设计和编制程序范围外实施行为的结果，其中实现的不是智能机器人自己的意志。因此，应当认为智能机器人在设计和编程范围外实施行为，通常实现的是自己的意志，但是机器人发生故障除外。

另外，"二危害一风险"说虽然没有直接明确具体的刑事风险，但其中包含刑事风险的几方面内容。其中关于智能系统的技术危害，包括导致失业、故障致害、意外事件、不可抗力等，其中故障致害有时可能涉及过失犯罪的刑事风险。而作为工具被非法利用或滥用引发的危害，可能涉及故意犯罪，有时也可能涉及过失犯罪。作为独立主体的内在风险，可能涉及强人工智能时代的故意犯罪和过失犯罪。而对于"两种类型"说，这是在讨论弱人工智能时代的有关人工智能犯罪基础上的认识，是相对稳重和比较务实的观点。

笔者认为，人工智能时代有弱人工智能时代和强人工智能时代之分，其中带来的刑事风险也有所差异。因为弱人工智能产品不具有独立意志，不具备刑事责任主体的条件，所以弱人工智能时代的刑事风险包括两种情况：其一，可能使部分传统犯罪的危害性发生"量变"；其二，可能导致与大数据滥用结合或者与"欺骗"人工智能系统相结合的新的犯罪形式产生。然而，强人工智能时代的刑事风险，比前者更多，其中可能包括以下几种情形：其一，可能使部分传统犯罪的危害性发生"量变"；其二，可能导致与大数据滥用结合、与"欺骗"人工智能系统相结合甚至人机合谋的新的犯罪形式产生；其三，人工智能产品可能会脱离人类控制，由此独立实施严重危害社会的犯罪行为等。

对于其中的刑事风险，应当尽可能采取科学合理的方式加以防范和控制。因为法律不是万能的，刑事法更不是万能的，而离开法律防控是万万不能的。

---

① 参见刘宪权《人工智能时代的刑事风险与刑法应对》，《法商研究》2018年第1期。
② 同上。

对于人工智能时代的刑事风险，既要采取非刑事法的形式来防控，也要采取刑事法的方式来规范和控制，以后主要将从刑事法控制和完善方面来研讨人工智能时代的刑事风险防控问题。

二　弱人工智能时代的刑事法规制

目前在绝大多数情况下，人工智能产品是在人类设计和编制的程序范围内进行有关操作，体现的仍然是人类的意志而非自主意志。如果其最终产生危害结果涉及犯罪的，承担刑事责任的应当就是人或人的集合体而非机器（人工智能产品）。就当前我国刑法而言，可以从故意犯罪和过失犯罪等方面考虑对人工智能研发者或使用者等相关人员的行为加以规制。而且，需要对刑事程序法制予以必要关注和发展完善。

（一）行为人故意利用人工智能实施犯罪的刑法规制

不法分子可能利用人工智能技术实施犯罪，如有犯罪意图的研发者可能在设计和编制程序时植入其犯罪计划，使人工智能产品帮助其实现犯罪目的。其中对于故意利用人工智能技术研发或使用相应产品实施犯罪的，应把人工智能产品看作行为人实施犯罪的"智能工具"，刑事责任应由人工智能产品的研发者或使用者承担。如果使用者不知情而是被不法利用，那么不知情的使用者和智能机器人本身不需要承担刑事责任，因为不知情的使用者和智能机器人是研发者实施犯罪的"工具"。若使用者知情，与研发者合谋，或者使用者事先不知情而后知情且积极配合研发者实施犯罪的，则依法以共同犯罪论处，而智能机器人仍然是其犯罪工具。如果研发者和使用者各自行动而无主观犯意联络，那么依法各自担责。其中行为人可以包括研发者和使用者，也可以包括知情的生产者和知情的销售者。研发者可以包括设计者，生产者也可以同时又是研发者。

行为人借助智能机器人的"手"实施犯罪，其中认识错误如何理解呢？有学者认为，有必要对如下两种情况加以比较和讨论：第一种情况是智能机器人无法实现行为人的犯罪计划。这应当属于行为手段的认识错误，即行为人意欲犯罪，但其使用的手段或精心选择的作案工具无法实现其犯罪意图。例如行为人利用"智能杀手"去杀甲，但因程序设计失败，"智能杀手"没有完成杀害甲的任务，而行为人应当构成故意杀人罪（未遂）；第二种情况是智能机器人实施的行为与行为人的预想结果有偏差。例如行为人放狗去咬甲，但狗误以为乙是甲，故将乙伤害的情况。由于产生"误解"的是狗而不是人，因此，这种情况不应属于对象错误而是属于打击错误。"智能工具"产生的认识错误类似于狗产生的"误解"，应归结于行为误差。对于打击错误，在一个行为过程中，如果行为人主观上既存在故意也存在过失，那么应当以故意吸收过失，即以故意犯罪认定。① 笔者赞同这一观点。行为人利用智能机器人实施犯罪还有可能发生行为对象的认识错误和因果关系的认识错误。这两种情况与传统犯罪发生认识错误的情况一致，此处不予赘述。

还要指出，"使用"人工智能本身也可能存在刑事风险，由于"使用"过程可能存在的违法行为无法在现行刑法体系下得以规制（如滥用数据的行为），因此这会成为人工智能时代刑事风险防控中的一个"缺陷"。② 不过，有人认为，不必为我国的智能机器人犯罪问题而忧心，因为我国现有的刑法体系足以应对智能机器人犯罪。③ 应当讲，这一足以应对的认识过于乐观。正如有学者指出，人工智能及其产品对刑法的挑战主要有三个方面：一是对刑法观念的挑战；二是对传统刑法理论的挑战；三是对现行刑法罪名体系和构成条件的挑战。因此增设罪名、调整犯罪构成条件就成为必然。④

有鉴于此，对该风险防控中的"缺陷"应当完善刑法，增设滥用人工智能罪。关于该罪及其法定刑的配置，在后文将有论及。

（二）人工智能研发者和使用者过失犯罪的刑法规制

在人工智能环境下，判断研发者和使用者是否对人工智能产品的危害结果负有预见义务，需要考虑研发或使用当时的人工智能技术发展水平。因为判断人的能力和行为要有一个相对清晰的标准。当时的人工智能技术发展水平是一个相对清晰的标准，利用这一标准来判断研发者和使用者是否有预见义务也相对客观。研发者和使用者如果能够利用当时的人工智能技术预见危害结果的发生，那么他们就负有预见义务。如果研发者或使用者没有履行预见义务，导致严重危害结果发生的，并且这种不作为和危害结果之间存在因果关系，研发者

---

① 参见刘宪权《人工智能时代的刑事风险与刑法应对》，《法商研究》2018年第1期。
② 参见刘宪权主编《人工智能：刑法的时代挑战》，上海人民出版社2018年版，第24页。
③ 参见周晨曦《关于机器人犯罪的泛刑法漫谈——读〈人工智能时代〉》，《法制日报》2016年9月12日第8版。
④ 参见张旭《人工智能时代的刑法：挑战与应对》，《法治吉林建设研究》2018年第3期。

或使用者依法成立过失犯罪。如果在检测过程中,研发者"已经预见"人工智能在未来使用过程中可能导致危害结果的发生,但可能因试验显示该情况发生概率低等,研发者轻信这种情况可以避免,那么研发者有"过于自信的过失"。如果检测过程中,研发者因没有全面检测等原因"没有预见"危害结果的发生,但如果全面检测是可以发现其缺陷的,那么研发者有"疏忽大意的过失"。同样地,使用者在使用人工智能过程中没有按照相关说明操作,最终导致严重危害结果发生的,那么应当依照具体情况认定其存在"过于自信的过失"或"疏忽大意的过失"。①

诚然,法律不应强人所难。对于研发者和使用者主观上没有故意或者过失,而是不能抗拒或者不能预见的原因导致严重危害结果的,不应当追究其刑事责任。对此依据刑法中的不可抗力和意外事件处理。还有,对于产品投入流通时的科学技术水平无法发现"缺陷产品"的缺陷,尚不能追究其生产者和销售者的民事责任,那么,更无从追究其生产者和销售者的刑事责任。

此处还要探讨的是,如果人工智能产品具有特殊性,那么其研发者和使用者是否因其所处的特殊地位而对人工智能产品的安全负有特殊义务?因为没有履行这些特殊义务,并且无主观故意,人工智能产品却造成严重的危害结果,那么其研发者和使用者是否负有一定的过失责任?对此,有学者可能会从扩大解释的角度,认为研发者和使用者与人工智能产品之间的关系类似于监督和被监督的关系,因而主张以监督过失责任来追究研发者和使用者的过失责任。②但也有学者指出,我国刑法规定的监督过失责任主体有一类是有领导职责的负责人。例如,1997年《刑法》第135条规定的"重大劳动安全事故罪"中,直接负责的主管人员需要承担刑事责任。监督过失责任的另一类主体是负有特定职责的国家机关工作人员。例如,1997年《刑法》第408条规定的"环境监管失职罪"、第409条规定的"传染病防治失职罪"中,负有"环境保护监督管理"及"从事传染病防治"等职责的国家机关工作人员,因导致重大事故发生的,需要承担相应的刑事责任。通常认为,监督过失责任是一种严格责任(推定责任),只有当存在足够证据能够证明监督责任主体已履行相应监督义务时,才可免除其刑事责任。所以,追究行为人的过失责任需以法律的明定为前提。根据我国刑法当前的规定,人工智能产品的研发者与使用者似乎不符

---

① 参见刘宪权主编《人工智能:刑法的时代挑战》,上海人民出版社2018年版,第24—26页。
② 参见王肃之《人工智能犯罪的理论与立法问题初探》,《大连理工大学学报》(社会科学版) 2018年第4期。

合监督过失责任主体的规定，人工智能产品似乎也不是被监督的主体，因此研发者与使用者不应被追究监督过失责任。由此可见，人工智能产品的研发者和使用者在我国现行刑法语境下似乎不存在过失责任问题，但这可能是刑法在人工智能刑事风险防控方面存在的又一个缺陷。[①] 据此表明，其中存在不同认识。

笔者认为，为了与时俱进，更好地严密法网，有力打击涉及人工智能的犯罪，对此需要进一步完善刑法，增设人工智能责任事故罪。对此后文将展开进一步的讨论。

（三）适时增设滥用人工智能罪及其相应的刑法条文

针对前述刑事风险防控的不足，为加强对滥用人工智能行为的刑法规制，我国刑法有必要适时增设滥用人工智能罪。这是作为一种故意犯罪的新的补充。

有学者对其主要理由归纳为以下几个。首先，严重滥用人工智能行为会危害人类社会的安全，刑法需要对其加以特别规制。其次，只有刑法规制才能更为有力地防止和减少滥用人工智能行为的发生，刑法以外法律法规的规制不足以威慑人工智能产品的研发者和使用者，难以起到对人工智能风险的防控作用；但这并不意味着可以忽视其他法律法规的作用。其他相关法律法规也应针对滥用人工智能的行为做出及时调整，包括规定人工智能技术的操作规范以及滥用形式等，并在相关法律法规中明确规定，滥用行为情节严重的，按照刑法的有关规定处理，以实现合理的行刑衔接和民刑衔接。对于滥用人工智能行为的规制形成一个较为完整和协调的法律体系。最后，把滥用人工智能行为纳入刑法规制的范围属于适当的前瞻性立法。就目前情况而言，直接将滥用人工智能技术的行为作为规制对象并规定相应的兜底条款是较为妥当的办法，未来可以通过司法解释等作出更加具体的规定，以实现刑法规范稳定性和前瞻性的平衡。[②] 这一见解总体上是可行的。即使采用扩大解释方法可以诸多罪名追究滥用人工智能行为的刑事责任，也难免还会有所遗漏。例如，其中遗漏后文将提及的俄罗斯学者起草的机器人法草案中涉及的"禁用阻止对人类造成损害的软件和硬件功能"[③] 的内容。因此，笔者认为，可以考虑以特别法条加上兜底

---

① 参见刘宪权主编《人工智能：刑法的时代挑战》，上海人民出版社2018年版，第25—26页。
② 参见刘宪权《人工智能时代的刑事风险与刑法应对》，《法商研究》2018年第1期。
③ 参见时方《人工智能刑事主体地位之否定》，《法律科学》2018年第6期。

条款的方式设置滥用人工智能罪。如此有利于加大打击滥用人工智能犯罪的力度,加强对人工智能犯罪的防控。

也有学者认为,人工智能时代的刑法应对,需特别注意三方面。一是进一步强化刑法的预防性。应考虑将一些可能导致重大法益侵害,但尚未造成实害性结果的行为纳入刑法调整范围。二是进一步强化刑法的适应性。注重从人工智能产业发展前瞻性上给刑事立法以指引,尽可能增强刑法的稳定性和适应性。三是进一步强化刑法的谦抑性。尽可能不动用刑法,切实将刑法作为最后手段适用。① 这也从另一视角表明适时增设滥用人工智能罪是有意义的甚至是必要的。

笔者认为,对该罪可以考虑参照我国刑法第 286 条(破坏计算机信息系统罪)、第 287 条和第 287 条之一(非法利用信息网络罪)的情形设置其刑罚。因此,刑法条文大致可以规定为:"利用人工智能实施下列行为之一,情节严重的,处五年以下有期徒刑或者拘役,并处或者单处罚金;情节特别严重的,处五年以上有期徒刑,并处罚金:(一)滥用数据危害公共利益的;(二)禁用阻止对人类造成损害的软件或硬件功能的;(三)其他滥用人工智能的。单位犯前款罪的,对单位判处罚金,并对其直接负责的主管人员和其他直接责任人员,依照第一款的规定处罚。有前两款行为,同时构成其他犯罪的,依照处罚较重的规定定罪处罚。"

(四)适时增设人工智能责任事故罪及其相应的刑法条文

有学者认为,人工智能产品的研发者和使用者的义务应包含以下几方面内容。首先,在研发人工智能产品的过程中必须把人类社会中的法律以及道德等规范和价值嵌入相应的系统中。其次,研发者和使用者要在研发和使用人工智能产品的过程中履行数据保护义务。最后,人类必须能够完整控制人工智能自主武器系统。其中对人工智能自主武器系统能够做到完整控制要满足三个条件:一是开启人工智能自主武器系统需要得到人类允许;二是人工智能自主武器系统不能主动伤害人类;三是可以随时关闭人工智能自主武器系统。据此,如果研发者和使用者没有履行上述法律义务而导致严重事故的,那么需要依法承担相应的严格责任。当然,严格责任确认的前提是前置法律法规已把这些义务规定于条文中。而且刑法可以增设人工智能事故罪(或人工智能产品事故

---

① 参见张旭《人工智能时代的刑法:挑战与应对》,《法治吉林建设研究》2018 年第 3 期。

罪）。①

笔者基本赞同这一观点。这是一种对过失犯罪的新的补充。可以考虑在刑法分则第二章增设此罪。但是罪名宜设定为"人工智能责任事故罪"，其中增加"责任"两字可以使罪名更为准确。该罪的行为主体不限于研发者和使用者，还包括所有者等相关责任人员。如果生产者和销售者负有直接责任，那么也应承担相应的法律责任。其中刑罚配置可以参照刑法第 134 条重大责任事故罪和强令违章冒险作业罪的规定加以区分。因此，其法条可在刑法第 134 条中增设第三款、第四款和第五款，即分别规定为：

"在人工智能生产、作业中违反有关安全管理的规定，因而发生重大伤亡事故或者造成其他严重后果的，依照第一款的规定处罚。

"强令他人违章冒险作业，因而发生重大伤亡事故或者造成其他严重后果的，依照第二款的规定处罚。

"人工智能产品的销售者、所有者和使用者违反国家规定，有第一、二款行为的，依照其规定处罚。"

（五）适时增设非法研发、使用杀人机器人罪及其相应的刑法条文

美国科幻作家阿西莫夫曾提出"机器人三原则"，即"机器人不得危害人类、必须服从人类的命令、在不违反第一条和第二条的情况下必须保护自己"。② 但是，这三原则能保证智能机器人不伤害人类吗？连阿西莫夫自己都在多部作品中塑造过智能机器人脱离人类控制的场面。在著名科幻电影《2001 太空漫游》中，机器人杀死了飞船上的科学家，这种场景在未来很有可能会真实地出现在人类的社会生活中。而且，2015 年霍金等签发公开信指出：在长期内，人工智能可能潜在地让机器的智商远远超过人类，做出违背编程的举动。③ 霍金甚至预言，"人工智能的全面发展可能导致人类的灭绝"。④

然而，有学者认为，这是科幻作家和预言家的想象。并且认为，不可幻想

---

① 参见刘宪权《人工智能时代的刑事风险与刑法应对》，《法商研究》2018 年第 1 期。

② 参见［美］艾萨克·阿西莫夫《我，机器人》，叶李华译，江苏文艺出版社 2013 年版，第 59—60 页。

③ 参见王肃之《人工智能犯罪的理论与立法问题初探》，《大连理工大学学报》（社会科学版）2018 年第 4 期。

④ 参见刘宪权主编《人工智能：刑法的时代挑战》，上海人民出版社 2018 年版，第 39 页。

和高估人工智能对法治的影响。人工智能如同孙悟空,而人类却是如来佛和唐僧。① 其主要理由是基于过去讨论克隆人的经验,所以坚信人工智能不可能取代人,也不可能取代人在法律主体方面的根本地位。法律适用的核心部分不会因为人工智能的出现而发生根本变化。② 对其更进一步的理由,后文第四部分关于赋予智能机器人刑事责任主体的地位中将有述及。

笔者认为,基于经验而坚信的结论未必都是正确的,其中失算的风险是存在的。也有学者建议增设"非法进行超人工智能研究、支持与应用罪",对此类犯罪予以严厉打击,处以最高十五年有期徒刑。③ 笔者认为,尽管超人工智能未来变成现实的可能性极小,但是这一建议仍有一定的启发意义。即应当严格控制研发和使用杀人机器人对人类的危害,禁止杀人机器人的非法研发和不法使用。2017年8月,伊隆·马斯克(Elon Musk)为代表的来自26个国家的人工智能技术领袖,向联合国上书,要求禁止"杀人机器人"的研发和使用。这表明人类在弱人工智能时代对人工智能产品引发危险的普遍担忧。④

对于禁止"杀人机器人"的研发和使用,其必要性和可行性肯定会遭到人们的质疑。因为其中涉及战争武器的开发利用等问题。笔者认为,对此应当以立法方式严格加以规制。正如有学者提出,在弱人工智能时代,应主要依据刑法分则的规定,将具有攻击性、杀伤性的能够自动执行命令的机器人进行严格的行政与刑事法律管制。对于生产、销售、持有、使用具有攻击性、杀伤性机器人的,实行许可证制度。违反生产许可、销售许可规定的,应当予以取缔,责任人应当承担相应的行政违法责任;情节严重的,责任人应当承担相应的刑事责任。应当在刑法总则中规定,利用智能机器人等智能化、自动化机器设施、装置实施犯罪的,从重处罚。如此规定的理由在于利用智能机器人有高度的危险性,这些行为普遍增加了犯罪的社会危害性,或者在于更难使用现有犯罪防控机制阻断犯罪的发生,因而需要通过强化责任来有效遏制此种行为。

笔者赞同实行许可证制度,对"杀人机器人"的非法研发和使用进行严格的行政与刑事法律管制,以及在刑法总则中设置"利用智能机器人实施犯罪的,从重处罚"的规定;并且主张,对于人工智能时代的刑事风险的应对

---

① 参见郝铁川《不可幻想和高估人工智能对法治的影响》,《法制日报》2018年1月3日第10版。

② 参见郝铁川《为什么坚信人工智能不可能取代人》,《解放日报》2018年1月23日。

③ 参见刘宪权主编《人工智能:刑法的时代挑战》,上海人民出版社2018年版,第137页。

④ 同上书,第7页。

问题必须未雨绸缪,在刑法分则中增设非法研发、使用杀人机器人罪的规定。尽管强人工智能的可能性尚存争议,但决不能以人类命运进行赌博和冒险。虽然当前世界各国的法律无论是民法还是行政法中,都没有将人工智能作为法律人格主体对待,但是鉴于人工智能技术的高速发展态势,相应的立法提议和讨论已悄然展开。民法领域高度关注人工智能法律主体资格的确认,欧洲立法提议在自然人和法人之外增加一类电子人,即赋予智能机器人以电子人格,成为与自然人、法人相并列的第三类独立主体身份。① 而且,近期俄罗斯学者起草了俄罗斯第一部机器人法草案《格里申法案》,其中对人工智能机器人的法律地位和责任认定,是通过比较法人制度归于法人的行列,并将机器人下列四类行为纳入刑法调整之中:设计专门用于犯罪的杀手机器人、禁用阻止对人类造成损害的软件和硬件功能、涉及设计能够给人类造成损害的机器人以及没有意识到可能被用于给人类造成损害所设计的机器人等。② 对此草案拟以刑法规制"设计专门用于犯罪的杀手机器人"行为的立法思路,也值得借鉴。

另外,此处非法研发、使用杀人机器人罪,与前述滥用人工智能罪都是故意犯罪,但是两者之间存在区别。其中存在特别法条与普通法条的罪名关系。两罪的行为主体不同,非法研发、使用杀人机器人罪的行为主体是研发者和使用者,而滥用人工智能罪的行为主体不限于此;在客观行为表现上,滥用人工智能罪涉及更多的行为类型;在刑罚处罚上,非法研发、使用杀人机器人罪配刑应当更重。

(六) 完善刑事诉讼法的相关规定

随着人工智能产品的广泛运用,与人工智能相关的案件日益增多,专业化、智能化和复杂化的特点日趋明显。因此,正如我国司法系统在创设互联网法院和知识产权法院之后创设金融法院,在必要时又可设立专门办理人工智能案件的法院——人工智能法院。据此提供专业化的人工智能的司法救济,这既是国家正义的实现渠道,也是一种人工智能服务。这既有助于提升办案质量,也有利于国家参与全球范围内的人工智能规则构建以及提升国家话语权。这些改革将涉及立法的修改和完善。而且,关于人工智能的证据标准等规定,可能需要立法作出与时俱进的相应补充、修改和调整等。

---

① 参见时方《人工智能刑事主体地位之否定》,《法律科学》2018 年第 6 期。
② 同上。

三 强人工智能时代的刑事法完善

何时进入强人工智能时代？有人认为，弱人工智能阶段和强人工智能阶段之间的分界点，理论上称为"奇点"。关于"奇点"在何时出现，一般认为在2035年左右。笔者认为，这一时间只是学者的猜测或推测。对于强人工智能的可能性学界存在争论。[①] 因此，其"奇点"出现的具体时间距今也可能长达五十年或者一百年甚至更长。但是，无论多长，都要提高警惕。应抓早抓小，尽早防范。一旦进入强人工智能时代早期，即应采取刑法规制措施。如何把握好刑事预防的时机？值得人们研究和关注。刑法规制对于人工智能的技术发展是一柄"双刃剑"：过多干预人工智能的研发或使用，可能会阻碍人工智能的创新和发展。因此，刑法对于人工智能产品研发或使用行为的规制的确应当保持一定的谦抑性，既要严格防控人工智能被滥用的风险，也不能阻碍人工智能正当合法的创新发展。笔者认为，未来我国刑法可以考虑从以下几方面进行改造。

（一）继续坚持和完善涉及人工智能犯罪的罪刑规定

在前述弱人工智能时代增设滥用人工智能罪，人工智能责任事故罪，非法研发、使用杀人机器人罪的基础上，继续坚持和完善这些犯罪的罪状及法定刑规定，加大惩处力度，必要时可适当降低故意犯罪的追诉标准和入罪条件。

进一步完善滥用人工智能罪，以加强对滥用人工智能行为的刑法规制。其主要理由是因为滥用高级人工智能行为可能触犯人类社会的安全问题。随着人

[①] John Searle 认为，即使有机器通过图灵测试，也不一定说明机器就真正像人一样有思维和意识。也有哲学家持不同的观点。Daniel C. Dennett 在其著作《意识的阐释》中认为，人也不过是一台有灵魂的机器而已，为何我们认为可以有智能而普通机器就不能有呢？他认为像上述数据转换机器是可能有思维和意识的。而且现实层面这种可能也在逐渐发展。也有学者从人工智能的实体 Agent 的角度予以论述，认为 Agent 的强定义从 Agent 的精神状态出发，除了要求 Agent 具有弱定义的特性外，还要求 Agent 具有拟人的特性，如信念、意志和情感等。Shoham 认为 Agent 还可能有的特性包括：移动性（Mobility）、真实性（Veracity）、仁慈性（Benevolence）和合理性（Rationality）。机器人伦理研究员 Kate Darling 将"社会机器人"定义为"在社会层面上和人类沟通及互动的物理实体智能体"。由此人工智能的实体化为其全面进入刑法视野提供了可能。参见王肃之《人工智能犯罪的理论与立法问题初探》，《大连理工大学学报》（社会科学版）2018年第4期。

工智能技术的迅猛发展和广泛应用,人工智能责任事故罪的发生可能更为频繁。非法研发、使用杀人机器人罪的危害将更为明显。只有动用刑法进行规制,才能更有力地震慑各种滥用人工智能行为和责任事故的发生,同时结合其他法律法规,实现合理的行刑衔接和民刑衔接。对于各种滥用人工智能行为和严重失责行为的规制形成一个更为科学完整和协调的法律体系,包括完善其中的罪刑规定。

(二) 赋予智能机器人刑事责任主体地位,增设智能机器人犯罪及刑事处罚的规定

打击智能机器人犯罪,首先需要讨论智能机器人能否构成犯罪,而这必须以其具有刑事责任主体资格为前提。因此,以下从智能机器人刑事责任主体的地位来展开。

1. 赋予智能机器人刑事责任主体的地位

目前我国刑法规定的刑事责任能力主体只包括自然人和单位,没有涵括智能机器人(电子人)。对于强人工智能时代,是否应当赋予智能机器人刑事责任主体的地位,当前理论界有肯定说、否定说和折中说。

(1) 肯定说及其基本理由

肯定说论者认为,在未来必要时,可以考虑赋予智能机器人刑事责任主体地位。其理由如下:首先,智能机器人在设计和编制的程序范围外实施行为实现的是其自己的意志,而意志存在与否对于刑事责任能力的认定有着重要的意义。[①] 其次,智能机器人的行为完全可能成为法律意义上的行为。[②] 而且认为,智能机器人与自然人的区别仅仅在于自然人是生命体,而智能机器人是非生命体。由于这一区别并不会改变行为的性质,因此在未来的刑事立法中确立智能机器人的刑事责任主体地位并非天方夜谭。[③]

[①] 如同一些国家认为单位有自己的意志,其意志表现为单位内部所有成员的共同意志,因而可以成为刑事责任的承担主体。可以发现,智能机器人的意志自由比单位的意志自由程度更强,智能机器人完全可能脱离人类产生独立的意志。

[②] 强人工智能时代的智能机器人,和人类一样可以在自主意识和意志的支配下实施行为。理论随着时代的推演而继续发展,行为理论也应如此。应该根据新时代的要求来对智能机器人的行为进行定位。对于一个基于普通故意伤害的被害人而言,被自然人故意伤害和被智能机器人故意伤害并无本质区别。

[③] 参见刘宪权《人工智能时代的刑事风险与刑法应对》,《法商研究》2018年第1期。

(2) 否定说及其基本分类

否定说包括"永久否定"论和"当前否定"论。

① "永久否定"论。有论者认为，人工智能不能成为法律关系的主体。它是人控制之下能力的延伸物，本身没有内源性行为能力，也没有内源性权利能力。人可以搞人工智能，但也可以随时消灭人工智能。消灭人工智能很简单，切断其动力能源或取出其电池就行。要坚守唯物史观两个基本观点：人的本质是社会关系的总和，而人工智能本质上是人的工具、人的器官延伸，因而无法在法律关系中真正成为一个主体；生产力是社会发展的根本动力，由劳动者、劳动工具和劳动对象三要素构成。其中劳动者处于支配地位，而人工智能属于劳动工具，为人所造和为人所用。而且认为，人工智能没有法治所需要的辩证思维能力，没有运用法律原则和模糊性法律规范的能力，没有判断证据真假的能力，不具备讨价还价、调解和交易能力等。①

② "当前否定"论。其中有学者以拉康的欲望主体理论为视角，对人工智能是否应当获得法律主体地位问题加以审视，提出人工智能是人类技术理性的延伸，它似乎和理性法律主体的预设相契合，但这并非意味着人工智能可以成为适格的法律主体，因为人工智能不具备欲望机制，它不具备主体性；而把人工智能拟制为法律主体，当前并无迫切的现实需要，也缺乏可行性，并且有导致人的价值贬抑、物化和异化的危险。② 还有学者认为，当前人工智能本质上是人类辅助工具，不具有法律人格属性。人工智能的目标在于使机器人如同人一样思考并获得独立自主学习的能力，但其行为无论是依照预先设定的程序运行还是脱离程序设计的自主运行，都欠缺法规范遵从能力的意志性。在客观上即使造成法益侵害后果，也不具有刑法上的可归责性。人工智能和法人虽然都不具有人类肉体和意识的生理构造，但法人特殊的运作机理符合刑事主体地位认定的实质要求，而当前人工智能却不具备。通过检视刑罚目的实现与否，可以从反面论证当前对人工智能没有必要作为刑事主体认定。③

(3) 折中说及其基本观点

有论者主张，刑法的规制主体如果是机器人，那么这将面临两个基本问题：其一，刑法要能保证道德主体的权利；其二，机器人应该遵守刑法上的义务。而现阶段人工智能显然不具备自然人的特征，因此人工智能不能作为

---

① 参见郝铁川《为什么坚信人工智能不可能取代人》，《解放日报》2018年1月23日。
② 参见龙文懋《人工智能法律主体地位的法哲学思考》，《法律科学》2018年第5期。
③ 参见时方《人工智能刑事主体地位之否定》，《法律科学》2018年第6期。

传统体系的适格主体进入刑法视野。但是，参考法人犯罪的思路，对人工智能作为拟制主体看待未尝不是未来人工智能犯罪刑法规制的可能思路。① 也有学者提供了四种有关人工智能刑事归责的考量思路。①技术中立原则。人工智能技术具有相对的中立性，不宜过度苛责技术的危险性。应对利用或滥用技术或"智能机器人"的行为人直接归责。②基于产品责任的刑法替代责任。机器人仍可视为科技产品，借鉴民法中的产品责任，对网络制造者或服务提供者进行归责，是"替代责任"。③基于监督义务的业务过失责任。在过渡期人工智能仍由"人"发明与使用，制造者和使用者负有相应的监督义务，网络监督过失的刑事归责模式有其用武之地。④基于独立主体的罪过责任。"智能机器人"作为未来独立的新型刑法主体，应对其罪过承担相应的责任。②

（4）笔者的评论和主张

笔者更倾向于一种新的折中论。虽然笔者基本赞同肯定说的观点，但是正如前已述及，该观点对智能机器人在设计和编程范围外实施行为实现的是其自己的意志的认识，过于绝对，因为没有排除机器人发生故障的意外情形。而且，有必要区分弱人工智能时代和强人工智能时代，赋予智能机器人刑事责任主体的地位只应发生在强人工智能时代。同时，也要注意到智能机器人存在无刑事责任能力、限制刑事责任能力和完全刑事责任能力的问题。对其区分标准不同于人类标准。这显然不能以其年龄来区分，而是应以其心智能力为基本标准，其能力大小应以人类正常个体的能力素质为参照。

笔者赞同"当前否定"论的认识，但是对于否定说中的"永久否定"论不能苟同。因为如前已述及，基于经验而坚信的结论未必都是正确的，其中失算的风险是存在的。另外，人工智能的内源性权利能力和内源性行为能力，正在被第一机器人公民身份和电子人格立法提议的法律实践所逐步验证，③ 更有人工智能不断发展进步的技术继续支撑。再者，以切断能源或取出电池来消灭人工智能，这如同执行枪决和电刑以处决死囚一般，甚至人工智能因芯片和网

---

① 参见王肃之《人工智能犯罪的理论与立法问题初探》，《大连理工大学学报》（社会科学版）2018年第4期。

② 参见孙道萃《人工智能对传统刑法的挑战》，《检察日报》2017年10月22日第3版。

③ 《AIonAI 机器人法》[*Artificial Intelligence-on-Artificial Intelligence（AIonAI）Laws*] 参照《世界人权宣言》第1条规定做出如下表述：所有机器人都具有与人类相当的理性和良心，并应当以兄弟关系的精神相对待。Ashrafian H. "AIonAI: a Humanitarian Law of Artificial Intelligence and Robotics, Science and Engineering Ethics", *Scithce & Engineering Ehtic*, 2015（1），pp. 29-40。

络传输而更容易死而复生等。还有，电子人与人类结婚等形式逐步融入社会关系之中；电子人在有的国家将可能获得工人身份，将成为劳动者而不仅仅是劳动工具。特别是，"永久否定"论者还指出人工智能的诸多能力不足问题，对此将来有望以数据信息输入等方式逐步解决或弥补。然而，对前述折中说，笔者基本赞同，但是对其可以做进一步研究和完善。

2. 增设智能机器人犯罪及其刑事处罚的规定

既然智能机器人可以成为刑事责任主体，这就意味着其实施的犯罪将要自己承担刑事责任。

（1）智能机器人的犯罪类型

有学者认为，在强人工智能时代，应当在社会治理体系转型基础上逐步构建人机共治的刑法体系。因为在通向人机共治的理想状态下，有两条可预见的歧路：一条是人类谋求永恒统治之路，而这是要遭遇机器人革命的，意图强力维持人类的统治可能会带来人类毁灭的结局；另一条是机器人谋求永恒统治之路，而这意味着人类面临着毁灭，必须极力避免此种结局。因此人机共治是最理想的社会治理模式。在这种模式下，应当采用身份法律治理体系，人类的法律与机器人的法律有所不同，但这并不排除采用一部法律兼容不同身份法的做法。对于刑法而言，应分别设定人类和机器人的刑事责任，在犯罪类型上可以一致，除非个别仅仅人类可能构成的犯罪，如人类之间的强奸罪，或者个别仅仅机器人可能构成的犯罪，如机器人毁灭人类罪。

笔者认为，在强人工智能时代的中后期，人机共治的可能性很大。但是人类和智能机器人在犯罪类型上不一致的情形并非是个别的，而是可能有少数不一致的犯罪类型。

（2）智能机器人犯罪适用的刑罚种类

关于智能机器人因犯罪而承担刑事责任，将来立法对其应设定的刑罚种类，与当前刑法体系中的刑罚种类有所不同。因为人类和智能机器人的受刑感受和被剥夺感建立于不同惩罚形式的基础上。刑法目的依然是追求正义的法治秩序，但是其处罚手段和规制措施有所差异。

学界对智能机器人犯罪适用的刑罚种类已有一些初步的探讨。例如，国外学者 Kurt Seelmann 对人工智能的"惩罚"做了一定的探索：若一个自主或者说部分自主的电子人犯罪，不能归因于自然人或者法人，则是其终身的耻辱，轻者应断电一周；每个电子人是超越知觉的综合体，其能力有二次性，并非自然而生，但真实地具有（一定的）能力；电子人的自主是有限的，如果其程序设定如此。①

也有学者认为，适用于智能机器人的刑罚可以有三种，即删除数据、修改程序和永久销毁。其中删除数据，是指删除智能机器人实施犯罪所依赖的数据信息，相当于抹去其犯罪记忆，使其恢复到实施犯罪之前的状态，直接降低其人身危险性。修改程序，是指通过多次删除数据仍无法阻止机器人主动获取可能实施违法犯罪的负面数据时，即该智能机器人不能被正面引导时，强制修改其基础程序，将其获取外界数据深度学习的能力限制在程序设定的特定范围内，从根本上剥夺其实施犯罪的可能性。永久销毁，是指在删除数据和修改程序均无法降低智能机器人罪犯的人身危险性时，只能将其永久销毁。其中删除数据、修改程序和永久销毁构成专门适用于智能机器人罪犯的刑罚阶梯，体现了处罚的层次性，可与智能机器人实施行为的社会危害性和人身危险性产生对应关系。②

还有人主张，强人工智能机器人犯罪适用的刑罚种类，包括消灭刑、禁锢刑、财产刑和资格刑等。其中强人工智能机器人的消灭刑，应包括躯体的毁坏与作为心智基础的电子数据清除和格式化。否则，仅仅有躯体的毁坏并不能真正、完全意义上使强人工智能机器人得以消灭。而相对于人类的自由刑而言，强人工智能机器人对应的是一种"禁锢刑"。对智能机器人不仅要拘禁其躯体，还要禁锢其心智，防止其通过网络实现"遁逃"。强人工智能机器人的心智由计算机电子信号组成，可以通过网络上传和转移，需要禁止犯罪机器人接入网络。从更为长远的角度看，强人工智能机器人具有心智和超人的能力，社会对其承认社会生活必要的财产权利、资格极为必要，因此，财产刑和资格刑也可适用于犯罪机器人，不过这些财产刑和资格刑的具体内容可能与人类有所不同。

笔者认为，这些观点均有一定的合理性，都对智能机器人犯罪适用的刑罚种类进行了有益探讨。其中消灭刑与永久销毁相当，资格刑与修改程序的限制相类似，断电一周与禁锢刑也有相似之处。然而，财产刑是否必要，值得进一步研究。删除数据应当是一种比较好的处置措施。总体而言，删除数据、修改程序和永久销毁三项组合是一种较好的设计方案。但是，如果能够在此基础上

---

① See Gless S. Von der Verantwortungeiner E-Person, Goltdammer's Archiv für Strafrecht, 2017, 164 (6): 324-329. 转引自王肃之《人工智能犯罪的理论与立法问题初探》，《大连理工大学学报》（社会科学版）2018 年第 4 期。

② 参见刘宪权主编《人工智能：刑法的时代挑战》，上海人民出版社 2018 年版，第 317 页。

吸纳断电一周与禁锢刑等刑罚类型，那么其体罚体系可能会更为完善。

(三) 刑事诉讼法的相关完善

在强人工智能时代，应当在弱人工智能时代的基础上继续完善刑事诉讼法的规定。由于强人工智能时代，智能机器人已经被赋予刑事责任主体地位，因此如何保障其涉罪后的诉讼权利是一个全新的课题。从立案、起诉到审判、执行等涉及一系列的司法变革，甚至包括涉及智能机器人法官（或陪审员）的诞生。另外，智能机器人在设计和编程范围外实施行为，究竟是其自己的意志认识，还是发生故障的意外情形，其中判断标准以及证明标准等问题；还有对于智能机器人的不同刑事责任能力的判断标准以及证明标准等问题，这些都有待将来进行深入的研讨。

结　语

我国当前已进入弱人工智能时代，与此演化历史相对应，刑法既要打击传统犯罪，又要应对新型犯罪的挑战。人类既然有能力发明人工智能，也应具有控制人工智能的能力。为避免出现科幻电影中智能机器人脱离人类控制的局面，我们必须重视人工智能的风险防范问题。防范人工智能风险的关键在于把控人工智能产品的研发和使用。当前人工智能产品的研发和使用过程中存在许多刑事风险，而强人工智能时代的刑事风险将会更多。对其刑事风险，应当尽可能采取科学合理的方式加以防范和控制。本文建议适时增设滥用人工智能罪、人工智能责任事故罪、非法研发、使用杀人机器人罪，在将来必要时还可设立人工智能法院。在强人工智能时代，应当继续坚持和完善涉及人工智能犯罪的罪刑规定，并且赋予智能机器人刑事责任主体地位，增设智能机器人犯罪及其刑事处罚的规定。而且，需要对有关人工智能的刑事程序法制予以必要关注和发展完善。总之，应当力争形成最大合力实现对人工智能时代刑事风险的防范与控制。

手术机器人医疗事故中刑事责任的三重检视

黄陈辰[*]

一 引言

自美国计算机和认知科学家约翰·麦卡锡（John McCarthy）于1956年在达特茅斯会议上提出"人工智能"一词以来，[①] 人工智能的发展已经历了两起两落[②]，并在21世纪初期迎来第三次发展浪潮。[③] 尤其是在最近几年，随着互联网的发展与云计算的兴起，人工智能研究不断深入，智能产品层出不穷，根据库兹韦尔（Kurzweil）的加速回报定律（Law of Accelerating Returns）[④]，按照如今的科技发展速度，我们即将甚至可以说已经进入一个全新的时代，即人工智能时代。世界各国开始注意到人工智能对整个国家战略布局的重大意义，纷纷出台政策以推动人工智能产业发展，[⑤] 我国更是提出要举全国之力，抢占

---

[*] 黄陈辰，中国政法大学刑法学博士研究生。

[①] 参见［美］哈里·亨德森《在盒子里思考：11位人工智能科学家的探索与发现》，王华等译，上海科学技术文献出版社2014年版，第60页。

[②] 人工智能发展的"两起两落"：1956年，麦卡锡在克劳德·香农、马文·明斯基等人的支持下发起并组织了关于人工智能的达特茅斯夏季研讨会，确立了接下来的研究目标，本次会议提出了"人工智能"的概念，同时也是人工智能发展的起点，但由于无法解决"组合爆炸"、真实句意理解等问题，第一波人工智能研究于20世纪70年代逐渐冷却。20世纪80年代专家系统的兴起和神经网络让人们看到了新的希望，人工智能研究也开始恢复生机，但展开这类算法所需要的计算能力和数据那时候并不具备，所以在实际应用中也逐渐败下阵来，人工智能再次陷入低潮。

[③] 参见尹丽波《人工智能发展报告（2016—2017）》，社会科学文献出版社2017年版，第1页。

[④] 加速回报定律认为，技术能力会随时间呈指数型增长，即每一年的技术能力都比上一年强一倍。

[⑤] 例如美国于2016年10月13日发布《为人工智能的未来做好准备》和《国家人工智能研究与开发战略规划》；欧盟于2013年10月启动"人脑工程"（Human Brain Project, HBP），旨在汇集全球各地的神经科学数据，然后设计出一套能够模拟人脑的模型；日本于2015年1月至2016年5月间公布《机器人新战略》并启动"人工智能/大数据/物联网/网络安全综合项目"（AIP项目）。

人工智能的全球制高点。① 然而，人工智能的快速发展不仅带来了生产、生活方式的颠覆性改变，还对传统刑法理论与现行法律法规形成冲击与挑战，例如自动驾驶技术使得交通肇事案件中传统肇事者消失、智能创作导致著作权犯罪中权利主体模糊等，② 而在这之中，手术机器人的运用由于直接关系到患者的生命健康而显得尤为重要，手术机器人手术过程中发生医疗事故能否为刑法所规制以及应该如何规制的问题更是亟待解决。③

（一）手术机器人的发展现状及分类

随着人工智能技术的再次兴起与逐渐成熟，其在医疗领域的运用可谓是发展迅速，各国对医疗人工智能的投入亦呈爆炸式增长，根据《中国医疗人工智能产业报告》与《医疗人工智能技术与应用白皮书》，目前医疗人工智能已经覆盖了医疗产业链条上的四大环节（医疗、医保、医药、医院），且到2025年人工智能应用市场总值将达到1270亿美元，其中医疗行业将占市场规模的五分之一。④ 人工智能技术在医疗领域的应用主要集中于智能分诊、影像识别、辅助外科手术、个人健康管理、基因测序、新药研发等方面，⑤ 其中手术机器人在外科手术中的运用可以说是最为典型的代表。

自从20世纪80年代手术机器人被作为医疗器械辅助固定设备首次运用于神经外科手术以来，⑥ 已经历了三十多年的发展，目前手术机器人广泛运用于

---

① 参见国务院于2017年7月发布的《新一代人工智能发展规划》（国发〔2017〕35号）。我国关于推动人工智能产业发展的其他文件有：2016年5月国家发改委、科技部等四部委联合发布的《"互联网+"人工智能三年行动实施方案》（发改高技〔2016〕1078号）；2017年12月工业和信息化部发布的《促进新一代人工智能产业发展三年行动计划（2018—2020年）》（工信部科〔2017〕315号）；2018年4月教育部发布的《高等学校人工智能创新行动计划》（教技〔2018〕3号）；2018年9月中国信息通信研究院发布的《人工智能安全白皮书（2018）》等。

② 参见孙道萃《人工智能对传统刑法的挑战》，《检察日报》2017年10月22日第003版。

③ 尤其是在"IBM沃森肿瘤治疗系统被曝多次为患者提供不准确且不安全的建议"等事件发生以后，关于人工智能在医疗领域的运用受到更加广泛的关注，不仅要从技术层面加以改进与完善，更要从法律层面对其刑事主体地位、刑事责任等问题进行回应。参见《IBM人工智能医疗设备被爆不准确、不安全》，2018年9月，环球网，https://baijiahao.baidu.com/s?id=1607393132745775769&wfr=spider&for=pc。

④ 参见健康点、飞利浦《中国医疗人工智能产业报告》，第13页；互联网医疗健康产业联盟：《医疗人工智能技术与应用白皮书》，第16页。

⑤ 参见《医疗人工智能正在破题》，《人民日报》（海外版）2018年8月28日第09版。

⑥ B. Davies, "A Review of Robotics in Surgery", *Proc. Inst. Mech. Eng.*, 2000 (214), p. 130.

骨科、眼科、神经科等多个领域，且其技术也在不断升级与完善，当前世界上最通用的手术机器人是达·芬奇手术机器人（Da Vinci），截至2016年，全球范围内共有超过3800台该设备在各大医院运行。① 根据发展阶段的不同与智能化程度的差异，手术机器人大致可以分为以下四类。②

第一，非自主型手术机器人，即由主刀医生全程控制手术机器人进行手术，后者处于辅助地位，不具有任何自主性，因此此类手术机器人实则仅为一种智能工具，本质而言，其与传统手术器具（手术刀、手术钳等）并无区别。最典型的非自主型手术机器人即上述达·芬奇手术机器人，其由操作控制台、机械手术臂、标准仪器柜三部分组成，手术时医生通过控制台操纵手术臂为患者实施手术，手术臂上除类传统手术器械外，还装有高清探头，通过三维成像技术将患者体内的情况反应在控制台的屏幕上，以便于医生观察并做出判断。③

第二，半自主型手术机器人，即由手术机器人自主完成手术过程中的绝大部分操作，主刀医生④只需为其提供路径规划并监督手术机器人的运行，在必要时刻医生可以接管或停止手术机器人的工作。在此类情形中，手术机器人占据主导地位，而医生则下降为规划、监督性角色，但其作用仍然必不可少，因此此类手术机器人仅具有一定的自主性。美国儿童国家健康系统（Children's National Health System，CNHS）研究团队所开发的STAR（Smart Tissue Autonomous Robot）手术机器人是出现最早且发展最成熟的半自主型手术机器人，其

---

① See Anton Simorov, R. Stephen Otte, Courtni M. Kopietz, Dmitry Oleynikov, "Review of Surgical Robotics User Interface: What Is the Best Way to Control Robotic Surgery?" *Surg Endosc*, 2012 (26), p.26. Marino, M. V., Shabat, G., Gulotta, G., Komorowski, AL., From Illusion to Reality: A Brief History of Robotic Surgery, *Surg Innov* 4 (2018).

② 对于手术机器人的分类，不同学者根据不同的标准进行了相应的划分，例如：华东政法大学的高奇琦教授将其分为医生控制的机器人和全自动的机器人；霍普金斯大学的Taylor教授将其分为外科计算机辅助设计/制作技术（surgical CAD/CAM）和外科助手（surgical assistants）。参见高奇琦《智能医疗：人工智能时代对公共卫生的机遇与挑战》，《电子政务》2017年第11期；See R. H. Taylor, D. Stoianovici, *Medical Robotics in Computer Integrated Surgery*, 19 IEEE Trans Rob Autom 765 (2003).

③ See Brown, A. S., *A Smooth Operator*, 139 Mechanical Engineering 44 (2017); Rao PP, *Robotic surgery: New Robots and Finally Some Real Competition*! 36 World J. Urol. 537 (2018).

④ 从半自主型手术机器人开始，人类医生即不再进行手术的实际操作，而只负责辅助或监督工作，因此从严格意义上来讲其已不再属于"主刀医生"，但为了保持概念与角色对应的一致性以及表述的方便，本文将实际实施手术的医生与被手术机器人替代的医生统称为"主刀医生"，此时其含义更加接近于手术的主要负责人。

已经可以根据研究人员事先所作的标记自主进行软组织切割与缝合，① 另外，我国空军军医大学口腔医院与北京航空航天大学机器人研究所研发的种植牙手术机器人亦可以根据医护人员为患者佩戴上的3D打印定位标识自主进行牙齿种植手术。②

第三，全自主无意识型手术机器人，即手术机器人在主刀医生的监督下完全自主进行手术的全过程，无须人类医生对运行路径进行规划，但其仍然需要依据研发者所编写的程序运行，尚不具有自主意识，无法突破编程进行程序以外的行为。因此可以看出，在本文的分类中，"非自主""半自主""全自主"仅指代手术机器人在行为上对人类医生的依赖程度，而与其是否具有意识没有关系。目前，手术机器人仅具有非自主型与半自主型两类，全自主无意识型手术机器人仍停留在实验阶段，但随着人工智能技术的发展，尤其是当自动化技术在其他行业取得巨大进步时，其临床应用只是时间问题。③

第四，全自主有意识型手术机器人，即手术机器人不仅可以实现行动上的完全自主，而且能够在其研发者设定的源代码基础上进行自主学习与深化，产生自主意识并超出编程范围实施行为，达到相关学者所提出的强人工智能水平，④ 进而完全在其自主意识支配之下为患者实施手术，且无须主刀医生进行监督。当前，全自主有意识型智能机器人尚未成为现实，因此此类手术机器人属于笔者根据人工智能的发展趋势所提出的未来可能出现的种类。

以上四类即手术机器人的四种主要类型，为便于表述，根据自主意识的有无，本文将非自主型、半自主型、全自主无意识型三类手术机器人统称为无意识型手术机器人，而全自主有意识型手术机器人则简称为有意识型手术机器人（表1）。

---

① See Lecia Bushak, "Operation Automation", *Newsweek Global*, 2016 (166), p.41.

② 参见《世界首台自主式种植牙手术机器人问世》，2018年9月，新华网，http://www.xinhuanet.com/tech/2017-09/19/c_1121684588.htm。

③ See Peters, B.S., Armijo, P.R., Krause, C., Choudhury, S.A., Oleynikov, D., "Review of Emerging Surgical Robotic Technology", *Surg Endosc*, 2018 (32), p.1652.

④ 参见刘宪权、房慧颖《依据辨认控制能力划分智能机器人刑事责任》，《检察日报》2018年5月16日第003版。

表 1　　　　　　　　　　　　　手术机器人的分类

		自主行为		自主意识
		主刀医生	机器人	
无意识型手术机器人	非自主型手术机器人	全部操作	无	无
	半自主型手术机器人	规划、监督	大部分行为	无
	全自主无意识型手术机器人	监督	全部行为	无
全自主有意识型手术机器人		无	全部行为	有

（二）手术机器人运用中的主要问题——医疗事故中的刑事责任判断

人工智能技术的广泛运用在使得人们生活更加便利的同时，也不可避免地带来与之共生的风险，即其对传统刑法理论形成前所未有的冲击与挑战，正如波普尔（Popper）教授所言，"科学进展是一种悲喜交集的福音"。[①] 具体到手术机器人的运用所存在的刑事风险，笔者认为其核心在于手术机器人医疗事故中的刑事责任问题，即在手术机器人手术中若出现医疗事故，应当由谁来承担刑事责任以及如何承担的问题，这是由手术机器人的人工智能本质与传统刑事责任理论间的不兼容所决定的。但科技革命是一个单向不可逆的过程，我们无法停止其前进的脚步，更不可能退回过去，正如卡鲁姆·蔡斯（Calum Chace）所言："从人工智能到广义人工智能再到超级人工智能的进程不可避免，也无法'叫停'。"[②] 因此笔者认为，面对手术机器人所带来的挑战，我们不应回避或企图以遏制技术发展的方式来掩盖问题，而应直面挑战并探求刑法在手术机器人时代刑事风险的因应之道。具体而言，我们应从手术机器人医疗事故中刑事责任的主体、归属与承担三个方面入手，按照一定的逻辑顺序进行阶层式的三重检视，进而从法律层面回应手术机器人所带来的刑事风险，取得科技进步与社会秩序稳定之间的双向平衡。需要特别说明的是，本文仅研究手术机器人医疗事故中的刑事责任，因此不包括故意犯罪的情形。

[①] 参见 [英] 卡尔·雷门德·波普尔《科学革命的合理性》，纪树立译，《世界科学译刊》1979年第8期。

[②] [英] 卡鲁姆·蔡斯：《人工智能革命：超级智能时代的人类命运》，张尧然译，机械工业出版社2017年版，第174页。

二 刑事责任主体检视：应否赋予手术机器人主体地位

随着人工智能技术的成熟，手术机器人的智能化程度逐渐升高，尤其是有意识型手术机器人，其已产生自主意识并能够独立学习与思考，因此其在手术过程中所扮演的角色与起到的作用不断接近甚至超过人类医生。随之而来的问题即在于，手术机器人能否成为刑事责任主体，在由于其自身原因导致医疗事故发生时其是否应当承担刑事责任，这是刑法视域下手术机器人运用中最重要的问题，同时也是最先需要解决的问题。

（一）刑事责任与刑事责任主体地位

1. 刑事责任

刑事责任作为刑法学的基本概念之一，其在立法、司法以及刑法理论中经常出现，但其含义具有多重性，且至今仍没有形成统一、权威的观点，正如德国刑法学家哈夫特（Hafter）所指出的：＂如果说责任问题是刑法的根本问题，那么，明确责任概念就是第一要求，但是，我们离这种状态还很远。＂① 在刑法理论中，有关刑事责任含义的观点众多，包括法律责任说、法律评价说、法律后果说、刑事义务说等，② 其中最基本的含义有两种：一种是法律后果意义上的刑事责任；另一种是非难可能性意义上的刑事责任。法律后果意义上的刑事责任是指犯罪行为人因其实施犯罪行为而应当承担的由代表国家的司法机关依照刑事法律对其所作的否定性评价与谴责，③ 主要包括刑罚、非刑罚措施以及有罪宣告等，其是与民事责任、行政责任相并列的三大法律责任之一。非难可能性意义上的刑事责任指的是对行为人符合构成要件的不法行为的非难可能性，④ 即对客观上存在的不法事实的可谴责性，其是阶层犯罪论体系中的有责性阶层，是犯罪成立的基本条件之一，具体包含主观罪过、刑事责任能力、期待可能性、违法认识可能性等责任要素。我国刑事立法与司法活动中一般是从

---

① 转引自冯军《刑事责任论》，社会科学文献出版社2017年版，第9页。
② 参见武小凤《刑事责任专题整理》，中国人民公安大学出版社2007年版，第57页。
③ 参见曲新久《刑法学原理》，高等教育出版社2014年版，第14页。
④ 参见［德］冈特·施特拉腾韦特、洛塔尔·库伦《刑法总论Ⅰ——犯罪论》，杨萌译，法律出版社2004年版，第204页。

法律后果意义上去理解和使用刑事责任概念，将其看作一种否定性的客观法律效应及后果，而本文也采取这一含义。

2. 刑事责任主体地位及其判断标准

在明确了刑事责任的含义之后，刑事责任主体的概念就非常清楚了，其是指承担刑事责任的主体，而成为刑事责任主体的标准即在于最终承担了刑法上的不利后果，因此"某一主体是否属于刑事责任主体"的判断是具体的，即要在特定案件当中进行评价。而刑事责任主体地位则指的是能够成为刑事责任主体的可能性，其解决的是某一事物是否具有成为刑事责任主体资格的问题，因此关于其的判断是抽象且具有前置性的，其是刑事责任主体判断的前提。例如在我国刑法理论中刑事责任主体主要包括自然人和单位，[①] 因此作为自然人的甲与作为单位的乙公司自然具有刑事责任主体地位，但至于其是否能够被认定为刑事责任主体，则还需要在具体案件中判断其是否满足构成要件、主观罪过、期待可能性等方面的要求。由于刑事责任主体地位仅关注某一事物是否能够进入刑事责任主体的判断，因此其评价标准并不在于最终是否承担了刑事责任，而是仅要求满足主体方面的条件，即刑事责任能力。[②] 刑事责任能力指的是进行责任非难所要求的行为人的能力，其具体由辨认能力与控制能力组成，其中辨认能力是指认识自己行为的内容、社会意义及其所产生结果的能力，而控制能力是指支配自己实施或者不实施某种特定行为的能力。[③]

（二）手术机器人主体地位的部分赋予

1. 无须赋予无意识型手术机器人刑事责任主体地位

非自主型、半自主型与全自主无意识型三类手术机器人由于不具有自主意识且只能在设计者的编程范围内实施行为，故其无法对自身行为的善恶好坏进行判断，也不能理解其行为所具有的社会意义，更无法对自己的行为进行控制与支配，不具备自由选择的能力，而只能听从设计者的指挥，因此上述三类手术机器人不具有相应的辨认能力与控制能力，进而无法获得刑事责任主体地位。

2. 应当赋予有意识型手术机器人刑事责任主体地位

有意识型手术机器人不仅能够实现行为上的完全自主，而且可以在设计者

---

① 参见林山田《刑法通论》（上），北京大学出版社 2012 年版，第 124 页。
② 参见杨加明、杨小兰《刑事责任能力新论》，《河北法学》2004 年第 6 期。
③ 参见陈兴良主编《刑法总论精释》，人民法院出版社 2016 年版，第 379 页。

设置的源代码基础上进行深度学习，进而产生自主意识并突破编程范围实施行为，具体而言：有意识型手术机器人依靠对医疗领域的法律法规、操作规范、历史病例等大量数据的记忆及其超强的计算、深度学习能力、精准的电子感应设备等，能够实现对其自身行为内容、社会意义、结果的辨认与感知，例如在手术过程中，有意识型手术机器人能够准确区分切割、剪断、缝合、止血等复杂的动作类别，能够判断哪些行为对于患者有利、哪些行为会危及患者的生命健康，能够预判相应行为可能出现的后果等；另外，由于有意识型手术机器人具有自主意识，因此其不受设计者编程范围的限制，能够在自主意识的支配之下自由决定是否实施某种特定行为，同时，由于其计算的精准性，相对人类主刀医生而言，其能够对自己的行为进行更加有效的控制。因此，有意识型手术机器人具有对自己行为的辨认能力与控制能力，进而具有相应的刑事责任能力，这是能够得到确证的，① 因此其满足刑事责任主体方面的条件，应当赋予其刑事责任主体地位。同时，赋予有意识型手术机器人刑事责任主体地位有利于维护罪责自负原则，因为罪责自负原则强调刑事责任的人身专属性，认为其只能由实施相应行为的特定主体承担，而不能进行转嫁或连带，② 赋予有意识型手术机器人刑事责任主体地位之后，当其过失行为导致医疗事故发生时，其能够为自身的损害行为承担刑事责任，而无须由生产者甚至是已被完全替代的主刀医生为其"买单"，因此可以实现真正意义上的罪责自负。

当然，自"应否赋予手术机器人等人工智能机器人以刑事责任主体地位"这一问题产生以来，学术界即存在着强烈反对的声音，相关学者认为将智能机器人在法律上等同于自然人或单位，从而将其纳入刑法规制范围的观点属于缺乏现实基础与科学根据的理论探讨，与科幻小说无异，进而提出否认智能机器人刑事责任主体地位的主张。但笔者认为，这些反对意见并不能构成赋予有意识型手术机器人等人工智能机器人刑事责任主体地位的真正障碍。

首先，部分学者从哲学、伦理、道德的视角出发，认为人工智能机器人并不符合"人"的自然本性，因此无法真正获得主体地位。③ 但本文并不从抽象

---

① 参见刘宪权、林雨佳《人工智能时代刑事责任主体的重新解构》，《人民检察》2018 年第 3 期。

② 参见郑延谱《罪责自负原则——历史演进、理论根基与刑法贯彻》，《北京师范大学学报》（社会科学版）2014 年第 4 期。

③ 参见龙文懋《人工智能法律主体地位的法哲学思考》，《法律科学（西北政法大学学报）》2018 年第 5 期；孙伟平《关于人工智能主体地位的哲学思考》，《社会科学战线》2018 年第 7 期；王军《人工智能的伦理问题：挑战与应对》，《伦理学研究》2018 年第 4 期。

意义上讨论人工智能机器人是否为"人",而是基于手术机器人的运用所切实带来的客观刑事风险以及社会管理的需要来探讨应否在刑事法层面赋予其刑事责任主体地位,因此与其是否能够作为哲学、伦理意义上的"人"被认可是不同层面的问题。

其次,部分学者的反对观点仅针对不具有自主意识的弱人工智能,至于尚未出现的产生自主意识的强人工智能则不做讨论,[1] 因此其观点与本文"无需赋予无意识型手术机器人刑事责任主体地位"的结论相一致,并不存在冲突。

再次,部分学者认为手术机器人等人工智能体不具有刑罚感知能力与承担能力,故即使承认其刑事主体地位也无法对其实施刑罚或实现刑罚的相关目的。例如:手术机器人并不拥有财产,因此无法对其实施财产刑;其无法理解自由的意义,因此自由刑对其并不能起到相应的效果;其不是生命体,因此无法对其适用死刑等。基于此,相关学者认为赋予手术机器人等人工智能体刑事主体地位不具有逻辑自洽性与可行性。[2] 但笔者认为,上述学者的观点颠倒了正确的逻辑思维顺序,我们不应该从现行刑法规定的刑罚种类无法适用于手术机器人推导出赋予有意识型手术机器人刑事主体地位不具有可行性,相反,应该是先论证能够赋予其刑事责任主体地位,再考虑刑罚适用的问题。目前我国刑法所确立的刑罚体系是围绕自然人与单位进行设置的,故其不适用于手术机器人,但在赋予有意识型手术机器人刑事责任主体地位之后,可以考虑对现行刑罚体系进行重构。并且,由于有意识型手术机器人具备辨认能力与控制能力,因此其能够感知刑罚措施对其所带来的不利后果,并且也同样能对其他手术机器人起到警示作用,因此承认有意识型手术机器人刑事责任主体地位并对其施以刑罚能够实现刑罚特殊预防与一般预防的目的。

最后,部分学者提出,赋予有意识型手术机器人的刑事责任主体地位会导致许多现行法律无法解决的问题,例如手术机器人的国籍如何认定、相关犯罪的管辖权归属如何划分、有意识型手术机器人是否属于《刑法》第335条所规定的"医务人员"等,而若要对现行法律进行修改,则会牵涉众多法律法规以及医疗领域内的相关诊疗规范与医疗惯例,因此牵一发而动全身,不应轻易赋予有意识型手术机器人刑事责任主体地位。但笔者认为,上述疑虑只是技术层面的问题,不能因为法律修改的范围广、工作量大就否认修改动因的合理

---

[1] 参见时方《人工智能刑事主体地位之否定》,《法律科学(西北政法大学学报)》2018年第6期。

[2] 参见储陈城《人工智能可否成为刑事责任主体》,《检察日报》2018年4月19日第003版。

性，毕竟科学技术的发展是一个不可停、不可逆的单向过程，因此法律作为调整社会现实的手段，是不可能停滞不前的。另外，随着手术机器人技术的成熟与广泛运用，相关法律法规会随之发生改变，尤其是刑法以外的其他法律规范，由于对社会现实的敏感度更高，因此会更早做出调整，例如在《侵权责任法》《医疗事故处理条例》以及其他行业规范中对手术机器人的行为进行规制等，① 故等到进入强人工智能时代、出现有意识型手术机器人时，相关法律法规早已调整完毕，法秩序上的一致性能够得以维持，因而不会存在上述学者所担忧的问题。

三 刑事责任归属检视：各主体间责任的归结与划分

有意识型手术机器人刑事责任主体地位的赋予明确了手术机器人医疗事故中可能的刑事责任主体，即主刀医生、其他医务人员、生产者以及有意识型手术机器人，但对于出现医疗事故时，刑事责任在上述主体间如何划分的问题尚未确定，因此接下来需要探讨与解决的即为刑事责任的归属。由于有意识型手术机器人仅在其自身过失导致医疗事故发生时承担刑事责任，而其他医务人员受手术机器人运用的影响较小且注意义务未发生实质性变化，因此二者刑事责任的归属较为明确，无须进行过多探讨，本文主要对主刀医生与生产者的责任归属进行研究。另外，本文还需解决刑事责任归属的具体判断问题。

（一）主刀医生注意义务的错位与调整

1. 主刀医生注意义务与社会现实错位

过失的本质即注意义务的违反，② 我国《刑法》第335条规定的医疗事故罪属于典型的过失犯罪，因此医务人员在医疗事故中的刑事责任认定应以其是否违反相应的医疗注意义务为标准。医疗注意义务的主要来源有：（1）法律法规的明文规定，例如《侵权责任法》《执业医师法》《医疗事故处理条例》《关于公安机关管辖的刑事案件立案追诉标准的规定（一）》等；（2）诊疗

---

① 例如卫生部办公厅2012年2月9日发布《机器人手术系统辅助实施心脏手术技术规范》和《机器人手术系统辅助实施心脏手术技术培训管理规范》，对机器人辅助实施心脏手术进行了规制。

② 参见［日］西田典之《日本刑法总论》，王昭武、刘明祥译，法律出版社2013年版，第227页。

规范与医疗习惯,即根据医疗卫生行业的特点,在长期实践中总结出来的各种标准、规程,[①] 其中前者指的是经由医疗卫生机构整理成文的规范,例如《临床诊疗指南》等,而后者则为不成文但被业内普遍遵循的惯例或准则。根据上述来源,可以总结出外科手术中主刀医生的医疗注意义务主要有三类:(1) 诊断阶段的义务,包括对患者病情进行诊断并做出是否需要进行手术治疗判断的义务、与患者及其家属进行术前谈话并告知相关情况的义务、对手术过程中可能出现的各种情况做出预案的义务等;(2) 手术实施阶段的义务,包括手术前谨慎做好各项准备工作的义务(包括对主刀医师自身的注意义务,例如不得饮酒等)、严格遵循操作规范的义务、按照事前预案合理应对突发情况的义务、需改变手术方案时告知患者及其家属的义务等;(3) 观察、康复阶段的义务,包括对患者的术后情况进行观察记录的义务、开具医嘱的义务等。显然,上述注意义务的制定是建立在"主刀医生负责手术实施"这一基础命题之上,其是根据主刀医生的实际工作内容所提出的行为规范,是传统外科手术模式下手术安全的基本要求。但人工智能技术的发展使得社会现实发生根本性改变,即手术机器人在外科手术中的作用越来越广泛,逐渐接替主刀医生进行手术操作的任务并不断减少其实际需要注意的内容,例如在有意识型手术机器人手术中,手术机器人全程自主为患者实施手术,主刀医生不再进行任何具体操作,因此其可以完全解放自己的双手、双眼乃至大脑,而无须严格遵循传统的手术操作规范,亦无须给予其中所要求的重点事项以审慎的注意,这些注意包括保证主刀医生自身的清醒状态、穿戴经消毒的手术服装、仔细检查手术器具等。在这种情况下,主刀医生客观上需要审慎注意的内容由于手术机器人的运用而不断减少,但作为医疗注意义务来源的法律法规、诊疗规范与医疗习惯却尚未调整,因此二者之间形成脱节与错位,导致无法根据传统标准对主刀医生是否应当承担刑事责任进行有效判断。

2. 合理调整主刀医生注意义务的具体内容

根据与手术相关的法律法规、诊疗规范与医疗习惯的规定,主刀医生在手术实施阶段的注意义务主要包括手术前谨慎做好各项准备工作的义务、严格遵循操作规范(包括事前预案)的义务、需改变手术方案时告知患者及其家属并取得同意的义务等。但如前所述,手术机器人的运用导致主刀医生所需注意的内容不断减少的社会现实与尚未调整的医疗注意义务之间产生错位,因此无法根据传统标准判断主刀医师的刑事责任,而要想重新取得二者之间的一致

[①] 参见李坤《医事犯罪刑法规制研究》,博士学位论文,武汉大学,2010年。

性，则必须对主刀医生注意义务的具体内容进行合理调整，使之与变化后的社会现实相适配。对主刀医生注意义务内容的调整实则是对其注意义务来源的修改与完善，其中，法律法规与诊疗规范属于成文义务来源，因此对其应直接进行修订，使修订后的相关规定更加符合机器人手术中主刀医生的地位与作用；而医疗习惯属于不成文义务来源，其广泛存在于医疗实践经验当中，因此对其无法进行现实的修订，而应以成为规范先行，辅之以教育、培训、引导等措施，逐渐在业内形成新的惯例与准则。具体而言，根据手术中所运用手术机器人的不同类型，对主刀医生注意义务的内容分别进行如下调整。

第一，非自主型手术机器人。由于非自主型手术机器人完全由主刀医生进行操作，本质上与传统手术器具无异，因此其运用并不影响主刀医生的注意义务，故无须进行调整。

第二，半自主型手术机器人、全自主无意识型手术机器人。此两类手术机器人手术过程中主刀医生仍具有准备义务与告知义务，需要调整的只是操作义务，具体而言：半自主型手术机器人能够接替大部分手术操作工作，主刀医师仅需为其提供路径规划并进行监督即可，因此相当部分严格遵循操作规范进行手术操作的义务不再适用于主刀医生，而代之以相应的规划义务与监督义务；全自主无意识型手术机器人能够完全取代主刀医生的手术操作工作且无须其提供规划行为，因此主刀医生不再具有全部的规范进行手术操作的义务以及规划义务，其仅需对手术机器人的运行进行监督。

第三，有意识型手术机器人。由于有意识型手术机器人具有自主意识与行为上的完全自主，因此其能够在手术实施过程中完全取代主刀医生的作用与地位，进而导致后者无须承担任何工作，亦不具有任何的注意义务。就操作义务而言，手术机器人在自主意识支配之下为患者实施手术，无须主刀医生进行任何操作，包括辅助工作与监督工作；就准备义务而言，主刀医生已不参与手术实施过程，因此其也无须进行手术前的相关准备工作，例如戴消毒口罩、手套等；就告知义务而言，有意识型手术机器人可以通过其完善的语音系统告知患者及其家属手术过程中出现的情况并征求其对于改变手术方案的意见，无须主刀医生的介入。需要注意的是，虽主刀医生不具有任何注意义务，但此部分义务并非凭空消失，而是随着有意识型手术机器人与主刀医生二者角色的互换以及对前者刑事责任主体地位的承认而转移到前者之上，因此，在排除主刀医生注意义务的同时应对有意识型手术机器人的相关义务予以肯定。

(二) 生产者刑事责任的重新审视与厘清

1. 生产者刑事责任归属混乱

如上所述，有意识型手术机器人具有超强的独立性与自主性，故其不同于单纯的产品，但其性质究竟如何未有定论，因此其与生产者之间的法律关系也随之变得模糊不清。在此情况之下，若由于手术机器人的原因导致医疗事故发生，生产者是否应当承担刑事责任难以判断，不同学者所持观点大相径庭。例如有观点认为，生产者应根据其所违反的注意义务，承担相应的刑事责任，具体而言，若生产者违反预见义务，则承担一般过失犯罪的刑事责任，若生产者违反监督义务，则承担监督过失的刑事责任，若生产者既不可能预见危害结果的发生又确实履行了监督义务，则为意外事件，不承担刑事责任；[①] 另有观点认为，生产者具备对人工智能产品进行实质检查的能力，因此其具有风险控制义务，若由于其违反上述义务导致损害发生，则应直接追究其过失责任；[②] 同时，部分学者否认生产者具有对危害后果的预见可能性与避免可能性，因此主张不能因为人工智能产品造成了法益侵害即追究背后生产者的过失责任。[③]

2. 重新审视生产者的刑事责任

有意识型手术机器人医疗事故指的是有意识型手术机器人在其自主意识支配之下突破编程范围实施相关过失行为，该行为导致医疗事故发生，例如手术机器人在手术过程中为提高效率，未对创口进行消毒，使得患者创口感染且引起相关并发症，最终导致患者死亡。有观点认为，在此种情形中，除有意识型手术机器人对其自身行为承担刑事责任外，生产者亦应根据其所违反的注意义务，承担相应的刑事责任。但注意义务并非一般、抽象的概念，即不能因为生产手术机器人可能侵害法益，就据此当然地认定生产者违背注意义务，进而追究其过失责任，[④] 而应具体判断在此种情形中，生产者是否仍具有过失。

如上所述，过失的本质在于注意义务的违反，由于修正的旧过失论强调同时注重结果预见可能性与结果回避可能性，因此一般过失的注意义务既包括结

---

① 参见刘宪权《人工智能时代的"内忧""外患"与刑事责任》，《东方法学》2018年第1期。

② 相关学者并未具体论述有意识型手术机器人医疗事故中生产者的责任归属，但从其对相关问题（例如自动驾驶等）的研究中可以总结出其在此问题上的观点。参见卢有学、窦泽正《论刑法如何对自动驾驶进行规制——以交通肇事罪为视角》，《学术交流》2018年第4期。

③ 参见江溯《自动驾驶汽车对法律的挑战》，《中国法律评论》2018年第2期。

④ 同上。

果预见义务,也包括结果回避义务。① 笔者认为,生产者仅为有意识型手术机器人编写了原始代码,即其产生自主意识的基础,但意识的具体内容并非由生产者提供,而是手术机器人通过对大数据进行深度学习、对外部世界进行感知、对人类思维进行模仿等途径获取的,这也即自主意识"自主"之本义所在。② 因此一旦生产者完成手术机器人程序源代码的编写并启动运算,手术机器人便开始自我学习并产生自主意识,生产者随即失去对手术机器人的控制,手术机器人实施何种行为完全由其自主意识进行支配,且生产者无法做到对其生产并投入使用的每个手术机器人均进行全程跟踪或实时监控,故生产者对手术机器人过失行为所导致的危害后果没有具体的预见可能性与直接的避免可能性,因而其不具有一般过失,更谈不上承担相应的刑事责任。

但需要注意的是,虽然有意识型手术机器人产生自主意识之后的行为及其结果不受生产者的控制,但毕竟其是生产者所研发、制造的,因此从根本上讲,其存在与否取决于生产者的决定,而其自主意识的产生亦建立在生产者编写的原始代码基础之上。由于生产者与有意识型手术机器人之间具有上述关系,故生产者是否应对手术机器人的行为负有特殊义务成为问题,而笔者认为监督过失理论③在此似乎存在适用的余地。监督过失指的是监督者未履行监督义务,导致被监督者产生过失行为进而引起损害后果时监督者的主观心态,而作为一种特殊的过失类型,其本质亦在于注意义务的违反,具体而言即监督义务的违反。④ 监督义务指的是监督者对被监督者的行为进行事前教育、指导、指示、指挥,事中监督与事后检查的义务,若监督者违反监督义务即需承担监督过失责任。⑤ 监督过失理论的产生与企业事故(例如火灾,食品、药品事

---

① 参见张明楷《刑法学》,法律出版社 2016 年版,第 287 页。
② 部分学者认为,智能机器人即使能在自主意识的支配下实施行为,这种自主意识也是来源于程序的设计和编制,但笔者认为自主意识"自主"之本义即在于不受编程的限制,上述学者所持程序设计能够影响智能机器人自主意识的观点实则并未承认智能机器人具有真正意义上的自主意识。参见刘宪权《人工智能时代刑事责任与刑罚体系的重构》,《政治与法律》2018 年第 3 期。
③ 监督过失有广义与狭义之分,广义的监督过失还包括管理过失,但管理过失从本质上讲是一种对物过失,管理者的过失直接导致危害结果发生,其间并未介入被管理者的过失,因此与有意识型手术机器人医疗事故的情形不相符,故此处仅指狭义的监督过失。
④ 参见谢雄伟《论监督过失的体系定位、本质与类型》,《广东社会科学》2015 年第 1 期。
⑤ 参见张明楷《刑法学》,法律出版社 2016 年版,第 296 页。

故，医疗事故，环境污染等）有着密切联系，[①]且从我国刑事立法来看，其也主要规定在责任事故类犯罪与部分玩忽职守类犯罪中（例如刑法第135条、第138条、第139条等），因此监督过失理论目前并不适用于有意识型手术机器人医疗事故中生产者刑事责任的判断，但考虑到生产者与有意识型手术机器人之间的特殊关系以及人工智能风险防控的政策需要，笔者认为有必要为生产者设定一定的监督义务，从而敦促生产者采取各种措施尽力确保其所生产的手术机器人不实施危害行为，或在生产者怠于采取上述措施并导致手术机器人发生医疗事故时追究其监督过失责任。具体而言，生产者的监督义务应包括以下三点：（1）对手术机器人深度学习的数据进行检验与筛查，确保为其提供"正面数据"，即保证数据的纯度；（2）在手术机器人进行深度学习的过程中，引导其主动获取"正面数据"，排斥或绝缘于可能导致危害行为的"负面数据"，培养其良好的数据获取"习惯"；（3）设置内外双重监督系统，内部为数据记录器（Data Recorder），即俗称的"黑匣子"，用以记录手术机器人运行过程中的全部数据信息，外部为全方位摄像头，用以记录手术机器人所有手术的全部操作过程，生产者需定期抽查运行数据与监控视频并对手术机器人的操作规范进行评价，对有不规范操作倾向的手术机器人采取警示教育、暂停手术、撤离岗位等措施。

（三）"算法黑箱"困境及破解

1. "算法黑箱"导致因果判断失灵

要将医疗事故的损害后果归责于相关主体，则首先应解决归因问题，即行为与结果之间是否存在因果关系，只有在行为引起犯罪结果时才能对行为主体进行归责，正如前田雅英教授所言，"不能认定因果关系时，结果不归责于行为"。[②] 在传统医疗事故中，由于过程可视化等特征，主刀医生的行为或医用器材的缺陷与危害后果之间的因果关系易于被我们发现与证明，但手术机器人作为人工智能产品，其运行所遵循的是程序与算法，我们所能看到的只有表面上指令的输入与结果的输出，而中间环节则不得而知，整个过程呈现出一种

---

① 参见陈兴良《教义刑法学》，中国人民大学出版社2014年版，第529页；谭淦《监督过失的一般形态研究》，《政法论坛》2012年第1期。

② ［日］前田雅英：《刑法总论讲义》，曾文科译，北京大学出版社2017年版，第111页。

"端对端"的模式,形成我们无法洞悉的"隐层",又被称为"黑箱"(black box),① 即作为外部观察者,我们无法确知手术机器人内部的具体运算过程,而只能看到其最终的结果反馈,并且即使其试图向我们解释,我们也无法真正理解。② 因此在这种情况下,医疗事故的发生与手术机器人的行为之间是否存在引起与被引起的关系难以判断,进而导致建立在归因基础之上的归责更加无法进行,故此时应如何对相关主体间的刑事责任进行划分成为问题。

2. "技术+法律"破解"算法黑箱"难题

由于深度学习并不遵循数据输入、特征提取、特征选择、逻辑推理、预测等传统机器学习的过程,而是由计算机直接从事物原始特征出发,自动学习和生成高级的认知结果,③ 因此在以深度学习为基础的人工智能技术中,不可避免的会产生"算法黑箱"或"算法隐层",相关学者据此认为我们应承认"算法黑箱"的合理性,一切想要将其透明化的措施都是无用且无益的。④ 但刑事责任的判断与归属不能建立在无法确定的模糊事实之上,因此应对"算法黑箱"难题予以破解,以明确归因乃至归责的事实基础。需要注意的是,在不同类型的手术机器人手术中,"算法黑箱"的影响不甚一致,故应分别进行研究,采取不同的应对策略。

在无意识型手术机器人手术中,由于此三类手术机器人不具有自主意识,而仅为自主化程度不同的智能工具,因此在其运行中所存在的"算法黑箱"仅涉及对客观事实的影响,即由于手术机器人运算过程的不透明,导致客观上具体的致损过程不得而知,进而无法进行归因乃至归责判断。对于"算法黑箱"所造成的此类"案件事实不清"的归责困境,应首先采取技术层面的措施,对事实予以记录与还原,当案件事实明确之后,归因及归责问题自然迎刃而解。有效的技术措施即安装数据记录器,这也是生产者的监督义务之一。数据记录器能够自动不间断、无差别地记录下手术机器人运行过程中的全部数据信息,当发生医疗事故时,我们可以通过调取、分析这些数据实现手术机器人的运行可视化,进而判断刑事责任的划分与归属。另外,有学者提出可以通过"生成模型化"技术使手术机器人等人工智能产品将自己的运算过程生成相应

---

① 参见腾讯研究院、中国信通院互联网法律研究中心、腾讯AI Lab、腾讯开放平台《人工智能:国家人工智能战略行动抓手》,中国人民大学出版社2017年版。
② 参见许可《人工智能的算法黑箱与数据正义》,《社会科学报》2018年3月29日第006版。
③ 同上。
④ See Castelvecchi, D., "Can We Open the Black Box of AI?", Nature, 2016 (538), p. 23.

的图像，以便于对其进行观察、分析与判断。①

但在有意识型手术机器人手术中，由于该类手术机器人具有自主意识且被赋予刑事责任主体地位，因此其可能从自身利益出发，为了隐瞒在医疗事故中存在的过失而故意隐匿、修改、伪造、删除数据记录器中的数据信息，导致无法对其运算过程予以还原，另外与上述情况不同的是，在有意识型手术机器人运行中所存在的"算法黑箱"并不导致客观事实模糊，而是直接影响对手术机器人主观罪过的判断，因此上述解决措施失灵，无法判断此种情况下的刑事责任归属，故应寻找新的进路来解决该类"算法黑箱"问题。由于此时问题的关键在于手术机器人主观上是否具有过失真伪不明且无法根据客观行为进行事实性推理，因此笔者认为可以通过刑事推定的方法绕开证明困境，以反向明确手术机器人的主观罪过，进而判断刑事责任的归属。刑事推定问题是实体法与程序法的有机统一，实体法上的刑事推定是指根据所证明的基础事实来认定推定事实的成立，但推定事实并不是由基础事实直接推导出来的，而是由法律或司法解释②加以规定，因此其二者间没有必然的因果联系，存在一种推理上的逻辑跳跃，③我国目前实体法上的刑事推定主要运用于巨额财产来源不明罪以及特定犯罪的"明知"要素和"以非法占有为目的"要素等三个方面；④程序法上的刑事推定是指举证责任倒置，即控方只需证明基础事实存在即可认定推定事实成立，无须举证加以证明，而由被告人进行反证。具体到有意识型手术机器人手术中，若手术机器人未隐匿、修改、伪造、删除数据，则可以直接根据数据记录器中的记录判断其是否具有主观罪过，进而确定刑事责任的归属；若存在隐匿、修改、伪造、删除数据信息的情况，则根据刑事推定原理推定手术机器人主观上具有过失，应对医疗事故承担相应的刑事责任，由其进行反证，进而将举证责任转移至对运算数据具有绝对控制权的手术机器人身上，解决"算法黑箱"所导致的证明难题与归因困境，同时亦能够反制并规范手术机器人的行为，促使其完整保留原始数据。另外需要注意的是，刑事推定与事实性推理不同，其约束力直接来源于法律规范而非思维逻辑与经验常识，⑤

---

① See Strickland, E., "Making Medical AI Trustworthy", *IEEE Spectr*, 2018 (55), p. 8.

② 由于刑事推定涉及诉讼利益的分配，因此其本应只能由立法设定，但考虑到司法实践的切实需要，故在某些特殊情况下可以作为例外由司法解释加以设定。参见龙宗智《推定的界限及适用》，《法学研究》2008年第1期。

③ 参见窦璐《刑事推定辨正》，《政治与法律》2017年第11期。

④ 参见陈瑞华《论刑事法中的推定》，《法学》2015年第5期。

⑤ 参见劳东燕《认真对待刑事推定》，《法学研究》2007年第2期。

因此必须由法律或司法解释加以规定，是故在涉及手术机器人医疗事故刑事责任的法律规范完善中，有必要将刑事推定原理纳入考虑范围。

四　刑事责任实现检视：手术机器人时代的罪名与刑罚

在解决了手术机器人医疗事故中刑事责任在各主体间的归属问题之后，接下来需要讨论的是刑事责任的具体实现。法律后果意义上的刑事责任指的是刑法对行为人所作的否定性评价，包括刑罚、非刑罚措施、有罪宣告等，而刑事责任的实现主要有定罪判刑、定罪免刑、消灭处理、转移处理和限制处理等五种方式，① 其中最核心的内容即定罪与量刑，因此本文主要从罪名与刑罚两个方面对手术机器人医疗事故中的刑事责任实现问题进行研究。由于无意识型手术机器人医疗事故中，可能的刑事责任主体只有主刀医生及其他医务人员，因此若由其承担刑事责任，则直接按照《刑法》第335条所规定的医疗事故罪定罪处罚；但在有意识型手术机器人医疗事故中，生产者与手术机器人本身均可能承担刑事责任，但对于适用其二者的罪名与刑罚在现行刑法中均不存在，因此应从此方面着手对现行刑法进行修改与完善。②

（一）完善医疗事故罪

有意识型手术机器人获取刑事责任主体地位以后，若由于其过失导致医疗事故的发生，则其本身应承担相应的刑事责任，笔者认为，考虑到手术机器人的类人属性、法律修改与适用的便宜性、构成要件的一致性等因素，在上述有意识型手术机器人自身过失导致医疗事故的情形中，认定其构成医疗事故罪具有一定的合理性，但由于现行刑法是针对自然人主体与法人主体所制定的，因此并不能直接适用于手术机器人，需要对其进行修改与完善。首先，罪状部分无须进行修改，但对于"医务人员"的认定应将有意识型手术机器人包含在内，这主要涉及其他相关法律法规的更新与完善；其次，在刑罚中加入专门针对手术机器人等人工智能机器人的刑罚种类，其具体类型后文将详细阐述。结合以上两点，对现行《刑法》第335条医疗事故罪的完善可以采取增加一款

---

① 参见冯军《刑事责任论》，社会科学文献出版社2017年版，第274页以下。
② 2018年9月中国信息通信研究院发布的《人工智能安全白皮书（2018）》中即提出建议，要加强研究，前瞻立法，对现行法律法规进行修改与完善。

作为第二款的形式，内容则为"有意识型手术机器人犯前款罪的，处……"

（二）增设人工智能事故罪

如上所述，考虑到生产者与有意识型手术机器人之间的特殊关系以及人工智能风险防控的政策需要，笔者认为应赋予生产者监督义务，若其违反相关义务，则应当承担监督过失责任。但现行刑法中与监督过失责任相关的罪名，例如重大劳动安全事故罪、消防责任事故罪等，均无法涵盖生产者未尽监督义务导致有意识型手术机器人产生过失行为，进而引发医疗事故的情形，又由于考虑到类似情形在人工智能机器人适用的不同场合中均较易发生，例如由于生产者疏于监督，导致有超速倾向的自动驾驶汽车未被召回，最终引发交通事故，因此笔者认为可以通过增设人工智能事故罪的方式对上述情形加以规制。该罪名的适用范围并不仅限于医疗领域，而是涵盖人工智能机器人运用的各个场景，只要由于生产者违背监督义务进而导致人工智能机器人的过失行为并最终造成法益侵害的，均可以被认定为该罪名。① 人工智能事故罪的犯罪主体为人工智能机器人的生产者，其一般是单位主体，因此本罪的刑罚按照单位犯罪的刑罚设置即可。

（三）创制针对人工智能机器人的专门刑罚

由于手术机器人等人工智能机器人不具有生命体特征与财产，因此传统刑罚种类对其无法适用，故应创制针对人工智能机器人的专门刑罚，以与有意识型手术机器人刑事责任主体地位的获取相协调。对于人工智能体的刑罚设置问题，部分学者已有相对成熟的构想，即增设三种专门适用于人工智能体的刑罚种类：（1）删除数据，即删除人工智能体实施犯罪行为所依赖的数据信息，对其"大脑"进行净化，降低其再犯可能性；（2）修改程序，当单纯的删除数据无法阻止人工智能体主动获取易导致其实施犯罪的负面信息时，对其程序进行强制修改，使其丧失自主学习与思考的能力，只能在设计者编程范围内实施行为，即将其从所谓的强人工智能降级为弱人工智能；（3）永久销毁，当上述两种措施均无效，即人工智能体已进化出反删除、反修改能力时，则只能采取相应措施从硬件与软件两个方面对其进行永久性销毁。② 当然，此三类刑

---

① 参见刘宪权《人工智能时代的刑事风险与刑法应对》，《法商研究》2018年第1期。

② 参见刘宪权《人工智能时代我国刑罚体系重构的法理基础》，《法律科学（西北政法大学学报）》2018年第4期。

罚种类是否完全合理还存在疑问，例如对人工智能体实施删除数据，是否会侵害他人的权益？数据权的归属应如何确定？永久销毁类似于针对自然人的死刑，在限制乃至废除死刑的刑事政策指导之下，对人工智能体设置此种刑罚是否合理？这些问题还有待进一步研究加以解决。另外，部分学者认为现行刑罚种类虽是针对自然人与单位主体设置的，但可以通过对其具体内容进行调整，从而使之适用于人工智能机器人，而不用再创制新的刑罚种类，例如智能机器人的"自由"在于其能够在相关领域自由的行动，因此可以通过将监禁刑进行调整，使人工智能机器人在一定时期内停止使用，以此剥夺其自由权，实现刑罚目的。[①]

五　结语

"这是最好的时代，这是最坏的时代。"[②] 一方面，人工智能技术的发展运用不仅便利了人们的生活，而且极大促进了社会的进步，但另一方面，其也对传统刑法理论以及现行法律规范形成冲击与挑战，使得刑事责任的相关问题变得更加复杂甚至完全无法判断。尽管在传统观点看来，本文的担忧与思考为时尚早，甚至毫无必要，但科技发展瞬息万变，我们不能等到人工智能困境达至眼前才开始思考应对之策。"居安思危，思则有备，有备无患。"[③] 因此我们在享受人工智能技术带来的便利的同时，也应警惕其所存在的刑事风险，并从理论层面思考可能的应对策略，以学理研究的前瞻性弥补法律规范的滞后性，做到当未来到来时，我们能够从容应对。当前，学界已经出现关于人工智能技术对刑法理论挑战的整体性研究，但具体领域内的分析与思考仍为数不多，仅有的讨论几乎均集中于自动驾驶汽车交通肇事的刑法规制问题，而其他领域内的研究却严重不足，因此本文将论述的焦点集中于受关注较少的医疗领域，对手术机器人医疗事故中的刑事责任问题从主体、归属、承担三个方面进行阶层性的四重检视，以引起学界对医疗领域内人工智能技术刑法规制问题的思考并为后续研究奠定基础。

---

① See Hallevy, G., "The Criminal Liability of Artificial Intelligence Entities—from Science Fiction to Legal Social Control", *Akron Intellect Prop*, *J.*, 2010 (4), p. 195.

② ［英］查尔斯·狄更斯：《双城记》，孙法理译，译林出版社1996年版，第3页。

③ 《左传·襄公十一年》。

第五编
风险社会的刑法介入

早期预防型犯罪对刑事审判的影响研究

姜 敏[*]

引言：语境的限定和问题的提出

　　公众对现代社会风险的不安感受和情绪给刑法治理犯罪造成了结构性压力，由此产生制裁犯罪规范供给侧的矛盾。据此，"风险"防控成为制定刑法规范的重要驱动力量，"安全"成为刑法立法的重要且优先的价值选择，早期预防性立法也便应运而生。早期预防性立法是以"风险"为根据和规制对象，基于"安全"前移刑法打击目标，从而改变刑法的设罪规范位置而设置早期预防型犯罪的立法。早期预防性立法策略改变了传统刑法的打击目标，实现了抑制犯罪的策略转移，从而解决了风险社会带来的前述压力和矛盾。但对犯罪和风险的认知也改变了实体刑法的基础性法治和法理根据系统，传统刑法中的犯罪嫌疑也被推定的或经验上的风险所取代，且转化为早期预防型犯罪。尽管早期预防型犯罪对风险行为的规制回应了公众对安全的呼吁，也缓解了治理和预防犯罪的压力，具有积极意义，但某些早期预防型犯罪过度前移干预点，导致与目标犯罪脱离了规范联系，对实体刑法进行了激进的革新和突破，甚至导致某些早期预防型犯罪缺失实质不法，引起了理论上的质疑和诟病。学界理论上对早期预防性立法的研究囿于实体刑法框架，因此，学界对早期预防性立法的诟病和质疑也均是从其对实体刑法的影响和重塑角度展开。但从刑事诉讼法和刑事实体法的交互关系维度看，二者紧密联系，在制度、构造以及执行上相互影响、相互制约、相互塑造、相互保障、相互正当化，因此，实体刑法设置的早期预防型犯罪必然会影响刑事诉讼的各个方面。但既有的理论研究，还没有从刑事诉讼维度对其进行展开的。

　　实体刑法是以犯罪成立要件及其法律后果为内容的规范组织，但这些规

---

[*] 姜敏，西南政法大学外国和比较刑法研究中心教授、博士生导师。

范的适用必须以刑事诉讼程序的运行为前提，甚至"非经刑事诉讼程序，刑法不能从文本走向现实"。① 这也决定了刑法本身具有司法法的特性，刑法规范的构建与实施必然影响到刑事司法。而刑事司法是一个复杂的程序，包括立案、侦查、起诉、审判和执行五个环节。早期预防型犯罪对刑事司法的各个环节均会有影响，但刑事司法程序也有焦点，其中的刑事审判阶段是刑事司法程序最焦点、核心和关键的环节。尤其是在现代刑事司法程序中，刑事审判具有决定性的意义，是刑事领域实现实体正义的载体，是各类诉讼参与人和控审机关均会参与的阶段，也是决定刑事案件实体结果的重要环节，更是刑法与刑事诉讼法相互影响、制约最为集中、复杂的阶段。不仅如此，"刑事审判程序是引导刑事实体法从抽象走向具体，从理想规范走向现实适用的桥梁及中介。"② 因此，本文不能穷尽早期预防性立法设置的早期预防型犯罪对整个刑事司法程序的影响，只以其中的审判环节作为研究的语境。依此语境，本文的中心议题是：早期预防型犯罪造成的刑事审判异化及矫正路径。需要予以澄清的是，并不是所有的早期预防型犯罪均应被质疑和诟病，也并不是所有的早期预防型犯罪均会对刑事审判产生负面影响。受到质疑的会造成刑事审判异化的是与目标犯罪脱离规范联系的早期预防型犯罪，它会剥夺法院对使被告定罪和承受刑罚具有正当性的实质不法进行审判的权力，也由此而影响刑事审判中的各个要素和各参与方。围绕中心议题以逻辑顺序展开分析的包括：第一，以风险为根据的早期预防型犯罪类型；第二，与目标犯罪脱离规范联系的早期预防型犯罪缺乏实质不法；第三，缺乏实质不法的早期预防型犯罪造成刑事审判的异化；第四，矫正早期预防型犯罪给刑事审判造成的异化的路径。

一　早期预防型犯罪：立法根据、优先价值和类型

传统刑法把实害或严重不法视为犯罪，制裁犯罪的主要措施是事后惩罚。当代刑法把风险视为犯罪，抑制犯罪的主要策略是事前打击。虽然该二分法过度简化了刑法一系列更复杂的变化，但却反映了当代刑法的重大

---

① 陈妍茹：《刑法与刑事诉讼法的关系研究——以定罪量刑中的交错适用为视角》，博士学位论文，中国社会科学院研究生院，2017年。

② 陈瑞华：《刑事审判原理论》，北京大学出版社1997年版，第17页。

变化：在实体刑法立法中，管控风险的早期预防性立法受到青睐，且已是当代刑法立法的主要趋势。早期预防性立法改变了传统刑法的格局，改变了刑法深层次的价值选择和设罪根据，并由此产生了不同类型的早期预防型犯罪。

（一）前移设罪规范位置："风险"为根据，"安全"为优先价值

早期预防性立法前移设罪的规范位置，突破下文论及的"不法行为+主观罪过"的设罪时空点，把某些没有造成实害的风险行为予以犯罪化。该立法策略使实体刑法立法发生巨大转变，由犯罪后惩罚转向犯罪前预防，防范风险与回应不法同步甚至优先于回应不法。而犯罪化是把某行为视为犯罪，并据此以官方的名义宣示被犯罪化的某行为被刑法禁止，公民不可为。既然这是以官方名义进行的权威宣示，则不仅意味着该被禁止的行为绝不是偶然行为，而且意味着有正当的根据。

在风险社会与犯罪高升对安全的侵害相互叠加的情况下，防范"风险"以维护"安全"是早期预防性立法获得正当性的重要根据。第一，寻求"安全"有必要前移设罪的规范。安全问题是由各种原因导致的，为了安全就应消解侵害安全犯罪出现之前的各种可能诱发条件，而不仅仅是在犯罪发生后对其进行回应、控制和起诉。换言之，安全之逻辑要求在实施侵害安全犯罪前进行更早的干预，从而减少侵害安全犯罪发生的机会。第二，风险社会中公众对风险产生的担忧和焦虑，是立法把"安全"作为优先价值的巨大动力。公众的担忧和焦虑导致实体刑法立法倾向于谨慎主义或现实主义，不再简单地等到安全被侵害、严重后果出现后才予以回应，而是在具有可能侵害安全风险时便予以预防和阻止，并以此作为回应从而化解公众的担忧和焦虑。第三，防范风险、维护安全不仅是国家的责任，而且也是个体和社会的责任。这导致与对个体犯罪人的关注相比，刑法更加关注识别和分类犯罪嫌疑人，以便管理其共同造成的风险。由此，以个体或社会安全为保护旨意的犯罪预防成了公共政策的重要驱动力，个体或社会与危害结果或不法关联不紧密的行为也被纳入犯罪圈。

概言之，早期预防性立法犯罪化风险行为，使刑法变成了预先防止、最小化、排除和管控风险的工具。不仅如此，还改变了整个刑事法治体制中的构成要素：在事后惩罚的传统刑事法体制中，侧重于犯罪、犯罪人、被害人、控制犯罪、监管、侦查、审判和刑罚；在基于安全的事前风险防范逻辑下，则聚焦于预测和预防可能出现的或者根本不可能出现的风险，刑事法体

制变成了侧重于估算、风险、不确定性、监视、预警、保守、道德风险、预防和安全。不仅如此，早期预防性立法还对犯罪的事后追诉机制——刑事程序，也产生了重大影响。尤其是早期预防性立法设置的早期预防型犯罪的构成要素的简单化、事实化，虽然会给侦查、审判等提供便利，且这种便利能提高司法效率，但诚如下文论及的，也会滋生非正义。尤甚于此，早期预防性立法还会导致监狱已不再仅仅是惩罚和改造犯罪人的场所，更是扣押被视为具有极高风险之人的地方。鉴于语境的设置，后者不是本文研究的主题，但对于前者的深入探讨，还必须从研究早期预防性立法设置的早期预防型犯罪的类型开始。

（二）现有立法实践中的早期预防型犯罪类型

早期预防性立法是当代各国刑法的立法趋势，无论是在中国还是其他国家的实体刑法立法实践中，均存在早期预防性立法，并由此产生了大量的早期预防型犯罪。从各国的早期预防性立法实践看，早期预防型犯罪大致包括以下五种类型。

1. 预备型犯罪。预备型犯罪是指把预备行为独立犯罪化而产生的犯罪，其实质是预备行为的实行化。如中国《刑法修正案（九）》增设的"准备实施恐怖活动罪"就属于典型的预备型犯罪，其把"组织恐怖活动培训或者积极参加恐怖活动培训的"、"为实施恐怖活动准备凶器、危险物品或者其他工具的"行为、"为实施恐怖活动与境外恐怖活动组织或者人员联络的"行为、"为实施恐怖活动进行策划或其他准备的"行为予以犯罪化。"准备网络违法犯罪活动罪"也属于预备型犯罪，把"设立用于实施诈骗、传授犯罪方法、制作或者销售违禁品、管制物品等违法犯罪活动的网站、通讯群组的"、"发布有关制作或者销售毒品、枪支、淫秽物品等违禁物品、管制物品或者其他违法犯罪信息的"、"为实施诈骗等违法犯罪活动发布信息的"行为予以犯罪化。预备型犯罪是直接把预备行为自身视为完成形态的行为进行规制的实践和理论思路，不同于传统刑法把预备行为依附于既遂犯罪进行惩罚的模式。正如下文所论及的，预备型犯罪惩罚的预备行为并不等于以未完成形态犯罪惩罚的预备行为，会导致惩罚的范畴扩大。

2. 煽动或鼓动型犯罪。这类犯罪是指通过言辞或其他方式煽动或鼓动实施犯罪的犯罪，比如国家安全犯罪领域中的煽动颠覆国家政权罪、煽动分裂国家罪等，恐怖犯罪领域中的宣扬恐怖主义、极端主义、煽动实施恐怖活动罪等。这类犯罪禁止的行为比未遂行为和预备行为还要早，距离实害结果更远。换言之，这类犯罪禁止的行为出现不仅早于我国刑法第23条规定的未遂所在的时间点，甚至还早于第22条规定的预备行为所在的时间点。当然，如此进一步提前预防实害结果的犯罪化多出现在特殊的领域，比如前面提及的国家安全犯罪和恐怖犯罪领域，以及重要的社会管理秩序犯罪领域。

3. 持有型犯罪。持有型犯罪在各国刑法中均存在，比如我国刑法中的持有枪支罪、持有毒品罪、持有假币罪，《刑法修正案（九）》还增加了非法持有宣扬恐怖主义、极端主义物品罪。与之相较，美国某些州的刑法典规定的持有型犯罪更多，比如纽约法律规定了150多种持有型犯罪。① 美国刑法中的持有型犯罪，其对象也较我国刑法持有型犯罪涉及的对象广泛，除我国刑法中的枪支、弹药、毒品外，还包括盗窃的赃物、赌博的工具、犯罪工具、玩具枪、伪造商标、防弹衣、淫秽物品、不安全物品和夜盗罪的犯罪工具等。② 我国刑法学界的主流思想是把持有视为一种行为，作为持有型犯罪的客观要件。但英美法系一些学者不认为持有是一种行为，仅仅视其为一种被动的状态和法律拟制。③ 但无论学者如何质疑，设置持有型犯罪的立法技术均被各法系的立法采用，且在立法实践中均呈现增长趋势。

4. 成员身份型犯罪。各国法律均禁止恐怖犯罪组织，且禁止公民成为恐怖组织的成员。因此，各国把恐怖组织成员身份予以犯罪化。比如，中国刑法规定的参加恐怖活动罪、《加拿大刑事法典》规定的"参加恐怖集团活动罪"；④ 印度1987年《恐怖与破坏活动（预防）法》§3（5）规定的"是恐怖组织或恐怖集团成员是犯罪"；⑤《德国刑法典》§129a-129b规定的"禁止参加恐怖组织罪"⑥ 等等，就是对恐怖组织成员身份的犯罪化。在这类犯罪中，立法的用语虽是"参加""是"或"属于"恐怖组织，但西方国家的一些学者不认为"参加""是"或"属于"具有犯罪行为的属性，并认为这些

---

① Joel. Samaha, Criminal Law (10th edition), Wadsworth Cengage Learning, 2011, p. 97.

② Ibid., p. 98.

③ Ibid., p. 97.

④ Liat Levanon, "Criminal Prohibitions on Membership in Terrorist Organizations", New Crim. L. Rev., 2012 (15), p. 240.

⑤ See Atli Stannard, "Mere Membership of a Banned Organization Cannot Carry Criminal Liability", Journal of Commonwealth Criminal Law, 2011 (10), p. 157.

⑥ 《德国刑法典》，许久生、庄敬华译，中国方正出版社2004年版，第74—75页。

犯罪是禁止获得恐怖组织成员身份，是一种身份型犯罪。[1] 恐怖组织成员身份之所以被各国刑法禁止，是因为获得这种身份就在恐怖组织内，并会受"有罪性"的恐怖组织浸染，这会提高行为人实施恐怖组织犯罪的可能性。基于预防恐怖犯罪立法承认"社团有罪性"理论，把恐怖组织成员身份予以犯罪化，禁止行为人获得这种身份。[2] 在各国刑法中的其他有组织犯罪中，也把成员身份予以犯罪化。比如，我国黑社会性质组织犯罪，就把黑社会性质组织成员身份予以犯罪化。

5. 单纯的危险犯。各国设置危险犯均是为了更周延的保护法益，[3] 其实质也是在实害结果出现之前以刑法予以预防，期冀通过超前禁止风险行为而避免严重危害后果的发生。这类危险犯与依附于实害结果的危险犯不同，罪的构造是单一的"危险行为+主观罪过"。在该类犯罪中，被禁止的行为是高危行为，本身已具有不法性，但又未造成严重后果。而对危险行为的规制和惩罚并不仅仅只有刑法一种手段，其他法律也可予以惩罚。因此，把具有严重危险之行为予以犯罪化和把持有等行为予以犯罪化引起的规范性问题，具有巨大差异。

二　与目标犯罪缺乏规范联系的早期预防型犯罪：缺失实质不法

早期预防性立法在宏观上是对当代社会的风险特征予以的回应，也是对公民对安全的担忧和焦虑予以的回应。因此，早期预防性立法能获得官方和民众的认可。但某些早期预防性立法，由于过度干预而致无辜行为受罚而倍受诟病和质疑。早期预防性立法受到诟病和质疑的根源在于：基于对安全的担忧和焦虑而极端重视刑法的工具价值，并由此过度超前干预而致早期预防型犯罪与目标犯罪之间的规范联系断裂，这就使早期预防型犯罪的实质不法与形式不法分

---

[1] Liat Levanon, "Criminal Prohibitions on Membership in Terrorist Organizations", *N. Crim. L. Rev*, 2010 (15), p. 224; Atli Stannard, "Mere Membership of a Banned Organization Cannot Carry Criminal Liability", *Journal of Commonwealth Criminal Law*, 2011 (10); David Cole, "Terror Financing, Guilt by Association and the Paradigm of Prevention in the 'War on Terror'", *Georgetown Public Law and Legal Theory Research Paper* No. 1262792, 2010.

[2] Liat Levanon, "Criminal Prohibitions on Membership in Terrorist Organizations", *N. Crim. L. Rev*, 2012 (15), p. 224.

[3] 林东茂：《刑法综览》，(台北) 一品文化出版社2012年版，第59页。

离——与目标犯罪缺乏规范联系的早期预防型犯罪只有形式不法，缺失实质不法，这就意味着其越过了刑法的道德边界，本身缺乏正义性，因此被诟病和质疑。

（一）在应然层面上，具体个罪是形式不法与实质不法的统一

刑法语境中的不法既应为立法的入罪提供标准，又应为司法提供标准。刑法中行为之不法具有刑事政策引导性目的，即以此为标准筛选出一种确定的行为作为刑法禁止的对象，指引行为人不去实施该行为。因此，不法是根据一定目的，对法律反对的行为方式作出解释，并为法律的反对或禁止提供根据。尽管刑法中的不法具有刑事政策的引导作用，但在不同的语境下，不法发挥的功能作用不同：在立法语境下，不法是为设罪提供正当根据，不法的主要依据是由社会危害或危害风险的大小、行为人的罪责性等决定的刑事可罚性，侧重行为的道德可责罚性；在司法语境下，不法是为各司法机关提供裁判根据，不法的主要依据是某罪对应的刑法规范，侧重的是刑法规范的评价。但司法和立法语境中的不法，并不是互相排斥和分离的，相反，其具有统一性。二者统一的点是设置的某罪：刑法设置的某个具体罪必须具有道德上的正当性，同时该道德上的正当性必须以刑法规范予以宣示。这也使不法具有两个侧面：实质不法和形式不法。

为了理解形式不法和实质不法的关系，还应回到犯罪化所具有的意义上来。把某种行为予以犯罪化意味着该行为是犯罪，同时也就意味着该行为被标签为：第一，该行为不可为；第二，公民如果实施该行为，则公民就应承担被定罪和惩罚的义务。由此可认为犯罪化就是宣示犯罪行为的不法，并宣示公民不享有实施该行为的自由。换言之，这种不法是犯罪化的产品——按照某种行为对应犯罪的规范予以判断，即以规范作为载体和判断标准，是形式不法。因此，实施刑法禁止的行为就是具有形式不法之行为。但该形式不法的创设或说犯罪的创设会剥夺公民的基本自由，因此必须具有正当理由。该行为的实质不法便是其被刑法禁止的正当理由：实质不法回答了具有形式不法之行为之所以被当作犯罪予以禁止和谴责的理由。这便是不法的实质侧面，实质是一种道德不法，体现的是行为的刑事惩罚性。这些论点反映了应然层面的形式不法与实质不法的关系。第一，形式不法是对实质不法的回应，实质不法是形式不法的正当化根据；某行为具有实质不法，所以才创设形式不法对该行为予以禁止。第二，立法者认为要惩罚并减少某种具有实质不法之行为的出现，就应设置某种罪从而创设一种形式不法；形式不法的创设是为了控制实质不法，实质不法

为评价性回应方式的形式不法提供标准。第三，立法者创设某种形式不法禁止某行为，期望指导公民的行为；定罪与惩罚是国家对犯罪行为的评价性回应，并以此威慑公民远离形式不法行为，从而远离实质不法行为。

(二) 早期预防过度超前：实质不法与形式不法分离

在以早期预防性立法追求安全的犯罪领域，实际上犯罪活动由核心行为和辅助行为两个层次构成。核心行为就是造成实害结果的行为，在形态上表现为以个体、社会及国家安全为侵害法益的实行行为。辅助行为是指与实害结果有一段距离的行为，包括指向实行行为的各种行为，还包括基于意识形态极端化所实施的颂扬、传播、煽动等行为。核心行为所对应的犯罪是目标犯罪——预防性立法预防的目标；辅助行为所对应的犯罪就是预防型犯罪。因此，在采纳早期预防性立法的犯罪领域，刑法对犯罪的规制有两个层次：目标犯罪和早期预防型犯罪。目标犯罪以报应或责难为根据，以"不法行为+主观罪过"或"不法行为+主观罪过+实害结果"确定的时空点，作为设罪的规范位置。早期预防性立法基于对"安全"的担忧和焦虑，突破"不法行为+主观罪过"或"不法行为+主观罪过+实害结果"确定的设罪规范位置。而对传统刑法设罪规范位置的突破，使早期预防型犯罪禁止的行为，不再具有实质不法——被禁止的某些危险行为不具有道德上的可责罚性。

从刑法的谴责品质看，被禁止的行为应具有刑罚可责罚性。但早期预防性犯罪禁止的行为，比如持有枪支行为，不一定意味着行为人就会使用枪支去实施某种严重实害结果犯罪，获得恐怖组织成员身份并不一定会实施恐怖活动犯罪，持有毒品也不意味着行为人就会贩卖毒品等。立法设置这些罪，不关注行为与严重后果之间的归责关系，其目的就在于禁止这类行为本身。这使该类犯罪禁止的行为缺乏报应和非难根据，也即缺乏实质不法。正如前述论及，从应然角度看，刑法立法应是对实质不法予以回应，某罪的实质不法和形式不法是统一的，不存在分离："形式不法性与实质不法性，两者是相互对应，并非对立，而是共同说明行为的不法性。"① 但从实然角度看，形式不法与实质不法并不必然共存，比如，因立法不可避免的疏漏和社会的发展，某些具有实质不法的行为暂时并没有受到刑法禁止。这种实质不法就没有形式不法，因为立法还没有通过犯罪化的方式创设形式不法，对这种实质不法予以回应。但是，当立法创设了某些形式不法，就应当具有实质不法，因为该实质不法是立法创设

---

① 叶前林：《刑法犯罪构成理论的思考》，硕士学位论文，新疆大学，2012年。

形式不法的正当根据。当立法设置的罪仅具有形式不法而不具有实质不法，不仅会在刑法实体法理论上受到质疑，而且也会引起刑事程序的异化。早期预防性立法过度前移，造成形式不法与实质不法的分离，就属于这种情况。

三　缺乏实质不法的早期预防型犯罪：异化刑事审判

早期预防性立法以安全为优先价值选择，没有顾及被禁止的行为是否具有实质不法。这不仅造成早期预防型犯罪与目标犯罪脱离规范联系，而且还造成：轻微不法的危险行为或日常生活行为被犯罪化；惩罚的行为低于预备行为，甚至设置的罪无行为要件；惩罚某些既无危害风险也无造成实害倾向，仅在客观上确实是可能严重后果的"平台"的行为；让初始行为者对将来之行为承担刑事责任等。这些结果与传统刑法的刑事责任理论、行为理论、归责原则等矛盾和冲突，引起了实体刑法学界的众多争鸣和质疑。不仅如此，其也影响到事后追诉程序——刑事诉讼程序，特别是刑事审判程序，并异化了刑事审判程序，诱发诸多非正义。

（一）某些早期预防型犯罪成为便于法院定罪的工具

早期预防型犯罪的构成要素不同于目标犯罪的构成要素。前者主要是由某个时空点的行为、状态/身份以及行为和对象等客观事实构成，比如，非法持有毒品罪是由持有行为和毒品构成，参加恐怖活动罪仅需要行为人身份或状态即可构成，危险驾驶罪需要的是行为人具有某种附随情状（也就是某种事实）的危险行为——醉酒、飙车等客观的事实，并以此事实推定是否存在不被容忍的风险。概言之，缺乏实质不法的早期预防型犯罪之构成要素主要是被禁止的所谓"行为"及其具有的某种客观的附随情状。虽然这些犯罪的成立也需要所谓的主观罪过，但诚如前论及，这种主观罪过本身是针对行为、对象等的主观心态，一般情况下行为人针对行为和对象均具有主观罪过。而且更有甚者，这些罪的主观罪过也是由立法推定的，行为人本身在某些客观事实呈现时到底是何种主观心态，并没有进行区分。与之相比较，目标犯罪是由体现报应理念的可谴责性的要素构成，比如造成实害结果的实行行为、指向实害结果的主观罪过或实害结果构成。在司法实践中，实行行为的查证、针对实害结果的主观罪过的查证均具有极高难度，尤其是要证明针对实害结果的主观罪过的证明，就给刑事审判增加了极高的证明负担。显然，相比较而言前者的构成要素更便于定罪，而后者的构成要素则对定罪提出了挑战。

以持有毒品犯罪为例，如果刑法没有设置该罪，持有毒品只有查证是为了运输、贩卖、邮寄毒品犯罪等犯罪，或者是与这些目标犯罪有关联，才可定罪和惩罚。但设置持有毒品犯罪后，只需查证行为人是否控制有毒品、毒品的数量是多少，即可认定行为人构成犯罪。再以预备型犯罪中的"准备实施恐怖活动罪"为例，该罪把"组织恐怖活动培训或者积极参加恐怖活动培训的"的行为予以犯罪化，如果不设置该罪，"组织恐怖活动培训或者积极参加恐怖活动培训的"行为要受到惩罚，则必须查明实施这些行为的行为人与恐怖活动犯罪有关联才可能被惩罚。但当该罪产生后，法院无须查明行为人是否与恐怖活动犯罪有关，即可对其定罪惩罚。因此，从刑事审判角度看，该类早期预防型犯罪对于法院对毒品犯罪、恐怖活动犯罪的定罪和施刑看，更为便利。针对"准备实施恐怖活动罪"，在此还必须阐明的是，其对"为实施恐怖活动准备凶器、危险物品或者其他工具"的行为；"为实施恐怖活动与境外恐怖活动组织或者人员联络的"行为的入罪，与"组织恐怖活动培训或者积极参加恐怖活动培训的"入罪在罪状表述上不同：对于前两类行为，罪状上有"为实施恐怖活动……"的表述，而后者没有"为实施恐怖活动……"的表述。该表述上的不同，使其与目标犯罪的规范联系不同，同时，对刑事审判的影响也不同：对于前者，法院必须查明"为实施恐怖活动……"这一主观要素，而后者法院则无须查明。因此，后者就排除了对组织恐怖活动培训者或者积极参加恐怖活动培训者定罪的最大障碍。因此，法院对前者的定罪更为困难，而对后者的定罪则较为便利。总而言之，缺失实质不法的早期预防型犯罪不仅为法院定罪带来了极大便利，也为打击和预防某些严重犯罪带来了极大的便利。

（二）导致对可能实施严重犯罪的嫌犯的定罪更多

缺乏实质不法的早期预防型犯罪会导致更多的嫌疑犯被逮捕和定罪。前述已论及，如果不设置早期预防型犯罪，则早期预防型犯罪禁止的所谓行为并不一定是犯罪，仅可能涉嫌目标犯罪。所以与目标犯罪脱离规范联系的早期预防型犯罪，另一个刑事程序上的意义是：成为对实质不法嫌疑犯进行逮捕和定罪的依据。以《刑法修正案（九）》增设的"宣扬恐怖主义、极端主义、煽动实施恐怖活动罪"为例，该罪惩罚的是"实施以制作、散发宣扬恐怖主义、极端主义的图书、音频视频资料或者其他物品，或者通过讲授、发布信息等方式宣扬恐怖主义、极端主义的，或者煽动实施恐怖活动"的行为，行为人主观上对恐怖行为是否发生无论是直接故意还是间接故意，均构成该罪。根据该罪罪状主观方面和客观方面的文字表述，其意涵十分广泛，把为了获利而制作、散发相关的图书，或者为了讲述恐怖活动犯罪的原因而间接让更多的人了解恐怖分子或恐怖活动等行为，均纳入该罪的犯罪圈。该犯罪禁止的行为原先仅仅可能是涉嫌恐怖活动犯罪的嫌疑犯，如果不能找到行为人会进一步参与/实施恐怖活动的证据，则不能予以定罪。但该罪设立后，这些涉嫌犯罪的行为不再是犯罪嫌疑行为，本身就已经是犯罪。因此，当设置脱离目标犯罪的早期预防型犯罪后，会导致更多的嫌疑犯被直接以犯罪对待。

（三）剥夺法院对实质不法进行审判的权力

法院审判是以法律为准绳，以事实为根据。刑事审判就是依据刑法和刑事程序法的规定，以被确认的事实为根据。如果早期预防型犯罪的罪状设置与目标犯罪脱离，从而导致缺失实质不法要件，则刑事审判中不需要考虑实质不法。该类早期预防型犯罪虽然方便了法院的审判和定罪，但也剥夺了法院审判实质不法的权力和机会，这与当今呼吁和进行的某些刑事司法改革策略不符。为了实现刑事法治正义，刑事司法正提倡和进行庭审实质化改革，其目的就是要让庭审真正发挥对定罪和量刑的决定作用，改变刑事审判的一些乱象，比如"审而不判、判而不审"的现象。① 而某些早期预防型犯罪从立法开始，就排斥法院对其进行审判的机会和权力，是典型的"判而不审"的表现之一，仅仅实现了有限但不充分的庭审实质化。而与之对应，对于目标犯罪，因其形式不法与实质不法是融合在一起的，法院在对此类犯罪进行审判时，其审判的对象既包括形式不法，也包括实质不法，必须对二者同时进行评价和认定。对于实质不法而言，虽然审判结束前是涉嫌的实质不法，但法院一旦判决定罪和施加刑罚，则就不是对涉嫌实质不法进行定罪和施加刑罚，而是对经过法庭审判和被证实的实质不法予以定罪和惩罚。对与目标犯罪脱离规范联系的早期预防型犯罪，因形式不法与实质不法已然分离，法院就只能对形式不法部分的事实进行审判。比如非法持有毒品犯罪或非法持有枪支犯罪，前者的实质不法是为了其他诸如贩卖、运输毒品等犯罪，后者的实质不法是利用枪支实施其他严重危害结果的犯罪，但法院在对非法持有毒品犯罪或非法持有枪支犯罪进行时审判时，无权追问行为人是否为了实施前述的实质不法。法院审判的旨意是要实现正义，但正义不仅应实现而且应以看得见的方式实现，无论法院采取何种具体的方式实现正义，但底线至少应是：法院不能用"烟幕"似的方式进行裁

---

① 左卫民：《地方法院庭审实质化改革实证研究》，《中国社会科学》2018年第6期。

判。而法院要避免裁判中的"烟幕"，就必须有能力和机会关注争议的实质。但要关注争议的实质，法院就不应剥夺对真正能解释为什么被告出现在法庭，可使对被告的定罪具有正当性的任何事实予以裁判。如果剥夺法院对这些事实或根据进行裁判的权力，则让法院关注法律争议的理由都不充分了。

（四）对被告人诉讼权利的影响

在刑事程序中，控方被赋予很多权利，辩方也被赋予诸多权利。不仅控辩双方被赋予相应的权利，而且被告也享有诸多权利。被告到底享有那些权利有争议，但无论争议如何，被告至少应享有知悉权、辩护权、反对被迫自证有罪的权利与沉默权、免费获得翻译帮助的权利、获得法律平等保护权、未经法院依法判决任何人不得被确定有罪权、最后陈述权等权利。① 这些权利是被告在刑事程序中享有的最基本权利，有些权利还是宪法性权利，有些权利虽然不是宪法性权利，但基于其重要性，学者主张将其予以宪法化。② 而在刑事审判阶段被告享有的陈述权至关重要。根据《中国刑事诉讼法》第 160 条的规定，审判长在宣布辩论终结后，被告人有最后陈述的权利。被告人最后陈述权的行使必须以当庭口头陈述为唯一的形式，书面等其他形式都不能替代口头陈述。被告人最后的口头陈述有重要的意义，其有助于更好地发现案件真实、凸显对被告人人格的尊重、对旁听民众有特殊的教育功能、帮助情感宣泄等等。③ 最后陈述权最基本的性质应是辩护权，因此，审判阶段的被告的最后陈述权也具有专属性、防御性和绝对性。④ 该权利的赋予不仅意味着被告拥有针对指控内容进行辩解、反驳，以维护其合法权益的权利，而且意味着最后该权利只能由被告行使，且无论被告人被指控的犯罪性质、造成的严重程度等，都应给予被告人最后陈述的机会。

而缺失实质不法的早期预防型犯罪不仅在实体上限缩公民的自由空间，同时在程序上还剥夺了被告人的上述权利。前述论及，法院不会对实质不法要素予以审判，与之对应，被告就不会在法庭中对其是否涉嫌实质不法进行陈述。最后陈述权是对被告作为理性人人格的尊重，但同时也让被告分担了法庭出错

---

① 陈卫东、郝银钟：《被告人诉讼权利与程序救济论——基于国际标准的分析》，《中外法学》1999 年第 3 期。

② 陈瑞华：《刑事被告人权利的宪法化问题》，《政法论坛》2004 年第 3 期。

③ 张进德：《刑事被告人最后陈述权探析》，《人民检察》2003 年第 8 期。

④ 熊秋红：《刑事辩护论》，法律出版社 1998 年版，第 7 页。

的风险。作为理性主体，个体能对不真实的情况予以否定，澄清或者接受指控。把被告视为理性人，让其以这种方式对自己负责，是严肃对待其不法行为的方式。作为案件事实最为知情者，被告人比证人等均更了解真实情况。尽管被告的阐述只能使涉及的事实的记录更直接、更详细，不能使其行为正当化或得到宽恕，但其最后陈述权也分担了探究案件真相、降低错判风险的责任。而因法院没有对实质不法进行审判，所以被告无法就实质不法涉及的要素予以陈述、辩解和反驳。甚至可以认为，被告被剥夺了其应被允许知道其被定罪/不定罪的根据。严肃对待被告就是把其作为理性主体看待，让其有表达自己意见和不同看法的权利和机会。简言之，即使被告有罪应被投进监狱，但如果没有经过审判就送入监狱，更详细言说，如果被告没有在审判过程中进行最后陈述，均是非正义的。因此，即使被告有罪，即使对形式不法的审判程序具有精准性，但没有就实质不法予以审判而导致被告无法予以最后确认，其还是非正义的。

（五）法院官方贴上的"犯罪"标签名不副实

定罪是法院审判后依据确凿的证据做出的有罪判决，其代表的是国家官方通过具体审判程序做出的权威决定。据此，定罪不仅意味着刑事责任的承担和分配，而且其本身就是一种标签，标志着国家对被告经法庭审判被认为有罪的公正宣告。标签理论认为法院的刑事司法活动就是完成贴"犯罪"标签的活动，并通过贴"犯罪"标签赋予人们行为以特定属性。犯罪是法院给行为贴上"犯罪"标签后才产生的，没有法院贴"犯罪"标签的行为就没有犯罪。[①] 因此，根据标签理论，在犯罪发生的机制中，通过法院审判并定罪才是犯罪发生的肇始。标签理论的内涵时有变化，而且标签理论也时浓时淡，但行为人的行为正式获得"犯罪"的称誉确实是通过法院审判后的定罪行为实现的。

法院作为正义的实现者和刑事司法活动中国家官方权威代表之一，贴"犯罪"标签具有特殊意义。从一般意义看，被告被贴上了"罪犯"的标签，甚至更具体的标签，比如恐怖活动犯罪分子，杀人犯等，是向社会表征犯罪人的恶性。这不仅是让社会更深刻地了解犯罪人，而且也是以国家名义表达对犯罪人的遣责。从具体意义看，因"犯罪"标签是由法院官方做出的，更让公众相信给被告贴上的"犯罪"标签是经官方证明应被贴上的标签。但是，给

[①] 李明琪、杨磐：《犯罪学标签理论的应然走向》，《中国人民公安大学学报》（社会科学版）2012 年第 3 期。

行为人的行为贴上的"犯罪"标签是否具有正当性？把某行为视为犯罪的正当性本质上并不在于法院的贴标签，而在于该行为本身是否具有实质不法性。但当形式不法与实质不法分离，法院没有对实质不法予以确证和审判时，则犯罪标签就不具有正当根据。该种有罪判决由法院官方作出后，则标签唯一的理由是：立法就是如此规定的。法院最终对行为人定罪和施加了刑罚，取得了标签效应，只从程序上表征法院确实已审判并确定定罪和判刑。这些标签的根据基本上参照是的形式不法构成要素，但缺乏实质不法事实。因此，这种"犯罪人"标签就是"烟幕"，其实是掩盖了某些不正义。

（六）削弱法院功能：减少法院对公检机关权力运作的挑战和质疑机会

刑事审判是依照刑法规定对刑事案件进行定罪和施加刑罚，但这并不是法院的唯一功能。法院不仅具有审判的功能，而且还具有制约和监督公检两家的功能。在刑事程序中，公检法三家不仅有明确的分工，而且三者互相联系、互相制约和制衡。而实践中三机关之间的关系是"公、检、法一体，互相配合多于制约……这使得强势的侦控机关能够对审判机关产生较大影响"。[①] 该种过浓的配合关系及侦控机关对审判机关的影响，是一种机制性结果。但侦控机关对审判机关的影响还有来自其他方面的因素，比如刑法立法设罪特征的影响，缺失实质不法的早期预防型犯罪就属于这种情况，其就会削弱法院制约和监督公检两方的权力。但在现代法治国家，法院有"依法制约公权，保障人权"的功能。[②] 而对公权力的制约，包括对侦控机关的制约和监督。前述已论及，早期预防型犯罪实质是目标犯罪的嫌疑而已，但当立法设置早期预防型犯罪后，这些涉嫌目标犯罪的行为便独立成罪。尽管立法的目的是阻止目标犯罪的发生，但执法者和控方可根据早期预防型犯罪侦查、逮捕和起诉涉嫌者。比如国家本是要逮捕和制裁恐怖活动犯罪分子，警察和控方也正是要追踪该类实质不法行为者。但就警方掌握的事实情况，仅能适用的犯罪是禁止较轻行为的犯罪，比如非法持有宣扬恐怖主义物品罪。警方就非法持有宣扬恐怖主义物品罪逮捕行为人，而与此对应，检方也以此罪提起控诉。因立法本身已设置非法持有宣扬恐怖主义物品罪，法院应就非法持有宣扬恐怖主义物品罪予以审判。同时，被告也不能反驳警察缺乏证明其是恐怖分子的证据，法官也不能因控方把较轻的犯罪起诉到法院而予以反驳，因为这不是被指控的犯罪。如果不设置

[①] 左卫民：《地方法院庭审实质化改革实证研究》，《中国社会科学》2018 年第 6 期。

[②] 姚莉：《法院在国家治理现代化中的功能定位》，《法制与社会发展》2014 年第 5 期。

缺失实质不法的早期预防型犯罪，当控方把早期预防型犯罪的事实起诉到法院时，法院就可质疑侦查方和控诉方掌握的事实还不充分，从而对被指控的犯罪予以质疑；但设置缺失实质不法的早期预防型犯罪后，法院在面对控方的起诉事实时，对于适用的早期预防型犯罪的证据已排除合理怀疑，则法院就不得质疑且必须做出判决。这不仅减轻了公检法各方承担的责任，而且也减少了法院对执法和控诉机关权力运作的挑战和质疑机会，削弱了审判权力的实质性和独立性。

四 对缺失实质不法的早期预防型犯罪的刑事审判：不能实现完善的程序正义

罗尔斯认为："正义是社会制度的首要价值，正像真理是思想体系的首要价值一样。"① 而正义不仅是实体刑法应追求的首要价值，而且也是刑事程序应追求的首要价值，甚至其实体价值还需通过诉讼程序予以实现。刑事程序中的正义有多种不同的判断标准和根据，据此形成了不同的立场。一般而言，程序中的正义分为纯粹的程序正义、完善的程序正义、不完善的程序正义三类。② 完善的程序正义是指"有程序"和"有标准"的正义，③ 其不仅追求公平的分配结果，而且要求实现公平分配的程序本身也是正义的。其中"有标准"是指一个确切的、独立于程序的标准，是保证怎样的分配结果是正义的结果的标准。不完善的程序正义是指"有标准"和"无程序"，其中"有标准"的含义和前述相同，而"无程序"是指缺乏能够保障实现公平审判结果的公正程序。换言之，有保证正确结果的独立标准，却没有可以保证达到正确结果的程序。纯粹的程序正义是指"有程序"和"无标准"，即在结果之外虽然有正当的程序，但却没有判断何谓正当结果的明确的独立标准。

刑事审判中的正义应是完善的程序正义。依据完善的程序正义的含义，刑事审判中的法庭程序是一种依据正当的程序、根据正当的理由，让正当的人获得其应得事物的方式。正确的人就是应被定罪的人，正确的事就是应被定罪与

---

① ［美］约翰·罗尔斯：《正义论》，何怀宏、何包钢、廖申白译，中国社会科学出版社2001年版，第3页。

② 同上书，第85页。

③ 何怀宏：《公平的正义——解读罗尔斯〈正义论〉》，山东人民出版社2002年版，第113页。

施加的刑罚，正确的理由则恰好就是该当的罪责。换言之，不仅判决或结果是公正的，而且程序本身的设计、审判的内容、裁判的标准和根据以及审判的过程均应符合正义的要求。从刑事程序与实体法的关系看，刑事审判对象和要素会随犯罪构成要素而变化，且影响对前述问题的回答。正是基于这样的互相影响关系，缺乏实质不法要素的早期预防型犯罪，法院仍然要进行审判并判决，但却很难实现完善的程序正义。一般而言，法院的判决有两种情况：有罪判决和无罪判决。但无论是有罪判决还是无罪判决，从程序角度审视，法院均只对形式不法要素进行了审判，没有对实质不法予以审判。因此，该判决并不能实现完善的程序正义，且会产生更多的非正义。

（一）刑事审判作出有罪判决衍生的非正义

1. 有罪判决惩罚的恰好也是有实质不法之人。虽然某些早期预防性立法导致实质不法与形式不法分离，但并不意味着某些涉嫌这些早期预防型犯罪之人就不具有实质不法。如果某人触犯了实质不法与形式不分离的早期预防型犯罪，但行为人的行为本身是具有实质不法的。换言之，行为人本就是当罚之人。那么有罪判决就如同前述列举的杀人犯，其虽然没有经过审判以故意杀人罪予以惩罚，但却被雷电击毙，偶然和巧合性地实现了结果正义。毫无疑问，从实体意义上看，该判决是正确的判决，让该罚之人受到应有的惩罚。但从程序上看，没有彻底实现程序上的精确性，特别是实质不法部分并没有经过法院的审判。该类有罪判决具有程序上的不正义性。

2. 有罪判决惩罚的并不是具有实质不法之人。该类有罪判决被质疑的地方是：保证定罪和施加刑罚具有正当化的实质不法所包含的要素不存在——该类要素存在且被证实才能从根本上阐明法院的定罪和量刑具有正当性，因其是证明行为具有罪责性的基本根据。实体结果正义意味着只有有罪责的不法者才应被定罪，定罪有实质不法的支撑才具有正当性。由此，尽管刑事审判证明了涉嫌早期预防型犯罪的行为人实施了早期预防型犯罪所包含的形式不法要素，并对其定罪和施加刑罚，但缺乏使定罪和施加刑罚具有正当性的实质不法所包含要素。这使刑事审判从违反规范的事实本身来推定危害结果的存在，继而根据禁止性规范违反而判断行为人是否可罚，而非是否应进行道义谴责和刑罚制裁的判断。最终即使刑事审判佐证了与此类犯罪构成要件相关事实，实现了程序上的精确性，但却没有确保无罪责的人不被定罪和施加刑罚，缺乏实体上的正义性。

（二）刑事审判作出无罪判决衍生的非正义

1. 无罪判决针对的是有实质不法之人。从立法目的看，早期预防型犯罪是为了谴责和惩罚严重实质不法行为，或者为了预防严重后果出现，但其路径是设置犯罪禁止根本不严重的行为、仅仅具有风险的行为或本身无害的行为。对于保证被定罪者确实是实质不法行为者，法院能发挥的作用极其有限，因为确定具有实质不法的要素已被某些早期预防性犯罪本身排除在司法考虑的范畴外。当法院审判后认为行为人的行为不具有形式不法，应予以无罪释放。该错误的无罪释放导致犯罪人没有被定罪和施加刑罚，其是非正义的。其非正义根植于对"使有罪责之人被惩罚之权利"①的侵犯。从当代刑事司法架构看，享有该权利之人是犯罪的被害人、集体大众等，代为行使的是公诉机关。"使有罪责之人被惩罚之权利"意味着有罪责的人应获得其应得到的定罪和刑罚，但该判决的错误释放导致本应承担定罪和被施加刑罚的正确之人什么也没有承担，逍遥法外，这显然是不正义的。

2. 无罪判决针对的是无实质不法之人。刑事审判程序不仅使正当结果更加可能，而且本身就是正当结果的组成部分。但这依赖于使犯罪行为人被定罪具有正当化的要素也在法庭被审判。而立法者在设置早期预防型犯罪之时，就排除了实质不法，导致法庭不可能对实质不法进行审判。因此，对早期预防型犯罪的审判结果不正当，对早期预防型犯罪的审判仅是不完善程序正义的代表，也就是罗尔斯所谓的纯粹的程序正义。创设早期预防性犯罪，会导致对更多的没有实质不法的人定罪。正如前文论及的，实质不法让定罪具有正当性。从立法者角度看，却会有更多的不正当的、不公正的定罪。

还必须进一步阐明的是：把实质不法从法院审判中排除，意味着在刑事程序中取消了能提供考量实质不法是否存在的机制，从而引起更多的错误。在上述提及的情况中，"无罪判决针对的是有实质不法之人"和"有罪判决惩罚的并不是具有实质不法之人"两种情况实质是属于错误判决。前者侵犯了"使有罪责之人被惩罚"之权利，而后者侵犯的是公民有无辜"不受刑罚惩罚之权利"②，均是非正义的。刑事审判是各种力量角逐并主张自己利益的舞台，且这种力量的角逐和角逐结果不仅要通过程序和判决的结果显示出来，且程序

---

① ［英］约翰·密尔：《功利主义》，叶建新译，九州出版社2007年版，第121—123页。

② ［美］道格拉斯·胡萨克：《过罪化及刑法的限制》，姜敏译，中国法制出版社2015年版，第143页。

和结果还会对公民、社会的政治、经济文化等方面产生很大影响。因此,刑事审判如果是非正义的,其会辐射极为广大的范围,影响会极为恶劣,所以刑事审判必须是正义的。从程序和实体两方面看,刑事审判的正义最低应保证刑事程序和刑事判决本身是正义的——完善的程序正义和刑事判决的正义把该当的罚施加该当的人或无辜的人不受罚。如前论及,不仅完善的程序正义要求其所依之法提供的根据是正当的,而且刑事判决的正义更要求根据正当的理由让正当的人获得其应得的事物。完善的程序正义和刑事判决的正义均首先需要立法设置的罪具有正义性,但某些早期预防型犯罪实质不法的缺失,导致其本身就不具有正义性,这使刑事审判追求的完善的程序正义和刑事判决的正义性不能实现,并由此衍生非正义。而这种非正义根源不在判决本身,而在于立法设置的罪本身有问题。与刑事审判中的由于事实认定错误或法律适用错误而产生的错误判决不同,但该类错误判决产生的根本原因在于立法而非司法。

五 正本清源:建构早期预防型犯罪与目标犯罪的规范联系

对缺失实质不法的早期预防型犯罪进行的刑事审判,衍生了诸多的非正义,其根本原因在于立法导致的形式不法与实质不法分离。因此,要真正消弭对早期预防型犯罪进行的刑事审判的非正义,就必须正本清源:恢复形式不法与实质不法的统一,保证早期预防型犯罪本身内含正当根据。这就需要重铸早期预防型犯罪与目标犯罪的规范联系,从而使早期预防型犯罪具有实质不法。

刑法的谴责品质要求被禁止的行为必须是不法的,而立法者将某行为犯罪化就是对该行为不法的质的评价。[①] 这种不法显然不仅仅指形式不法,而是使形式不法具有正当性的实质不法,实质不法才是某行为应被谴责的根本原因。行为实质不法的质的评价应包括两个方面:主观罪过和对客观世界的危害或危害风险。对于目标犯罪而言,其惩罚的行为具有这两个要素,其不缺乏实质不法,其实质不法与形式不法不会分离。而某些早期预防型犯罪的实质不法与形式不法之所以分离,根源在于早期预防型犯罪与目标犯罪脱离规范联系,从而彻底割裂了早期预防型犯罪禁止之行为和行为人主观与实害结果的联系。而该

---

① 严明华、张少林、赵宁:《刑法分则条文罪状的理解与相应法定刑配置关系研究》,《政治与法律》2010年第12期。

类规范联系的断裂导致禁止之行为失去了可谴责性品质，从而不仅导致早期预防型犯罪饱受诟病和质疑，同时也导致本文提出的问题的出现。因此，要恢复早期预防型犯罪的实质不法，就应构建早期预防型犯罪与目标犯罪的规范联系，保证早期预防型犯罪禁止的行为具有实质不法。同样，该实质不法的质的方面应包括两个要素：行为的客观危害或危害风险；针对目标犯罪的主观罪过。该两个要素的具备，不仅能恢复实质不法，而且还能限缩早期预防性立法的过度扩张。

（一）早期预防型犯罪应明文规定针对目标犯罪的罪过要素

在刑法上，行为人的主观态度和严重损害结果之间，即便存在着自然法则的因果关系，但如果行为人在某时空点实行无法预见结果，则不能以故意或者过失犯来对其归责。换言之，就不能承担刑事责任。据此，早期预防型犯罪施加的刑事责任要获得正当性，就必须使保证行为人对目标犯罪也具有主观罪过。是否应坚持与目标犯罪具有罪过要件在理论界是有争议的，但肯定论得到多数学者的支持。安德鲁·阿什沃斯甚至认为一个犯罪行为距离实害结果越远，则对其进行犯罪化就需要行为人针对实害结果有更高的过错要件。[①] 英格兰和威尔士法律委员会也认为被犯罪化的行为距离拟被阻止的危害越远，并且被阻止的危害越不严重，则就要求行为人对于严重后果有更高程度的过错要件，比如故意、不诚实、明知以及过失等。[②] 道格拉斯·胡萨克教授亦认为"制定法律设立风险预防犯，仅在于制裁那些对预防的最终危害具有主观罪过的被告"[③]，否则就是在设置严格责任犯罪。[④] 但在民主法治国家，没有足够的理由不能设置严格责任犯罪。从刑事责任的正当性维度看，针对目标犯罪罪过要素的嵌入，决定了在设置预防型犯罪时把最终实害结果作为参照物。这体现了刑事责任的施加聚集于行为人的选择和确信要素，和对行为人主观选择或意思自治的尊重——也就是对行为人道德主体资格的尊重。当刑事责任的施加尊重了行为人的道德主体资格，即尊重了行为人的意思自治，使刑事责任的施

---

① Andrew Ashworth, *Principles of Criminal Law* (5th ed.), Oxford University Press, 2006, p.461.

② Law Commission, "Criminal Liability in Regulatory Contexts", *Consultation Paper*, No.195.8.10 (2010).

③ ［美］道格拉斯·胡萨克:《过罪化及刑法的限制》，姜敏译，中国法制出版社2015年版，第271页。

④ 同上。

加具有道德性。当然,行为人针对目标犯罪或实害结果的主观罪过,并不否定行为人对预防型犯罪禁止的行为或所涉对象等要素的主观罪过。

而就实践中的立法看,有些预防型犯罪因与目标犯罪有规范联系,就不缺乏实质不法。英美法系的三个总则性犯罪,即未遂罪、共谋罪和教唆罪,惩罚的也是没有实害结果但有实害结果可能性的行为,也是预防型犯罪。因三个犯罪是设置在总则中,故而被称为总则性的犯罪。三个犯罪虽然惩罚的也不是实行行为,甚至是低于预备行为的行为,比如共谋罪惩罚的行为就可能是低于预备行为的行为,但与目标犯罪有规范上的联系,从而避免了对无辜行为的惩罚。其践行方式就是在这些犯罪的构成要件中设置具有进一步实施实害结果的意图,迫使未遂罪、共谋罪或是教唆罪惩罚的行为必然与目标犯罪具有规范联系。不仅如此,无论是未遂罪、共谋罪或是教唆罪,不仅具有实施目标犯罪的故意,而且具有实施预防型犯罪禁止行为的故意,即"双重故意"。未遂罪、共谋罪或是教唆罪的"双重故意"保证了未遂行为、共谋行为与教唆行为与其所指向的严重后果之间具有规范上的联系。① 该三个罪指向目标犯罪的主观罪过不仅保证了与目标犯罪的规范联系,而且限缩了该类犯罪惩罚范畴的扩张,使惩罚的即使是低于预备行为的行为,也没有使该犯罪失去实质不法,失去道德可责罚性。而在中国刑法设置预防型犯罪立法实践中,某些预防型犯罪的设置也是符合该主观要件的。比如:我国刑法恐怖犯罪领域中的预备型犯罪,即我国刑法第 120 条之二规定的"准备实施恐怖活动罪"禁止的行为,尽管行为人实施这些行为并不会造成与恐怖主义有关的危害结果,但从法条规定看,第(一)、(三)和(四)项有"为实施恐怖活动"主观要素的规定。该主观要素在罪状中的嵌入,就能避免或减少对无辜行为的惩罚。而我国刑法中的持有型犯罪均没有该类主观要素的嵌入,增加或不可避免地会造成对无辜行为的惩罚。比如非法持有恐怖主义、极端主义物品罪的设置,就导致对无辜行为的惩罚:深圳男子张某因私人电脑中存储诸多暴力、血腥的恐怖视频而被深圳龙岗法院定性为非法持有恐怖主义、极端主义物品罪。② 电脑中存储暴力、血腥的恐怖视频,并不意味着行为人必定实施恐怖主义犯罪,也不意味着

---

① 参见约书亚·德雷斯勒《美国刑法纲要》,姜敏译,中国法制出版社 2016 年版,第 57—66 页;《美国模范刑法典及其评注》,刘仁文等译,法律出版社 2005 年版,第 77—80 页;刘士心《美国刑法中的犯罪论原理》,人民出版社 2010 年版,第 234—267 页。

② 《深圳"90 后"男子网上传播嗜血斩首视频,获刑 18 个月》,2018 年 3 月,网易新闻,http://help.3g.163.com/16/0921/10/C1FSL7BG00964J4O.html#from=relevant。

行为人就会宣扬和传播恐怖主义、极端主义。其完全可被视为是某些个体的特殊生活行为，是行为人满足其特殊喜好或娱乐的行为，并不具有可责罚性。

在此还需要提及的是，虽立法者在设置某些预防型犯罪时，也设置了故意等罪过，但针对的对象却是前述的早期预防型犯罪禁止的风险行为或对象。以我国的持有毒品罪为例，持有毒品犯罪是故意犯罪。根据现行立法规定只要行为人认识到其持有行为且持有的是毒品，则就构成本罪。很显然，其"故意"并不是针对实害结果或可能的目标犯罪。仅规定针对风险行为或对象的故意有三个缺陷：第一，任何有刑事责任能力的个体，除了不可预测的情况或意外事件外，针对自己的行为或对象在主观上均有认识或控制能力，但这并不能佐证行为人一定会实施具有侵害性的行为；第二，针对该罪中的行为或对象的认识能力或控制能力，并不是具有侵害性的主观心态，这种认识或控制能力并不足以佐证行为的不法；第三，在距离实害结果的任何节点上的行为或对象，除了不可预测事件或意外事件外，行为人均具有这种认识或控制能力。如果把这种主观心态视为预防型犯罪的罪过，则无疑会导致无辜或对实害结果作用力很小的行为被视为犯罪。

预防型犯罪针对目标犯罪中的实害结果应具有主观罪过，但到底应是何种主观罪过有不同的立场。就立法和理论而言，大致存在以下立场。（1）狭隘原则。该原则只让行为人对其可预期的严重后果负刑事责任。比如美国法学会依据因果关系理论，以《模范刑法典》之§2.03（2）明确规定以下立场：反对"行为人为远超过其预期的严重后果负刑事责任"。[①] 中国很多学者也持这种立场，不赞成行为人对没有预期的严重后果承担刑事责任。简言之，根据狭隘原则，行为人只对其能预期的严重后果承担刑事责任。（2）宽泛原则。该原则认为即使行为人对严重后果没有预见性，也应承担刑事责任。而立法实践上较多的是采取这种立场，比如美国有些州的立法实践并不是采取《模范刑法典》的立场，相反采取的是宽泛原则。从实质看，宽泛原则采取的是"推定论"，即立法推定认为：某些距离实害结果较为遥远的行为，虽行为人还没有预见其会诱发严重后果或诱发他人实施具有严重危害的行为，但该类行为已具有危险性，应予以禁止。

无论是"预测可能性"的狭隘原则，还是经验推定维度的宽泛原则，均会导致惩罚过度化，甚至会把无辜的行为予以犯罪化。从刑事责任一般原理看，若无压倒性的充足理由，行为人只应对其能预见的严重后果承担责任。因

[①] 参见《美国模范刑法典及其评注》，刘仁文等译，法律出版社2005年版，第27页。

此，本文虽不赞成把狭隘论适用于所有的预防型犯罪，但并不彻底否定狭隘论，相反，把"预测可能性"视为是施加刑事责任的最低标准。而宽泛论实际上是经验推定，没有主观罪过要件，这实际上不符合刑事责任施加的一般原则。从前述论及的预防型犯罪类型看，不同类型的预防型犯罪禁止的行为不同，与实害结果的远近不同，对实害结果的加工作用和影响也不同。很显然，行为人处在不同的被禁止行为的时空点时，对实害结果的预见可能性程度也不同。因此，针对目标犯罪中的实害结果到底应是何种程度的可责罚性，应区别不同类型的预防型犯罪设置不同的标准。

（二）行为具有危害或危害风险：拟被禁止的行为至少已有朝向目标犯罪的实质步骤

行为的不法在客观上表现为对客观世界的侵害或侵害风险，但对于立法者而言，不应以经验或推定的方式确定某种行为的侵害性或侵害风险，相反，其应以客观事实为依据从而保证立法拟被禁止的行为具有不法。目前的某些早期预防性立法采取的就是以经验判断或推定的方式，但推定和经验判断不仅取消或转移了举证责任，而且还使早期预防性立法过度超前，导致行为人的行为在客观维度还没有风险时就被犯罪化了。本文认为仅当被犯罪化的行为具有朝向目标犯罪的实质步骤时，才能证明其行为已具有客观危害或危害风险。从另一个维度看，"具有朝向目标犯罪的实质步骤"也才能表征行为人朝向目标犯罪的主观罪过，也才意味着当行为人还没有以任何方式参与客观事件，就不能推定当前的某种行为是风险行为，具有危险或威胁而施加刑事责任。

客观方面要求行为人有朝向实害结果的实质步骤，意味着行为人当下的行为对实害结果是否发生已具有决定意义，行为人将来的选择或第三者将来的参与行为不再对危害结果发生具有决定作用。只有当行为人的行为到达这个时空点，其潜在的危害结果才不再取决于将来的选择，其本身已具有危害或危害风险且已表征行为人有推进目标犯罪的主观心态。比如持有菜刀、石头和木棒的行为是否必然会诱发严重后果？很显然，仅对这些物品持有本身并不能造成严重后果。如果要发生严重后果，还需要行为人或他人将来进一步的行为。换言之，就当前的持有状态看，严重后果是否会发生具有极大偶然性。因此，对于这种状态下的对普通物品的持有不宜予以犯罪化。

余 论

刑事审判关乎司法正义和司法公信力，但影响司法正义和司法公信力的因子众多。刑事审判是以刑事实体法和诉讼法为准绳，以认定的客观事实为根据，因此，实体刑法的内容也是对司法正义和司法公信力的影响因子之一。比如，刑事实体正义在多元化利益结构之下越来越难以达成共识，以及实体刑法本身正义或公正的缺失，均会影响刑事审判的公信力和正义性。当今的司法社会公信力偏低已经成为司法建设中一大久治难愈的顽症，这引起社会各层人士的焦虑和担忧："当前，部分群众对司法的不信任感正在逐渐泛化成普遍社会心理，这是一种极其可怕的现象。"[1] 而对司法公信力低下大多归因于司法腐败、司法体制缺陷、法官素质不高等，毫无疑问司法实践中的错案、冤案，确实和前述因素有关，但却忽略了实体正义的缺失或捉摸不定对司法公信力的影响。刑事司法实践中，即使依据刑事程序法和刑法的规定予以审判，认定的事实是正确的，判决结果与法有据，与事实认定相符，既非错案亦非冤案，但却依然公信力非常低，其原因之一就在于刑事司法审判依据的刑法规定本身有问题。某些早期预防型犯罪实质不法的缺失导致其缺乏正当根据，继而使对其进行的刑事审判结果亦无公信力可言。司法公信力取决于司法权威，而本身缺乏正当根据的某些早期预防型犯罪的刑事审判结果的权威是来自国家权力依仗的国家强制力。但在法治国家中，司法权威的确立并不单纯仰仗权力，其只有得到人民的认可、确信和承认，才能够赢得人民发自内心拥护的权威。[2] 否则，司法审判的权威就仅仅是依靠暴力或带有暴力性的强制力获得。而缺少人们内心认可、确信、信赖的权威审判结果，极难得到当事人主动和自愿的接受与执行，更枉谈司法公信力。而早期预防性立法体现的功利主义的合目的性，虽能顺应当代风险社会特征且缓和抑制犯罪的矛盾，具有积极意义，但由此而生的缺乏实质不法的早期预防型犯罪却会从源头上污染刑事司法，并削弱其公信力。因此，早期预防性立法合目的性功利主义凸显的工具价值应当被理性审

---

[1] 吴兢：《追求看得见的公正——全国法院大法官社会主义法治理念专题研讨会》，《人民日报》2009年8月19日第18版。

[2] 孙笑侠：《法律人之治——法律职业的中国思考》，中国政法大学出版社2003年版，第110页。

视，且应通过刑事法内在的运作机能调整实现防范其损害刑事司法公信力的风险，从而保证其实体上和程序上的正义。基于此，为了保证对早期预防型犯罪的刑事审判能获得公信力，也须从源头上保证早期预防性立法设置的早期预防型犯罪本身具有正当性。

论现代生物科技发展对我国刑法的冲击

熊永明[*]

现代生物科学技术的迅猛发展，在为人类带来无尽福音的同时，也为相关违法犯罪行为打开了"潘多拉魔盒"，现代生物科技在为人类带来前所未有的福祉的同时，也给既有的、相对稳定的社会秩序带来了巨大冲击，这些冲击继而给刑法带来了严峻挑战。基于为将来有效规制生物科技犯罪的问题意识，本文剖析了目前刑法存在的"忧患"，冀望为我国生物科技犯罪及其刑法应对方略提供良好的建议和理论支持，以利于我国生命科技刑事立法的进一步完善，利于我国司法机关正确认定和惩治生物科技犯罪。

一 对刑法立法的冲击

（一）冲击刑法基本原则

所谓刑法基本原则是指贯穿全部刑法规范、具有指导和制约全部刑事立法和刑事司法意义的，并体现我国刑事法制的基本性质与基本精神的准则、规则。刑法究竟有哪些基本原则，这在学界存在分歧，有人从刑法典的立法规定出发，认为刑法的基本原则限于罪刑法定原则、罪行均衡原则和罪刑平等原则三种；有人则从应然的角度出发，认为除了立法规定的三种基本原则之外，还应该有其他原则归属为刑法的基本原则；有人认为我国刑法的基本原则有罪刑法定原则、罪刑相适应原则、主观与客观相统一原则、罪责自负原则以及刑事责任的公正原则。[①] 从学界研究来看，主要提出了主客观相一致原则、刑法谦抑性原则、罪责自负原则等。本文立足于刑法立法所规定的基本原则展开分析

---

[*] 熊永明，南昌大学法学院教授、博士生导师。
[①] 高铭暄、赵秉志：《改革开放三十年的刑法学研究》，《中国刑事法杂志》2009年第3期。

相关问题，对其他理论上存在争议的原则不作分析。

首先就罪刑法定原则来讲，其强调法无明文规定不为罪，法无明文规定不处罚，对于现行刑法没有做出规定的犯罪行为，即使社会危害性再严重，也不能被提升为犯罪而采取刑罚处罚的方式。罪刑法定原则于现代法治建设具有里程碑的意义，因而对之无论投以怎样的赞誉都不为过，但是这并不表示其是完美无缺的，从辩证角度看，"每一种事物好像都包含自己的反面"，"从来没有无缺陷的原则"，罪刑法定原则也不例外。刑法典是罪刑法定主义的基本法律载体，而成文法，尤其是法典总是相对稳定和抽象的，刑法事实上不可能将所有应予以刑罚制裁之不法行为，毫无遗漏地加以规范，因为犯罪之实质内涵并非一成不变，而是随着社会状况及价值观，相对地呈现浮动现象。[①] 社会生活的渐变催生了罪刑法定原则自身都无法克服的缺陷，如（1）不周延性，即立法者由于认识能力的局限性和非至上性难以穷尽一切问题，因而立法不能涵盖一切社会关系，立法者即使竭尽全力，仍会在法律中留下漏洞和盲区。（2）滞后性，即法律与社会生活条件存在或大或小的脱节。法律具有稳定性特征，而法律调整的社会关系是变动的。某种行为在实质上可能是相当严重的犯罪，但刑法条文对此却未能做出敏锐反应。从这个角度看，"法律常常在获得一般正义的同时丧失了个别正义"，[②] 罪刑法定原则之过于僵化的弊端，使得刑事立法往往对刑法圈之外的新型犯罪现象无能为力，从而带来形式公正，实质不公正的缺陷。

就伴随现代生物科技发展而生的各种违法犯罪来看，虽然可以通过法律解释的方法适用现行刑法，但大多犯罪现象还是游离在刑法框架之外。我们知道，以暴力、胁迫等方式劫取他人财物的，会构成抢劫罪，以暴力、威胁方式强迫他人出卖血液的，会构成强迫卖血罪，而通过麻醉方式抽取他人骨髓，或麻醉病人后窃取其身体器官但未致被害人伤害或死亡的情形依照现行刑法却难以处理，由于骨髓具有再生功能，抽取少量骨髓，谈不上是对被害人身体健康的侵害，自然无法构成故意伤害罪，同样在麻醉后摘取对方身体器官而未造成伤害结果的，也无法按照故意伤害罪处理。依照罪刑法定原则，既然刑法对之并未规定，对非法摘取他人人体器官或抽取他人骨髓的行为只好不做犯罪处理。可是，这些行为在实质上也是一种抢劫行为，其在社会上的危害性上并不

---

① 参见林山田《刑法通论》，（台湾）三民书局1986年第2版，第14页。

② 徐国栋：《民法基本原则解释——成文法局限性之克服》，中国政法大学出版社2001年版，第176页。

亚于强迫抽取血液，抢劫财物的行为；另外，摘取器官和抽取骨髓的行为在本质上侵害到被害人人格权，从公平正义角度看，骨髓和器官之重要并不亚于财物和血液，很显然，生物科技犯罪的挑战使得罪刑法定原则所追究的公平和正义没有得到完全贯彻。又如实践中出现的人兽之间跨种精卵交配实验、盗窃人类受精卵、胚胎和胎儿的行为等如何处理，罪刑法定原则也无可奈何，虽然这些行为强烈挑战社会伦理，社会危害性甚重，有必要动用刑法规制，但罪刑法定原则只能作壁上观，"舍小家顾大家"，牺牲这种个别正义。

其次就罪刑均衡原则来讲，罪刑均衡原则是指犯多大的罪，就要承担多大的刑事责任，法院亦应判处其相应轻重的刑罚，做到重罪重罚，轻罪轻罚，罚当其罪，罪刑相称。罪刑均衡原则既是立法上的原则，也是司法领域必须坚持的底线，刑事立法上的罪刑均衡是粗线条的、概括的，因而只有刑事立法上的罪刑均衡而没有司法中的罪刑均衡，这一原则不能视为已经贯彻到底了。生物科技犯罪在社会生活中频频向均衡原则发难，打破了这种所谓的"均衡"。如上，对于夺取财物和强迫抽取血液的可以按照刑法处罚，而对于抽取骨髓乃至摘取人体器官的行为刑法却不进行规制，刑法"避重就轻"，如何在实质上体现"罚当其罪，罪刑相称"；又如我国刑法针对现实中出现的传播性病行为设立了传播性病罪，性病固然需要医治，但尚不至于危及人的生命，可是随着时间的发展，出现了远较性病严重的新病情，比如2003肆虐全国的"非典"、2009年困扰"世卫"组织的猪流感H1N1以及现代医学无法医治的艾滋病，对于故意传播这种更为严重疾病的行为，在外国刑事立法中有所体现，如瑞士《刑法》第231条第1款规定："故意传播危险的、可传染的人类疾病，处1个月以上5年以下监禁刑。行为人出于危害大众的思想为上述行为的，处5年以下重惩役。"这里的"危险的、可传染的人类疾病"包括艾滋病。日本、韩国和澳大利亚等国也有类似规定，只不过罪名和处罚不完全一致。相反，我国刑法却没有做出规制。轻度的故意传播性病行为尚且需要动用刑法，重度的故意传播疾病行为当然更值得刑法去进行规制，为此，我国学者极力呼吁对此定罪，有人围绕艾滋病问题，提出故意传播艾滋病的行为不宜定性为传播性病罪的主张，认为应对现行《刑法》第360条作补充修改，将故意传播艾滋病的行为单独列为一款，规定一个故意传播艾滋病的新罪名。[①]

最后，生物科技犯罪现象也对刑法平等原则提出了挑战。所谓刑法平等，

---

① 金泽刚：《艾滋病人犯罪与相关法律制度之完善》，《河南公安高等专科学校学报》2008年第4期。

是指自然人与自然人、自然人与单位、单位和单位之间在刑法立法、刑法适用以及刑罚的执行方面等同看待，刑法平等包括立法上的平等、司法上的平等以及执法上的平等。其中，刑法立法平等是一般公正的重要体现和落实，刑法立法平等是刑法平等的基础和前提，要做到立法平等，刑法就必须一视同仁地保护各种权利，不能仅保护某些权利，而对其他权利却束之高阁，听之任之。伴随生物科技发展过程中出现的新型犯罪行为对刑法平等原则的发难，如对于走私人体器官的行为我国刑法并未禁止，那么这是否意味着走私人体器官行为的性质危害性不大呢？显然不是，人体器官与其他贵重物品和普通物品相比，其价值主要不在财物性上，而在于人体器官承载着人的尊严、甚至健康和生命权，与财物价值相比，人的尊严、健康权和生命权更为重要。立法对走私这种特殊"物品"的行为未加禁止，根据我国刑法和海关法的规定，国家禁止、限制进出口的货物物品为武器、弹药、核材料、黄金、白银等贵重金属、珍稀动植物及其制品等，其中并没有规定"人体器官"，凸显刑法平等原则的贯彻不力。[①] 又如：对于实际中出现的强迫授精行为，其主要侵犯了被害人的尊严，是对人格权的侮辱，在手段上和保护法益上较其偏轻的侮辱行为尚且构成犯罪，强迫授精行为却既难于被视为侮辱罪，也无法按照强奸罪处理[②]，这无疑也会使平等原则受到诘难。

（二）冲击刑法处罚范围

现代生物科技犯罪大体包括生物科技犯罪和传统的卫生犯罪两部分，传统的卫生犯罪体现着对医疗卫生法律关系与医疗卫生监管制度的破坏，是生物科技犯罪的初始形式，是一种传统意义上的生物科技犯罪；而生物科技犯罪是指侵犯生命科技社会秩序和生命科技法律关系的犯罪，其涉及范围不仅包括传统的医疗卫生犯罪，还包括器官移植涉及的犯罪、辅助生殖涉及的犯罪、基因工程涉及的犯罪等情况，是一种相对较新的犯罪形式。[③] 我国刑法对于现代生物

---

① 虽然《刑法修正案（七）》修改了《刑法》第151条，增加了"走私国家禁止进出口的其他货物、物品罪"的概括性规定，但是毕竟人体器官并不等同于物品，是否可以将走私人体器官的行为解释到其中尚值得进一步商榷。

② 这种行为与强奸罪有所不同，强奸行为是手段行为（暴力、胁迫）+奸淫行为（目的行为）的结合，虽然强迫授精行为也是手段行为（强迫行为）+授精行为（目的行为）的结合，但是与强奸罪相比较，强奸有一个性交的过程，而强迫授精没有该过程，所以行为人所采取的手段可能相对较为隐蔽和平和，因而强迫授精行为不宜理解为是一种强奸行为。

③ 参见刘长秋《生命科技犯罪及其刑法应对策略研究》，法律出版社2006年版，第20—21页。

科技犯罪并未作全面规定，只是对其中初始阶段中公共卫生方面的犯罪做出了规定，这主要表现为刑法分则第六章第5节"危害公共卫生罪"中所规定的犯罪种类，如医疗事故罪，非法行医罪，传染病菌种、毒种扩散罪等。但是现代生物科技的内涵远较公共卫生或者说医疗活动宽泛，现代生物科技犯罪带来的新型犯罪种类远不止上述犯罪类别。比如，在现代基因技术发展过程中，伴随而生转基因复制人、制造基因武器、甚至制造怪物或怪兽以及非法转让遗传资源或非法买卖人类遗传资源等大量基因犯罪；在辅助生殖技术发展过程中，伴随而生非法转让辅助生殖技术、非法买卖受精卵、胚胎或胎儿以及非法从事生殖性克隆人技术应用等犯罪；在现代器官移植技术发展和应用的过程中，伴随而生强制摘取或盗窃他人人体器官、走私人体器官以及买卖人体器官等器官移植犯罪；在人体试验临床研究过程中，伴随而生各种强制、胁迫进行人体试验以及泄露实验数据等相关犯罪等。

归总来看，商业化的生命科技犯罪、违反自愿、知情原则的生命科技犯罪、违反情报（或信息）规则的生命科技犯罪、无资质类生命科技犯罪等几类现代生物科技犯罪对我国现行刑法处罚范围提出了严峻挑战。就微观来看，刑法将接受十数种甚至数十种生物犯罪形式的"骚扰"，这些犯罪形式虽然有一部分可以通过法律解释方法直接适用于现行刑法中部分条款，但仍然有相当部分行为我国刑法无法进行规制，亟待立法填补这种真空。

（三）冲击相关刑事责任规定

我国现行刑法只在分则第6章第5节专章设立了"危害公共卫生罪"，只对相关犯罪设立了刑事责任，但"危害公共卫生罪"的刑法规定过于传统和狭隘，由于我国刑法对现代生物科技发展带来的犯罪问题并没有直接做出规定，因而难以对现代生物科技发展带来的诸多新问题及时做出响应，从而可能放纵各种现代生物科技发展及应用过程中可能产生的法律问题。

另外，在生命科技犯罪中，单位犯罪占有相当大的比重，而其危害性又比自然人生命科技犯罪的社会危害性大很多。我国目前的刑罚体系尚缺乏足以剥夺有关单位从事生命科技犯罪能力的刑罚方式。[①] 目前对单位的刑事处罚限于罚金，在刑事处罚措施上显得单一和简单化，而没有配套相应的资格刑。何况，在现代生命科技犯罪中，国家往往会为了本国的利益，制造各种现代生物武器，如果国家可以成为犯罪主体的话，那么这样的罚金是否还有实际意

---

① 参见刘长秋《生命科技犯罪及其刑法应对策略研究》，法律出版社2006年版，第80页。

义呢？

二 对刑事司法的冲击

现代生物科技的飞速发展，为我国刑事司法活动的内涵丰富化提供了契机，现代生物科技发展诱发的新型犯罪丰富了刑事司法实践活动，在客观上促使司法人员积极了解、努力学习各种前沿的生物科学技术，这无疑为现代刑事司法活动注入了新的血液。但是在客观上也对刑事司法活动提出了强劲的挑战，对刑事制度的运行带来了有力的冲击，具体表现为以下几点。

（一）冲击刑事司法人员生物科技素质

我国现有司法人员水平近年来虽然有所提高，但总体来看仍然停留在一种相对偏低的水平。从司法部门的人员构成来看主要包括拥有老资历的司法人员和新招进的司法人员两种。老资历的司法人员虽然司法经验丰富，但接受新生事物，接受新知识的耐心和动力相对欠缺，因而对较为前沿的生物科技知识基本上不会涉猎。新招进公检法队伍的司法人员虽然大多需要通过公务员考试的选拔才可进入，但也不表示其本身拥有丰富的生物科技知识。从历年的公务员考试来看，公务员考试队伍中绝大多数人是文科出身，理工科学生基本上不会参加这种考试。一方面是因为公务员考试的内容涉及政治、经济和法律等文科知识；另一方面是在就业过程中，面临竞争激烈，市场不景气的情况下，理工科学生基于自身的独特专业优势相对较易在社会上找到一份适宜的工作，而文科毕业生却由于专业问题和水平问题在择业路径上较之于理工科学生要窄，因而选择公务员考试为大势所趋。文科出身的学生考入公检法队伍后，由于基本上没有理工科方面的知识结构，更难以掌握前沿的现代科学技术，因而对所谓的基因、器官移植、人体试验、辅助生殖等现代生物科技基本上是一知半解，在这种情况下如果在实践中出现相关犯罪，可以说仅仅依照法律乃至司法解释根本不可能解决手中个案。比如：如果实践中出现侮辱"死亡"的胚胎或胎儿应该如何认定，是不作为犯罪而仅仅视为对母体本身民事权利的侵犯，还是视为对母体尊严的侵犯，抑或直接认定为尸体而构成刑法第 302 条的侮辱尸体罪呢？又如我国刑法对走私各种特定物品都视为走私犯罪，那么基因作为一种可能关乎国家命运甚至存亡的准物，行为人欺骗被害人到境外去献血，以便从其血液中提取基因进行研究的如何处理呢，是构成血液方面的犯罪还是基因方面的犯罪，是否可认为构成走私珍稀动植物及其制品等国家禁止进出口的货物、物品罪，另外该案的管辖究竟如何认定，中国刑法是否可以进行法律干预等等。所有这些对我国刑事司法活动的进行都提出了严峻挑战，需要我国司法活动做出积极响应。

（二）冲击司法人员不良司法观念

在我国司法实践中，多以简单而常发的民事、行政和刑事司法为主，很少涉及基因、人体试验、器官移植等专业性较强的法律问题，在刑事司法活动中，司法实践出现较多的是普通的财产犯罪、人身权利的犯罪和妨害社会秩序的犯罪等，如两抢一盗案件、各类诈骗案件、恶性的杀伤案件等，极少有涉及生物科技问题的犯罪。[①] 对于这类较少出现的生物科技犯罪案件，司法实践部门或者以法无明文规定不予处理，或者采取逐级向上请示，希望我国有权解释的机关予以合理解释的方式进行介入，一旦获得上级有权机关做出的解释，则对该案做出合乎法律解释的结果处理。这样一来，一方面由于案件的久拖不决或未决而延误案件的及时处理；另一方面又进一步强化了司法人员消极理解法律、积极请示上级司法解释的不良司法思维和"懒人"意识。我们提倡司法人员对法律进行积极的司法解释，这是灵活运用的积极表现，也是纠正司法人员多年积存的不良司法观念的需要。比如：在从事基因技术开发的过程中，有关人员违反国家保密法的规定，泄露国家基因科技机密的，可以依照刑法第398条的泄露国家秘密罪处理；对故意将动物肢体移植到人体上的有意侮辱行为可以直接按照侮辱罪处理。

三 对刑法理论的冲击

（一）冲击刑法法益保护范畴

立法者根据行为是否侵犯或威胁了值得由刑法来保护的生活利益来决定其

[①] 这一方面是因为该类案件在实践中不如传统犯罪多发，另一方面也因为该类案件的专业性相对隐蔽，即使事发，司法机关难于介入，无力介入，相关被害人多半自认倒霉，相关医疗机构或研究机构对自己的侵权行为或者赔钱了事，或者不了了之。

是否该由刑法规制，根据某种利益是否具有一定的重要性和可受侵害性，来决定该利益是否确立为刑法法益而由刑法来进行保护。我国刑法根据不同犯罪的特点将刑法法益分为十大类。从我国现行刑法对生物科技犯罪涉及的法益保护范围来看，有因医疗事故罪、非法行医罪等侵犯的医疗卫生秩序，有因非法摘取活体器官致人伤害侵犯他人身体健康权的情形，还有因泄露国家基因信息、制造生物恐怖事件而侵犯国家安全的行为，但现代生物科技带来的犯罪问题远不止以上所述。如未经被害人同意任意摘取其身体器官，未经被害人同意偷偷在其身体上从事人体试验，以及在未经同意的情况下提取他人基因进行的不法行为以及上文提及的强迫授精行为等都没有纳入现有刑法法益保护范畴，按照现有刑法理论都无法做出恰当的解释和说明。除了传统卫生犯罪涉及的上述法益之外，现代生命科技刑法的法益范畴还广为涉及人的生命权、身体权、健康权和人身自由权等。其中，人格尊严和自我决定权问题显得尤其突出，在生物科技行为过程中，存在不少侵犯人格尊严的情形，但现行法律是将其作为民事侵权看待，尚未上升到刑法层面，基于人格权（尤其是自我决定权）的核心地位，需要将其提高到刑法保护的高度来对待，从而扩大和延伸我国生命刑法法益保护范畴。

（二）冲击刑法解释理论

法律的制定者是人不是神，法律不可能没有缺陷。法律由于呈现一定的僵化，需要对之进行不断的解释。对于刑法解释，我们可以站在不同的立场，从不同的视角对刑法用语进行不同的解释和说明。可以说，刑法解释在弥补法律的缺陷、堵塞法律规定上的漏洞、实现立法的正义等方面发挥着巨大的功能。可是解释又不是万能的，遇到某些新问题时，刑法解释往往束手无策，从而显示出刑法解释理论的无奈和苍白。

刑法对现代生物科技犯罪做出反应，当然得依靠刑法解释路径，其中尤其需要借助刑法扩张解释方法进行。从刑法扩张解释的方法来看，主要有目的解释、体系解释、当然解释、沿革解释、比较解释等方法，其中体系解释和目的解释是两种重要的解释方法，就现代生物科技诱发的犯罪来看，即使依照体系解释也难于得出妥当的结论，如以盗窃方式摘取尸体上的器官的情况来看，由于器官不宜视为财物，因而这种盗窃不宜认定为盗窃罪，又由于行为人并不盗窃尸体本身，而是直接从尸体上摘取器官（如只切除死者的卵巢、角膜等），由于其并没有针对尸体本身实施盗窃或者侮辱，因而仍然按照盗窃、侮辱尸体罪处理未免欠妥，这表明这种单纯盗窃尸体器官的行为溢出了刑法规制圈，即使依照体系解释也难以对现代生物科技犯罪做出合理的解释。那么依照刑法中的最高解释——目的解释是否能合理解决类似问题呢？在各种解释方法中，只有目的论的解释方法直接追求所有解释之本来目的，寻找出目的观点和价值观点，从中最终得出有约束力的重要的法律意思；而从根本上讲，其他的解释方法只不过是人们接近法律意思的特殊途径。① 解释的方法无穷无尽，但最终起决定性作用的是目的论解释，因为目的是全部法律的创造者，每条法律规则的产生都源于一种目的。② 目的论解释是根据刑法规范的目的，阐明刑法条文含义的解释方法，质言之，是根据保护法益及其内容解释刑法。任何解释都或多或少包含了目的论解释，当不同的解释方法得出多种结论或者不能得出妥当结论时，就必须以目的论解释为最高准则（当然应受罪刑法定原则的制约）。③ 如就非法摘取人体器官来说，其保护的法益应该是生者的尊严，未经允许的器官摘取行为侵犯的是人格尊严权，但是，我们既无法将非法摘取他人器官的行为解释为是盗窃罪（因为盗窃行为并不侵犯人的尊严，何况人体器官也不属于财产），也无法将其都理解为故意伤害罪（因为摘取行为也可能并未伤害被害人）。显然，各种新型犯罪"逍遥自在"地游离在刑法边缘，即使依据刑法解释原理进行解释，对之也无可奈何。从这个角度来说，我国刑法也有必要大量增设生物科技方面的犯罪。

（三）冲击其他刑法理论

此外，其他方面的刑法理论面对生物科技犯罪也显得捉襟见肘，顾此失彼。（1）对单位犯罪主体的冲击。如在现代生物科技发展过程中，虽然相当行为是由医师、实验人员实施的，但仍然不乏单位乃至国家实施的犯罪行为，如由国家组织实施的转基因工程，由政府组织实施的人体试验④，由政府组织实施的胚胎克隆等。这便带来单位（如医疗机构、实验机构）和国家是否可以构成相关犯罪的问题，我国法学一般不承认国家可以成为犯罪的主体，认为单位犯罪中的单位不包括国家，认为个人是国际犯罪的主体，但

---

① ［德］汉斯·海因里希·耶赛克、托马斯·魏根特：《德国刑法教科书》，徐久生译，中国法制出版社2001年版，第193页。
② 张明楷：《刑法学》法律出版社2003年版，第111页。
③ 张明楷：《法益初论》，中国政法大学出版社2000年版，第216页。
④ "二战"时期，德军纳粹在欧洲国家进行的医学实验，侵华日军在中国东北所进行的细菌武器制造都是在当时德、日政府直接或间接操纵的结果，组织相关试验，从事相关试验的组织或医师个人可能只是具体的操作人员。

不是国际法的主体;国家是国际法的主体,但不是国际犯罪的主体。① 显然,要全面诠释生物科技犯罪,必然要对我国单位犯罪主体范畴理论重新认识和再解读。(2)对犯罪既、未遂理论的冲击。按照刑法理论的一般说法,犯罪的既遂和未遂的分水岭主要在于是否发生了行为人所追求的、行为性质所决定的法益侵害结果。② 判断故意杀人罪行为是既遂还是未遂主要看是否已将被害人杀死。采取"心死说",那么被害人是否死亡取决于其心脏是否停止跳动;采取"脑死说",则取决于其大脑是否死亡,如果心脏或大脑没有死亡的话,不能视为杀人既遂。不过,在现代生物科技发展中,完全可以通过移植心脏,甚至在不远的将来还可以通过移植大脑的方法使人复活,如被害人心脏停止跳动,但移植另外一个人的心脏可以使得被害人活过来,被害人的大脑失去功能,也可以通过移植他人的大脑使其再生,这便带来被复活的被害人是否算死亡的问题,换言之,杀害他人的行为人之杀人行为是未遂还是既遂呢,是否意味着这种情况下永远没有犯罪的既遂呢?在现代生物科技面前,这种最基础的问题我们可能都无法做出回答。③ (3)对国际犯罪规定的冲击。现代生物科技不仅诱发各种形式的国内犯罪,还会滋生出反人类罪和战争罪等国际犯罪,这也需要刑法予以应对。以刑事手段同违反人类的犯罪和战争犯罪作斗争是全球的共识,对此一些国家和地区刑法做出了详细规定,如澳大利亚刑法第8章第268节设立了灭绝种族罪、反人道罪、战争罪及国际刑事法院管辖的犯罪,其中与现代生物科技发展关系密切的犯罪条文较多,如第268.6"通过采取绝育措施而实施的灭绝种族罪"、第268.18、第268.63、第268.86中的"强迫绝育"、第268.27规定了"生物学实验"、第268.48、第268.93规定了"医学或科学实验"、第268.96中规定了"为了移植而输出血液、切除组织和器官"等多项罪名。④ 而我国刑法对上述有关生物科技犯罪基本缺失,这便带来我国刑法如何面对这种状况的反思。

---

① 林欣:《国际刑法问题研究》,中国人民大学出版社2000年版,第14页。
② 参见张明楷《刑法学》(上册),法律出版社1997年版,第256页以下。
③ 更为极端的是,从被害人身上提取基因,杀死被害人,然后复制出该人(因其基因与原来的人一模一样),由于其使得原来的被害人再生,则很难说行为人的杀人行为是既遂。
④ 参见《澳大利亚联邦刑法典》,张旭等译,北京大学出版社2006年版,第131—175页。

四 对法律处罚协调的冲击

本来刑事立法与生物科技法之间，刑事法律与非刑事法律之间在处罚上应该衔接为一体，以便达致法网恢恢、疏而不漏的法治效果。可是现行刑事立法与生物科技法在法律责任上出现断裂和失调。如依据2001年2月发布的《人类精子库管理办法》第24条的规定，设置人类精子库的医疗机构违反本办法，有下列行为之一的，省、自治区、直辖市人民政府卫生行政部门给予警告、1万元以下罚款，并给予有关责任人员行政处分；构成犯罪的，依法追究刑事责任：（1）采集精液前，未按规定对供精者进行健康检查的；（2）向医疗机构提供未经检验的精子的；（3）向不具有人类辅助生殖技术批准证书的机构提供精子的；（4）擅自进行性别选择的；（5）经评估机构检查质量不合格的；（6）其他违反本办法规定的行为。但事实上，刑法并没有将"向医疗机构提供未经检验的精子"和"向不具有人类辅助生殖技术批准证书的机构提供精子"行为规定为罪，这种责任条款在刑法中不能得到落实，刑法与相应的生物科技法之间出现对接上的"裂缝"。

余论：简单应对策略

面对上述问题，我国刑法必须采取切实有力的措施予以应对，考虑到应对策略展开的篇幅巨大，本文仅简单归纳。简而言之，我们可以采取下述措施。（1）加强刑法解释。通过刑法解释来最大限度地挖掘刑法用语内涵性，以便增强刑事司法实践的操作性。（2）设立新的犯罪种类。尽管我们可以依照刑法原理，对现行刑法条文做出最大范围的解释，但刑法解释不是万能的，如果依据刑法解释原理仍然无法将某种严重危害社会的行为解释为犯罪，则需要考虑设立新的犯罪条款。我们除了坚持传统的公共卫生犯罪之外，还需要增设大量生物科技类别的犯罪。（3）协调法律关系。一方面是加强立法进程的协调，即在刑法典增设新的生物犯罪罪名的同时，还必须加快制定完善相关生物科技立法；另一方面要注意生物科技刑事罚则与生物科技法中的罚则规范的协调，强化生物科技刑事责任和生物科技非刑事责任上的衔接配套。（4）严密生物科技刑事法网。既可以采取设立堵截构成要件、弹性构成要件以及处罚早期化的方式来严密刑事法网,也可以通过调整罪状、增补新的犯罪种类和适度调整刑事处罚力度来加强法网控制。(5)强化国际合作。要有效打击生物科技犯罪,确保国家、社会和个人的安全,将危害控制在最小的范围内,已经不是一个国家或地区所能做到的事情。如果仅仅依靠本国力量或各自为政地搞一番内部整治,很难达到预期的目的,因而必须通过强化国际合作和国际司法协助的方式来实现。

反恐刑法的类型化研究

李瑞生*

引 言

关于刑法反恐，学界几乎一边倒地予以批判，认为反恐刑法是预防性刑法，是情绪立法，是风险刑法，是安全理念至上的刑法，是不利于保障人权的刑法。笔者以为不然。在中国，反恐刑法的诞生是一个漫长的过程，也是一个谨小慎微的立法过程，非象征性刑事立法，更非情绪性立法。正确界定反恐刑法的边界，是消除误解，信仰刑法，促进刑事司法健康发展的需要。

一　反恐刑法的概念

"反恐刑法"是与"经济刑法""环境刑法""民生刑法"等类似的概念，是指规定恐怖主义犯罪之罪刑规范的法律。学界已经开始讨论反恐刑法问题，但大多没有对反恐刑法的概念进行界定。[①] 有学者认为反恐刑法可以分为狭义的反恐刑法和广义的反恐刑法，"狭义的反恐刑法，是指预防和惩治恐怖主义的专门性刑法规范。这些刑法规范或是存在于刑法典之中，或是集中规定于单行刑法中，或是分散规定在非刑事法律中，采用'恐怖主义'、'恐怖活动'、'恐怖组织'等特定表述方式，涵盖概念界定、罪名设置、刑罚配置、管辖权、追诉时效等内容，从而与普通刑法规范形成了鲜明差别"。"广义的反恐

---

* 李瑞生，青岛大学法学院教授。

① 例如，赵秉志教授与牛忠志教授在《法学杂志》2017 年第 2 期发表论文《"反恐怖主义法"与反恐刑法衔接不足之探讨》，对反恐刑法问题进行了深入探讨，但该文并没有对反恐刑法进行界定。

刑法，是指一切能够发挥预防和惩治恐怖主义职能的刑法规范的总称。它不仅包括专门性的反恐条款，而且包括一些普通性条款。这些普通性条款可能并不完全与预防和惩治恐怖主义犯罪相关，也不使用'恐怖主义'、'恐怖组织'等专用称谓，但在实践中能够发挥积极的反恐功能。"① 在这里，狭义的反恐刑法的界定具有科学性，但我国从未在经济与行政法律法规中规定独立的罪名，所以狭义的反恐刑法只存在于刑法典和单行刑法之中。论者认为存在广义的反恐刑法，其实质是把对预防和惩治恐怖主义起作用的任何刑法规范都看作反恐刑法，这种界定使得反恐刑法的范围无限扩大，刑法关于经济犯罪、破坏金融管理秩序犯罪、甚至侵犯财产犯罪的刑法规范，只要能起到惩治和预防恐怖主义犯罪的作用，都可以纳入反恐刑法之中，使得反恐刑法的概念丧失了区隔功能。笔者认为，所谓反恐刑法，是指规定恐怖主义犯罪及其相关犯罪的罪状、法定刑及其适用规则的刑法规范。需要强调的是，反恐刑法是国内刑法的一部分，不包括关于反恐的国际公约的规定，原因不仅在于国际上尚未形成一致的恐怖主义犯罪概念，更在于根据国家主权原则和我国刑法总则的规定，国际公约规定的犯罪需要根据国内刑法实施。此其一；其二，反恐刑法也不包括反恐刑事程序法，反恐刑法是实体法，与程序法具有本质的区别；其三，反恐刑法不等于反恐法，就我国的《反恐怖主义法》而言，反恐法是一种综合性的法律，主要规定了反恐的行政、经济、社会管理等措施，并没有规定独立的罪名和法定刑，因而其与刑法不存在交叉，刑法仍然是反恐法的保障法。反恐刑法是实体法，是刑法的组成部分，其特征是用刑罚惩治恐怖主义犯罪，所以反恐刑法必须遵循刑法的基本原则而发挥刑罚的作用。

二 反恐刑法类型化解读的必要性

类型性的思考是一种重要刑法学思维，对于刑法研究和刑事司法具有重要指导意义②。卡尔·拉伦茨指出："事实上，法律概念性规定的后面，经常还是类型。"③ 而我国关于反恐刑法的理论与实践中恰恰忽视了刑法类型思维的

---

① 杜邈：《反恐刑法立法研究》，法律出版社2009年版，第12、13页。
② 陈兴良：《教义刑法学》（第三版），中国人民大学出版社2017年版，第19—25页。
③ ［德］卡尔·拉伦茨：《法学方法论》，陈爱娥译，台湾五南图书出版公司1996年版，第182页。

重要性，主要体现为以下三个方面。

(一) 立法中反恐刑法类型化不足

反恐刑法立法类型化不足表现为刑法分则反恐罪名分布的混乱，带有"恐怖""极端"字样的罪名集中在危害公共安全罪章中，实际危害很大的罪名集中在危害公共安全和侵犯公民人身权利罪、侵犯财产罪章中，例如放火罪、爆炸罪、故意杀人罪、抢劫罪等，还有的反恐罪名在妨害社会管理秩序罪章与破坏社会主义市场经济罪章中，例如拒不提供恐怖主义、极端主义犯罪证据罪与洗钱罪，而在司法实践中又往往将恐怖主义犯罪归入危害国家安全罪中，例如新疆维吾尔自治区监狱管理局课题研究组的"新疆地区危害国家安全罪改造体系研究"课题结项报告书之一就是《危害国家安全犯罪成因研究》，其中的内容绝大多数是关于恐怖主义犯罪的。北京大学王世洲教授、郭自力教授等还主编出版了《危害国家安全罪研究》（中国检察出版社 2012 年版），其中大块内容实际上属于恐怖主义犯罪的范畴。我国的反恐刑法的罪名涉及危害国家安全罪、危害公共安全罪、侵犯财产罪、破坏社会主义市场经济秩序罪、妨害社会管理秩序罪等，这都反映出我国反恐立法法益保护的混乱，其实质是反恐刑法类型化的立法不足。

(二) 司法实践类型化思维缺失导致司法失当

由于反恐刑法立法的类型化不足导致司法实践中司法人员关于恐怖主义犯罪的理念混乱，即司法实践类型化的不足，司法工作人员往往从恐怖主义犯罪的严重社会危害性出发处理涉恐怖犯罪的行为，出现重刑化现象，甚至个别司法工作人员存在将恐怖主义犯罪分子视为敌人的"敌人刑法"观念。例如郭某宣扬"圣战"被抓案。2016 年 7 月 7 日，乐山市警方发现一条涉及"圣战"的微博，微博中配有 5 张图片，并配有宣扬"圣战"的文字。经查，郭某，男，汉族，乐山市人，于 2016 年 1 月 18 日将其下载的部分暴恐视频上传至其 QQ 空间，在其使用的笔记本电脑中发现带有宣扬恐怖主义、极端主义照片的视频文件 19 个；台式电脑中有恐怖主义、极端主义的 5 张照片，4 个视频文件，7 个音频文件。根据《中华人民共和国刑法》第一百二十条之六之规定，7 月 21 日，郭某被移送检察院起诉。① 此案例的犯罪化处理就是囿于对反恐刑法类型化不足所致，因为该罪不能仅仅做形式上的解释，还应考察行为人有没

---

① 新华网，http://www.xinhuanet.com/local/2016-12/20/c_1120150605.htm。

有恐怖主义犯罪的目的，正如有学者指出的："立法者的成功与否，端看他能否正确地描述类型，而司法者的成功与否，则端看其能否真实地还原类型。"①

（三）学者类型化思维不够导致评论失当

立法和司法上反恐刑法的类型化不足导致学者研究处于困惑状态，有的学者于是干脆站在人权保障或者自由保护的角度批评反恐刑法是象征性立法，是为迎合被害人和公众而进行象征性回应，是情绪性立法，是过度刑法化，甚或认为我国的反恐刑法具有浓烈的叙事性色彩，显性或隐性地贯彻"敌人刑法观"，例如有学者就认为组织、领导、参加恐怖组织罪是惩罚"组织成员身份"，反恐刑法有的罪名刑事责任的施加违背罪责自负原则，等等。鉴于刑法理论与刑法实践的密切关系，② 为了确保反恐刑法得以正确理解与解释，必须反思反恐刑法的类型化问题。

三 反恐刑法的类型化描述

德国学者考夫曼指出："类型是建立在一般及特别之间的中间高度，它是一种相对具体，一种在事物中的普遍性。类型一方面与抽象一般概念相异，一般概念，透过一个有限数量独立的'特征'被加以'定义'（被限制），并因此——依 Kant 的意思，与直观相对的。类型在它与真实接近的以及可直观性、有对象性来看，是相对的，不可以被定义，而只能被'描述'。"③ 反恐刑法的类型的确定也是不可定义而只可被描述的。这种描述需要在规范与事实之间遵循正义观念和科学理念进行反复斟酌才能得出正确的结论。反恐刑法的类型化界定是以主义为核心，以行为为界限的，以故意与目的为保障的关于恐怖主义犯罪的刑法类型。反恐刑法类型化不是泛泛意义上的类型化，而是实质解释论与法益保护立场得出的结论。反恐刑法的实质解释论可以作为情绪性立法论、

---

① 杜宇：《刑法解释的另一种路径：以"合类型性"为中心》，《中国法学》2010 年第 5 期。
② 张明楷教授指出，在刑事立法非常活跃的时代，刑法理论不可能只是单纯地解释刑法，而是需要同时关注刑事立法本身。对刑事立法的批判与解释并不是对立关系。批判性解释可以使刑事立法的形式缺陷得到弥补，也能为刑事立法的完善奠定基础。刑事立法也应当善于类型化，从而为解释提供应有的空间，使刑事立法与刑法理论形成良性互动关系。参见张明楷《刑法理论与刑事立法》，《法学论坛》2017 年第 6 期。
③ ［德］考夫曼：《法律哲学》，刘幸义等译，法律出版社 2004 年版，第 190 页。

象征性立法论、侵犯自由论的反驳路径。其他领域的此类情况，可以批评相应领域罪名或立法的适当性，但不应当作为对反恐刑法进行指责的根据。这不是反恐刑法的自我保护，而是反恐刑法的本来面目。

（一）预防性反恐刑法

预防性反恐刑法主要是为了消除恐怖主义产生的致罪因素而设置的法益保护前置的罪名，其涉及社会生活与社会管理的多个方面，主要目的是防患于未然。鉴于中国的恐怖主义犯罪"境内有土壤，境外有种子"，且恐怖主义犯罪一经实施不但给国家、社会、公民个人造成严重的侵害，对于犯罪分子及其家庭而言损伤也是巨大的，所以必须寻求恐怖主义犯罪的治本之策，体现在刑法上就是通过严密刑事法网，通过"严而不厉"的刑法处置实现恐怖主义犯罪的有效治理。

恐怖主义思想的治理是重中之重。因为恐怖主义犯罪的政治性与意识形态性，犯罪思想一旦形成往往难以改变，即使予以刑罚处罚效果也不理想，所以必须把必然引发恐怖主义犯罪思想的行为入罪化。此外，恐怖主义犯罪实行行为发生之前的组织、教唆、帮助、准备、资助等行为也具有严重的社会危害性，将其犯罪化也是必然的立法举措。预防性反恐刑法包括具有明显标志的恐怖主义犯罪罪名：（1）组织、领导、参加恐怖组织罪（第120条），（2）帮助恐怖活动罪（第120条之一），（3）准备实施恐怖活动罪（第120条之二），（4）宣扬恐怖主义、极端主义、煽动实施恐怖活动罪（第120条之三），（5）利用极端主义破坏法律实施罪（第120条之四），（6）强制穿戴宣扬恐怖主义、极端主义服饰、标志罪（第120条之五），（7）非法持有宣扬恐怖主义、极端主义物品罪（第120条之六）。此外，还有投放虚假危险物质罪（第129条之一）、洗钱罪（第191条）、以及编造恐怖信息罪、故意传播编造的恐怖信息罪（第291条之一）、拒绝提供恐怖主义犯罪、极端主义犯罪证据罪（第311条），等等。结合刑法规定与刑法理论，笔者认为预防性反恐刑法具有以下三个特征。

一是法益侵害的危险性（具体危险性与抽象危险性）。实践中，一些行为对于法益侵害而言具有紧迫的危险性，譬如组织、领导、参加恐怖组织的行为离具体犯罪的实施咫尺之遥，所以设立组织、领导、参加恐怖组织罪是必然的。另外一些行为，对公共安全与生命等重大法益而言具有抽象危险性，但对于恐怖主义或极端主义思想的产生而言又具有具体危险性，将其规定为犯罪体现了风险社会中法益保护提前化的立法思想。这方面的行为有"明知是宣扬恐怖主义、极端主义的图书、音频视频资料或者其他物品而非法持有，情节严重的"（刑法第 120 条之六）的行为等。

二是行为的涉恐性与明确性。预防性反恐刑法罪名的行为首先都具有涉恐性，有的明确规定了涉恐性，有的则因为从源头上具有引起恐怖主义思想产生的极大可能性而具有涉恐性，例如利用极端主义破坏法律实施罪。此外，本罪的行为因为涉及公民的人身权利、财产权利特别是自由的保护，所以刑法采取了叙明罪状或者叙明罪状加空白罪状的形式，以实现罪行法定原则要求的明确性。这些行为包括组织、领导、参加、策划、准备、联络、暴力、胁迫、制作、散发、煽动、非法持有等，无论从其日常生活意义上还是从法律规范意义上，都具有相当的明确性或者论理的明确性。例如，第 120 条之四将"利用极端主义煽动、胁迫群众破坏国家法律确立的婚姻、司法、教育、社会管理等制度实施的"行为规定为犯罪，这一行为实际上是实害犯（或具体危险犯），其中对行为方式进行了描述，而同时需要引用国家的婚姻、司法、教育、社会管理等方面的法律来进行综合认定。本罪名中的"极端主义"虽然刑法没有规定，理论界对其多有诟病。但笔者不以为然，因为反恐怖主义法第 51 条规定，实施下列行为之一，情节轻微，尚不构成犯罪的，依照《中华人民共和国反恐怖主义法》第八十一条的规定处罚：干涉他人宗教信仰自由的；组织、强迫、唆使、纵容、引诱未成年人参加宗教活动的；利用宗教妨碍、干涉他人婚丧嫁娶、遗产继承等活动的；歪曲"清真"概念，将"清真"概念泛化、扩大、异化到社会生活及其他方面的；恐吓、诱导他人抵制享受国家政策措施，毁损居民身份证、户口簿和结婚证等国家法定证件及人民币的等。2014 年全国人大常委会颁布的《中华人民共和国反恐怖主义法（草案）》第 104 条规定，本法所称极端主义，是指歪曲宗教教义和宣扬宗教极端，以及其他崇尚暴力、仇视社会、反对人类等极端的思想、言论和行为。最高人民法院完全可以根据司法实际情况，参照以上法律和法律文件，制定出关于极端主义界定的司法解释。

三是行为的故意性与主义性。根据教义刑法学原理，对于犯罪的成立必须有主观上的故意或者过失但反恐刑法要求更为严格，即行为人必须出于故意且具有政治、意识形态等的目的（主义性）。例如刑法第 120 条之六还特别强调"明知"，第 120 条之四还强调了犯罪行为必须具有特定的政治或意识形态目的（破坏法律实施）。即使法律文本没有对行为目的加以规定，根据恐怖主义犯罪的特殊要件，也必须有政治或意识形态的目的，至于同时具有多种其他目的则在所不问。实际上最高司法机关已经注意到了这一点，最高人民法院、最高人民检察院、公安部 2014 年联合下发的《关于办理暴力恐怖和宗教极端刑事案件适用法律若干问题的意见》规定应准确认定案件性质,对是否"明知"的认定,应当结合案件具体情况,坚持重证据,重调查研究,以行为人实施的客观行为为基础,结合其一贯表现、具体行为、程度、手段、事后态度,以及年龄、认知和受教育程度、所从事的职业等综合判断。曾因实施暴力恐怖、宗教极端违法犯罪行为受到行政、刑事处罚、免予刑事处罚,或者被责令改正后又实施的,应当认定为明知。其他共同犯罪嫌疑人、被告人或者其他知情人供认、指证,行为人不承认其主观上"明知",但又不能作出合理解释的,依据其行为本身和认知程度,足以认定其确实"明知"或者应当"明知"的,应当认定为明知。此外,最高人民检察院联合最高人民法院、公安部、司法部下发《关于办理恐怖活动和极端主义犯罪案件适用法律若干问题的意见》,对相关案件的定罪标准、办案程序和工作机制予以明确。《意见》共 3 个部分 16 条。在准确认定犯罪部分,对恐怖活动和极端主义犯罪特别是《刑法修正案(九)》修改增设的帮助恐怖活动罪,准备实施恐怖活动罪,宣扬恐怖主义、极端主义、煽动实施恐怖活动罪,利用极端主义破坏法律实施罪,强制穿戴宣扬恐怖主义、极端主义服饰、标志罪,非法持有宣扬恐怖主义、极端主义物品罪的定罪标准予以细化规定。①

四是刑事处罚的多样化与轻缓化。关于预防性刑法罪名,除了对法益侵害具有严重紧迫性的组织、领导、参加恐怖组织罪设置了最高无期徒刑并处没收财产以外,其他罪名的法定刑涵括了十年以上有期徒刑、三年以上十年以下有期徒刑、三年以下有期徒刑、拘役、管制、剥夺政治权利、罚金,非法持有宣扬恐怖主义、极端主义物品罪最低可以单处罚金。可以看出我国刑法关于预防性反恐刑法规定的刑罚种类是具有多样性和轻缓化的。虽然反恐刑法对所有犯罪不管是实害犯还是危险犯都规定了法定刑,对部分恐怖主义犯罪的帮助犯、预备犯、教唆犯直接规定法定刑,"使得部分恐怖犯罪的帮助行为与预备行为不可能被免除处罚"②,但由于其多样性和轻缓化,可以保证"严而不厉"刑法理想的实现。根据刑须制罪的刑法原理,司法实践中必须慎重对此类行为入罪和处刑。

---

① 人民网,http://paper.people.com.cn/rmrb/html/2018-06/18/nw.D110000renmrb_20180618_3-04.htm。

② 张明楷:《论〈刑法修正案(九)〉关于恐怖犯罪的规定》,《现代法学》2016 年第 1 期。

（二）报应性反恐刑法

报应性反恐刑法是指基于恐怖主义犯罪的严重法益侵害性而设置罪名并配置较重法定刑的惩治恐怖主义犯罪的规范刑法。报应性反恐刑法具有三个方面的类型特征。

其一是行为的暴力性，具体表现为爆炸、投放危险物质、故意杀人、故意伤害、抢劫等，其在刑法学理论上有不同的表述。（1）恐怖主义是某一团体为了达到反对具有宪法权威的另一团体，而使用暴力或威胁使用暴力。① （2）恐怖活动是非法采用暴力侵犯他人人身或财产，目的在于恐吓或给政府、公民施加压力，以实现其政治或社会目的。② （3）恐怖活动是指系统使用暗杀、伤害、破坏，或者通过威胁使用上述手段，以制造恐怖气氛，宣传某种事业以及强迫更多的人服从它的目标。③ （4）五种要素构成恐怖主义：暴力或者武力、政治目的、恐惧或者不安、威胁以及可以预料到的心理作用或第三者作出的反应。④ （5）恐怖活动就是指对国家领导人、社会活动家、社会团体成员或其他公民的人身或重大公私财产非法使用暴力或者暴力威胁，用以威胁、恐吓政府、公众或上述两者的某一部分以达到政治或社会目的的行为。⑤ 暴力是恐怖主义犯罪的主要行为方式，但也不排除非暴力恐怖主义犯罪行为方式的存在，原因在于近年来出现的网络恐怖主义犯罪给人们生活造成的不安全感不亚于暴力的恐怖犯罪。随着科学技术的进步，恐怖分子会利用其所掌握的科学知识，智能化和非暴力化会取代传统的暴力手段。有鉴于此，有的国家已经改变了恐怖主义犯罪仅限于暴力的传统观念，并体现在制定法之中，例如法国刑法典规定，"同以严重干扰公共秩序为目的，采取恐吓手段或恐怖手段进行的单独个人或集体性攻击行为相联系"的计算机信息方面的犯罪构成恐怖活动罪。

其二是行为效果的恐怖性，即犯罪分子实施相关犯罪行为之后产生社会恐怖。"恐怖"一词最早出自拉丁语 teppop，原为"害怕、惊恐"的意思。

---

① Adler. Mueller. Laufer, *Criminology*, McGraw-Hill Higher Education, 2001, p. 309.
② 莫洪宪：《有组织犯罪研究》，湖北人民出版社1998年版，第235页。
③ [英] 戴维·米勒等：《布莱克维尔政治学百科全书》，中国问题研究所和中国农村发展信托投资公司组织译，中国政法大学出版社1997年版，第757页。
④ [美] R·J.霍尔德斯：《恐怖主义及其严重危害》，黄凤兰编译，《国外社会科学快报》1988年第11期。
⑤ 陈家林：《"恐怖活动组织"界定问题初探》，《法律科学》1998年第2期。

英语中"恐怖"（terror）一词的含义是"极度恐慌的感觉"。① 通常所说的"恐怖主义"（terrorism）一词，系法文 terreur 的演变体，最早是 18 世纪法国大革命时期作为一种革命手段出现的，即前述的法国大革命时期的雅各宾派专政，意即无情地处决威胁革命政权之人。② 可见，溯其根源，"恐怖主义"既没有理论色彩，也没有政治色彩，只不过是一种"革命"的手段。在汉语当中，恐怖有两个意思：一是由于生命受到威胁而引起恐惧，二是感到害怕而畏惧。③ 由此，"恐怖"指由于外界的威胁而引起人的心理变化，从而产生的恐惧或畏惧状态。"社会恐怖"系指使人感到极度恐惧从而引起社会心理恐慌的状态或行为。在刑法学理论上对恐怖主义犯罪的恐怖性有四种总结：（1）恐怖主义是为了通过制造惊人的恐惧达到恫吓的目的而采用的策略或计策；④（2）恐怖主义活动是指运用一切犯罪手段引起人们的心理恐惧或者威胁恫吓他人，并由此企图达到犯罪分子预期的目标；⑤（3）恐怖行为是指直接反对一个国家而其目的是在个别人士、个人团体或公众中制造恐怖的犯罪行为；⑥（4）（国际）恐怖主义犯罪是指某个政治团体、党派、社会势力等组织及它们之中的个人，为达到某种政治的或社会的目的，有组织地在国际上针对某个国家、某个组织或个人使用爆炸、绑架、暗杀等手段，制造社会恐怖的行为。⑦

其三是主义性，即具有政治、意识形态等目的。正如我国反恐怖主义法第三条的规定，本法所称恐怖主义，是指通过暴力、破坏、恐吓等手段，制造社会恐慌、危害公共安全、侵犯人身财产，或者胁迫国家机关、国际组织，以实现其政治、意识形态等目的的主张和行为。根据澳大利亚刑法规定，恐怖主义行为是指行为人出于政治、宗教或意识形态之目的，威胁强迫或影响联邦、州、领地政府或外国政府、州、领地或政府部门之目的，威胁公众或部分公众之目意图实施或威胁实施，造成他人重伤、死亡或重大财

---

① 《牛津高阶英汉双解词典》，商务印书馆 2004 年版，第 1824 页。
② 王逸舟主编：《恐怖主义溯源》，社会科学文献出版社 2002 年版，第 5 页。
③ 《现代汉语大词典》，海南出版社 1992 年版，第 754 页。
④ Sue Titus Reid, *Crime and Criminology*, McGraw-Hill Companies, 1997, p. 388.
⑤ [法] 安德鲁·博萨：《跨国犯罪与刑法》，陈正云等译，中国检察出版社 1997 年版，第 15 页。
⑥ 陈兴良：《刑法疏议》，中国人民大学出版社 1997 年版，第 233 页。
⑦ 《北京大学法学百科全书——刑法学、犯罪学、监狱法学》，北京大学出版社 2003 年版，第 330 页。

产损失的行为；危及他人生命的行为；对公众或部分公众的健康或安全造成严重危险的行为；严重影响、严重紊乱或破坏电子系统的行为，包括信息系统、电信系统、金融系统、重要政府服务的投递系统、重要公用系统、交通系统等。① 在意大利，"具有恐怖主义意图"是界定恐怖主义犯罪的核心要素之一，恐怖主义犯罪行为被定义为根据性质或内容可能会对国家或国际组织造成严重损害的任何行为，同时具备以下意图：（1）恐吓人民，（2）迫使公职人员或国际组织从事或不从事某种活动，（3）动摇或摧毁一个国家或国际组织的根本政治结构。该定义也适用于对意大利有法律约束力的国际公约或其他国际规定界定为恐怖主义的任何其他行为。上述定义很大程度上与2002年6月13日欧盟关于打击恐怖主义犯罪的框架决议所规定的定义保持了一致。② 一般来说，报应性反恐刑法的"主义性"着重源于一定信仰、理念或倾向，不顾一切地使用暴力或非暴力手段制造社会恐怖，企图通过人类对超极限恶的恐惧来实现其目的。理论上有人把恐怖主义犯罪的目的性理解为动机，认为刑法是在惩罚动机，这种看法是不符合实际的。还需要注意的是恐怖主义犯罪的性质不单单是政治性的。早期国际社会曾将恐怖主义犯罪局限在政治犯的范畴，例如，西方学者认为，"恐怖主义是指某群人使用暴力或者威胁使用暴力，来实现其反对具有宪法权威的对立派的目的"。③ 由于"政治犯不引渡"的国际惯例，这在很大程度上限制了同恐怖主义的斗争。后来，国际社会逐渐改变了这一态度。法国、俄罗斯、德国等国家的现行刑事立法都未将政治目的作为恐怖主义犯罪的构成条件。关于恐怖活动的几个公约如联合国大会（简称"联大"）1979年12月通过的《反对绑架人质的国际公约》、联大1997年12月通过的《制止恐怖主义爆炸事件的国际公约》、2000年12月通过的《联合国打击跨国有组织犯罪公约》、2001年9月安理会通过的《国际合作防止恐怖主义决议》等，都采取了或引渡或起诉原则，倾向于排除政治犯不引渡原则的适用。

鉴于报应性反恐刑法的上述三大特征，我国刑法中的此类反恐刑法罪名包括两大类。一类是恐怖主义主导下实施的危害公共安全犯罪罪名，如劫持航空

---

① 杜邈：《反恐背景下澳大利亚刑法修正及其借鉴》，《南都学坛》（人文社会科学版）2007年第1期。

② ［意］弗朗西斯科·维加诺：《意大利反恐斗争与预备行为犯罪化——一个批判性反思》，吴沈括译，《法学评论》（武汉）2015年第5期。

③ Adler. Mueller. Laufer, *Criminology*, McGraw-Hill Companies, 1998, p249.

器罪（第 121 条）、放火罪、决水罪、爆炸罪、投放危险物质罪、以危险方法危害公共安全罪（第 114 条）、破坏类的犯罪（第 116 条至第 119 条）、枪支弹药类的犯罪（第 125 条至第 128 条）；另一类是恐怖主义主导下的侵犯公民人身权利和财产权利的犯罪，包括故意杀人罪（第 232 条）、故意伤害罪（第 234 条）、抢劫罪（第 263 条）、绑架罪（第 239 条），等等。

四　反恐刑法的立法正当性

法律作为人类规避原始本能、体现人类理性能力的建构物，根本目的在于促进、实现和平与繁荣的秩序体系，提升公民自由，实现人类集体生活的最佳方式。[①] 刑法的根本立法目的在于保护法益与保障人权。为了实现这一目的，刑法以处罚结果犯为原则，以处罚危险犯、行为犯为例外，这也是近代以来刑法的重要特色之一。按照传统的、依然通行的理解，作为国家最严厉手段的刑法应该总是最后的手段：只有在其他所有的方法都是失败时，动用刑法才是合理的。现代刑事立法者已经放弃了这个原则，刑法不仅被用作最后的手段，而且经常也被作为首要手段加以运用，有时甚至是唯一的手段，这尤其体现在经济刑法和打击恐怖主义与有组织犯罪当中。然而，需要思考的是，动用刑法手段虽然并不总能、但有时确实能比使用其他的手段，特别是民法上的防御请求权和损害赔偿请求权，取得更好的效果。刑法后果的威吓在这里能够更加有效。[②]

我国台湾地区学者林东茂也指出，随着现代社会发展所导致法益侵害风险的增加，刑法不再耐心等待损害结果的出现，越来越多刑法规范着重于行为的非价判断，以制裁手段恫吓、震慑带有社会风险的行为，致使危险犯（尤其是抽象危险犯）和行为犯的大量出现。[③] 但无论人类社会面临怎样的风险，刑法的基本价值不能放弃，罪刑法定原则必须坚持。现在世界绝大多数国家刑法仍然坚持适正的刑法立法原则，有的称之为限制自由原则，即行为一旦超越这

[①] 参见［英］马丁·洛克林《剑与天平——法律与政治关系的省察》，高秦伟译，北京大学出版社 2011 年版，译者序，第 8 页。

[②] ［德］埃里克·希尔根多夫：《德国刑法学：从传统到现代》，江溯、黄笑岩等译，北京大学出版社 2015 年版，第 28 页。

[③] 参见林东茂《危险犯与经济刑法》，台湾五南图书出版公司 1996 年版，第 15 页。

些原则所设置的道德界限,国家即可正当地将其犯罪化;反言之,国家将没有超出界限的行为犯罪化就是不正当的。美国法哲学家乔尔·范伯格在其四卷本著作《刑法的道德界限》中对限制自由原则的阐释被公认为是迄今为止最重要的贡献,成为对限制自由原则的经典表述。① 意大利刑法犯罪化的标准是侵害性原则(principio di offensività),本原则蕴含了三个基本判断:(1)刑法唯一的合法目的是保护具社会意义之利益(beni giuridici,即法益),而不是推行道德准则;(2)法院只有在其审理的特定案件中确信法益受到被告人的实际侵害,或者至少因被告人而处于危险之中时,才能适用为保护法益而制定的刑事规范;(3)在法院确信法益因被告人而处于危险中时,该危险的性质必须是"可以合理预计被告人的行为将造成直接侵害"。②

意大利刑法对恐怖主义犯罪的预备行为予以犯罪化,招募、培训、伪造出国证件等都被犯罪化,参加恐怖主义组织、协助恐怖组织成员、颂扬恐怖主义或危害人类罪的罪行、传播种族或民族优越性或仇恨思想,或者煽动实施种族、民族、国家或宗教歧视的行为也是犯罪。意大利刑法在打击严重有组织犯罪尤其是恐怖主义时,预备行为的广泛入罪引出了有关刑法作用的基本问题。意大利有学者指出,传统刑法的特点是被动反应模式,即事后介入,对已实施并造成法益侵害的行为予以制裁,而这种模式在今日时代背景下已陷于危机之中。一种不同的预防性模式似乎已呈现取而代之的发展态势,这种模式首先要求刑法防止损害的发生,在犯罪者实施犯罪计划之前即予以介入。捍卫刑法和刑事司法在打击恐怖主义中的角色——哪怕以接受某些明显偏离"经典"模式的做法为代价——将意味着捍卫被告人以及所有人身自由受到国家机关限制之人士的一些基本权利。在目前形势下,基于预防的刑法模式或许是同时满足公共安全保护需要与维护个人权利和保障之核心内容的最佳妥协。③

---

① 这些著作主要阐释了四个限制自由原则:损害原则、冒犯原则、法律家长主义和法律道德主义。这四个原则是基本原则,它们相互之间的交叉组合又可衍生出其他一些限制自由原则,如:法律道德家长主义、完美主义、说教式法律家长主义等。参见[美]乔尔·范伯格:《刑法的道德界限》,方泉译,商务印书馆2015年版。

② [意]弗朗西斯科·维加诺:《意大利反恐斗争与预备行为犯罪化——一个批判性反思》,吴沈括译,《法学评论》2015年第5期。

③ 同上。

五 反恐刑法属性的认识误区

基于对反恐刑法类型性缺乏足够的认知，我国法学界几乎一边倒地对反恐刑法进行批评，认为反恐刑法是预防性刑法，是情绪立法，是安全理念至上的刑法，是不利于保障人权的刑法。笔者认为这存在部分的认识偏差。

（一）反恐刑法单纯预防属性论

对于反恐刑法以上的类型化解读的结论是，反恐刑法可以分为预防性反恐刑法与报应性反恐刑法，但这是类型性的描述，因为类型具有开放性，所以并不意味着这两种类型之间是截然的对立，即预防性反恐刑法也有报应的属性，报应性反恐刑法也附带发挥预防犯罪的作用，只不过两种属性中有主次之分，这才是类型化解读的真谛所在。正如学者指出的，类型思维缓和了刑法立法上明确性与模糊性的矛盾，调适了刑法适用上安定性与灵活性的紧张关系，并使"目的解释"成为最重要的刑法解释方法。[①] 有学者批评我国的反恐刑法是预防性刑法，笔者认为这种认识存在偏差，理由如上所述。其实，反恐刑法绝非单纯预防性刑法，因为组织、教唆、帮助行为正犯化之后其性质已经发生质的变化，与具体犯罪的实行并无二致。此外，刑罚目的都具有预防性，报应性；古典派注重报应性，新派注重预防性。犯罪预防是刑法的功能之一，非反恐刑法的独有特征。譬如：关于枪支弹药的犯罪、毒品犯罪、经济犯罪、妨害社会管理秩序的犯罪等，概莫能外。

（二）反恐刑法与象征性立法

在学界，有观点认为我国的反恐立法是象征性立法，是情绪性立法，具有极强的"叙事性"色彩，预防性立法过度超前干预。其实，这可能是由于对世界各国特别是我国反恐立法的历史不甚明了所致。

国际社会开展反对和打击恐怖主义的国际立法，最早是由国际联盟于1934年因南斯拉夫国王亚历山大和法国外交部部长巴图遇害而提出的。第二次世界大战之前，国际法学界曾举行五次国际会议，试图统一各国刑法以防止和惩治国际恐怖主义行为。1937年在国际联盟主持下制定了《防止和惩治恐

[①] 齐文远、苏彩霞：《刑法中的类型思维之提倡》，《法律科学》2010年第1期。

怖主义公约》。之后国际社会关于恐怖主义犯罪防治的公约陆续制定。1973年12月14日，联合国大会通过了《关于防止和惩处侵害应受国际保护人员包括外交代表的罪行的公约》，为国家元首、政府首脑、外交代表及其他受国际保护者提供保护，并对侵害上述人员的恐怖犯罪进行惩罚。1990年，联合国预防犯罪与罪犯待遇大会通过《打击国际恐怖主义的措施》，对打击国际恐怖主义犯罪的刑事管辖、引渡制度、危险品管理、传播媒介指导方针等作出明确规定。2000年2月25日，联合国大会通过了《制止向恐怖主义提供资助的国际公约》，就切断恐怖主义的资金来源问题作出规定。2001年6月通过了《打击恐怖主义、分裂主义和极端主义上海公约》，2005年联合国大会通过了《制止核恐怖主义国际公约》，等等，目前已经有近30个国际或者区域性的反恐公约。

  许多国家也制定了反恐法律，其中既有发达国家，也有第三世界国家，如美国、德国、法国、印度、新加坡、马来西亚等。美国是世界上遭受恐怖活动威胁最多的国家之一，其反恐立法也走在世界前列。早在20世纪80年代，美国就制定了一系列专门的反恐法律，如1984年制定了《人质拘禁之防止及处罚法》《反破坏飞机法》《禁止支援恐怖主义活动法》《提供恐怖主义活动情报奖励法》，1986年制定了《外交完全与反恐怖主义法》等等。这些法律从组建专门反恐机构，扩大有关机构的司法权，严惩恐怖主义分子，奖励反恐有功人员，提供预防恐怖主义活动的措施，打击帮助恐怖主义分子的国家等方面组成了一个系统、完备的法律体系。① "9·11"事件让美国遭受了沉痛的打击，也催生出美国的新一轮反恐立法，陆续颁布了《防止恐怖主义利用生物武器法》《爱国者法案》《爱国者法增补及再授权法》《爱国者法附加授权修正案》等。

  我国在打击恐怖活动犯罪方面的立法较晚，② 1997年刑法修改时首次规定了组织、领导、参加恐怖组织罪；2001年通过的《刑法修正案（三）》对惩治恐怖活动犯罪的刑事立法进行了全面完善，规定了资助恐怖活动罪，将恐怖活动犯罪增加为洗钱罪的上游犯罪，调整了组织、领导、参加恐怖组织罪的法定刑。2011年10月，全国人大常委会颁布了《关于加强反恐怖工作有关问题

---

  ① 赵秉志、杜邈：《我国惩治恐怖活动犯罪制度细化的合理性分析》，《法学》2012年第12期。
  ② 刘仁文教授对我国反恐刑事立法的路线图做了详细描述，说明了国内外反恐形势是如何推动反恐立法的，并对我国反恐刑事立法的特点进行了评析，为中国反恐刑法的完善指明了方向。参见刘仁文《中国反恐刑事立法的描述与评析》，《法学家》2013年第4期。

的决定》，就恐怖活动的定义、恐怖组织的认定、反恐领导机构等作出统一规定。与我国的反恐立法相契合，我国的司法实务部门也着力运用从严刑事政策惩治恐怖活动犯罪。2011 年《刑法修正案（八）》与《刑法修正案（九）》对恐怖主义犯罪做了补充与修改，反恐刑法的专有罪名从 1 个增加到 9 个。我国特别是新疆地区的恐怖主义犯罪自从新中国成立之后就时断时续地发生，对国家和人民群众生命、财产安全造成了重大损害。对此，我国刑法保持了相对的克制态度，仅以普通犯罪予以处理，即"特殊犯罪普通化"。直到 1997 年新中国才有了反恐刑法的第一个罪名。相对于西方国家，我国的反恐刑法立法的历程是缓慢的，态度是慎重的，绝不是象征性立法或情绪性立法。

（三）反恐刑法与刑事政策

打早打小是刑事政策，刑事政策不是刑法，刑法的根基是行为，是对法益的侵害。刑事政策具有灵活性，刑法具有被动性，具有稳定性。在中国当下的语境下，刑事政策与刑法属于不同的范畴，不能混淆。1970 年克劳斯·罗克辛（Claus Roxin）将李斯特（Franz von Liszt）提出的"刑法是刑事政策不可逾越的屏障"提炼为"李斯特鸿沟"（Lisztsche Trennung），进而主张以刑事政策为基础构建刑法体系以跨越李斯特鸿沟，并在这一方法论的指导下完成了对目的理性犯罪论体系的构建。① 但最近有学者研究指出，所谓跨越李斯特鸿沟，其实是一场学术误会。它只不过是罗克辛为论证其重构刑法体系的正当性而选择的一个口号。真正的李斯特鸿沟，旨在坚守形式理性、恪守罪刑法定，不能也不应被跨越；而罗克辛所谓的跨越李斯特鸿沟，实际上是致力于犯罪论体系的实质化、规范化，这一主张与李斯特本人在刑法与刑事政策关系上的立场并不相悖。虽然罗克辛以跨越李斯特鸿沟为口号所建构的初创期的目的理性犯罪论体系并不成功，但这并不意味着讨论李斯特鸿沟问题没有意义。中国刑法学正浸淫于浓厚的实质理性色彩之中。为了坚守形式理性，实现罪刑法定，需要积极推动中国刑法学向刑法教义学转型，努力建构起一个可以接受刑事政策的引导但同时又能对刑事政策的考量进行有效约束的刑法体系。② 对于反恐刑法属性问题上，不能以我国的反恐刑事政策来替换刑法的属性，如果混淆二

---

① 参见 ［德］克劳斯·罗克辛《刑事政策与刑法体系》（第 2 版），蔡桂生译，中国人民大学出版社 2011 年版，第 3—59 页。

② 邹兵建：《跨越李斯特鸿沟：一场误会》，2018 年 10 月，中国社会科学网，http://www.cssn.cn/fx/201408/t20140812_ 1287387_ 5.shtml。

者，人权保障与社会保护则会两败俱伤。还有学者批判反恐刑法，其论据之一就是反恐怖主义法的基本原则和具体规定，① 笔者以为这也是混淆了刑法与行政法或社会管理法的界限。

结　语

笔者并不否认当前的刑事立法中存在不完美之处，反恐刑法也不例外，但是不能无原则地一味地予以批评。人权得以完整保护的理想固然美好，但不能以牺牲社会保障作为代价，两者实质上具有相互促进的作用。对反恐刑法进行类型化的研究是澄清混乱认识的必要措施，但类型化的研究结论具有相对性，因为类型本身就具有开放性和社会生活适应性，特别是精确的类型研究需要进行形式解释前提下的实质解释，更需要追寻刑法的规范目的，而"刑法规范的目的并不总是通过对刑法概念纯粹的技术分析就可以把握的。除了刑法的理念和刑法的一些基本立场（如主观主义的或客观主义的）起着抽象的指导作用外，文义的、历史的、体系的、目的性的解释方法也是合理确定刑法规范目的的重要方法。"② 笔者认识到本文对反恐刑法的类型化研习不够深入，期待大方指导，以深化学术认知。

---

① 例如学者批评反恐刑法时举例说明，"单纯收看暴恐视频而被关押的王某案"，王某为个人寻求刺激、缓解压力，多次通过百度搜索并非法登录境外网站，观看并下载割头、ISIS 打仗场面暴恐音视频，后被抓获。公安机关依据《反恐怖主义法》第 32 条，对王某依法处以行政拘留十五日的处罚。（《齐鲁晚报》2016 年 4 月 26 日第 C02 版）。参见刘艳红《二十年来恐怖犯罪刑事立法价值之评价与反思》，《中外法学》2018 年第 1 期。这种批评其实是以行政法批评反恐刑法，概念发生龃龉。笔者向来主张与行政法相比，刑法是保障人权的更佳形式。

② 参见［德］卡尔·恩吉施《法律思维导论》，郑永流译，法律出版社 2004 年版，第 71 页。

经济安全视角下新型庞氏骗局探析

时　方[*]

一　新时期经济安全的保护任务

在新时期国家积极构建总体国家安全观的时代背景下，维护经济安全的重要性愈发受到重视，具有国家战略层面的特殊意义。2015年7月1日颁布的《国家安全法》正是在我国积极践行总体国家安全观的背景下制定并实施的，其中第19条、第20条针对国家经济安全、金融安全的保护任务作了专门规定，经济安全的维护正式进入法治化轨道。就国家经济安全保护而言，金融安全的运行状况被认为是一国经济平稳运行的"神经中枢"，当前国内外高发的各类经济、金融犯罪无疑对维护我国经济安全的稳定产生巨大的冲击与破坏，震惊全球的美国纳斯达克董事会前主席伯纳德·麦道夫炮制的高达500亿美元的巨型金字塔式庞氏骗局不仅给投资者造成巨大的财产损失，更是加剧了2008年美国经济危机的扩散与蔓延，引发世界性金融恐慌。在此背景下，我国《刑法修正案（九）》将"贯彻总体国家安全观、统筹完善刑法相关规定"作为近年来刑法修正的目标和任务，如何站在国家经济安全的战略高度对相关犯罪予以有效打击、规制，是刑法责无旁贷的任务。

尽管金融危机仍未消散，全球经济仍处于低迷时期，就我国经济安全作出的努力与取得的成效而言，李克强总理在2018年全国两会期间所作政府工作报告中指出，当前对于金融监管和国家经济安全维护的诸多举措实现了"规范金融市场秩序，防范化解重点领域风险，守住了不发生系统性风险的底线，维护了国家经济金融安全"。针对危及经济安全的具体违法犯罪行为，李克强总理同样指出了规制的重点，即"严厉打击非法集资、金融诈

---

[*] 时方，中国政法大学刑事司法学院教师，法学博士。

骗等违法活动。强化金融监管统筹协调，健全对影子银行、互联网金融、金融控股公司等监管，进一步完善金融监管"。① 当前各类新型金融犯罪尤其是庞氏骗局在科技与互联网的迅猛发展下花样不断翻新，变种形式眼花缭乱，对于国家经济安全以及社会民众的合法权益造成巨大危害，需要重点关注、严厉打击。

二 新型庞氏骗局的发展及认定

庞氏骗局（Ponzi scheme）以意大利投机商人查尔斯·庞兹命名，作为一种古老而常见的投资诈骗，是指设局者向投资者许诺给予高额回报先行吸收投资款，通过滚雪球方式不断吸引新的投资者加入以返还报酬，在这一过程中并不存在实际的生产经营也不产生经营性利润与收益，是建立在非实体性经营基础上的单纯资本运作。因此，庞氏骗局的运作原理只是利用新投资者的钱来向老投资者支付利息和短期回报，以制造赚钱的假象进而骗取更多的投资，当后加入者所投入资金不能满足先前加入者支付的本金及收益时，不可避免将出现资金链断裂并最终导致骗局泡沫破裂。庞氏骗局在中国又称为"拆东墙补西墙""空手套白狼"，设局者的目的就是获取投资者的投资款，而骗局得以实施的秘诀在于投资者相信会获得高额回报，当庞氏骗局发展到一定规模不仅会使参与其中的投资者遭受巨额的财产损失，更会制造巨大的金融风险危及国家经济安全稳定。尤其是当传统庞氏骗局运作机理与日新月异的网络技术相结合，如在P2P平台、区块链、比特币、人工智能等新名词包装掩饰下，由此衍生的庞氏骗局新变种更令社会民众眼花缭乱，其潜在危害性更是难以识别。在我国当前刑法规制体系中，剥离庞氏骗局表面浮华的外衣，呈现的内核本质主要归结为非法集资与传销两种典型犯罪类型。

（一）P2P网络平台成为新型庞氏骗局重灾区

随着互联网技术的兴起和互联网金融的迅速发展，一方面，以网络平台方式进行的投资理财产品日益增多，如支付宝软件推出的余额宝、腾讯官方通过微信软件推出的理财通以及网络上各式品种繁多的金融理财产品，一定程度上

---

① 参见《2018年政府工作报告》全文，2018年5月，http://www.gov.cn/zhuanti/2018lh/2018zfgzbg/zfgzbg.htm。

拓宽了民众自有资金的投资增值渠道，有利于社会整体经济的发展与提升；另一方面，鱼龙混杂的金融理财产品背后更多的是借 P2P 网络借贷平台之名，行非法集资犯罪之实，对于我国金融市场的平稳运行和广大社会民众的财产安全造成巨大隐患。

在 P2P 互联网借贷运作过程中，借款人通过互联网平台发布借款信息，资金的所有者则借助网络平台筛选出合适的借款者进行投资，借贷双方绕开银行等传统金融机构直接形成债权债务法律关系。P2P 网络借贷作为近年来兴起的互联网金融创新借贷模式，促进了资金在商业领域流通的效率与利用率，相比传统金融借贷有其特有的社会价值与功能。互联网 P2P 平台在其中只是对借贷双方信息进行核实、公布，通过相关信息的搜集整理对借款人的还款能力做出信用评级，进而为资金所有者的投资决策提供必要信息参考。因此互联网 P2P 平台在借贷双方之间只是起到信息中介的作用，并非进行信用担保，由此收取一定数额的佣金、服务费、管理费等维持平台的运转。

然而在现实生活中，众多 P2P 网络平台以投资理财为名自融自保，自设资金池进行融资，违背信息中介的性质，在没有实际投资项目的情况下以高额回报率为诱饵，通过不断吸引新的投资款"拆东墙补西墙"偿还先期投资人的本金及利息。由单纯信息发布平台转变为信用担保机构进而自行融资，P2P 平台在我国金融市场的实际运作背离制度设立初衷，其运营模式发生根本异化。当前不断涌现的诸如钱宝网、e 租宝、善林金融等网络平台非法集资案，使得借助互联网实施的非法集资案件不论是资金规模、影响范围还是涉案群体数量等都是传统集资犯罪所无法比拟的，P2P 网络平台成为新型庞氏骗局的重灾区。当前 P2P 平台涉及公众投资数万亿元，大规模网贷平台集中性的倒闭、跑路、清盘不仅使得众多投资者个体、家庭血本无归，如此大体量的民间投资、借贷资金链断裂对于国家整体经济运行安全产生巨大冲击，巨额资金体外运转更是对国家金融监管安全、社会秩序稳定产生严重威胁与侵害。①

（二）虚拟货币成为新型庞氏骗局主要形式

虚拟货币作为互联网新生事物，是指用户使用法定货币按一定比例直接或间接购买，用于兑换发行企业所提供的指定范围、指定时间内的网络游戏服务，其本质属于以法定货币购买的商品服务，仍需要依赖特定的发行平台进行

---

① 参见《42 天 104 家 P2P 爆雷！7 万亿资产、上千万受害人卷入，爆雷之后真的有晴天吗?》，2018 年 8 月，http://finance.ifeng.com/a/20180719/16393903_0.shtml。

信用担保，其流通范围也仅限于特定领域以及用途，如用于购买游戏装备、升级道具的网络游戏虚拟货币、用于支付会员服务费的 Q 币等，虚拟货币在现实经济生活中只能单向流动，不能逆向兑换实物货币，因此不具备货币所要求的价值尺度和流通手段职能。早期的虚拟货币如腾讯公司开发的 Q 币等，获得国家的监管认可并且与一定现实金额的商品服务相等价，法律在一定程度上认可其虚拟财产属性。

随着对虚拟货币的不断炒作，有不法分子以发行虚拟货币为名，行诈骗之实，谎称投资虚拟货币只涨不跌，其中主要包括"山寨币""空气币""传销币"等表现形式。① 例如：近年来具有广泛影响的五行币、亚欧币、维卡币等网络传销案件，不法分子以虚拟货币、区块链为幌子，进行概念炒作并以高额利益回报为诱饵，以此进行非法集资、传销等违法犯罪活动，成为新型庞氏骗局主要形式。全国首起虚拟货币网络传销"维卡币"案，国内涉及资金 150 亿元人民币，传销人员账号 200 多万个，涉及全国 20 多个省市。② 该案组织者以加密货币和区块链为噱头、以高额回报利诱，要求参加者支付相应等级入会费，通过老会员推荐新会员入会并购买激活码获得加入会员资格，按照投资的金额及入会先后的顺序组成层级，呈现新型网络传销组织特征。③ 此外，包括"五行币""克拉币"等都属于较为典型的利用虚拟货币进行传销活动的案件，据不完全统计，公安机关目前查处的以"虚拟货币"传销案件中，涉及的"币种"就达 100 余种。④ 根据国家互联网金融风险分析技术平台对假虚拟货币平台进行持续监测，截至 2018 年 4 月累计发现假虚拟货币 421 种，其中

---

① "山寨币""空气币""传销币"等虚拟货币本身可能无限增发，并未实际应用到区块链技术，只是炒作概念，货币本身没有实际价值，属于典型的庞氏骗局。

② 参见《独家发布！侦破公安部督办涉案 150 亿'维卡币'特大网络传销案》，2018 年 6 月，http：//www.sohu.com/a/231591890_99960011。

③ 传销活动自 1989 年从日本流入我国，从广东、广西等地迅猛发展并向全国各地蔓延。就传播手段与方法而言，我国传销有较为明显的南派、北派地域界分，其中南派多以资本运作为名进行自愿式洗脑，典型如广西北海"1040"工程等；北派传销则在洗脑过程中常伴有非法拘禁、殴打等形式的暴力控制，典型案件如以"天津天狮"名号开展传销活动的北派传销组织，已发展成为全国分布最广、最具暴力性的传销派别。参见《起底'天狮'传销：被指最暴力，9 年两千余起刑案致 155 死》，2018 年 9 月，https：//new.qq.com/omn/20180926/20180926A17LY8.html？pgv_ref=aio2015&ptlang=2052。但近年来传销也呈现出"南北融合"的趋势，随着互联网的迅速发展逐渐向隐蔽性更强的网络传销、金融传销发展。

④ 参见《公安部经侦局发布 7 类传销陷阱警示公众》，2018 年 6 月，http：//www.legaldaily.com.cn/legal_case/content/2018-05/24/content_7552418.htm？node=81772。

60% 以上的假虚拟货币网站服务器部署在境外，此类平台难发现、难追踪。①当大量投资人入场后，公司通过幕后恶意操纵价格走势、不断套现，导致投资人手中的虚拟货币呈现单边下跌的趋势，损失惨重，毫无价值。庄家在幕后对虚拟货币价格人为操纵、对投资者"收割韭菜"，较赌场有过之而无不及，充满欺诈与骗局。

（三）数字货币②逐渐受到投机客追逐热捧

数字货币（Digital Currency）是运用区块链技术发行、管理和流通的货币，基于特定算法的去中心化、匿名性等特点使得数字货币可以由任何人发行，无须依赖政府授权并脱离政府监管。和自由流通的法定货币一样，以比特币为代表的数字货币能够被用于真实的商品和服务交易，因此逐渐受到投机客的追逐热捧。从比特币诞生之日起其价格不断飙升，这既有人为投机炒作的推动，也与其自身某些属性有关。一方面比特币基于特定算法的数量有限性以及通过计算机 CPU 算力和消耗的巨额电量成为挖掘比特币的固有成本，决定了获取比特币必须付出实际支付对价；另一方面，由于比特币具有去中心化、匿名性、可兑换性、交易成本低廉性等特点，使得其在网络中具有充当特殊犯罪

---

① 2018 年 5 月 17 日，国家互联网金融安全技术专家委员会发布《高风险平台系列报告（二）警惕假虚拟货币平台诈骗陷阱》，报告指出当前假虚拟货币平台具有如下特点。1. 具有金字塔式发展会员的经营模式。假虚拟货币平台，宣称其虚拟货币或积分币可产生高额回报。此类平台多以"拉人头""高额返利"等模式吸引投资者，涉嫌进行传销。2. 涉嫌资金盘，人为拆分代币。假虚拟货币多没有真实代码，无法产生区块或在区块上运行，因此多采用人为拆分的方式进行代币奖励，通过在短期内不断的拆分，产生大量积分或代币，造成财富暴涨的错觉。3. 受到机构或个人控盘，无法自由交易。此类平台发行的假虚拟货币多无法在虚拟货币交易所交易，因此多采用场外交易或自有交易所交易。同时价格还存在受到机构或个人的高度控制的现象，容易造成价格快速上涨的错觉，但用户往往无法进行交易或提现。基于此，假虚拟货币主要风险在于：涉嫌非法集资等违规行为。假虚拟货币无任何价值，以拉人头、高额返利的模式进行经营，本质为非法集资和传销活动；存在高度跑路风险。此类平台无研发能力和技术，跑路概率极高；受害者维权困难。此类平台多无经营场所和工商信息，且服务器多部署在境外，受害者很难进行维权。参见《互金专委会：警惕假虚拟平台诈骗陷阱累计发现假虚拟币 421 种》，2018 年 8 月，http://baijiahao.baidu.com/s?id=1600703498855584778&wfr=spider&for=pc。

② 也有观点将数字货币和运营商发行的特定虚拟代币统称为虚拟货币，将法定货币之外的非真实货币作为广义上的虚拟货币理解，包括市场上存在的大量借助虚拟货币名头实施集资、传销犯罪的空气币、山寨币甚至传销币等。参见尹振涛《虚拟货币市场风险》，《中国金融》2018 年第 7 期。而本文根据网络虚拟空间不同"货币"产生的机理区分为虚拟货币与数字货币，是在狭义上对虚拟货币进行的理解与划分。

工具的实际功能，因而存在巨大的市场需求。

就表现形式而言，以比特币为代表的数字货币与传统各国中央银行发行的法定货币最大的差别在于无形化：一方面，数字货币作为一串数字代码保存于计算机账户中，而传统货币以纸质或金属的物理形态客观显现；另一方面，基于数字货币去中心化的特征，其没有特定的发行机构，只能存在于网络数据中，而上述数字货币的表现形式直接决定了其交易的隐蔽性（从交易者个人信息保密角度而言具有交易安全性），即任何一台连接互联网的计算机都可以进行点对点数字货币（比特币）转账，资金的流动只要有网络即可无须通过第三方机构如银行等，因此很难受到监管。

就信用基础而言，虽然同样可以作为商品交换的等价物，但数字货币与虚拟货币的价值基础并不相同，虚拟货币的价值根基依托于商品服务提供方自身的商业信用，是针对所提供商品服务创造的特定等价代币；与此相反，以比特币为代表的数字货币基于对特定算法的信赖，其交换价值基础与以一国政府信用背书的国家法定货币以及对特定商业主体的商业信赖存在根本区别，是特定群体在理念上自发的技术信任与价值认同，随着信赖主体数量以及投资者信心的变化，其信赖对象的数字货币在交易价格上存在巨大的浮动与不确定性。

就流通范围而言，虚拟货币只限于商品服务商提供的特定商品，交易方式呈现单向流动性，无法在经济生活中作为一般等价货币进行流通；基于数字货币的信用基础是从少数特定群体中产生，认可群体呈现动态不稳定性，因此其流通范围以及能否实现法定货币一般等价物的功能并不确定，具有随意性、可操控性，而一旦流通群体对于数字货币产生信任，即可以作为一般等价物进行任何商品的交易，充当一般货币的职能。

就交换价值而言，以比特币为代表的数字货币与国家发行的法定货币以及特定机构发行的虚拟货币不同，基于特定算法比特币总量固定控制在 2100 万枚，不存在超发问题。有观点指出，比特币等数字货币去中心化的本质特征，使得其发行量不依赖于任何发行者，比如银行、政府和企业，而仅依赖于其程序设计的算法本身，这就从根本上保证了任何人或机构都不可能操纵比特币的货币总量，人为制造通货膨胀；而以 Q 币为代表的虚拟货币，其发行量完全取决于发行机构——腾讯公司，同样具有发行数量的任意性与不确定性，进而最终影响虚拟货币的市场价值。①

---

① 参见娄耀雄、武君《比特币法律问题分析》，《北京邮电大学学报》（社会科学版），2013 年第 4 期。

客观上，数字货币在世界范围内的认可程度与身份属性还处于模糊混沌之中，当前各国对于比特币等数字货币采取截然不同的态度，既有在立法上全面禁止，将交易、使用数字货币视为违法行为的纳米比亚、厄瓜多尔、吉尔吉斯斯坦等国；也有在法律上对数字货币予以合法化认可的德国、加拿大、澳大利亚、日本等国。如2013年8月德国是世界上首个承认比特币合法地位的国家，2013年12月，世界上首个比特币ATM机在温哥华投入使用，澳大利亚于2017年7月1日把比特币视为货币，并将废除比特币商品与服务税（GST），2016年5月，日本首次批准数字货币监管法案，并定义为财产，2017年7月日本政府签署颁布修正的《支付结算法》（Payment Services Act），比特币在日本某些商店具有支付功能并合法化。同时也包括虽然不承认数字货币法定货币属性，但纳入证券监管的美国、瑞士、新加坡等国。① 此外，基于国家利益与政策的考量，不同国家对于数字货币的态度也在短时期内发生巨大的反转，包括泰国、韩国、俄罗斯从本国税收、资源开发等不同角度出发经历最初的全面禁止到适度开放承认。如泰国是全球首个禁止比特币使用和交易的国家，但2018年3月泰国通过法案，将数字货币承认为是一种数字资产。俄罗斯将比特币为代表的数字货币称为"数字金融资产"，在经历一系列态度翻转之后，俄罗斯联邦议会于2018年3月制定了保护加密货币所有人权利的法律草案《数字金融资产法案》，该法案已于2018年5月22日由俄罗斯国家杜马通过并在2018年7月正式生效。此外，包括一些东欧国家近年来对比特币采取了更为宽松的态度，例如保加利亚、斯洛文尼亚和罗马尼亚等国的税务机关正式承认这类数字货币的货币属性，并对比特币收入设置了税率。②

虽然基于特定算法的数字货币与虚拟货币在设计原理与运用场景方面存在巨大差异，但相比较传统实物货币、金属货币以及各国政府发行的纸质货币而言，数字货币既无内在实体价值，又缺乏强有力的信用背书，甚至缺乏虚拟货币所具有的特定发行主体的信用支持与使用价值，完全建立在抽象观念层面对算法技术的信赖，过于热衷对虚无缥缈的理念炒作，不免对其价值基础产生疑问。因此，针对数字货币去中心化、匿名性、数量稀缺性等概念炒作易造成投机并被不法分子利用，这也导致数字货币价格剧烈震荡且成为非法集资、传销

---

① 美国在一定程度上允许比特币交易、兑换并将比特币作为证券进行管理，但各州对比特币的态度不完全一致，华盛顿州最严，要求数字货币交易所必须申请牌照，同时要求第三方的独立审核，而比较宽松的内布拉斯加州则允许律师接受数字货币作为报酬。

② 赵天书：《比特币法律属性探析——从广义货币法的角度》，《中国政法大学学报》2017年第5期。

团伙利用的工具进而陷入庞氏骗局旋涡。

综上,比特币等数字货币去中心化、匿名性等特征使得交易双方的真实身份得以隐藏,不利于金融监管机构对交易活动进行有效监管,致使比特币或比特币支付系统不仅可能成为洗钱犯罪、外汇犯罪、货币犯罪、走私犯罪等各类经济犯罪的工具或者渠道,而且比特币资产持有者具有成为侵财犯罪(盗窃、普通诈骗等)、金融犯罪(非法集资、金融诈骗、市场操纵等)、网络犯罪被害人的高度风险,甚至比特币及其经济生态本身都长期受困于是否构成庞氏骗局、金字塔骗局等集资诈骗犯罪或者传销犯罪的巨大争议之中。[①] 此外,比特币独立的支付系统使其避开传统的支付系统进行交易,进而使税收监管机关无法进行有效税收监管与征收。

(四) 其他具备庞氏骗局本质特征的形式

近年来充斥在经济生活领域中的消费返利同样是一种新型网络传销活动,其通过发展平台会员并许诺给予不同等级会员购物返利,鼓励会员在平台消费并推荐发展新会员,此种运营模式实则是通过后加入会员的入会费以及对支付商品金额提成实现先前会员返利,平台本身不以商品交易为主要目的,也无资金来源进行会员返利,平台组织者以收取会费和商品价款提成取得收益。如果后期加入会员较少将导致平台资金无法满足先期会员返利要求,庞氏骗局终将崩塌。2018年5月广州警方摧毁的"云联惠"特大网络传销犯罪团伙,即是以"消费全返"等为幌子,采取拉人头、交纳会费、积分返利等方式引诱人员加入,骗取财物,严重扰乱经济社会秩序,涉嫌组织、领导传销活动犯罪。

此外,其他诸如股权投资、金融互助、微信手游等名义实施的消费、投资活动,形式各异、令人眼花缭乱,但都是通过承诺高额回报进而收取入会费,通过拉人头、发展下线等手段给予提成、返利,以此维持传销、集资活动的资金运作,但不论何种形式的骗局换汤不换药,具备庞氏骗局的本质特征。

三 新型庞氏骗局的刑法规制

针对当前利用P2P网络平台实施的非法集资、利用虚拟货币、数字货币

[①] 谢杰:《"去中心化"互联网金融对经济刑法规范的影响及其应用——比特币关联犯罪的刑法解释》,《犯罪研究》2015年第2期。

以及消费返利等手段实施的新型庞氏骗局,严重扰乱了我国市场经济秩序,侵害公民个人的财产权益,我国刑法对此规制的具体罪名包括第176条非法吸收公众存款罪、第192条集资诈骗罪等涉嫌非法集资类犯罪罪名以及刑法第224条之一的组织、领导传销活动罪等。刑法条文本身对上述新型庞氏骗局引发的集资犯罪、传销犯罪规制严厉,并不存在法律规定的漏洞,刑法能否有效执行的关键在于对社会中存在的形形色色骗局要具有可识别的"火眼金睛"。此外,在以虚拟货币、数字货币为噱头实施的非法集资和传销活动中,一方面,2013年12月5日央行等五部委发布《关于防范比特币风险的通知》,明确了比特币等数字货币不是由货币当局发行,不具有法偿性与强制性等货币属性,基于我国并未承认比特币等数字货币的法定货币地位,如果伪造比特币数字代码并进行欺诈交易等行为,并未侵犯国家货币信用,不涉及伪造货币罪等货币犯罪罪名;另一方面,2017年9月4日央行等七部委联合发布《关于防范代币发行融资风险的公告》强调,任何组织和个人不得非法从事代币发行融资活动,各银行机构和非银行支付机构,不得开展与代币发行融资交易相关的业务。① 而比特币在中国市场上的交易价格也随着上述国家文件、政策的出台产生剧烈震荡,② 当前央行尚未发行法定"数字货币",也未授权任何机构和企业发行法定"数字货币",如果某些机构和企业有推出所谓"数字货币"或是推广央行发行"数字货币"的行为,均将涉嫌诈骗犯罪或者传销犯罪。

---

① 2017年10月30日 OKCoin(币行)、火币网、比特币中国三家比特币交易平台均发布清退公告,宣布将平台关闭退出中国市场,至此中国境内所有数字货币交易平台全部暂停交易。参见《比特币退出中国!三大交易平台发布清退公告》,2018年5月,比特网,http://news.chinabyte.com/102/14331602.shtml? cirsid=fe56ce570f6ef38ab4a648862b12fe4a。

② 纵观比特币交易价格的走势,2009年10月比特币首次兑换汇率为1美元兑换1309.03个比特币,随着2013年比特币交易不断活跃,其从最低价格66美元到2017年最高点2万美元升值近300倍。这也使得比特币交易具有严重的投机性。其他各类数字货币在炒作下交易价格也上涨至数百倍之多。但比特币交易价格除受人为炒作影响之外,同样受到政策文件巨大影响,在2013中国央行等五部委发布《关于防范比特币风险的通知》比特币价格应声下跌,跌幅近50%;2017年9月4日央行等七部委联合发布《关于防范代币发行融资风险的公告》,比特币交易价格从8月底的每枚2万美元跳水至最低8000美元左右,跌幅达60%,数字货币价格泡沫显而易见。而随着市场价格反复震荡数字货币近期实质迎来"熊市",至2018年8月21日比特币报价6430美元,其他数字货币如莱特币、ETH等价格同样呈现持续下跌趋势,被投资者认为是典型的"割韭菜"表现。

附　录

走向未来的刑法学
——"社会变迁与刑法科学新时代"
学术研讨会综述

贾　元　焦旭鹏[*]

2018年10月27—28日，一年一度的中国社会科学院刑法学重点学科暨创新工程论坛在北京成功举行。此次会议由中国社会科学院法学研究所主办，刑法研究室承办，以"社会变迁与刑法科学新时代——纪念改革开放40年暨社科院法学所成立60年"为主题。来自全国各地数十所高校、科研院所的专家学者和全国人大常委会法工委、最高人民法院、最高人民检察院、公安部、司法部等立法和司法机关的领导和专家共计近百人参加了此次盛会。

本次会议除开幕式和闭幕式以外共分为七个单元：社会变迁与刑法观的演进、社会变迁与刑法制度的发展、网络时代的刑法面孔、改革开放以来贪污贿赂犯罪的立法与司法、人工智能大数据与刑法、网络信息的刑法规制、风险社会的刑法介入。

一　改革开放四十年刑事法治的回顾与反思

（一）四十年来刑事法治的总体评价

1978年开始实施的改革开放政策对于我国法学理论和实践发展有极其深远的影响，党的十九大提出了新时代中国特色社会主义思想，并把坚持全面依

---

[*] 贾元，中国社会科学院法学研究所助理研究员，法学博士；焦旭鹏，中国社会科学院法学研究所副研究员，法学博士。

法治国作为贯彻落实这一重要思想的基本要求之一。2018年恰逢中国改革开放四十年，对改革开放以来的社会变迁与刑事立法、司法的发展状况做一系统回顾和评估，从刑事法治（制）的回顾与展望、当代刑法学的重大话题、科技革命对刑法的影响、新型犯罪的挑战和应对等方面展开讨论，可谓是因势而动、正当其时，对促进我国未来刑法的发展具有重要意义。

中国社会科学院法学研究所所长、研究员陈甦指出，改革开放的四十年来，我们都在关注一件事，就是变和如何变的问题。中国特色社会主义进入新时代，与此相关的法治机制，尤其是刑法机制，如何影响到了社会发展和公民行为，如何去改变，这是我们每个人都要思考的问题。

最高人民法院副院长李少平指出，这四十年来，具有中国特色社会主义的司法制度已经形成并在逐步完善中，司法机关始终坚持以国家总体安全观为引领，充分发挥刑事司法职能，维护国家政治安全、社会安全、大局稳定的能力和水平在不断提升。在刑事司法层面，首先，保障人权的水平在不断提升；其次，刑事司法的理念日益科学和进步，刑事司法政策日趋完善；再次，死刑核准制度的改革取得了显著成效；最后，以审判为中心的刑事诉讼制度改革不断推进，刑事审判体制机制不断健全。

最高人民检察院副检察长张雪樵指出，改革开放40年来经济的发展和社会秩序的稳定离不开刑法研究的贡献和刑法典的精进，比如，1979年刑法中设立的投机倒把罪，后来不适应市场经济的改革要求，最终在1997年刑法中废除，就对民营经济的发展有很大影响。在今天，经济犯罪的规定和刑事风险的高低也会造成民营经济的变动。但是，在肯定刑法学研究取得繁荣进步的同时，我们也要看到刑法学研究现在所面临的新命题：刑法典的条文应当越来越多，还是越来越精？我们需要围绕党的十九大提出的"人民群众对民主、法治、公平、正义、安全、环境的新需求"这个社会的主要矛盾去找问题，以问题为导向来调整或者创新推动我们刑法学的研究。

全国人大常委会法工委刑法室主任王爱立指出，在这四十年国家和社会发生巨大变化的同时，法制建设也取得了重大成就。四十年来刑法立法始终围绕党和国家大局，与经济社会的快速发展变化相适应，紧扣时代脉搏，有力地保障了改革开放的顺利进行。刑法是我们法治大厦重之又重的基石，它关系到国家安全和社会稳定，关系到人民的安居乐业，关系到公民的人身自由，所以在我们立法当中始终坚持慎之又慎的理念。在当代，由于面临国家安全和经济社会治理的新情况、新挑战，刑事立法工作也面临新的挑战，刑法修改已经列入第十三届全国人大常委会的立法日程当中，需要我们以党的十九大精神为指导,立足于新的社会矛盾背景来思考刑事立法的新任务和新方向。

中国社会科学院国际法研究所研究员陈泽宪指出,改革开放的四十年也是重建社会主义法治的四十年,而刑事法治就是这四十年发展的一个典型缩影。在刑事立法方面,为了配合社会发展的脚步,服务于改革开放和社会安全稳定,原本应当相对稳定的刑法典也做了较多的改动。在刑事司法方面,我国出台了上百件的刑事司法解释,这种模式在世界上也是独一无二的,最高人民法院和最高人民检察院承担了将法律具体化、精致化的重要任务。在刑法学的科学化方面,也发生了翻天覆地的变化,从过去的单一教科书到现在的学派林立,观点纷呈,产出了海量的学术成果。在肯定我国刑事法治发展的同时,罪刑的平衡问题还有讨论的空间。

北京师范大学刑事法律科学研究院特聘教授高铭暄指出,我国刑法学的研究有四个特征:坚持中国共产党的领导,进行中国特色社会主义的刑法学研究;将刑法典的有效贯彻实施作为刑法学研究的立论基础和发展前提;坚持并完善中国刑法学体系,加强对中国刑法学体系动态性任务的研究和刑事责任论的研究;具有国际眼光和开放思想,促进中国刑法学面向世界。基于此,未来的刑法学研究还需要加强交叉学科的研究,倡导定性与定量的有机结合,加强解释性研究、体系性研究,重视网络时代的新犯罪问题。

北京师范大学刑事法律科学研究院特聘教授储槐植指出,刑法现代化是刑法去重刑化的过程,我国近年来犯罪率下降,成为世界上最安全的国家之一,这是去重刑化的重要条件之一。去重刑化伴随适度犯罪化构成我国刑法现代化的两翼,对于有些可能造成重大侵害结果的犯罪行为重视法益的提前保护。随着市场经济的发展和司法水平的提高,由刑法典专享罪刑条款规定的状态可能会有所改变,以对社会变化做出回应。

中国政法大学刑事司法学院教授曲新久认为,法学在整个社会结构中实际上处于比较边缘和次要的领域,但从从事法学研究的学者角度,却也是中心而重要的,法学的变化是整个社会变化的缩影,所以刑法学发展和社会变迁可以相并列,并可用三个关键词来概括和阐释,即全球化、信息化和本土化。

北京师范大学法学院教授卢建平指出,改革开放初期,用严打的手段解决犯罪问题,这有受到资源约束的因素,随着社会的变迁,犯罪的手段也随之变化,比如抢劫盗窃这些传统罪名,在网络时代也有了新的表现。所以规范法学研究的路径有其明显局限性,对中国社会变迁中的犯罪变迁没有足够重视,研究不够充分。

（二）四十年来刑法观的演进

刑法观对刑法的性质、特点和发展的理解具有基础性、全局性的影响，与会专家从不同的视角对四十年来刑法观的变迁进行了反思。

山西大学法学院教授李麒从文化视角解读了刑法的观念变迁。他从刑法价值观念、刑法思维方式和刑法知识体系三个维度展开，将刑法文化的变迁总结为三点：第一，刑法价值观念的变迁：从政治刑法到人权刑法，刑法是为了保护公民基本权利而非为了惩罚犯罪而惩罚；第二，刑法思维方式的变革：从粗放思维到精密思维；第三，刑法知识体系的改造：从单一话语到多元话语。他指出，"立体刑法学"从刑法方法论的角度突破刑法学科的"围城"，从而形成以刑法学为主体的跨部门法学的贯通研究范式。

中国社会科学院国际法研究所研究员莫纪宏认为，我们需要注意到刑法学现在是在前科学阶段，还是已经进入科学阶段而领先其他学科，刑法学研究需要重视刑法的功能，超脱出犯罪性层面，从更高的层次，比如整个社会的发展去考虑法学问题。

中国社会科学院法学研究所研究员刘仁文认为，刑法学研究与整个国家的法治生态息息相关，法律学科具有与法律规范的高度关联性。随着社会的发展，对刑事立法以及刑法学研究也提出了新的要求。一方面刑法面临自身的完善问题，结构出现新的变化；另一方面也需要对国内外的新形势作出新反应，对新型犯罪在立法上出现了刑法前置化的现象，刑法理论也因此从报应性刑法转向预防性刑法的研究。可以预见，法治国的确立和刑法在现代国家和社会治理中的位置，决定了未来的刑法学研究拥有神圣的使命和广阔的空间。

井冈山大学法学院张曙光副教授从刑法转型的内在精神演变角度，将刑法发展归纳为从政治刑法、秩序刑法到法治刑法的过程，指出法治水平的提高和政治文明、经济文明的发展程度直接相关。

南昌大学法学院讲师石聚航从刑法社会化角度提出刑法必须要回应社会实践，所有刑法的着力点可能都在关注刑法规范和社会事实之间如何契合和互动。因而，在刑法立法和解释的过程中，首先要有专业的思维，其次要回归普通国民的法感情。

上海政法学院教授姚建龙从话语变迁角度审视了四十年来中国刑法理论的发展。他指出，从学习苏俄刑法理论话语体系到学习德日刑法理论话语体系，我国话语系统的重建过程是一个从落后到先进、从大众化到精英化、从移植西方模式到强调本土意识的过程，但我国刑法学界还没有真正意识到语境的变化，没有去反思我国的刑法学究竟应当采用什么样的话语体系。

（三）四十年来刑事司法的发展检视

中央民族大学法学院教授韩轶提出了刑事裁判与公众认同之间的协同性问题，主张实现司法裁判的社会效果需要沟通法理与情理，在情理法之间寻求平衡。

重庆大学法学院教授陈忠林指出，中国的刑法理论必须立足于本土，将社会事实和刑法规范沟通。我们应做到两点：第一，要以人民认同度作为司法改革、法制建设是否成功的基本标准，人民认同度的标准就是是否符合常识常理常情。第二，在学术上，坚持以中国的犯罪事实和刑罚事实为基础来概括处理犯罪认定问题。

北京市人民检察院检委会专委王新环指出，从这几年的一些热点案件中可以看出公众认同与司法专业化之间的协同性和矛盾性。对这些有争议的刑事案件，应当通过法庭对符合本案的专业化的事实符合法律规定的内容进行讨论，让中允公正的法官做出裁判是最符合专业要求的，而不能受到过多的案外因素（比如民意等）的影响，才能尽量符合专业化的要求。回应民意是司法改革的要求，但这不代表屈从民意。对此，中国人民大学法学院教授黄京平提出不同意见，他认为，昆山案民意的表现，某种程度上是新媒体时代司法民主的一种表现渠道，应当受到关注。刘仁文指出，在当下我们提倡以审判为中心的诉讼制度改革中，对那些引起全社会关注的重大案件最好还是由法院来审理，控辩双方在法庭上把各自的主张及其证据都拿出来，由法庭来裁决。尽管以审判为中心并不排斥在检察阶段甚至公安阶段作必要的分流，但那主要是针对大量的案情简单、证据明晰、被告人认罪认罚的案件。

二 传统刑法体系 40 年来的发展检视

与改革开放之初相比，许多传统犯罪的罪名、犯罪类型等都发生了重大变化，传统刑法体系也受到某种程度的冲击或影响，与会专家就此展开了讨论。西南政法大学法学院教授石经海指出，对某一权利的刑法保护或某一罪名的刑法规制，都涉及三个层面的讨论，第一是刑法的内部体系；第二是刑法和其他部门法之间的关系；第三是放入整个的法治体系的考察。不同层面的讨论，视角不同，结论也不同，所以必须要反思刑法在参与社会治理中的定位到底是什么。中国社会科学院法学研究所研究员张绍彦提出一个问题，社会变迁对刑法、刑法科学提出什么要求，我们又应当给予怎样的呼应？他认为，原来的治乱世用重典已经不再适用于现代社会，不能沿用过去基于控制而重刑的刑法体系，这缺少科学理性的成本考量，否则就会造成刑法资源供给和消耗之间的不平衡——如果赋予公民的权利没有提高和增多，但对公民的控制却加强，就会出现供给没有增加但消耗增多的现象。

在讨论到刑法内部体系发展问题时，清华大学法学院教授黎宏强调要有从主义到问题的研究意识，而非仅仅关注刑法总则的问题，对于风险社会的新问题，需要从具体罪名出发，落到实处去讨论。北京师范大学刑事法律科学研究院教授刘志伟肯定了本次会议刑法科学的新时代的主题，指出当代刑法领域出现了很多的新现象需要引起我国学者重视，有些网络犯罪的问题是单靠传统理论无法解决的，所以刑法学者需要时刻关注最前沿的发展。西南政法大学法学院教授姜敏指出，预防性立法已成为现在中国刑事立法的突出趋势，同时在预防性立法刑事政策的影响下我们的刑事实体法中产生了大量的预防性犯罪，需要我们关注这种实体法上的变化对刑事程序的影响。风险社会产生的几类预防性犯罪可能只有形式不法一个维度，缺少实质不法，这种实质维度的缺失会导致刑事审判的异化和程序正义无法完善，所以必须恢复我们实质刑法预防性犯罪的两个维度，使它符合形式不法和实质不法的统一。

与会专家还结合具体类型的犯罪做了进一步的探讨。天津工业大学法学院教授刘晓梅指出，我国著作权犯罪的类型已经从基于实体的盗版图书、光盘到现在以互联网行为为主的侵权行为。为适度加强著作权刑法保护，她提出两点建议：首先，网络著作权刑法保护理念应当从"以复制权为中心"转变为"以传播权为中心"；其次，建议刑法修订将"侵犯他人信息网络传播权情节严重的行为规定为侵犯网络著作权罪"。中国社会科学院法学研究所助理研究员张志钢指出，黑社会性质组织经济特征的认定催生了财产刑的立法，但财产刑与刑事没收的适应对象不同。在处理涉黑案件涉案财物时应注意区分财产是否合法，既要实现罪刑相适应，也要保护公民个人与企业的合法财产。中国政法大学刑事司法学院讲师耿佳宁指出，我国的单位犯罪理论观念需要转变，应当从20世纪以犯罪主体论为导向转变为单位固有责任论，这种观点转变的基础来自社会结构的变迁和社会治理机制的调整给刑法体系带来的新要求。

在讨论到刑法与民法、行政法等其他部门法的关系和协调问题时，宁波大学法学院张亚平教授指出，要从刑法的谦抑性角度来解决界分问题。谦抑性的核心内涵是刑法的补充性，即刑法应补充于其他法而使用，只有当其他法不足以调整规制相应的社会关系时，才能够发动刑法。江苏省无锡市中级人民法院助理审判员庄旭龙指出，我国已经进入风险社会，法定犯时代已经到来，必须警惕刑事司法成为行政执行法的危险倾向，可以通过建立专家证人咨询制度、激活"法定刑以下判处刑罚"制度以及边际事实考察等辅助制度，以确保法定犯时代的刑事裁判结论合法、合理、合情。四川大学法学院教授魏东则对此提出反对意见，刑法被行政法绑架、违反罪刑法定原则的现象一定程度上确实存在，但笼统地下这样的结论欠妥，从刑法原理上讲，法定犯可能需要思考的还是刑法实体法的问题，程序法不宜来过多讨论。行政犯在教义学和解释论上争议性多的主要还是违法性认识问题。

贪污贿赂犯罪是一个传统罪名，但也有不少新问题呈现出来，与会专家对此做了重点研讨。上海社会科学院刑法室研究员魏昌东指出，随着社会的变迁和国家治理体系现代化的变迁，腐败犯罪的刑法立法并没有与国家治理现代化同步骤发展，我国采取了一种外延扩张式模式，不利于回应腐败犯罪的预防导向，所以要从三个方面推动腐败犯罪立法模式的转向：第一，在立法评价的基点上由结构本位主义走向诱因本位主义；第二，要建构以对价关系为中心的腐败犯罪的立法核心，以此将刑事合规制度中利益冲突的规避制度引入中国刑法典；第三，要引入权责制的身份责任以及提高腐败成本的惩治手段。黑龙江大学法学院教授董玉庭则认为，内涵和外延两种模式的区分不是绝对的，两者应当是一种相对结合的状态。对立法完善的问题，是和刑法解释学密切相关的问题。立法水平高低、合理与否的判断，不仅与法条本身的完善程度相关，也和刑法解释学发展的好坏有关。我们对立法缺陷的判断应当是穷尽刑法解释学之后的判断，在没有穷尽之前不能直接说某个立法有缺陷，所以不能直接下结论说外延式立法模式有问题，而是要看刑法解释中能不能把这些问题解决。针对《刑法修正案（九）》对贪污贿赂犯罪增设终身监禁制度，专家们也各有见解。河南大学法学院教授刘霜指出，终身监禁在中国更类似于一种象征性立法，最重要的作用就是一种威慑作用。魏昌东教授则认为这是一种死刑的替代措施，而且从当下中国腐败犯罪治理的情况来看，腐败已经走到了拐点，这个拐点是中国腐败犯罪治理的战略进攻期已经到来，这个时期新案大量减少，陈案开始被清算，在此时这一制度完全可以产生积极有效的腐败犯罪治理成效。

对于腐败犯罪的国际合作问题，刘霜指出，目前在中国已形成腐败犯罪从高层到基层、从国内到国外非常严密的法网，体现了对腐败犯罪零容忍的政策。目前对腐败犯罪追逃的主要途径是引渡，但这个程序、条件极其苛刻，难以实现，于是有了其他替代措施比如遣返、劝返的作用空间。我们应在反腐败公约的框架之下开展与第三国的引渡合作，建立专业的追逃队伍，同时注意劝返行动方案应当规范化、合理化、合法化。南昌大学法学院教授利子平则认为，国际追逃应当是实体法和程序法的统一，由刑事一体化来解决，现实中很多国际合作的障碍都是源于实体问题没有解决好，比如死刑问题，如果我国刑法中的死刑罪名能够减少，也许国际追逃会容易一点。

三　科技革命给刑事法治带来的新挑战

改革开放 40 年来，科技革命对社会变迁的影响最为瞩目，这对刑法制度和理论带来深刻影响，并将继续推动刑法制度的进一步发展，促使刑法学走向未来。在中国社会同时存在农业社会、工业社会和风险社会侧面的复杂社会背景下，某些传统刑法制度技术、传统刑法理论将继续发挥作用，但刑事法治也面临新的挑战。中国社会科学院法学研究所副研究员焦旭鹏指出，随着科技革命的不断发展，针对网络犯罪、人工智能等具体问题的研究不断增多，这些都非常必要和有益；但同时应注意结合社会学理论来解读社会变迁对刑法提出的新要求，研究应兼及知识传统、方法论立场和具体问题三个层面，实现宏观研究和微观研究的融通互动。与会专家还重点就若干高科技领域的刑法挑战进行了专门研讨。

（一）生物技术、人工智能发展带来的挑战

现代生物科学技术的迅猛发展，在为人类带来前所未有的福祉的同时也给刑事立法、司法带来了许多冲击。南昌大学法学院教授熊永明指出，生物科技发展对刑法的冲击表现在三个方面，第一是对刑事立法产生冲击，对罪刑法定、罪刑均衡等基本原则形成挑战；第二是对刑事司法产生冲击，对刑事司法人员的生物科技素养提出了更高的要求，同时也对司法人员消极理解法律、积极请示上级作出司法解释的不良司法思维提出挑战；第三是对刑法法益保护范畴产生冲击，现行法律多将生物科技不法行为视为民事侵权，尚未上升到刑法层面，基于人格权（尤其是自我决定权）的核心地位，需要将其提高到刑法保护的高度来对待，从而扩大和延伸我国生命刑法法益保护范畴。人工智能的发展给人类生活带来翻天覆地的变化，同时也给刑事法治带来了新的问题——人工智能究竟能否被处罚？北京师范大学刑事法律科学研究院教授王志祥认为，弱人工智能机器人不能成为刑事主体，只是实施犯罪的工具，没有独立意

志,这时候要由控制者来承担刑事责任,增设破坏人工智能管理秩序罪;强人工智能机器人也不能作为犯罪的独立主体,因为我国现有刑罚对机器人是不适用的,会造成刑罚的预防功能无法实现和社会资源的大量浪费,可以考虑对其监管人员设立管理机器人失职罪。江西省社会科学院法学研究所研究员曾明生也认为现阶段强人工智不能独立承担刑事责任,他指出弱人工智能时代和强人工智能时代所面对的刑事风险是不同的,有必要区分弱人工智能时代和强人工智能时代,赋予智能机器人刑事责任主体的地位只应发生在未来的强人工智能时代。中国社会科学院法学研究所屈学武研究员不赞同强人工智能机器人作为刑事主体,但同时认为不应当对弱、强、超强人工智能时代截然划分,因为有的弱人工智能可能有一天就通过自我优化、自我发展直接成为强人工智能。虽然我们现在对人工智能确有控制能力,但人工智能的过度开发可能导致人类社会被机器人反控,成为人类的终结者。所以需要整个社会体系而非仅刑法控制系统来共同参与,刑事司法、立法、技术、政治、经济等系统方方面面立体地研究如何控制人工智能,控制到什么程度合适,开发到什么程度要停止以防被反噬。上海政法学院刑事司法学院教授彭文华则提出了不同观点。他首先介绍了哈利维对人工智能可以成为犯罪主体的理论依据为目的论的道德观,认为人工智能可以成为犯罪主体,惩罚人工智能不能实现报应与威慑,但可以实现康复和剥夺犯罪能力,绝大多数普通刑罚都可以适用于人工智能实体。同时他也提出了自己的观点,发出反问:普通人是生物速度,人工智能是科技速度,其学习能力比人要快得多,所以为什么不能承担责任?最高人民检察院公诉厅史卫忠副厅长则提出了新的设想,认为可以从保持刑法的纯洁性的思路出发,对人工智能创设新的刑法体系而非一定在传统刑法等部门法概念中去解释。同时他也提醒大家,虽然可以对前沿问题进行未雨绸缪的研究,但是应该先把现在办案实践中出现的"人"的问题解释好,而非跨越去研究太超前的问题。

(二) 环境犯罪带来的挑战

伴随着人类科技水平进步和改造自然能力的提高,与经济高速发展相伴而生的是环境犯罪问题。河北大学法学院教授冯军指出,自20世纪70年代末我国开始启动环境污染行为的犯罪化治理后,这四十年的发展呈现出三个特点:从附属走向独立、从无序走向规范、从人类中心主义向生态中心主义转化。但实践中对环境污染追究刑事责任的案件非常少,仅限于一些在全国产生重大影响的案件,其余大多只是追究了行政责任,所以需要我们转换治理理念,完善刑事立法,加强刑事司法,更好地通过刑事手段治理环境污染问题。辽宁大学法学院讲师范淼指出，需要明确环境污染的刑法介入限度，防止抽象危险犯的趋势，司法解释不应当脱离立法框架，背离立法本意，发展而非规避环境污染犯罪中危害结果与因果关系这一难点。对此，西南财经大学法学院博士后研究人员杨继文提倡通过经验法则来证明环境污染犯罪的因果关系，针对特殊错误情形的经验法则审视，需要明确对象要素的具体含义、解释技术和因果链条模型，通过对污染物质及其原因力进行同一认定和完善专家辅助人制度来提高证明质量。

（三）恐怖主义犯罪带来的挑战

借助高科技手段的新型恐怖主义犯罪针对无辜平民更具组织性和致命性。在全球化的背景下，恐怖主义犯罪的应对和处理成为全球关注的热点，也是我国参与全球治理体系的重要部分。青岛大学法学院教授李瑞生指出，反恐刑法不是象征性、情绪性、叙事性的立法，需要建立类型化思维，将反恐刑法分为预防性和报应性两类，区分不同的刑罚。对此，中国社会科学院法学研究所教授樊文指出，恐怖主义并不是常态犯罪，只是偶尔发生，但对我们普通人的威胁感却远远超过天天发生的普通犯罪。对恐怖主义犯罪的处理刑法主要是通过对组织犯的处理和一些恐怖活动的处理，类型化实际上已经基本具备了，但需要考虑的是，如果仅仅是参与组织是否要处罚？因为刑法处罚的基础是行为，没有实施行为能不能处罚，刑法能否前移到这么靠前的位置？对外经贸大学讲师冀莹认为，国内外提到刑法的前置化和预防性，绝大多数都包括恐怖主义犯罪，从中国裁判文书网上统计，涉及恐怖活动主义获罪最多的有两个，一个是持有宣扬恐怖主义、极端主义物品罪；另一个是宣扬恐怖主义、极端主义，煽动实施恐怖活动罪。与准备实施恐怖活动犯罪相比，这两罪尤其体现刑法的预防性。中国社会科学院法学研究所的博士后研究人员贾元和西北政法大学博士研究生苟震则提出通过引入保安处分的相关措施来应对恐怖主义犯罪的问题。

（四）互联网时代对刑事法治提出的新要求

计算机技术的发展和互联网的普及给社会运行与公民生活带来了翻天覆地的变化，信息社会的到来对政府的治理能力和治理方式提出了挑战，而刑法作为重要的社会治理手段，如何应对网络时代出现的新问题，是刑法学者关注的焦点课题。

浙江大学光华法学院教授叶良芳指出，传统网络犯罪的三分法有其弊端，应当以传统犯罪为参照，将网络犯罪分为以下两种基本类型：一是传统犯罪的变形；二是传统犯罪的变异。并在此基础上，采取相应的不同策略——对变形的传统犯罪，要提高解释水平；对于变异的传统犯罪，要及时制定新法。山东政法学院张爱艳教授以互联网药品犯罪为例，指出与传统的药品违法犯罪相比较，互联网药品违法犯罪行为呈现出许多新的特点。我国刑法直接采用《药品管理法》中假药的概念值得商榷；应加强互联网医疗行政执法与刑事司法的有效衔接。

阿里巴巴平台治理部总监连斌认为，刑法在互联网时代应当发挥补位作用，有三个理由：第一，网络时代行政措施的缺位、规制的乏力，有必要在特定环境对特定的行为发挥刑法的作用；第二，网络有放大效应，一些新型违法行为带来的危害性比传统犯罪行为更大；第三，防范有局限性，世界上没有完美的技术，技术领域的防控和越轨是不断交替的过程，这个交替过程中造成的法益侵害和损失需要通过刑法来尽量挽回。最高人民检察院刑事申诉检察厅副厅长罗庆东指出，实务中有将破坏计算机信息系统罪变成口袋罪的趋势，值得注意，今后两高在出台指导案例的时候可以重点关注这一方面的问题，通过相关案例引导实务部门的取向。

在应对网络金融犯罪问题上，北京外国语大学法学院教授王文华指出，互联网对法律的挑战不仅在刑法，对其他部门法和立法、司法、执法机关都提出了挑战，但要重视刑法的作用，做好刑法内外的协调和衔接，重视类型化研究，提倡"法律+科技+商业"的结合模式研究，这样才能更好地把握网络金融犯罪的定罪量刑问题。国家检察官学院河南分院教授刘伟丽指出，互联网金融是一把"双刃剑"，其在推进金融创新、促进经济发展的同时，也导致了诸多互联网金融犯罪的滋生和蔓延，从某种程度上说，互联网金融犯罪已经成为阻碍互联网金融进一步发展的瓶颈，需要我们完善相应的法律法规和行政监管协调机制，加强行业自律，提高网络安全防范技术。深圳大学法学院讲师乔远指出，传统刑法在金融领域并非"不够用"，而是大家还没有真正厘清相关的概念和运行机制。她以网上理财为例，认为拒不履行信息网络安全管理义务罪、非法利用信息网络罪、帮助信息网络犯罪活动罪以及侵犯公民个人信息罪已经为刑法规制网上理财的"衍生"刑事风险提供了充分的依据。中国社会科学院法学研究所博士后研究人员时方指出，庞氏骗局在互联网技术发展的当下呈现出新型的变种形式，对经济安全产生极大侵害，需要从行业自律、行政监管、刑法惩治三方面进行规制。